Isaac Breuer

Mein Weg

Bearbeitet und ergänzt von

Prof. Dr. Matthias Morgenstern

Rabbiner Dr. Jeschaja Balog

Veröffentlicht mit Unterstützung der
Irene Bollag-Herzheimer Stiftung

Mossad Jizchak Breuer

VERLAG MORASCHA BASEL

2024 תשפ״ד

Verlag Morascha AG
Aeschengraben 16
CH-4051 Basel
www.morascha.ch
info@morascha.ch

Umschlaggestaltung: Wolfgang Staisch, ZeroMedia GmbH
Layout: Lea Goldschmidt
Druck: Alfred Nordmann

ISBN: 978-3-907401-32-3

Printed in Israel

Inhaltsverzeichnis

Zum Geleit

Seit etwas über vierzig Jahren lag das Manuskript dieses Buches im literarischen Nachlass des im Sommer 1946 verstorbenen Verfassers s. A. Den Gedanken einer möglichen Veröffentlichung sprach er selbst am Ende seiner Schrift aus. Wenn dennoch so viele Jahre vor dem Erscheinen seiner Autobiographie – seines letzten Werks – vergangen sind, so vor allen Dingen deshalb, weil die resolut ungeschminkte Klarheit, mit der der Verfasser Kritik an sich selbst und an anderen übte, die Last der Verantwortung für die Veröffentlichung erheblich erschwerte. Der Entschluss, das Werk der Öffentlichkeit zu übergeben, entsprang der Überzeugung, dass es für das Verständnis seiner Persönlichkeit und seiner Lebensarbeit, sowie für die geschichtliche Erfassung der jüdischen Orthodoxie in Israel und in der Welt unerlässlich sei.

Der Text des deutschen Manuskripts kommt hier fast unverändert zum Abdruck. Einige besonders scharfe Spitzen persönlicher Kritik wurden auf Wunsch unserer Mutter s. A. durch geringfügige Auslassungen abgeschwächt. Kleine Änderungen wurden in der Rechtschreibung, in der Interpunktion und in der Transkription hebräischer Worte vorgenommen. Die Beigabe von Anmerkungen, Glossar und Personenverzeichnis soll das Verständnis von Dingen erleichtern, die einer vergangenen Zeit angehören.

Die Aktualität der Schrift bedarf für eingeweihte Leser keiner Betonung. Ferner Stehende seien darauf hingewiesen, dass sie ursprünglich aus einer Anfrage entstand, mit der sich ein alter Freund des Verfassers s. A. an ihn wandte: Wie kam es, dass ein Führer der Orthodoxie, der sich sein Leben lang für die Unabhängigkeit ihrer Gemeinden und Organisationen eingesetzt hatte, schließlich der orthodoxen Separatgemeinde in Jerusalem den Rücken kehrte. Mögen die Abschlussworte des Verfassers s. A. *„Nicht der jüdische Staat, sondern die jüdische Gesellschaft ist das wahre Problem des Nationalheims"* in den Herzen vieler jüdischer Menschen auf der ganzen Welt, doch insbesondere in Israel, ein Echo finden.

Jerusalem, im Elul 5746.

Jacob Baror
Mordechai Breuer

Vorwort zur zweiten Auflage

Die langjährige Arbeit an der Isaac Breuer-Werkausgabe (IBWA) hat zutage gefördert, wieviel es aus dem Lebenswerk des jüdisch-orthodoxen Gelehrten Isaac Breuer (1883–1946) noch zu entdecken gibt. Eine besondere Fundgrube ist seine seit Jahren vergriffene Autobiographie, vor allem, wenn man sie von anderen Quellen her – im Zusammenhang mit den von der Forschung der vergangenen Jahrzehnte gewonnenen Einsichten – liest.

Besonderes Interesse hat die Frage auf sich gezogen, was sich genau hinter den „Spitzen persönlicher Kritik" verbirgt, die nach dem Geleitwort zur ersten Auflage in dem Text ausgelassen wurden, den der *Morascha*-Verlag 1988 publizierte. Mündlich überliefert ist, dass es sich vor allem um Bemerkungen zur Person und Rolle Jakob Rosenheims handelt, des Präsidenten der Weltorganisation der *Agudat Israel* (AI). So plausibel diese Annahme ist, so kann man, ohne dies belegen zu können, auch an Kritik an anderen Personen aus dem Leitungskreis der orthodoxen Weltorganisation denken. Auffällig ist jedenfalls, dass Breuers wichtigste Mitarbeiter im agudistischen Palästina der Mandatszeit – Benjamin Minz und Jakob Landau – im vorliegenden Text nicht namentlich erwähnt werden; sie finden nur andeutungsweise Platz, und man geht vielleicht nicht fehl, wenn man dabei einen leicht kritischen Ton wahrnimmt.[1] Hinzu kommt, dass auch die Kritik an Moshe Blau, dem Jerusalemer Vorsitzenden der AI-Organisation im britischen Mandatsgebiet Palästina, nur als Andeutung erfolgt und vergleichsweise moderat anmutet. Blaus Name wird kein einziges Mal ausdrücklich erwähnt.

Man muss bei alledem in Rechnung stellen, dass die persönlichen Beziehungen zwischen allen beteiligten Personen recht eng waren; der Wunsch der kurz zuvor verstorbenen Mutter der Herausgeber, Esther (Jenny), geb. Eisenmann (1892–1985), Kürzungen vorzunehmen, erscheint aus diesem Grund nur zu verständlich. Breuer und Rosenheim kannten sich von gemeinsamen Zeiten in der Frankfurter *Israelitischen Religionsgesellschaft* (IRG) her, jener Gemeinde, deren Gründungsrabbiner einst Breuers Großvater Samson Raphael Hirsch (1808–1888) gewesen war. Moshe Blau, der als Breuers wichtigster Jerusalemer Gegenspieler gelten kann, wiederum musste bei seinem Agieren stets mit Reaktionen seines Bruders Amram Blau rechnen, dessen Ideologie in besonderem Maße antizionistisch geprägt war. Seit dem Jahre 1933 und verschärft zu Beginn der 1940er Jahre hatte Moshe Blau sich mit seinem Bruder überworfen.[2] 1938 traten die vorherigen Jerusalemer *Aguda*-Aktivisten Amram Blau, Arje Leib Weissfisch (1921–1997) und Aharon Katzenellenbogen aus der *Agudat Israel* aus und gründeten die streng separatistische und militant

1 Vgl. unten Kap. 13, Anm. 10.

2 Vgl. Caplan, *Neturei Karta's Leader*, 63.

antizionistische *Neturei Karta*-Gruppe („Wächter der Stadt").[3] Katzenellenbogen seinerseits lebte im Streit mit seinem Bruder Raphael, dessen Bann („Cherem") die radikalen Jerusalemer Antizionisten betrieben, weil Raphael Katzenellenbogen angesichts der sich in Europa abzeichnenden Katastrophe für die Juden, der Shoah, ein gemeinsames Vorgehen der Agudisten mit der zionistischen Orthodoxie befürwortet hatte. Isaac Breuer waren diese Vorgänge bekannt. Der „Fall Raphael Katzenellenbogen" – bezeichnenderweise auch hier ohne Nennung des Namens! – wird in seinem Manuskript ausdrücklich erwähnt.[4] Auch die Beziehungen zwischen dem AI-Aktivisten Moshe Glickman-Porush (1893–1983), dem späteren zeitweiligen stellvertretenden Bürgermeister von Jerusalem zu Beginn der 1950er Jahre, und seinem Onkel Elijahu Nachman Glickman-Porush (1892–1956), der sich in der separatistischen und antizionistischen Jerusalemer Eda charedit (vgl. unten das Glossar) engagierte, waren nicht spannungsfrei.[5] Menachem Porush (1916–2010), der wohl bekannteste Sohn von Mose Glickman-Porush, war zur Zeit der Erstveröffentlichung von Breuers Text ein einflussreicher Knesset-Abgeordneter der *Agudat Israel*.

Vor dem Hintergrund dieser persönlichen Beziehungen versteht es sich von selbst, dass die Veröffentlichung kritischer Bemerkungen noch in den 1980er Jahren heikel sein konnte.[6] Im Übrigen agiert Breuer auch im Hinblick auf die Nennung seiner Familienangehörigen zurückhaltend. Sein Bruder Moses Breuer, der mit ihm gemeinsam die Jerusalemer Horeb-Synagoge gründete, wird an keiner Stelle, sein Bruder Samson Breuer wird nur einmal erwähnt.[7] Sein älterer Bruder Raphael Breuer (1881–1932), der „Aschaffenburger Raw", findet ein einziges Mal Platz in *Mein Weg*[8], der zweitälteste Bruder Joseph Breuer (1882–1980), der in New

3 Vgl. Marmorstein, *Heaven at Bay*, 89.

4 Vgl. unten Kap. 12, Anm. 55.

5 Glickman-Porush und Moshe Blau waren es, die die Familie Breuer am 2. März 1936 bei ihrer Ankunft im Heiligen Land am Hafen in Haifa begrüßten.

6 Zur Abfassungszeit dieses Vorworts ist Meir Porush (geb. 1955), der Sohn Menachem Porushs und Enkel von Mose Glickman-Porush, „Minister für Jerusalem und Jüdisches Erbe" in der von Benjamin Netanjahu geführten israelischen Koalitionsregierung.

7 Vgl. Kraft, *Aschkenas*, 56. Samson Breuer (1891–1974) wurde zum Rabbiner ordiniert, studierte dann aber Mathematik und war vor seiner Auswanderung nach Palästina außerordentlicher Professor an der TH Karlsruhe sowie von 1928–1933 Dozent für Versicherungsmathematik in Frankfurt; nach der Staatsgründung Israels leitete er die Versicherungsabteilung des israelischen Finanzministeriums; Moses Breuer (1885–1975) war Altphilologe und unterrichtete vor seiner Auswanderung nach Palästina Latein und Griechisch an der Universität Frankfurt a.M.; nicht namentlich erwähnt wird in *Mein Weg* auch Breuers jüngster Bruder, der Kinderarzt Josua Breuer (1892–1959). Simeon Breuer, der erste Sohn Salomon Breuers, starb 1878 kurz nach seiner Geburt.

8 Vgl. unten Kap. 4.

York eine blühende neoorthodoxe Gemeinde leitete, kommt überhaupt nicht vor.[9] Von Letzterem ist nicht bekannt, dass er sich jemals in palästinapolitischen Fragen geäußert oder betätigt hätte – dies mag seine Nichterwähnung erklären. Raphael Breuer hingegen war als radikaler Antizionist bekannt; seine entsprechenden Äußerungen werden heute von Nachfolgern der *Neturei Karta*-Aktivisten und Vertretern des Satmarer Chassidismus zitiert und auf einer in Antwerpen redigierten Internetseite für die eigene Ideologie in Anspruch genommen.[10] Man kann nur spekulieren, wie die Beziehungen der Brüder sich entwickelt hätten, wenn der „Aschaffenburger Raw" nicht 1932 gestorben wäre.

Will man *Mein Weg* verstehen, ist freilich zu berücksichtigen, dass Breuer keine umfassende Autobiografie vorlegen wollte.[11] Das Geleitwort zur ersten Auflage weist darauf hin, dass Anlass zur Abfassung des Textes die Anfrage eines alten Freundes war, demgegenüber der Autor rückblickend auf sein Leben die Folgerichtigkeit seines Denkens und Handelns darlegen wollte.[12] Mit den Worten Jacob Barors (1916–2008) und Mordechai Breuers (1918–2007): „Wie kam es, dass ein Führer der Orthodoxie, der sich sein Leben lang für die Unabhängigkeit ihrer Gemeinden und Organisationen eingesetzt hatte, schließlich der orthodoxen Separatgemeinde in Jerusalem den Rücken kehrte?" Wenn die beiden Herausgeber der ersten Auflage im Anschluss die Abschlussworte ihres Vaters s. A. zitieren, *„nicht der jüdische Staat, sondern die jüdische Gesellschaft"* sei *„das wahre Problem des Nationalheims"*, so wirkt diese Feststellung wie ein Sich-Abfinden mit der Tatsache, dass das jahrelange Bemühen ihres Vaters um die staatsrechtlichen Grundlagen des zu gründenden jüdischen Staates aus der Perspektive des Torarechts eben doch nicht so relevant war, wie Breuer jahrzehntelang geglaubt hatte. Andererseits sind eben diese Grundlagen, freilich in ganz anderen Konstellationen, zur Abfassungszeit dieses Vorworts wieder Gegenstand heftiger innenpolitischer Auseinandersetzungen im Staat Israel.

Spielte bei den damaligen Herausgebern vielleicht die Überlegung eine Rolle, dass die Preisgabe von zu polemisch und persönlich gehaltenen Angriffen auf ehemals nahe Mitarbeiter der Überzeugungskraft und Stringenz von Breuers Argumentation geschadet hätte? Diese Frage lässt sich im Rückblick nicht mehr beantworten.

---

9 Zu Breuers älterem Bruder Joseph (1882–1980) vgl. Kranzler, Landesman, *Rav Breuer.*

10 https://www.bloggen.be/jesjoeroen/archief.php?ID=927255 (Zugriff am 25. 11. 2023)

11 Zur literarischen Darstellungsstrategie Breuers vgl. Balog, *Persönlichkeit*, 125.

12 Vgl. unten Kap. 14, Anm. 46.

Wohl aber lässt sich sagen, dass derartige Bedenken heute keine Rolle mehr zu spielen hätten. Schließlich sind zu Jakob Rosenheim und seiner Rolle in der *Agudat Israel*, aber auch zu anderen Protagonisten des Gegenübers von Zionisten und Zionismuskritikern im orthodoxen Judentum in den vergangenen Jahren viele kritische Untersuchungen erschienen.[13] Gern hätten wir daher die Auslassungen, die der Text in erster Auflage erfahren hat, dokumentiert. Leider war Breuers ursprüngliches Manuskript aber nicht auffindbar, so dass diese Lücke sich nicht schließen ließ.

Zugleich fällt auf, dass die ersten neun Kapitel von *Mein Weg* mehr sind als „Vorspann" für sein eigentliches Interesse, die Behandlung der „Austrittsfrage". In den mittleren Kapiteln mit Berichten vom Philosophie- und Jurastudium des Autors und vom studentischen Leben junger orthodoxer Juden in Deutschland kommt das Stichwort des Austritts – in „Frankfurter" oder „Jerusalemer" Perspektive – kaum vor. Misst man die Themen dieser Abschnitte am Inhalt der Schlusskapitel, so wirken sie wie aus der Zeit gefallen. Breuer liegt hier offenbar daran, seine umfassende universitäre Bildung vorzuführen. Keines der ihn damals interessierenden Themen, auch aus heutiger Perspektive abseitig erscheinende, wird dabei ausgelassen, von kriminologischen Spekulationen des italienischen Juristen Lombroso über Georg Friedrich Knapps Währungstheorie bis zu Hans Vaihingers Philosophie des „Als Ob" usw.

Die Bilder aus dem Universitätsmilieu der Kaiserzeit – eine humorvolle Milieuskizze, die die Integration jüdischer Gelehrter und das nicht immer konfliktfreie Miteinander assimilierter und nicht-assimilierter Juden an der Universität sichtbar macht – sind im historischen Rückblick besonders wertvoll. In *Mein Weg* erfüllen diese Passagen die Funktion einer Präsentation und Verteidigung des *Tora im Derech Erez*-Prinzips der deutsch-jüdischen Orthodoxie, das in Palästina in vorher ungeahntem Maße in die Defensive geraten war. Breuer führt seinen Lesern ein Zusammenspiel von jüdisch-traditionellem und allgemeinem Wissen vor Augen, das sich nicht mit durchschnittlicher Schulbildung begnügte. Im orthodoxen *Alten Jischuw* in Jerusalem – das muss man sich vor Augen halten – galt bereits das Erlernen der englischen Sprache (wie jeder anderen Sprache) als Grenzüberschreitung; Isaac Breuer aber hatte in seiner Jugend ein universitäres Niveau erlangt, das keinen Vergleich mit nicht-jüdischen Intellektuellen zu scheuen brauchte. Inzwischen selbst Vater geworden, war er entschlossen, dieses Bildungsideal auch für seine Kinder zu verteidigen.[14]

---

13 Vgl. z.B. Mittleman, *German Jewish Attitudes;* Greenberg, *The Yishuv of History*; Greenberg, *Jakob Rosenheim's Hurban Weltanschauung.*

14 Vgl. Kraft, *Aschkenas,* 57f.

Gut vierzig Jahre nach Niederschrift des Textes brachten seine beiden Söhne die Verteidigungsschrift ihres Vaters, die zugleich eine Art Einführung in sein Denken ist, postum zur Veröffentlichung. Sicherlich kann man sagen, dass sie damit den Erwartungen gerecht wurden, die ihr Vater in sie gesetzt hatte.

Folgende Modifikationen gegenüber der ersten Auflage, unserer Vorlage, wurden vorgenommen:

Eingefügt wurden ergänzende Kommentare und Literaturhinweise in den Fußnoten. (Die Endnoten der ersten Auflage sind in die Fußnoten eingearbeitet.) Um die Anmerkungen übersichtlich zu halten, werden die Literaturhinweise mit Kurztiteln angeführt – ausführliche Belege finden sich in der Bibliographie im Anhang.

Die Belege aus der rabbinischen Literatur (Talmud und Midrasch) werden nach den Abkürzungen der *Frankfurter Judaistischen Beiträge* zitiert. Weitere Kürzel sind im Abkürzungsverzeichnis im Anhang nachzuschlagen.

Eine gegliederte Bibliografie und Glossare wurden angehängt. Asteriske (*) verweisen auf die Glossare, die Erklärungen zu zentralen historischen Sachverhalten und hebräischen Begriffen sowie zu den wichtigsten im Text vorkommenden Personen bieten. Es versteht sich von selbst, dass diese Informationen jeweils nicht umfassend sein können; sie wollen nur erste Informationen bieten und helfen, die entsprechenden Sachverhalte und Personen im Hinblick auf die Vita und das Oeuvre Breuers einzuordnen.

Zeichensetzungs- und Rechtschreibfehler wurden verbessert (Nachweise im Editionsbericht im Anhang).

Der Text wurde der heute geltenden Rechtschreibung angepasst. Dabei wurde die Umschrift vereinheitlicht (immer *Nachalat Zwi* statt *Nach'lath Z'wi, Agudat Israel statt Agudath Israel, Keren Kajemet* statt *Keren Kajemeth* usw). In den Fußnoten folgt die Umschrift hebräischer Wörter weitgehend dem Brauch Breuers.

Schließlich haben wir einige bislang in deutscher Sprache unpublizierte Materialien in den Anhang aufgenommen. Es handelt sich um hebräisch-sprachige Briefe Breuers zum Thema „Schaffe dir einen Rabbiner!", zum Halten der Gebote, zum jüdischen Nationalismus sowie um Erinnerungen von Breuers Jeschiwa-Studenten aus seiner Frankfurter Zeit. Erstmals veröffentlicht wurden diese Texte 1996 in dem von Breuers Enkeln anläßlich der fünfzigsten Wiederkehr seines Todesjahres herausgegebenen Gedächtnisheft *Savenu*; Na'ama Raz sei für ihre Hilfe bei der Übersetzung herzlich gedankt.

Es ist für uns ein besonderer Glücksfall, dass diese Neuauflage in Zusammenarbeit mit dem Basler *Morascha*-Verlag erscheinen kann, dem wir an dieser Stelle herzlich danken. Unser Dank gilt auch unseren Mitarbeitern Dr. Matthias Schiebe und Joshua van der Linden, sowie Lisa Härlin im Sekretariat des Institutum

Judaicum, die beim Korrekturlesen und technischen Problemen geholfen haben. Wir verbinden mit der Neuauflage die Hoffnung, die Auseinandersetzung mit dem unserer Überzeugung nach interessantesten deutsch-jüdischen Autor des vergangenen Jahrhunderts weiter zu fördern.

Im Januar 2024

Prof. Dr. Matthias Morgenstern

Rabbiner Dr. Jeschaja Balog

Erstes Kapitel

Quelle

Zu meinen frühesten und zugleich stärksten Kindheitseindrücken gehören die hinreißenden öffentlichen Reden meines Vaters s. A.[1], in denen er sich unausgesetzt für die unbedingte Pflicht eines jeden gewissenhaften Juden aussprach, einer jüdischen Reformgemeinde den Rücken zu kehren, sofern hierzu die Möglichkeit bestand; in denen er unausgesetzt diese Pflicht doppelt unterstrich, wenn die Reformgemeinde neben Institutionen des Abfalls auch Institutionen unterhielt, die den Gesetzen der Tora entsprachen.[2] Eine Gemeinde, die sich ganz und gar der Reform verschrieb, hielt er für ehrlicher und darum für minder gefährlich als eine Gemeinde, die Lüge und Wahrheit paarte und damit Lüge und Wahrheit zu zwei gleichberechtigten Strömungen innerhalb des Judentums machte, deren gemeinsamer Quell naturgemäß nur religiöser – Nihilismus sein konnte. Immer wieder bedachte er mit Worten voll ätzender Ironie, aber auch voll prophetischer Eindringlichkeit, die „Reformgemeinde-Orthodoxie“[3], worunter er die Männer verstand, die trotz persönlicher Toratreue freiwillig im Schoße der Reformgemeinde verblieben, weil diese ihnen toratreue Institutionen „konzediert“ und einer „Ritualkommission“, sowie einem konservativen Rabbiner unterstellt hatte. Ihm waren es Männer, die sich einem leeren Schlagwort unterworfen hatten, von dem die Gassen des ausgehenden 19. Jahrhunderts bereits widerhallten und das berufen war, im 20. Jahrhundert zu überragender Bedeutung zu gelangen: die „Einheit des Judentums“, die man nicht durch den „Austritt“ aus der Reformgemeinde zerbrechen dürfe. „Einheit des Judentums“: was war ihm das Judentum anderes, als Inbegriff der Wahrheit, was die Judenheit anderes, als erkorene Trägerin dieser Wahrheit; und gibt es denn eine Einheit zwischen Wahrheit und Lüge, können Träger der Wahrheit und Träger der Lüge sich als solche zu einem gemeinsamen Zweck zusammenschließen, ohne dass dieser Zweck jenseits von Wahrheit und Lüge liegen muss? Ihm war die jüdische Gemeinde die organisierte Trägerin der Wahrheit, und in ihr sollte Platz sein für die Lüge? In ihr die Wahrheit sich in eine Kommission flüchten, um der Lüge den breitesten Raum zu überlassen? Einheit des Judentums,

---

1 Rabbiner Dr. Salomon Breuer (1850–1926), der Schwiegersohn Samson Raphael Hirschs (1808–1888) und zweite Rabbiner der Israelitischen Religionsgesellschaft (IRG) in Frankfurt a.M.

2 Breuer schildert die Diskussionen zu diesem Thema in seinem Roman *Der Neue Kusari*; vgl. die kommentierte Neuauflage Berlin 2020 (IBWA 4, 221–223 und 231–234); zur Analyse der halachischen Diskussion über die Austrittspflicht vgl. Morgenstern, *Von Frankfurt*, 185–204.

3 Gemeint ist die „Gemeindeorthodoxie“, d.h. jener Teil der Frankfurter orthodoxen Juden, der unter dem Dach der reformjüdisch geführten Einheitsgemeinde eigene toratreue Institutionen gegründet hatte.

auch er kannte sie, auch er anerkannte sie. Wenn er alljährlich am „großen Sabbat“[4] in einer Rede, die mir aus Quadern gemeißelt schien, die gesetzlichen Grundzüge des bevorstehenden Festes darlegte und damit zugleich eine gedrängte Entwicklung seiner ganzen Weltanschauung verband, unterließ er es nie, mit Nachdruck darauf hinzuweisen, dass gesäuertes Brot, so es sich während des Festes im Besitz eines Juden befunden habe, auch nach dem Fest zu jeglichem Genuss verboten bleibe, gleichgültig ob dieser Jude orthodox oder reformgemeinde-orthodox oder neolog oder selbst – getauft gewesen sei, denn „hier sei in der Tat die Einheit des Judentums am Platze“…[5]

Aus meiner Kindheit ist gerade dieses Wort mir haften geblieben. In prägnantester Kürze lehrte es mich, die Einheit des Judentums als von Gott gestiftete und deshalb unzerstörbare Einheit der Pflicht begreifen, nicht aber als gewillkürte Einheit, bestimmt, Pflichttreue und Pflichtuntreue künstlich aneinander zu ketten. Es feite mich auch gegen das törichte Geschwätz von der „Trennung“. Pflicht trennt nicht, sondern verbindet.[6] In der von Gott gestifteten Gemeinde der Pflicht ist Platz selbst für die Pflichtlosen. Aber in der von Menschen gestifteten Einheit der Pflichtlosigkeit ist kein Platz für die Pflichttreuen, nicht den Pflichtlosen gilt die „Trennung“, sondern der Gemeinde der Pflichtlosigkeit, die sich ihrerseits von der von Gott gestifteten Gemeinde der Pflichttreue „getrennt“ hat. Nicht daher die Gemeinde der Pflichttreue ist eine „Trennungsgemeinde“, sondern die Gemeinde der Pflichtlosigkeit, und sie bleibt es, auch wenn sie Pflichtlosigkeit zusammen mit Pflicht pflegt. Nur sie verstößt gegen die „Einheit des Judentums“, die eine Einheit der Pflicht ist, nicht aber jene, die die einzig mögliche „Einheitsgemeinde“ darstellt.

Siehe, lehrte mein Vater s. A., in von Gott gebotenem Pflanzenquartett ist Platz auch für die Bachweide, die des Geruchs wie des Geschmacks entbehrt. Tritt sie aber aus dem Quartett heraus und will selbstständig bestehen, so lehrt uns die Weisheit der Propheten ihre Niederschlagung.[7]

---

4 Am *Schabbat ha-gadol*, dem „großen Sabbat“ vor dem Pessachfest, werden in vielen Synagogen Predigten gehalten, die die für das bevorstehende Fest geltenden Pflichten zum Thema machen.

5 Demnach schließt die religionsgesetzlich verstandene Einheit des Judentums auch getaufte Juden ein – nach dem von R. Abba b. Zabda im Talmud formulierten Grundsatz: „Auch wenn er gesündigt hat, ist er doch ein Jisraelit“ (bSan 44a). Mit einer Anspielung auf die Einheit des aus vier Pflanzenarten zusammengesetzten Lulawstraußes (vgl. unten Anm. 7) heißt es dort weiter: „R. Abba sagte: Das ist es, was die Leute sagen: Auch die Myrte im Schilf ist eine Myrte, und man nennt sie Myrte.“

6 In seinem religionsphilosophischen Werk *Lehre, Gesetz und Nation* schreibt Breuer: „Das Gesetz verbindet. Die Lehre isoliert“ (IBWA 1, 1–54, hier 26).

7 S. R. Hirsch charakterisiert die vier Pflanzenarten des Lulawstraußes, der am Laubhüttenfest (*Sukkot*) in alle Richtungen zu schütteln ist, wie folgt: „Der Etrog gewährt Speise und Geruch; der Lulaw Speise, nicht Geruch; die Myrte Geruch, nicht Speise, die Weide weder Speise noch

Noch heute, da ich diese Sätze niederschreibe, sind in meinem Ohr Ton und Klang der mächtigen Stimme lebendig, die sie einst verkündet, und noch heute erscheinen sie mir völlig unwiderleglich, bis zur Selbstverständlichkeit wahr und richtig, weil klar und deutlich.

Sie waren freilich zunächst und vor allem an die Juden – Frankfurts gerichtet. Und die Geschichte der Juden Frankfurts im 19. Jahrhundert gab ihnen eine gewaltige Stütze, indem sie gewissermaßen zur Logik die bestätigende Erfahrung fügte.

Viele Jahrhunderte hatte in Frankfurt die Einheitsgemeinde der Pflicht, die von Gott gestiftete Gemeinde der Tora bestanden, eine wahre Muttergemeinde in Israel.[8] Die Reformbewegung brachte einen höchst radikalen Umsturz. Unter Bruch der Gemeindeverfassung erklärte sich der reformlüsterne Gemeindevorstand in Permanenz, und ohne Befragung der Gemeindemitglieder baute er sämtliche toragemäßen Institutionen ab und ersetzte sie durch torawidrige, bis schließlich Rabbinat und Synagoge und Schule völlig reformiert, das Tauchbad zugeschüttet, das Schächten abgeschafft und die rituellen Anstalten geschlossen waren.

So sah die „Israelitische Gemeinde" in Frankfurt aus, als die „elf Männer" Rabbiner Hirsch s. A. beriefen.[9] Die „elf Männer" waren sämtlich Mitglieder dieser „Gemeinde", denn das geltende Staatsgesetz gestattete keinen „Austritt". Mit Hilfe des Staates zog die Gemeinde die Steuern auch von den „Elfen" ein, wiewohl sie nicht bereit war, auch nur eine einzige Institution zu unterhalten oder zu fördern, die den Gesetzen der Tora entsprach.

War nun diese Gemeinde, die ausschließlich der treulosesten Assimilation diente und ihre Mitglieder dem sicheren Untergang entgegenführte, eine – jüdische Gemeinde? War die Gemeinde der Tora, die Rabbiner Hirsch s. A. alsdann „gründete", eine „Austrittsgemeinde", eine „Trennungsgemeinde"? Oder war sie nicht am Ende die alte Muttergemeinde in Israel, die sich in unverwüstlicher Jugendkraft aus dem Schutt und Moder der Assimilantenwillkür erhob?

Und diese Muttergemeinde, unter der genialen Führung ihres Rabbinen, lebte und wuchs und blühte, bis endlich, im Greisenalter des Rabbinen, auch der Staat

---

Geruch, sondern nur Holz" (*Horeb*, § 222b). Der Text bezieht sich auf den Brauch, am 7. Tag des Laubhüttenfestes (*Hoschana Rabba*) einen Bachweidenstrauß auf den Boden niederzuschlagen.

8 Die Frankfurter Gemeinde trug nach 2. Sam 20, 19 den Ehrentitel עיר ואם בישראל (wörtlich: „Stadt und Mutter in Israel").

9 "Elf Männer", so sagt es die Frankfurter Überlieferung, wandten sich am 28. Januar 1850 an den Senat der Stadt Frankfurt mit der Bitte, die Berufung eines orthodoxen Rabbiners für die zu gründende IRG zu genehmigen. Wer diese Männer waren, darüber waren verschiedene Listen im Umlauf. Breuer setzt die Anführungszeichen, weil ihm offenbar bewusst war, dass es sich um eine legendarisch gewordene Tradition handelte. Vielleicht symbolisiert die Zahl das gerade noch mögliche Gebetsquorum (*Minjan*, d.h. 10+1). Vgl. dazu Morgenstern, *Von Frankfurt*, 133–135.

sie nicht mehr ignorieren konnte und den „Austritt“ aus dem Assimilantenverband gestattete.[10]

Aber nun bekam es der Assimilantenverband mit der Angst zu tun. Der „Austritt“ konnte seinem Budget teuer zu stehen kommen. Was tat er? Entließ er seine Pfaffen? Schloss er die Institutionen des Abfalls? Beileibe nicht! Aber neben Pfaffen und seinen pfäffischen Institutionen stellte eine – Ritualkommission und einen konservativen Rabbiner, damit diese den religiösen Bedürfnissen der „Strenggläubigen“ genüge tun möchten.

Was war geschehen? Hatte sich mit dieser rein fiskalischen Maßnahme plötzlich der Assimilantenverband in eine – Muttergemeinde in Israel, die zu neuem blühenden Leben erstandene Muttergemeinde in Israel in einen Separatistenverband umgewandelt? Oder waren nicht vielmehr die Männer der Ritualkommission nebst ihrem Rabbiner – Verräter, die der bestehenden Muttergemeinde in den Rücken fielen, um ihre weitere Entwicklung zu hemmen und ihr nach Kräften Abbruch zu tun?

Nicht alle sind Rabbiner Hirsch s. A. gefolgt. Aber in meiner Kindheit habe ich sie noch gekannt, die Getreuen Rabbiner Hirschs s. A., denen jene, aus tiefstem eigenen Erleben heraus, trotz aller persönlichen Gesetzestreue als Verräter, als wirkliche Verräter galten, die man nach Möglichkeit mied, deren Synagoge man niemals betrat, und deren Fleisch man nicht aß.

Rabbiner Breuer s. A., der treueste der Getreuen Rabbiner Hirschs s. A., ist zeit seines Lebens mit dem konservativen Rabbiner der Frankfurter Reformgemeinde[11] nicht im selben Zimmer verblieben...

Wo Wahrheit und Lüge sich vertragen, bleibt zwar die Lüge eine echte Lüge. Aber am Ende ist die Wahrheit keine – echte Wahrheit mehr.[12]

---

10 D.h. das preußische Gesetz vom 28. Juli 1876 über den Austritt aus der Synagogengemeinde; vgl. Morgenstern, *Von Frankfurt*, 336f.

11 Rabbiner Dr. Marcus Horovitz*, der 1878–1910 als Rabbiner der Frankfurter Gemeindeorthodoxie amtierte, hatte am Orthodoxen Rabbinerseminar in Berlin studiert. Das dort erworbene Rabbinatsdiplom enthielt den Passus, dass die Urkunde automatisch ihre Geltung verliert, wenn der Absolvent ein Amt in einer Gemeinde übernimmt, die nicht orthodoxen Grundsätzen folgt; vgl. Lengyel, *Rabbinerausbildung*, 106. Weil Horovitz dennoch den Ruf nach Frankfurt annahm, nennt Breuer ihn einen Verräter.

12 Vgl. Ex 23, 7.

Zweites Kapitel

Der große Riss

Nicht als privaten Verein, nicht als Separatistenverband, sondern als die Frankfurter Muttergemeinde[1] in Israel hatte Rabbiner Hirsch s. A. seine Gemeinde von der ersten Stunde an gegründet, und was ihr gegenüberstand, hatte ihm bis zuletzt nicht den leisesten Anteil an Wesen und Würde einer jüdischen Gemeinde, auch als schließlich die Angst um das Budget etliche toragemäße Institutionen dem unreinen Bau aufpfropfen hieß.

Aber um diese toragemäßen Institutionen und ihren Rabbiner, bezahlte Angestellten des Reformverbandes, sammelte sich allmählich ein Kreis von individuell toratreuen Menschen, die zusammen mit ihrem Rabbiner keinen Teil hatten an der Muttergemeinde in Israel und in wachsendem Maße ihr auch formell nicht als Mitglieder angehörten. Die Tatsache, dass sie der Muttergemeinde fern blieben, bewies unwiderleglich, dass sie nicht nur den „Austritt" aus dem Reformverband, mit Rücksicht auf die vorgenommenen toratreuen Aufpfropfungen, nicht für geboten hielten, wofür sie sich allenfalls noch auf die Entscheidung des „Würzburger Rabbiners"[2] berufen konnten, sondern dass sie in dem Reformverband, nach Vornahme der toratreuen Aufpfropfungen, eine echte Muttergemeinde in Israel, die regenerierte alte Muttergemeinde erblickten, die fürderhin die Gründung Rabbiner Hirschs s. A. überflüssig machte. Da war der Riss zwischen den Gesetzestreuen Frankfurts vollendet.

Nicht die Frage des Austritts hatte diesen Riss unmittelbar herbeigeführt. Ein beträchtlicher Teil der Gemeinde Rabbiner Hirschs s. A. war dem Mahnruf zum „Austritt" nicht gefolgt. Bis in die letzte Zeit gehörten selbst dem Vorstand der Gemeinde Personen an, die nicht ausgetreten waren. Diese Personen hatten bis zuletzt das volle aktive und passive Wahlrecht. Es ist niemals der Versuch gemacht worden, ihnen das Wahlrecht zu entziehen oder zu verkürzen. Der endgültige Riss wurde erst durch den im Laufe der Zeit immer lauter erhobenen Anspruch des konservativen Flügels des Reformverbandes verursacht, in diesem Verband, oder doch wenigstens in diesem seinem Flügel, eine vollwertige jüdische Gemeinde in gesetzlichem und historischem Sinn zu erblicken. Die „Verräter" forderten Emanzipation.

Es war aber die Gemeinde Rabbiner Hirschs s. A. die bedeutendste toratreue Gemeinde Deutschlands geworden. Sie genoss Weltruf. Ohne sie, oder gar

---

1 Vgl. oben Kap. 1, Anm. 8.

2 Rabbiner Seligmann Bär Bamberger*. Zu seiner Entscheidung vgl. Hirsch, *Gesammelte Schriften*, 4, 331–426; 539–567.

gegen sie, war eine Organisation der gesetzestreuen Juden Deutschlands nicht denkbar. Das beginnende 20. Jahrhundert aber kündigte sich als das Jahrhundert der Organisationen an. Es hat nicht an Versuchen gefehlt, eine organisatorische Einigung aller individuell gesetzestreuen Juden Deutschlands vorzunehmen. Sie war ohne Bewilligung der oben erwähnten Emanzipation nicht möglich. An der standhaft heroischen Weigerung Rabbiner Breuers s. A., diesen Kaufpreis, entgegen seinem Gewissen, zu zahlen, sind alle solche Versuche gescheitert. Am Schluss kamen Verbrecher über Deutschland und brachten den Untergang.[3]

Am Börnerplatz in Frankfurt stand die nachträglich erbaute konservative Synagoge des Reformverbandes. Man hatte mich gelehrt, stets in weitem Bogen um sie herum zu gehen, sie zu betreten, war mir eine völlig unfassliche Vorstellung. Und dennoch wusste ich, dass man dort nicht anders betete als bei uns (vielleicht etwas „ländlicher“).[4] Es war doch wohl eine treffliche Erziehung zu – prinzipiellem Denken. Der Kampf gegen die „Emanzipation“ war nicht anders zu führen. Wo die individuelle Lebensführung keine natürliche Scheidewand errichtet, bleibt nichts übrig als der – Boykott...

Dieser Boykott, unter dessen Zeichen meine früheste Jugend bereits stand, wogegen richtete er sich? Nicht genug kann ich es betonen: er richtete sich nicht gegen Personen als solche. Nicht in Hass gegen Personen bin ich erzogen worden; nicht in Abschließung von Juden, die den Gesetzen der Tora den Gehorsam verweigerten. In meinem Elternhause wehte eine freie Luft. Niemals fühlte ich mich an Ketten gelegt, erst recht nicht auf der Jeschiwa, in deren Räumen ich meine schönsten Jahre verbrachte. Weder hier noch dort wurde der Boykott diskutiert. Er verstand sich von selbst. Hass aber versteht sich nie von selbst. Trennung von Menschen als Menschen, von Juden als Juden, und gar noch von Juden gleicher Lebensführung, ist stets unnatürlich. Und wieso, dennoch, Boykott?

Nicht genug kann ich es betonen. Das freiwillige Verbleiben im Reformverband war nach der Entscheidung Rabbiner Hirschs s. A. ein Unrecht; Unrecht auch, vielleicht erst recht, nachdem der Reformverband seinen pfäffischen Institutionen toragemäße aufgepfropft hatte. Aber dieses Unrecht war ein rein individuelles Unrecht, gleich wie die Pflicht, den Reformverband zu verlassen, eine rein individuelle Pflicht war. Man saß nicht zu Gericht über die Personen, die dieses Unrecht taten und man entzog ihnen nicht die gemeindlichen Ehrenrechte, sofern

---

3 Vgl. Breuer, *Erinnerung an das deutsche Judentum.*

4 Die Börneplatz-Synagoge legte besonderen Wert auf die Einhaltung des traditionellen jüdischen Frankfurter Brauchtums, des *Minhag Frankfurt*; der Gottesdienst in der IRG (mit einem synagogalen Männerchor und deutscher Predigt) machte für viele demgegenüber einen „moderneren“ Eindruck. Auf diese Weise konnte die IRG auch zum Vorbild vieler anderer neoorthodoxer Gemeinden in Westeuropa und Nordamerika werden.

sie der Gemeinde angehörten. Nicht die Personen traf der Boykott, sondern den Verband, und den Verband auch erst nachdem er sich einen toragemäßen Flügel zugelegt und alsdann die volle Würde der alten Muttergemeinde in Anspruch genommen hatte. Nach der tiefsten Überzeugung Rabbiner Breuers ging es hier um Sein oder Nichtsein. War der Anspruch berechtigt, so hatte die Gemeinde Rabbiner Hirschs keine Existenzberechtigung mehr. War er unberechtigt, und war daher die Gemeinde Rabbiner Hirschs die einzige jüdische Gemeinde am Ort, so hatten alle Juden am Ort, die ihr freiwillig fernblieben, als Juden zu gelten, die bei aller persönlichen Gesetzestreue sich von der „Gemeinschaft" lossagten.[5] Ein Drittes gab es ihm nicht.

Die Gemeinde Rabbiner Hirschs war keine „Austrittsgemeinde". Als er sie gründete, war der „Austritt" staatsgesetzlich gar nicht möglich. Als der „Austritt" möglich wurde, machte zunächst der größere Teil der Gemeinde keinen Gebrauch davon. Und bis zuletzt genossen die „nicht-ausgetretenen" Mitglieder gemeindliche Vollrechte.

Rabbiner Hirsch erneuerte die alte Frankfurter Muttergemeinde, als es in Frankfurt nichts als den pfäffischen Reformverband gab. Hörte sie auf, die Frankfurter Muttergemeinde zu sein, als der Reformverband seinen Pfaffen einen konservativen Rabbiner als Kollegen beigesellte? Hatte im Besonderen dieser konservative Kollege der Pfaffen das Recht, sich als Rabbiner einer jüdischen Muttergemeinde und als gleichberechtigter Kollege der Rabbinen in Israel zu erachten? Gab es eine ununterbrochene Kette der Kollegialität von Chatam Sofer s. A.* bis zu – Geiger* u. A.?[6] Dies allein war die Frage! Und diese Frage allein betraf der Boykott! Der Reformverband hatte längst aufgehört, gefährlich zu sein; durch die ihm aufgepfropften Institutionen wurde er es erneut. Die Pfaffen hatten längst aufgehört, gefährlich zu sein; durch den ihnen beigesellten Kollegen wurden sie es erneut. Institutionen wie Kollegen sahen ihren Analogien in einer echten jüdischen Gemeinde zum Verwechseln ähnlich. Nur der Boykott konnte da wirksam schützen.

Jeder Boykott verfolgt einen Zweck. Dieser Boykott richtete sich äußerlich gegen an sich toragemäße Institutionen und vornehmlich gegen ein an sich konservatives Rabbinat. In Wahrheit war er eine weithin sichtbare Demonstration zugunsten des Wesens einer jüdischen Gemeinde, das keinem subjektiven Meinen

5 Damit übertraten sie nach Breuer das für jeden Juden geltende Verbot, sich von der jüdischen Gemeinschaft zu trennen; vgl. *Sprüche der Väter* (Pirqe Avot) 2, 4.

6 Moses Schreiber, der *Chatam Sofer*, wurde wie Abraham Geiger in Frankfurt a.M. geboren. Hier wie am Ende seiner Autobiographie ist es Breuer wichtig, den *Chatam Sofer* als Kronzeugen für seine Interpretation des „Frankfurter Prinzips" zu benennen; damit widerspricht er den Schülern des Enkels des *Chatam Sofer* (*Schevet Sofer*), denen er „Epigonentum" vorwirft; vgl. unten Kap. 13, Anm. 25.

unterliegt und dessen objektive Eindeutigkeit für alle Zeiten zu sichern war. Für die Reform gab es keinen Platz im Judentum, keinen Platz in der jüdischen Gemeinde. Das Judentum kann Sünder tragen, aber nicht die – Sünde; die jüdische Gemeinde Sünder beherbergen, aber nicht die Sünde. Hierüber kann und darf es keine Meinungsverschiedenheiten geben, soll nicht das Judentum selbst in einen Komplex subjektiver Meinungen sich zersetzen und auflösen. Die jüdische Gemeinde ist der organisatorische Ausdruck der Objektivität des Judentums.[7] Der Reformverband mit aufgepfropften toragemäßen Institutionen ist der organisatorische Ausdruck einer angeblichen Subjektivität des Judentums, und sein konservativer Rabbiner das lebendige Symbol dieser Subjektivität. Die Lüge ist keine Gefahr für die Wahrheit. Aber die Begründung einer Kollegialität zwischen Lüge und Wahrheit ist allerdings die größte Gefahr für die Wahrheit, weil sie der größte Triumph der Lüge ist.

Nur in Frankfurt konnte es zu dieser furchtbaren Demonstration zugunsten der unantastbaren Heiligkeit der jüdischen Gemeinde kommen. Denn nirgendwo anders als gerade in Frankfurt war es zum bösartigen Attentat auf die Heiligkeit der jüdischen Gemeinde gediehen.

Als Rabbiner Hirsch nach Frankfurt kam, lag die jüdische Gemeinde nach jahrhundertelanger Blüte entseelt am Boden.[8] In den eisernen Klammern des Reformverbandes hatte sie die reine Seele ausgehaucht. Das Genie Rabbiner Hirschs erweckte sie zu neuem Leben. Unter unsäglichen Spenden an Geist und Geld erstarkte sie allmählich und blühte in frischer Jugendschöne empor. Was immer der jüdische Mensch für sein Gemeinschaftsleben in der Gola bedarf, gab sie ihm in größter Vollendung. Keinerlei Not zwang ihn, den Reformverband, seinem Gewissen zuwider, in Anspruch zu nehmen. Alles spendete ihm die jüdische Gemeinde, und der Reformverband hatte ihm nichts zu spenden. War es vielleicht damals irgendwie zweifelhaft, in wessen Lager Gott und die Tora und die Nation weilten: im Frankfurter Reformverband oder in Frankfurts wiedererstandener Gemeinde?

Dann kam die staatsgesetzliche Möglichkeit des „Austritts“.[9] Dann kam die Angst des Reformverbandes um seinen Säckel. Dann kamen die konservativen Aufpfropfungen. Und dann kam schließlich der Anspruch des Reformverbandes

---

7 Zur „Objektivität der Tora“ vgl. Breuer, *Idee des Agudismus* (IBWA 2, 120f) und *Der Neue Kusari* (IBWA 4, 13–33; 49–69 und 322–333).

8 1851 verließ S. R. Hirsch seine Stelle als Oberlandesrabbiner von Österreichisch-Schlesien und Mähren in Nikolsburg und wurde Rabbiner der IRG in Frankfurt am Main; zum hier etwas stereotyp gezeichneten Bild des Niedergangs des Frankfurter Judentums in der ersten Hälfte des 19. Jahrhunderts (und zum neoorthodoxen Geschichtsbild, wie es hier zum Ausdruck kommt) vgl. Morgenstern, *Von Frankfurt*, 122–127.

9 D.h. die Verabschiedung des preußischen „Austrittsgesetzes“ vom 28. Juli 1876.

in seiner endgültigen Form: siehe, dies ist nun jüdische Gemeinde, in der Gott thront, in der die Tora herrscht, die Nation lebt; siehe, das dort ist nur ein Verein von „Abgesplitterten", von „Ausgetretenen", von Zerstörern der „Einheit des Judentums", aus der Not geboren, durch die Not, vielleicht, gerechtfertigt, aber nunmehr, da die alte Frankfurter Gemeinde in der Tat wieder erstanden ist, nicht nur überflüssig, sondern in geradezu ihren Prätentionen ungerechtfertigt, ja verbrecherisch.

Wie? Die Gemeinde der alleinherrschenden Tora ist nur ein –Notgebilde, das sich nicht mehr als die alte Frankfurter Gemeinde betrachten darf, sobald der Reformverband sich konservative Institutionen aufpfropft? Aber was unterscheidet denn dieses Notgebilde von der neuen Gestalt des Reformverbandes? Etwa die aufgepfropften Institutionen?

Aber diese Institutionen sind ja die gleichen wie die des Notgebildes! Was sie unterscheidet? Nichts als die – pfäffischen Institutionen der Reform, dieselben Institutionen, die der alten Frankfurter Gemeinde das Lebenslicht ausbliesen! Nicht also wegen der aufgepfropften Institutionen als solcher, sondern weil sie den pfäffischen Institutionen aufgepfropft sind, weil diese daher unverändert fortbestehen, weil soweit das neue Gebilde des Reformverbandes nicht nur der Tora, angeblich, sondern auch dem Abfall Genüge tut, darum, und nur darum, soll nun diesem Verband allein Recht und Würde einer Muttergemeinde zustehen? Und der freie Wille des jüdischen Menschen, ohne Not und ohne Zwang, soll sich zu seinen Gunsten und zuungunsten jener Gemeinde entscheiden, die ihre Tore stets allen Juden grundsätzlich offenhielt, und in der freilich die Tora allein die Herrschaft führt?[10] Eine Gemeinde also, die den pfäffischen Gelüsten ortsanwesender Sünder nicht entspricht, ist keine echte Gemeinde in Israel? Ist eine – Separatistengemeinde? Und da konnte ein konservativer Rabbiner sich finden, der sich dazu hergab, angesichts einer mit tausend Opfern zu blühendem Leben entstandenen Gemeinde in Israel, ihr die Krone der alten Frankfurter Gemeinde herunterzureißen und sie dem – Reformverband aufzustülpen und sich selbst nunmehr den Titel beizulegen: „Rabbiner der heiligen Gemeinde Frankfurt"[11]?

Diesen Reformverband mit seinen nachträglich hinzugekommenen konservativen Institutionen als jüdische Gemeinde anzuerkennen, nachdem seit Jahrzehnten bereits die alte Frankfurter Gemeinde zu neuem blühenden Leben erstanden war; diesem ins Pfaffenkollegium eingetretenen konservativen Rabbiner auch nur den guten Glauben zuzuerkennen, wenn er sich als „Rabbiner der heiligen Gemeinde

10 Im Hinblick auf die Herrschaft der Tora paraphrasiert Breuer S. R. Hirschs Auslegung von Dtn 33, 4f (vgl. dazu Morgenstern, *Von Frankfurt*, 158–160).

11 D.h. קהילה קדושה (*qehilla qeduscha*), die traditionelle Bezeichnung jüdischer Gemeinden. Von der „Gemeinde Jakobs" (*qehillat Ja'akov*) ist in Dtn 33, 4 die Rede.

Frankfurt" bezeichnete, wo er doch der längst vor seiner Ankunft in Frankfurt zu neuem blühenden Leben erstandenen „heiligen Gemeinde Frankfurt" in den Rücken gefallen war: beides lehnten Rabbiner Hirsch und Rabbiner Breuer[12] im vollsten Bewusstsein ihrer Verantwortung nachdrücklich und endgültig ab. Und diese doppelte, objektive und subjektive, eindeutige und konsequente, Ablehnung einer Pseudogemeinde, die einer längst vor ihr wiedererstandenen echten Gemeinde den Rang als Gemeinde streitig machen, und eines konservativen Rabbiners, der ihr unter Einsatz seiner ganzen Person dazu verhelfen wollte: diese doppelte, bis zum Boykott vorgetriebene Ablehnung ist das eigentliche Wesen dessen, was in der jüdischen Welt bekannt ist als das „Frankfurter Prinzip".

Unter diesem Prinzip bin ich groß geworden. Es wurde integrierender Bestandteil meines jüdischen Bewusstseins.

Dieses Prinzip hat ohne Zweifel die organisatorische Einigung aller individuell gesetzestreuen Juden Deutschlands verhindert.

Es hat freilich, unter Führung der beiden Rabbinen, dem „Separatistenverband" in Frankfurt den Weltruhm einer Muttergemeinde eingebracht.[13]

Sprach man in der jüdischen Welt von „Frankfurt" schlechthin, meinte man doch wohl nicht den Reformverband mit seinen konservativen Aufpfropfungen, sondern man meinte die Gemeinde – Rabbiner Hirschs.

---

12 D.h. Salomon Breuer (1850-1926); vgl. oben Kap. 1, Anm. 1.

13 Die IRG wurde Vorbild weiterer „Austrittsgemeinden" im deutschen Sprachraum. Über die von Hirsch im September 1885 gegründete *Freie Vereinigung für die Interessen des Orthodoxen Judentums,* der orthodoxe Juden aus ganz Deutschland angehörten, übte sie auch internationalen Einfluss aus; vgl. Morgenstern, *Von Frankfurt*, 101f.

Drittes Kapitel

Die Prozentrechnung

In einer Atmosphäre subjektiven Meinens und Dafürhaltens kann man Menschen nicht erziehen. Grundlegende Dinge verlangen eindeutige und endgültige Stellungnahme unter vollem Einsatz der ganzen Persönlichkeit. Es genügt nicht einmal die klare Erkenntnis des Verstandes, wenn der Wille von ihr nicht erfasst wird und sie restlos in sich aufnimmt. Nur die gewollte Erkenntnis entflammt die Tat, und nur sie verleiht die Sicherheit des Standorts.[1] Der Wille fügt zur Erkenntnis die Liebe, die Liebe aber ist ihrer selber stets gewiss.

In einer Atmosphäre einer solchen liebenden Erkenntnis verbrachte ich meine Jugend. Sie galt Gott und seiner Tora, und sie galt der Gemeinde Gottes, der Gemeinde der Tora. Die liebende Erkenntnis bejahte diese Gemeinde mit einer selbst den leisesten Zweifel ausschließenden Leidenschaftlichkeit, und mit der gleichen Leidenschaftlichkeit sprach sie dem Reformverband und seinem konservativen Zubehör den Charakter einer Gemeinde der Tora ab. Ihr war die neu erstandene Gemeinde das unbedingt begehrenswerte Gute, und darum war ihr der Versuch, den Reformverband durch ein konservatives Zubehör nachträglich zu legitimieren, das mit eben solcher Entschiedenheit abzulehnende Schlechte, das heißt, ins Subjektive gewandt, eine durch nichts zu rechtfertigende – Schlechtigkeit. Diese liebende Erkenntnis war die seelische Basis des „Frankfurter Prinzips“. Nicht aus rechnender Dialektik ist es hervorgegangen, sondern aus der Glut der Persönlichkeit.

Die Pflicht zur Beteiligung an der Gemeinde ist halachisch nicht bestritten.[2] Dass diese Gemeinde eine Gemeinde der Tora sein muss, und dass man nicht freiwillig einer Gemeinde angehören darf, die die Herrschaft der Tora nicht anerkennt, hat eingehende halachische Darlegung gefunden.[3] Das Prinzip des Boykotts aber nannte Rabbiner Breuer s. A. selber einmal öffentlich eine „taktische“ Frage, eine „schwerwiegende“ zwar, aber immerhin eine „taktische“. Eine halachisch nachweisbare Pflicht zum Boykott bestand sicher nicht. Die flammend empörte Persönlichkeit hat ihn geboren. Nur die flammend empörte Persönlichkeit konnte ihn ein halbes Jahrhundert lang unterhalten.

Diese Flammen erfüllten das Haus meiner Jugend. Sie verzehrten mir jeden Zweifel an der wahren Natur einer jüdischen Gemeinde, jedes Liebäugeln mit der Zubehör-Orthodoxie des Reformverbandes, jede Sympathie mit ihrer individuellen Lebensführung, und sie machten mich zum – Kämpfer: kann man für eine Sache

---

1 Vgl. Breuer, *Elischa*, 10: „Erst wollend bin ich konkrete Persönlichkeit.“

2 Vgl. oben Kap. 2, Anm. 5.

3 Vgl. oben Kap. 1, Anm. 2.

kämpfen, ohne dass der Wille in Leidenschaft erglüht? Ohne dass der Wille alles, was der geliebten Sache entgegensteht, in Leidenschaft ablehnt? Und konnte im neuen Jahrhundert der Organisationen die reine Idee der jüdischen Gemeinde der Kämpfer entbehren?

Aber dieser rücksichtslose Kampf[4] für die reine Idee der jüdischen Gemeinde verhinderte die organisatorische Einigung aller individuell gesetzestreuen Juden Deutschlands. Ein teurer Preis! War er zu teuer?

Letzten Endes kam alles auf die Haltung Rabbiner Breuers an. Er hätte sich zur Abrüstung entschließen müssen. Abrüstung? Bei aller Betonung seines „sachlichen" Gegensatzes zur Frankfurter Zubehör-Orthodoxie und zu ihrem rabbinischen Führer hätte er sich bereitfinden müssen, sie als völlig gleichwertige Mitglieder der zu organisierenden deutsch-jüdischen Orthodoxie hinzunehmen und mit ihnen innerhalb dieser Organisation friedvoll zusammen zu arbeiten. Also: völlige „Lokalisierung" des nun einmal vorhandenen Gegensatzes und seine „Entgiftung" durch Verzicht auf jedes Werturteil, durch Entfernung jedes Makels, durch ein größeres Maß brüderlichen Verständnisses und brüderlicher Einfühlung, unter Wahrung der nun einmal nicht aus der Welt zu schaffenden Verschiedenheit der „Anschauungen".

Zweimal ist die Versuchung an Rabbiner Breuer mit furchtbarer Eindringlichkeit herangetreten: bei dem Versuch, die unter seinem Vorsitz stehende, von Rabbiner Hirsch gegründete „Freie Vereinigung für die Interessen des orthodoxen Judentums" zu einer Organisation aller individuell gesetzestreuen Juden Deutschlands auszuweiten[5]; und bei dem Versuch, dasselbe Ergebnis unter der Flagge der unter seiner tätigsten Mitwirkung in Kattowitz ins Leben gerufenen agudistischen Weltorganisation herbeizuführen.[6]

Zweimal ist Rabbiner Breuer, unter schwersten inneren Kämpfen, bis an die äußerste Grenze des ihm Möglichen gegangen. Zweimal hat er, in Deutschland fast alleinstehend, die „Emanzipation" des Frankfurter Führers der Zubehör-Orthodoxie,

---

4 Breuers zweiter Roman (1920) trug den Titel *Ein Kampf um Gott* – vielleicht Anspielung auf das Werk des jüdischen Philosophen Levi ben Gerschom (1288–1344) *Die Kriege Gottes* (מלחמות ה').

5 Der *Freien Vereinigung* (vgl. oben Kap. 2, Anm. 13) sollten orthodoxe Juden demnach auch dann beitreten dürfen, wenn sie reformjüdisch geführten Einheitsgemeinden angehörten; zu dieser „Reorganisation" der *Freien Vereinigung* vgl. Rosenheim, *Oholei Jaakov*, 254–258; Morgenstern, *Von Frankfurt*, 43–45.

6 Anspielung auf den Streit um die Frage, ob Vertreter der „Gemeindeorthodoxie" passives Wahlrecht für AI-Institutionen beanspruchen konnten; S. Breuer wollte dies verhindern. Zu diesem Streit auf der Kattowitzer Gründungstagung der *Agudat Israel* (Mai 1912) vgl. IBWA 2, 28 und 38 (mit Anm. 63 und 80).

und damit der Zubehör-Orthodoxie selber, abgelehnt. Zweimal hat er damit die „Einigung“ zu Fall gebracht.

Frage das Feuer, warum es so heiß ist...[7]

Wie kann ich es aber verhehlen, da ihm hierbei die stärkste Opposition in seiner eigenen Gemeinde erwachsen ist! Und zwar nicht von Seiten ihrer „nichtausgetretenen“ Mitglieder, sondern von Seiten des nunmehr langjährigen Präsidenten der Weltaguda, Jakob Rosenheim*! Bei dem zweiten Versuch ist Rosenheim in offenen Aufruhr gegen seinen Rabbiner getreten, und nur der Ausbruch des ersten Weltkriegs hat es der Gemeinde erspart, sich zu entscheiden, ob sie ihrem Rabbiner oder – Rosenheim folgen wolle.[8]

Wie war dies möglich? Man muss schon an die Quelle gehen, um es zu begreifen.

Zunächst: Rosenheims Vater gehörte zu den vielen, die der von Rabbiner Hirsch proklamierten religiösen Pflicht zum „Austritt“ nicht Folge leisteten. Erst als ein neues Gesetz, im Jahre 1899, eigens für Frankfurt geschaffen[9] – ein Verdienst meines „Lieblingsonkels“, des unvergesslichen Justizrat Dr. Naftali Hirsch*[10] – Frankfurts Juden die freie Möglichkeit gab, ohne „Austritt“, durch einfache Erklärung, sich für die eine oder die andere „Gemeinde“ zu entscheiden, machte er hiervon zugunsten der Gemeinde Rabbiner Hirschs Gebrauch. Jakob Rosenheim ist zwar in Ehrfurcht für Rabbiner Hirsch, aber auch in achtungsvoller Sympathie für den urgescheiten Führer der Zubehör-Orthodoxie erzogen worden.

Ferner: Rosenheim war ein echter Schüler meines Onkels, des Direktors unserer Schule, Dr. Mendel Hirsch s. A. * Dies bedeutet, dass er früh in das Schrifttum Rabbiner Hirschs eingeführt wurde, früh das Wort der Propheten ihn entzündete, früh die menschheitlich-priesterliche – ein Lieblingswort Mendel Hirschs – Sendung des Judentums ihm aufging, früh auch die Schönheit der jüdischen Tat, des jüdischen Lebensstils, ihm nahegebracht war. Es bedeutete aber auch einen von der ehernen Objektivität des Talmuds nur wenig gezügelten Subjektivismus, eine keineswegs ungefährliche – Rabbiner Hirsch selber war völlig frei davon – Beziehungslosigkeit zu den vergangenen und gegenwärtigen talmudischen Großen unseres Volkes, soweit sie mehr oder weniger außerhalb der Denk- und Anschauungsweise des Meisters

---

7 Vielleicht Anspielung auf die Auslegung S. R. Hirschs zu Dtn 33, 2 („Gesetz gewordenes Feuer“); vgl. oben Kap. 2, Anm. 10.

8 Zu Rosenheim (1870–1965) vgl. dessen Autobiographie *Erinnerungen*.

9 Zu diesem *Gesetz betr. die Synagogenverhältnisse in Frankfurt a.M. vom 21. 3. 1899* vgl. Morgenstern, *Von Frankfurt*, 336.

10 Zu Naphtali Hirsch (1844–1903), dem Bruder von Isaac Breuers Mutter Sophie (Zippora), geb. Hirsch (1852–1921), und fünften Sohn Rabbiner Hirschs, der die Gesammelten Schriften seines Vaters veröffentlichte, vgl. Hildesheimer, Morgenstern, *Rabbiner Samson Raphael Hirsch*, 300f.

zu stehen schienen, ja selbst eine noch gefährlichere – Rabbiner Hirsch selber war, wie sein Schrifttum bezeugt, auch hiervon, zum mindesten, als er den Kommentar zum Pentateuch schrieb, völlig frei – Abschwächung des jüdisch-nationalen Selbstbewusstseins und eine bis an die Grenze des eben noch Tragbaren reichende Verbundenheit mit deutscher Art, deutscher Geschichte, deutscher Literatur. Rosenheim ist eben nie auf einer – Jeschiwa gewesen, für die Rabbiner Hirsch beim Bau seiner Schule bereits Räume vorgesehen, die aber erst sein Nachfolger hatte gründen können.[11] Ich erinnere mich noch aus meiner Schulzeit, dass ich, wenn meine Klasse das schöne Lied zu singen hatte: „Ich bin ein Deutscher," – ursprünglich hieß es: ich bin ein Preuße! – „Kennt ihr meine Farben ..."[12], dass ich diese Stelle einfach nicht mitsang, natürlich ohne dass es der Lehrer merkte, indem ich zum Schein die Lippen bewegte, jedoch keine Worte artikulierte. Andererseits erinnere ich mich, dass mir einmal Rosenheim gestand, dass, wenn man ihn in seiner Frühzeit mit der Frage aus dem Schlaf geweckt hätte: Bist du ein Deutscher oder ein Jude?, er schlechterdings den Sinn der Frage nicht verstanden hätte. Er hat, zum Glück, hierin bedeutsame Entwicklungen durchgemacht. Vielleicht war ich daran nicht ganz unschuldig –.[13]

Und schließlich: Mendel Hirsch*, Rosenheims einflussreichster Lehrer, war mit der Gemeinde seines Vaters zerfallen und unterhielt keinerlei persönliche Beziehungen zu dessen Nachfolger, Rabbiner Breuer, seinem Schwager. Er hatte das Thronfolgerecht in Anspruch genommen, ohne jedoch auf das Direktorat der Schule verzichten zu wollen. Schon die Riesenkraft Rabbiner Hirschs aber hatte sich der Verbindung von Rabbinat und Direktorat nicht mehr gewachsen gezeigt, und es hatte sich schon unter ihm die Trennung beider Ämter als erforderlich erwiesen. Mendel Hirsch war mit Leib und Seele Schulmann. Bei Heimgang seines Vaters stand er im 56. Lebensjahr. Seit dem Jahre 1855 – er war im Jahre 1833 geboren –

---

11 Hirsch stellte 1844 ohne den Ausdruck des Bedauerns fest, dass die Jeschiwa-Gelehrsamkeit in Deutschland an ihr Ende gekommen sei; ob und inwieweit er dennoch die Neugründung einer Jeschiwa ins Auge fasste, ist in der Forschung umstritten; es spricht Einiges dafür, dass Hirsch mit seinem *Tora im Derech Erez*-Konzept die alte Talmud-Gelehrsamkeit ersetzen wollte; vgl. dazu Morgenstern, *Von Frankfurt,* 170f. Zur Gründung der Frankfurter Jeschiwa durch Salomon Breuer, die als kulturelle Insel ungarischen Talmudlernens inmitten der deutsch-jüdischen Orthodoxie galt, vgl. Joseph Breuer, *The Frankfurt Kehillah*, 17.

12 Die erste Strophe des von Bernhard Thiersch (1793–1855) gedichteten Liedes lautete: „Ich bin ein Preuße, kennt ihr meine Farben? Die Fahne schwebt mir weiß und schwarz voran; dass für die Freiheit meine Väter starben, das deuten, merkt es, meine Farben an! Wie werd' ich bang verzagen? Wie jene will ich's wagen: Sei's trüber Tag, sei's heit'rer Sonnenhein, ich bin ein Preuße, will ein Preuße sein."

13 Vielleicht sang Breuer auch deshalb nicht mit, weil er – in Ungarn gebürtig – ungarischer Staatsbürger war und erst im Alter von 23 Jahren, am 25. Juni 1906, die preußische Staatsbürgerschaft erhielt. Vgl. Balog, *Persönlichkeit*, 7.

hatte er ununterbrochen im Dienste an unserer Schule gestanden, vom Jahre 1877 an als ihr Direktor.[14] Eine rabbinische Tätigkeit hatte er niemals ausgeübt. „Menny kommt leider zu wenig zum Lernen", äußerte einmal gelegentlich sein Vater zu seinem Schwiegersohn, Rabbiner Breuer. Er schlug dem Gemeindevorstand vor, dass er Direktor bleiben, daneben die – Kanzel übernehmen[15], die eigentlichen rabbinischen Funktionen aber, wie vor allem die Entscheidung religiöser Fragen, dem „Dajan" Posen s. A.* überlassen möge, der bei dieser Gelegenheit den Titel eines zweiten Rabbiners annehmen würde. In diesem Vorschlag sah der Vorstand keine Bereitschaft des Sohnes, die „Nachfolge" des Vaters anzutreten, erachtete vielmehr unter solchen Umständen das „Nachfolgerecht"[16] für erledigt, beließ Mendel Hirsch, seinem Wunsch entsprechend, als Direktor und präsentierte der Gemeinde zwei andere Kandidaten für das Rabbinat. Rabbiner Breuer hatte seine Kandidatur erst zugelassen, nachdem es bereits endgültig feststand, dass Mendel Hirsch das Direktorat nicht niederlegen, die religionsgesetzlich wichtigsten Funktionen des Rabbinats nicht übernehmen wolle und daher gemäß dem Beschluss des Vorstands als rabbinischer Nachfolger seines Vaters nicht in Betracht komme. Rabbiner Breuer hat daher niemals „gegen" Direktor Hirsch „kandidiert". Gleichwohl zog sich dieser nach vollzogener Wahl, unter Fortführung seines Amtes als Direktor, grollend von der Gemeinde zurück, betrat niemals wieder die Synagoge seines Vaters, damals der eigentliche Mittelpunkt der Gemeinde, setzte den wiederholten Friedensbemühungen seines Schwagers und Rabbiners beharrliche Weigerung entgegen und schied im Jahre 1900 unversöhnt aus einem sonst so köstlichen Leben.[17]

Im Kreise des mit Gemeinde und ihrem Rabbiner grollenden Lehrers hat Rosenheim vom Jahre 1890 bis zum Jahre 1900 geweilt. Die begreifliche Verehrung für seinen Lehrer konnte ihn seinem Rabbiner nicht näherbringen. Groll strebt sich zu rechtfertigen und sucht Sachliches, wo letzten Endes doch nur – menschlich Allzumenschliches am Werke war. Groll darf nicht zugeben, dass das gewaltige Erbe Rabbiner Hirschs in den Händen des „östlichen Gaon*" gut aufgehoben sei, der bei weitem nicht an die Meisterschaft seines Vorgängers in der

---

14 Vgl. Morgenstern, Hildesheimer, *Rabbiner Samson Raphael Hirsch*, 295–298.

15 Zu Breuers Abneigung gegen das „Predigen" vgl. *Der Neue Kusari* (IBWA 4, 11, 29 und 33) und unten Kap. 6.

16 Die Erörterung des „Nachfolgerechtes" innerhalb der Familie war ein pikantes Thema, weil diese Frage eine Generation später erneut verhandelt wurde, als Isaac Breuers Bruder Raphael sich um die Nachfolge seines Vaters Salomon Breuer im Frankfurter Rabbinat bewarb und mit seiner Kandidatur heftigen Streit in der Gemeinde auslöste. Zu diesem Streit vgl. Morgenstern, *Von Frankfurt*, 222–224.

17 Zum Groll Mendel Hirschs vgl. auch Rosenheim, *Erinnerungen,* 72.

Traktierung der – deutschen Sprache heranreiche[18]; der das Werk Rabbiner Hirschs für – ergänzungsbedürftig halte und ihm schleunigst eine – Jeschiwa anfüge, und solchermaßen „Beethovens neunte Symphonie zu übertrumpfen trachte"; der überhaupt in der Beschäftigung mit nichtjüdischen Bildungselementen im besten Falle eine von der Zeit gebotene vielleicht gar beklagenswerte, Notwendigkeit erblicke, nicht aber eine in der „menschheitpriesterlichen" Sendung des Judentums beschlossene –Selbstverständlichkeit. Groll muss einen eigenen Verein gründen – „Ben Usiel"[19] –, um dem Grollenden die Möglichkeit zu geben, den echten Geist Rabbiner Hirschs auch weiter jedem künden zu können, der den Umweg über die – Midraschim verschmäht und unmittelbar aus der Quelle schöpfen möchte. Groll sieht nicht, und er kann nicht sehen, dass mit erstaunlicher Sicherheit, mit unerhörter Unbeirrbarkeit der Nachfolger, selber granitene jüdische Persönlichkeit, am Werke ist, gewaltsam zerrissene Fäden von neuem zu knüpfen, gewaltsam zerstörte Beziehung wiederherzustellen: „Mit Rabbiner Hirsch zurück zum – Talmud; mit Rabbiner Hirsch hinein in die Kontinuität der jüdischen Geschichtsentwicklung; Rabbiner Hirsch kein Einsamer, sondern eingereiht in die ewige Kette der großen Toralehrer Israels; kein Frankfurter Reservatbesitz, sondern kostbares Gut des ganzen jüdischen Volkes!" Groll gibt nicht zu, und kann nicht zugeben, dass mit diesem „ungarischen Gaon", dem nun das Erbe Rabbiner Hirschs anvertraut ist, dem gefeierten Schüler des Ketav Sofer s. A.*[20], dem zugleich nicht eine einzige Zeile unbekannt war, die sein Schwiegervater, unser „großer Rabbiner", je geschrieben, nicht eine einzige Zeile, mit der er sich nicht, selber aus einem Guss, in grenzenloser Treue und Verehrung, aber auch in aller Selbständigkeit eingeborener Autorität, eben als „Gaon", auseinandergesetzt hätte, dass mit ihm dem Erbe Rabbiner Hirschs das Größte widerfahren war, das einem geistigen Erbe werden kann: Rettung vor Erstarrnis, Ablösung von zeitlich bedingter Einseitigkeit, Konfrontation mit dem Erbe Chatam Sofers s. A.*, kurzum: Entwicklungsfähigkeit und damit – Ewigkeit.

Der Groll fühlte nur Enttäuschung und übermittelte seinem Schülerkreis in erster Reihe, bewusst und unbewusst, Kritik. Diese Eindrücke waren entscheidend. Auch als Rosenheim längst von seinem Lehrer Mendel Hirsch*, viele Jahre nach dessen Heimgang, mit einer Gründlichkeit sich geschieden hatte, die subjektiv nicht gerade als treu, objektiv keineswegs als gerecht bezeichnet werden kann, – es ist

---

18 Zweifel an S. Breuers sprachlichen Fähigkeiten hingen vielleicht mit dessen Abneigung gegen das „Predigen" zusammen; vgl. dazu oben Anm. 15.

19 Der Name knüpfte an die Tatsache an, dass S.R. Hirsch 1836 seine *Neunzehn Briefe* unter dem Pseudonym *Ben Usiel* veröffentlicht hatte; vgl. Rosenheim, *Erinnerungen,* 72.

20 Salomon Breuer hatte vor seinem Studium an der Universität Heidelberg auf der Jeschiwa des Pressburger Rabbiners Abraham Samuel Benjamin Wolf Sofer (1815–1871), genannt *Ketav Sofer** („Schrift des Schreibers"), des Sohnes des *Chatam Sofer*, gelernt. Dort erwarb er das Rabbinatsdiplom.

einfach nicht wahr, dass die Wege Mendel Hirschs irgendwo und irgendwie in einen „Ballsaal" gemündet hätten[21] – wurden seine Beziehungen zu seinem Rabbiner keine herzlichen; sie sind es niemals gewesen. Es ist, seelisch und auch praktisch, viel leichter, viel bequemer, einem ortsabwesenden Gaon anzuhängen als einem Ortsanwesenden. Ist nun der ortsanwesende Gaon gar entschlossen und gewillt, die von ihm vertretene Tora[22] zur Herrschaft und zur Geltung zu bringen, und fühlt man sich selber, auch ohne Gaon zu sein, zur Herrschaft – berufen, so fühlt man sich, im günstigsten Falle, von dem Gaon an Ketten gelegt, und im Nu bricht der Konflikt aus...

All die Jahre, in denen ich mit Rosenheim wirklich gut stand – es war dies bis zum Ausbruch des offenen Konflikts zwischen ihm und seinem Rabbiner, unmittelbar nach der Kattowitzer Tagung[23] –, musste ich fortgesetzt vermitteln und aufklären und zureden. Rosenheim war in jüngeren Jahren ein Mann von brennendem Ehrgeiz, von äußerst gesteigertem Selbstbewusstsein und von großem Tatendurst. Hier hätte es nur einen einzigen Weg gegeben, sein offenbares Missverhältnis zu seinem Rabbiner mit einem Schlage in ein Verhältnis umzuwandeln, wie es die jüdische Tradition zwischen dem Ortsrabbiner, der ein anerkannter Gaon, und seinem Gemeindemitglied, das hochbegabt ist, kennt und fordert: Rosenheim hätte „Schüler" des Gaon werden, Rosenheim hätte in die im Jahre 1891– er war damals erst 21 Jahre alt! – von seinem Rabbiner gegründete Jeschiwa eintreten müssen[24], und die ganze deutsche Judengeschichte, wohl auch die Geschichte der Agudat Jisrael, hätte eine andere Wendung genommen. Zwischen dem „Rebben" und dem „Talmid*", und wäre er selbst der genialste, besteht keine Eifersucht, kein mühsam erzwungener Gehorsam, keine Nerven zerreißende Spannung, kein schließlich zum Ausbruch kommender Aufruhr, sondern liebende Unterordnung, sondern freudige Folgsamkeit, sondern treue Hilfeleistung, sondern bescheiden herzlicher Verzicht. Wer kein „Talmid" ist, und er ist begabt, kann nicht – bescheiden sein. Ein „Schüler" mag über seinen Lehrer hinauswachsen und ihn schließlich auch, je nach seiner Artung, verlassen. Aber kein „Talmid" wächst über seinen „Rebben"

21 M. Hirsch wurde vorgeworfen, dass nicht alle seine Kinder toratreu blieben: Zu seiner Tochter Rahel Hirsch (1870–1953), die Medizin studierte, 1913 als erste Frau in Deutschland Professorin der Medizin wurde und die Orthodoxie verließ, vgl. Chevallier, *Fräulein Professor*.

22 Breuer plädiert hier dafür, dass die rabbinische Autorität auch Fragen berührt, die außerhalb des religionsgesetzlich Geregelten liegen. Zur Vorstellung der außerhalachischen Richtlinienkompetenz der Rabbinen (hebr. *Da'at Tora*), die sich im 19. Jahrhundert in Osteuropa entwickelte, aber bei S. R. Hirsch noch keine Rolle spielt, vgl. Bacon, *Daat Torah* und Morgenstern, *Von Frankfurt*, 211f (Anm. 50).

23 Vgl. oben Anm. 6.

24 Vgl. Rosenheim, *Erinnerungen*, 24; vgl. unten Breuers Brief „Schaffe Dir einen Rabbiner" (Anhang 1).

hinaus, kein „Talmid“ verlässt seinen „Rebben“. Es ist die Tragik Rosenheims, dass er keinen „Rebben“ hatte; dass er einen wahrhaftigen Gaon seinen Rabbiner nennen durfte, ohne sein „Talmid“ zu werden. Und sind nicht auch die „Talmidim“ eines und desselben „Rebben“ – Brüder?[25] –

Als Mendel Hirsch* aus dem Leben scheidet[26] und mit ihm der Verein „Ben Usiel“ eingeht, gründet Rosenheim den Verein „Nachalat Zwi“[27], der ungemein bezeichnenderweise jede formelle Bindung an die Gemeinde als solche sorgfältig vermeidet. Den aufhorchenden Teilnehmern an der Eröffnungsversammlung verkündet aber Rosenheim, in Anwesenheit seines Rabbiners, dass der Heimgang Mendel Hirschs die Gründung notwendig gemacht habe, dass nunmehr, da seinen treuen Händen das Erbe Rabbiner Hirschs entglitten sei, wir alle uns zusammenschließen müssten, auf dass aus all den dünnen Wasserfäden allmählich ein starker Strom entstehe, eben „Nachalat Zwi“...

Schon aber klopft er ungeduldig an die Pforten der „Freien Vereinigung“. Im Jahre 1903 wird ihr verdienstvoller „Schriftführer“[28], Justizrat Dr. Naftali Hirsch*, allzu früh aus dem Dasein abberufen.[29] Der Kräftemangel in der Orthodoxie macht sich ungemein empfindlich bemerkbar. Rabbiner Hirsch hatte seinen Sohn mit diesem wichtigen Amt betraut. Aber die Söhne Rabbiner Breuers sind alle noch unerwachsen. Es findet sich niemand außer – Rosenheim. Dieser aber droht mit einer – Konkurrenzvereinigung, wenn ihm nicht nachgelassen werde, als Nachfolger Naftali Hirschs die „Freie Vereinigung“ zu einer alle individuell Gesetzestreuen Deutschlands einigende Organisation umzugestalten! Denn dies wird ihm nun, bis zum ersten Weltkrieg, wichtigster Lebensinhalt: die Heilung des Risses, der die

---

25 Der Talmud (bBM 33a) leitet die Pflicht, seinen Rabbiner zu ehren, von der Pflicht zur Ehrfurcht vor dem Vater ab. Demnach sind die Schüler eines Rabbiners „Brüder“.

26 Zum Tod Mendel Hirschs und zu den Nachrufen vgl. Hildesheimer, Morgenstern, *Samson Raphael Hirsch*, 297.

27 Hebr. נחלת צבי („das Vermächtnis Hirschs“); nach Rosenheim Erinnerungen wurde der *Nachalat Zwi-Verein* als „Unterabteilung des *Mekor Chajim* [Quelle des Lebens]-Vereins” gegründet, eines der IRG angeschlossenen Lernvereins. Rosenheim schreibt zu dieser Gründung, dass „Rabbiner Hirsch, im Gegensatz zu seinem großen Zeitgenossen Esriel Hildesheimer, nicht das Glück hatte, gelehrte Schüler zur Fortsetzung seiner Ideen zu hinterlassen. So kam es, daß nun auch diejenigen, die sich keineswegs in irgendwelchem Gegensatz zu dem Gemeinderabbinat befanden, sondern im Gegenteil dessen Tendenzen aufs wärmste unterstützen, die bewußte Pflege des Hirsch-Studiums durch eine besondere Organisation für angebracht hielten” (*Erinnerungen*, 73).

28 Vgl. Rosenheim, *Erinnerungen*, 81f; Morgenstern, *Von Frankfurt*, 43–45.

29 Zum Tod Naftali Hirschs und zu den Nachrufen auf ihn vgl. Hildesheimer, Morgenstern, *Samson Raphael Hirsch*, 301.

deutsche Orthodoxie durchzieht.[30] Zweimal versucht er es. Und zweimal misslingt es ihm.

Damals, zu Beginn des Jahrhunderts, fühlte er sich auf der Höhe seiner Kraft, fühlte er sich ein moderner Mensch. „Organisation“ ist die Losung des Tages. Sie gilt fast als Selbstzweck. Der Mangel einer durchgängigen Organisation ist die eigentliche Krankheit der deutschen Orthodoxie. An ihrer Errichtung wird die deutsche Orthodoxie genesen. Noch ist er mit seiner Gemeinde nicht bis zur Selbstidentifikation verwachsen (vielleicht ist es überhaupt nicht dazu gekommen!). Keine innere Beziehung oder gar Bindung zwischen ihm und seinem Rabbinen. Dessen Verhältnis zur Orthodoxie der Reformgemeinde, und zumal zu ihrem Führer, ob es gleich genau dasselbe ist, fühlt er mehr als – ungarisch, denn als – „hirschisch“. Die schroffest ablehnende Haltung des heimgegangenen Großen erscheint ihm als – „Staub“, den sich der Held im männermordenden Kampf geholt. Warum solchen Nahkampf verewigen? Warum sich künstlich mit – „Staub“ bedecken? Lasset uns Staub zum Staube fügen und lasset die – „Brüder in Tora und Mizwot“ mit echt jüdischer – Liebe lieben. „Brüder in Tora und Mizwot“: darin liegt alles. „Neunundneunzig Prozent von Tora und Mizwot haben wir mit ihnen und mit ihrem Führer gemeinsam, und nur ein einziges Prozent trennt uns. Und wir sollten sie und ihren Führer wegen des fehlenden einzigen Prozentes verfemen, statt sie auf Grund der neunundneunzigprozentigen Gemeinsamkeit als vollberechtigte Brüder anzuerkennen, als vollberechtigte Mitglieder in die Landesorganisation aufnehmen und es den lokalen Gemeinden überlassen, das umstrittene einzige Prozent in Ruhe und Sachlichkeit und mit jüdischer Bruderliebe untereinander auszutragen?“

Siehe, dies ist die Prozentrechnung, die Rosenheim nicht wieder verlassen wird. Nur ihr Objekt wird sie wechseln. Jahrzehnte später noch wird sie seine Haltung zu – Erez Jisrael bestimmen. Er wird nichts sehen als die „Mizwat Jischuw Erez Jisrael“[31], und diese Mizwa wird ihm kaum – ein einziges Prozent der Fülle von Tora und Mizwot sein, mit denen der Allmächtige Israel beglücken wollte.

Sonderbar: der Mann, der sein Leben den „Organisationen“ weiht – vom Literaturverein seiner Frühzeit über „Nachalat Zwi“[32] und „Freie Vereinigung“

---

30 Vgl. oben Anm. 6.

31 מצות ישוב ארץ ישראל, „Gebot der Besiedlung des Landes Israel“. Nach Sifre, Reeh 53 und tAZ 5,2 wiegt dieses Gebot alle anderen Toragebote auf (ישיבת ארץ ישראל שקולה כנגד כל מצות שבתורה). Maimonides erwähnt dieses Gebot in seiner Liste der Gebote nicht, aber Nachmanides (*Kommentar zu Maimonides' Sefer haMizwot ["Buch der Gebote"],* Gebot Nr. 4) nimmt es auf und führt es auf Num 33, 53 zurück.

32 Zu Rosenheims „Vereinigung zur Pflege jüdischer Welt- und Lebensanschauung Nachlath Zwi vgl. Rosenheim, *Erinnerungen*, 72–76. Dieser Verein ist nicht zu verwechseln mit der orthodoxen Monatsschrift *Nachalat Zwi* (hebr. „Erbe Hirschs“), die in den Jahren 1930/31 bis 1937/38 in Frankfurt erschien.

und „Gemeinde" bis „Agudat Jisrael" – ist im tiefsten Grunde ausgesprochener Individualist, nur dass seine Individualität sich nur in Organisationen ausleben kann, nur in Organisationen jene Bestätigung findet, auf die gerade der Individualist nicht selten angewiesen ist.

Nur ausnahmsweise aber hat der Individualist ein Angebinde, das ohnedies bei der jüdischen Orthodoxie sich nicht häufig findet: historischen Sinn, und zwar in jener besonderen Ausgestaltung, die auch jedwede Gegenwart gewissermaßen historisch erlebt. (Im höchsten Grade habe ich dieses Angebinde vorgefunden bei Rabbi Chaim Sonnenfeld s. A.* und bei Rabbi Kook s. A.*).

Diesen historischen Sinn entbehrte Rosenheim völlig. Daher sieht er meist vor Bäumen den Wald nicht. Er zählte die Bäume dieses Waldes, und er zählte die Bäume jenes Waldes, und er stellte fest, dass die Zahl der Bäume dieses Waldes der Zahl der Bäume jenes Waldes fast gleichkommt. Dass aber dieser Wald als solcher vielleicht eine ganz andere – Lage hat als jener; dass die Verschiedenheit der Lage gar kein Zählen, gar keine Prozentrechnung zulässt: das sieht er nicht. Und nur darauf kommt es an.

Ist das Gemeinschaftsleben in Israel Inhalt einer Mizwa unter Mizwot, deren – prozentmäßiger Anteil am ganzen System feststellbar ist? Oder ist nicht vielmehr das Gemeinschaftsleben in Israel die Basis des ganzen Judentums, die "Kehillat Jaakow"[33], der allein der Allmächtige seine Tora anvertraut hat?[34] Und wie nun, wenn es, historisch bewertet, diesem Frankfurt beschieden war, die Frage nach der Eigenart des Gemeinschaftslebens in Israel mit furchtbarster Eindringlichkeit aufzuwerfen und mit einzigartiger Klarheit nicht nur theoretisch, sondern auch praktisch, in historischer Vorbildlichkeit zu beantworten, nicht nur für damals, sondern für alle Zukunft, und nicht nur für Frankfurt, sondern für die ganze jüdische Welt: dann soll eine lediglich – Individuen sehende Prozentrechnung kommen dürfen, um die bewusst historische – man lese nur die bezüglichen Schriften Rabbiner Hirschs – Absolutheit der unter tausend Opfern, einmal für alle Male, theoretisch wie vor allem praktisch, erteilten Antwort in einen – Streit der „Meinungen" über ein einziges Prozent der jüdischen Sache zu zersetzen und aufzulösen und damit letzten Endes rückgängig zu machen? Ein historisches Exempel wollte der Gaon Samson Raphael Hirsch s. A. in seinem Frankfurt statuieren, und hat er statuiert. Wer durfte es wagen, ihm in die Arme zu fallen? Ihm „Staub" anzudichten, wo flammend historischer Richtspruch eines – Gaon am Werke war?

---

33 קהילת יעקב, „Gemeinde Jakobs"; vgl. Dtn 33, 4.

34 Die Pflichten der Tora sind demnach nicht dem Einzelnen, sondern der jüdischen Gemeinschaft auferlegt. Zu Breuers Konzept der die jüdische Gemeinschaft zusammenhaltenden „Torakultur" vgl. *Erez Jisroel Briefe* (IBWA 2, 264–266).

Drittes Kapitel

Die Prozentrechnung

Auf das Frankfurter Attentat gegen die Basis des ganzen Judentums, gegen „Kehillat Jaakow“, erging der Richtspruch des Gaon: Boykott!

Für die Aufrechterhaltung dieses Richtspruchs hat Rabbiner Breuer mit seinem Herzblut gegen die – Prozentrechnung und ihre individualistischen Versuche einer Revision gekämpft.

Er hat gesiegt. Zweimal.

Dann ging er heim.

Viertes Kapitel

Grundlagen

"Religion" im modernen Sinne hemmt nicht den Individualismus, sondern fördert ihn eher. Wer ist denn im modernen Sinn „religiös"? Doch nur der „religiös Veranlagte". Dieser aber wird in seiner Religion sich oft genug „bestätigt" finden. Die frühzeitige Vertiefung in den „Sinn" der Mizwot, wenn kein starkes Gegengewicht wirksam ist, dürfte keineswegs gefahrlos sein.[1] Der von uns erforschbare „Sinn" kann des subjektiven Moments der inneren Zustimmung nie ganz entbehren, und so scheint es nicht ausgeschlossen, dass auch auf diese Weise der Selbstbestätigung Vorschub geleistet wird. Das einzig wirksame Gegengewicht ist der Talmud.[2]

In meinem Elternhause herrschte eine wesentlich talmudische Atmosphäre. Schon rein äußerlich orientierte sich die ganze Hausordnung an den Lehrvorträgen, die mein Vater, wenn keine Störungen dazwischenkamen, zweimal täglich in seiner Jeschiwa hielt. Ihm selber aber stand das „Lernen" im alles beherrschenden Mittelpunkt seines ganzen Denkens und Fühlens. Daran hatte weder die Arbeit für die Erlangung der Maturität[3] noch die Arbeit für die Erlangung der Doktorwürde[4] auch nur das Mindeste ändern können. Dabei hatte er sich Kuno Fischer*, dem gefürchteten Philosophen von Heidelberg, zum Examen gestellt und ihm die Kantische Philosophie als den Gegenstand seiner besonderen Beschäftigung bezeichnet. Aber noch ehe er an die Maturität ging, war er bereits ein allseitig anerkannter Talmudist, und da er das Diplom „weltlicher Bildung" in der Tasche hatte, schied er sich endgültig von „Edoms Weisheit"[5], um sich ihr nie wieder zuzuwenden. Ich glaube nicht, dass er danach nochmals ein „weltliches Buch" wieder in die Hand genommen hat. Er behielt von „Edoms Weisheit" ein allgemeines Verständnis für die „Dinge der Welt", eine durch Auseinandersetzung erprobte Urteilskraft, einen durch Auseinandersetzung geläuterten Geschmack, tiefen Einblick in die Fragen, die die Menschheit seiner Epoche bewegten, die Fähigkeit, weltliche Tatbestände von Fall zu Fall schnellstens zu erfassen, und die nicht nur auf – Unkenntnis beruhende felsenfeste Überzeugung von der einzigartigen Größe

---

1 Zum religionsphilosophischen Problem des „Sinns" oder der „Gründe" der Gebote (hebr. טעמי המצוות, „ta'ame ha-mizwot") vgl. *Der Neue Kusari*, IBWA 4, 160.

2 Vgl. Breuer, *Lehre, Gesetz und Nation*, IBWA 1, 41f und *Kampf um Gott*, 146ff.

3 Neben seinem Studium an der vom *Chatam Sofer** gegründeten Jeschiwa hatte Salomon Breuer 1871 am Pressburger Gymnasium das Abitur erworben.

4 Am 26./27. Mai 1876 wurde Salomon Breuer in Heidelberg mit einer Dissertation über Kant „multa cum laude" promoviert.

5 Esau (Edom) wird hier nach alter rabbinischer Tradition mit dem Römischen Reich und im weiteren Sinn mit westlicher Kultur identifiziert; vgl. Morgenstern, *Image of Edom.*

und Hoheit der seinem Volke geoffenbarten Toraweisheit. Und wohl auch die Kraft, mit einer Gründlichkeit ohne gleichen das gewaltige Schrifttum Rabbiner Hirschs durchzuarbeiten, seinen jüdischen Ideengehalt in aller Selbständigkeit, unter voller Wahrung seines Eigenwesens in sich aufzunehmen und aus seinen allgemein menschlichen, allgemein historischen und allgemein wirtschaftlichen Inhalten weitere Einsicht in die „Dinge der Welt“ zu schöpfen. Im Übrigen hat er mit einer bei seinem stupenden und niemals versagenden Gedächtnis geradezu bewundernswerten Gründlichkeit die meisten sogenannten Realien „weltlicher Bildung“ vergessen, vermutlich bewusst vergessen wollen, um die weiten Kammern seines Gedächtnisses ausschließlich dem „Lernen“ vorzubehalten.

Es war die vornehmste Sorge meiner Eltern s. A., dass ihre Söhne echte Söhne der Tora“[6] würden. Dieses Ziel zu erreichen, haben sie die größten materiellen Opfer gebracht. Unter der Bedingung, dass es erreicht werde, waren sie bereit, die unglaublichsten Aufwendungen auch für die Ausbildung zum „Beruf“ zu machen, dessen Wahl sie den Söhnen völlig freistellten. Sämtliche sechs Söhne gingen jahrelang auf die Jeschiwa. Sämtliche sechs Söhne haben „studiert“.[7] Keiner von uns hat während all der Jahre auch nur einen Pfennig selbst verdient („Ich wünsche, dass ihr die Zeit, wo andere Privatstunden geben, lieber anständig lernt“). Ich war von 1898 – 1904 auf der Jeschiwa[8], von 1904 – 1913 auf Universitäten[9] und praktisch-juristischen Ausbildungsstellen.

Das Lernen beherrschte das ganze Haus. Täglich kamen erwachsene und ausgereifte Bachurim*, durchweg aus Ungarn, da es damals deutsche Bachurim nicht gab, um nach der Schule mit uns, meist mit jedem für sich, den Talmud zu traktieren. Von der Schule sind mir in jüdischer Hinsicht, offen gestanden, nicht allzu viel nachhaltige Eindrücke haften geblieben, wenn ich von dem trefflichen Talmudunterricht und den wahrhaft hinreißenden Tenach-Stunden Mendel Hirschs*, in den beiden obersten Klassen, absehe. Vom „menschheit-priesterlichen“ Zusammenhang zwischen Judentum und der englischen und französischen Sprache, ja selbst der deutschen Sprache und Literatur, ja selbst der Naturlehre und der allgemeinen Geschichte, von – Mathematik gar nicht zu reden, habe ich in den betreffenden Stunden nichts, aber auch gar nichts, zu spüren bekommen.[10] Kein Zweifel: der große Gedanke Rabbiner Hirschs hatte zu seiner Verwirklichung

6 Hebr. בני תורה, „Torajünger“.

7 Zu den Brüdern Breuers vgl. oben „Vorwort zur zweiten Auflage“, Anm. 7.

8 Zur Breuers autobiographischer Reflexion vgl. *Elischa*, 22ff.

9 Breuer studierte in Gießen, Straßburg, Marburg/Lahn und Berlin (Morgenstern, *Von Frankfurt*, 213.)

10 Zu Breuers Schulzeugnissen vgl. Balog, *Persönlichkeit*, 9ff.

noch nicht die geeigneten Lehrkräfte gefunden. Umso mehr aber hat der häusliche Talmudunterricht, von den Eltern als wichtigste Angelegenheit in den Vordergrund gestellt, auf mich eingewirkt. Mit großer Selbstverständlichkeit bin ich dann nach Absolvierung der Schule, gleich allen meinen Brüdern, auf die Jeschiwa gegangen: für das Frankfurt von damals ein Aufsehen erregendes Unikum (in den letzten Jahren der Wirksamkeit meines Vaters in den guten jüdischen Häusern fast auch Selbstverständlichkeit!).[11]

Schon als Kind liebte ich den Talmud, und ich bin ihm treu geblieben. In meinen kindlichen Träumen schwankte ich freilich zuweilen, ob ich es meinem Vater im Talmud oder – Napoleon Bonaparte in der Geschichte gleichtun sollte. Wie es nun schon so mit kindlichen Träumen geht: es ist aus beiden nichts geworden. Aber während der Korse mir, wenigstens als Strebeziel, längst völlig verblasst ist, blieb es bis heute mein Ehrgeiz, ein Blatt des Talmud nach meinen – ich glaube, hier ziemt es sich zu sagen: bescheidenen – Kräften so ähnlich zu meistern, nach derselben Methode zu „erobern“, buchstäblich zu erobern, wie ich es zu seinen Füßen so viele Jahre mit ergriffener Bewunderung erlebt habe.[12]

Denn mein Vater lernte mit seinen Talmidim immer nur „am Blatte“. Nie kam der Gaon* mit fertigen Ergebnissen. Nie beschränkte er sich auf diejenigen Stellen des Blattes, zu denen er selbst in seiner begnadeten Produktivität etwas wirklich Neues zu sagen hatte. Didaktischer Zweck seiner ganzen Lehrvorträge war, dass die Talmidim lernten, wie zu „lernen“, wie das Blatt zu behandeln, wie aus ihm, nach sorgfältigster Prüfung von Satz zu Satz, ja von Wort zu Wort, im Text wie in Raschis Kommentar, die „Schitot“[13] herauszuholen, wie an die „Rischonim“ heranzugehen, und wie schließlich auch die „Acharonim“[14] zu verwerten. Mir war es das vorbildliche Muster echt jüdischer „Wissenschaftlichkeit“, echt jüdischer „Kritik“, und Muster ist es mir geblieben, auch als ich später „Edoms“ Wissenschaftlichkeit auf mich einwirken ließ. Noch heute kann ich nicht anders „lernen“, als wie ich es von ihm gelernt habe, und ich bin überzeugt, dass es der gewaltigen Schar seiner „Talmidim“ nicht anders gegangen ist.[15] Dabei machte er keinen Unterschied

---

11 Zu diesem Lebensabschnitt Breuers vgl. Balog, *Persönlichkeit*, 16ff.

12 Ein Bild heldenhaften Lernens zeichnet auch Breuers Bruder Raphael in seinem 1915 erschienen Kommentar zum Buch Josua: Der Nachfolger Moses genügt dort „seiner höchsten Feldherrnpflicht“ durch intensives Torastudium (Breuer, *Josua*, 81; zu Jos 8, 13).

13 Der gewöhnlich mit „System“ oder „Methode“ übersetzte Begriff bezeichnet hier die jeweilige Methode des Lernens bzw. der Erklärung des Talmuds.

14 *Rischonim* („Erste“) heißen rabbinische Gelehrte (Dezisoren), die zwischen dem 11. und 15. Jahrhundert, *Acharonim* („Spätere“), solche, die vom 16. Jahrhundert bis in die Gegenwart tätig waren.

15 Salomon Breuers Novellen zum Talmud erschienen 1948 in hebräischer Sprache unter dem

zwischen den halachischen und den aggadischen Teilen des Talmuds. Ihm war die Sitte fremd, letztere zu überspringen oder dem Privatfleiß der Hörer zu überlassen oder weniger gewissenhaft zu behandeln. Er ging, auch im halachischen Teil, keiner Gelegenheit aus dem Wege, das Weltanschauliche zu berühren, auf das Prinzipielle hinzuweisen, den Hauch der Gottesfurcht zu verbreiten, das Vertrauen in die Wahrheit der Überlieferung zu stärken, ja selbst, oft mit rührend kleinem Lächeln, Tagesfragen zu streifen. Aber es geschah ohne die leiseste Aufdringlichkeit, ohne jedwedes Gedröhne, ohne Sorge und ohne Nervosität, in großer Ruhe, in stiller Selbstverständlichkeit, gleichwie man etwa zu Kerngesunden gelegentlich auch einmal von Krankheiten spricht – eine Oase tiefsten Friedens und völliger Ausgeglichenheit diese „Schiurstube"[16], während draußen, dicht vor ihrer Tür, die Unrast waltete, und der Kampf der Meinungen, und der schrille Ruf der Kämpfer, und der Zweifel, und die Unsicherheit, der Kompromiss und die Subjektivität. Und wohl auch verdankte der „Rebbe" seinen außerordentlichen Einfluss auf die Talmidim nicht zuletzt dem Umstand, dass diese ihn auch auf der Kanzel sahen, von der Kanzel herab sein Donnerwort hörten, seinen starken Arm ausgestreckt sahen über die Gemeinde, mahnend und warnend und wegweisend übers ganze Land, und in tiefer Ehrfurcht die völlige Einheit wahrnahmen zwischen dem Rebben ihrer Schiurstube und dem „Manhig" – Persönlichkeit.[17]

Vielleicht war es das große Glück meines Lebens, dass das Judentum an mich von vorneherein, zu allererst in all seiner Objektivität herangetreten ist: in der Objektivität des von ihm geschaffenen Lebensstils, dessen ganze Schönheit und Anmut in allen Gemütslagen und allen Lebensäußerungen das Elternhaus mir stets vor Augen führte[18]; und in der Objektivität des Talmud, der wahrhaftig nicht als ein Werk religiöser Erbauung und Belehrung angesprochen werden kann und dem nichts ferner liegt, als um seine Jünger zu werben und ihnen das Plazet zustimmender Überzeugung zu entlocken; dem vielmehr das Judentum als geistige Erscheinung zunächst und vor allem das geoffenbarte nationale Recht des jüdischen Volks ist, das die Existenz Gottes, sein Schöpfertum, sein Offenbarertum, sein Königtum, das sich Abrahams Enkeln zuneigte und sie mit dem Lande auf ewig verband, das all dies als unumstößliche, weil von der Nation selber erlebte nationalhistorische Tatsachen vollkommen voraussetzt; und das dieses Recht nun darlegen, auseinanderlegen und in seinen Konsequenzen ausweisen und in seinen Beziehungen zum praktischen Leben erörtern will, auf dass der bereite Gehorsam der Nation und ihrer Glieder

---

Titel *Divre Schlomo* in New York.

16 Hebr. „Lektionenstube".

17 Hebr. „Führungspersönlichkeit".

18 Die Schwierigkeiten des Talmudlernens für Rückkehrer zur Tora-Observanz werden in *Der Neue Kusari* (IBWA 4, 167ff) geschildert.

die ganze Fülle des Rechts Gottes in sich aufnehme und sie betätige. Die Aufgeschlossenheit für diesen nationalen Lebensstil und die Aufgeschlossenheit für das nationale Recht des Talmuds, aus dem er hervorging, waren mir Stütze und Stab auf dem Wege zu Gott, nachdem ich aufgehört hatte, Kind und Säugling zu sein, von deren Mund der liebe Gott in großer Selbstverständlichkeit allzeit die Grundlagen seiner Macht herleitet.[19]

Als Recht, als unbedingt bindendes Recht, tritt die Tora an das heranreifende Individuum heran, mit der Starrheit dieses Rechts hat es sich auseinanderzusetzen, um an ihm zur jüdischen Persönlichkeit sich herauf zu entwickeln und äußeren Zwang in innere Freiheit umzuwandeln.[20]

Drei große „Tore" kennt der Talmud, die in das Innere des Judentums führen: das „vordere Tor" und das „mittlere Tor" und das „letzte Tor"[21]. Im Wesentlichen beinhalten sie Gottes und seiner Weisen Weisheit in sozialen Dingen, im menschlichen Nebeneinander, in Geldangelegenheiten. Das „mittlere Tor" war das einzige „Mussarbuch"[22] meiner frühen Jugend.

Nicht erst aus einer Dissonanz zwischen „Glauben und Wissen" flüchtet man sich ins „Recht" und seinen von Glauben wie Wissen unabhängigen Gehorsamsanspruch. Vom Standpunkt des Talmuds war am Anfang das Recht, am Anfang der Gehorsam, und nur völlig haltlose Individualisten faseln von einer „Degradation" des Judentums (ihnen selber der willkommene Spielplatz einer als mystischen Tiefsinn sich ausgebenden höchst subjektiven Geistes und Gemütsbetätigung[23]) zu einem System kalten und äußerlichen Rechts, wo doch dem Judentum nur Gottes das Recht ist.

Wie sehr aber fügte sich diesem talmudischen Rahmen der Kampf gegen die „Mischmasch-Gemeinde" ein, der mein Elternhaus umspülte! Lag nicht am Ende in der Opposition, die schon Rabbiner Hirsch in diesem Kampf im eigenen Kreise gefunden hatte, der Ausdruck ihrer seelischen Talmudferne?

---

19 Vgl. Ps 23, 4 in der Übersetzung Hirschs („Dein Stab und Deine Stütze") und Ps 8, 3.

20 Vgl. Breuer, *Lehre, Gesetz und Nation*, IBWA 1, 21f.

21 Aramäisch *Bava Kama*, *Bava Mezia*, *Bava Batra* („Erste, Mittlere und Letzte Pforte"), die drei ersten Traktate der vierten Ordnung der Mischna *Nesikin* („Schädigungen").

22 Hebr. „Ethikbuch". Anspielung auf die *Tora u-Mussar**- Bewegung, die sich ab 1936 unter den deutsch-jüdischen Orthodoxen immer mehr ausbreitete (zur gleichnamigen Jerusalemer Jeschiwa vgl. unten Kap. 10, Anm. 21). Initiator der Bewegung war der junge Talmudgelehrte Jechiel Michel Schlesinger*, mit dem Breuer zeitweise offenbar gut zusammenarbeitete. Diese Entwicklung führte aber zu einer Distanzierung von der in Frankfurt traditionell gepflegten Hochachtung des *Tora im Derech Erez**-Ideals, was I. Breuer wenig schätzte. Vgl. Kraft, *Aschkenas*, 162–170.

23 Seitenhieb gegen den Kabbalaforscher Gershom Scholem (1897–1982), der Breuers *Der Neue Kusari* ablehnend besprochen hatte (Scholem, *Politik der Mystik*).

Ist das Judentum lediglich „Religion", also lediglich Angelegenheit innerer Überzeugung, aus der allzeit die frei gewillkürte Tat quillt, so ist auch die jüdische Gemeinde nur ein Verband von Menschen gleicher Überzeugung. Warum aber nicht auch die Überzeugung andersgesinnter Juden achten oder wenigstens verstehen oder wenigstens dulden? Ist man sich doch selbst bewusst genug, wie sehr die eigene Lebenshaltung letzten Endes nur subjektiv verankert ist? Und ist es nicht Bildungs- und Herzenssache, tolerant zu sein? Warum soll die jüdische Gemeinde nicht, solange die Einheit der Überzeugung leider gestört ist, wenigstens die Einheit wechselseitiger Toleranz aufrechterhalten? (Dass auf wechselseitig tolerierten Differenzen allein eine Einheit nicht bestehen kann, dass daher diese Einheit jenseits der Differenzen liegen muss, also jenseits jeder „religiösen" Überzeugung, somit völlig ins areligiös-Weltliche, ins areligiös-Nationale verlagert ist, wird erst später der Zionismus mit vollem Zug geltend machen!)

Die subjektive Überzeugung kann, wenn sonstige Bindungen es verlangen, tolerant sein, und sie kann ohne Zweifel neben ihren eigenen Institutionen auch solche anderer Überzeugung dulden, sofern diese nicht die sonstigen Bindungen zu sprengen geeignet sind.

Aber das Recht kann nicht tolerant sein, wenn es sich selbst nicht aufgeben soll.[24] Das Recht ist seinem Wesen nach autoritärer Befehl, kennt nur Gehorsam oder Aufruhr. Eine jüdische Gemeinde, die das Recht des jüdischen Volks nicht anerkennt, ist keine jüdische Gemeinde gemäß diesem Recht, sondern lediglich ein Aufruhrverband. Und wenn sie dann neben Institutionen des Aufruhrs auch Institutionen unterhält, die dem Recht entsprechen, so hat sie damit nicht etwa die Autorität des Rechts – „teilweise"! – wiederhergestellt, ihre – „teilweise"! – Bindung an dieses Recht anerkannt, sondern gerade damit erst dieses Recht, ehedem wenigstens als mögliches Objekt eines Aufruhrs gewürdigt, dermaßen als völlig obsolet geworden deklariert, dass es nunmehr nur noch, als Inhalt subjektiver religiöser Überzeugung gewisser Gruppen von Juden, sein toleriertes Dasein fristen möge. Das Recht kann nicht nur nicht tolerant sein, sondern es kann sich auch nicht tolerieren lassen, ohne sich selbst preiszugeben. Aufruhr braucht das Recht nicht zu gefährden. Ein Recht aber, das sich tolerieren lässt, hat seinen Geist als Recht endgültig aufgegeben. Gegen das Toleriertwerden des Rechtes Gottes hat sich der Boykott in Frankfurt gerichtet.

Ohne die talmudische Auffassung des Judentums entbehrt dieses jedes Schutzes gegen den Zugriff eines schrankenlosen Subjektivismus und kann sich nur durch künstliche Abschließung notdürftig erhalten. Ohne die talmudische Auffassung des Judentums ist Rabbiner Hirsch eine Unmöglichkeit. Wie klar er sich selber

24 Zur Unterscheidung von Gesetz und Lehre im Judentum vgl. Breuer, *Lehre, Gesetz und Nation* (IBWA 1, 1–52).

darüber war, mag man aus seiner gar nicht genug zu beherzigenden Vorrede zum „Chaurew“[25] entnehmen. – – Ich war mit „Abaje* und Rawa*“[26] vertraut, lang ehe ich den „Chaurew“ gelesen habe.

Sehr früh aber tauchte ich in die Wogen der Geschichte. „Karl May“ fiel mir nicht in die Hand. Meine Neigung zu – Kriminalromanen ist erst in reifen Jahren erwacht. Aber in der sehr spärlichen „weltlichen“ Bibliothek meines Vaters entdeckte ich in ganz jungen Jahren die vielbändige „Weltgeschichte“ von Karl Friedrich Becker in der Ausgabe vom Jahre 1837.[27] Ich las dieses prachtvolle Werk mit brennendem Interesse von Anfang bis zu Ende, und ich las es immer wieder. Noch heute fühle ich mich seinem Verfasser zu großem Danke verpflichtet. Sein leichter anmutiger Stil, seine Kunst lebendiger Charakterisierung, die glückliche Einschaltung bezeichnender Anekdoten, die höchst geschickte Auswahl und Gruppierung der Tatsachen, das Fehlen jeder „patriotischen“ Note, der über dem Ganzen waltende Zug edler Humanität sind mir immer in dauernder Erinnerung geblieben. Geschichte, richtig verstanden und richtig gelehrt, erscheint mir als der bei weitem wichtigste Bildungsfaktor im ganzen Erziehungswesen, als das beste Mittel der Bindung des Einzelnen an die Gemeinschaft, als der einzige Weg zum Verständnis jeder Gegenwart. Geschichte erstrebt, den Menschen aus der Menschheit zu begreifen. Die Menschheit aber ist Gottes unmittelbare Schöpfung, Gottes immerwährendes „Jehi“[28], indes die Natur Gottes immerwährendes „Wajehi Chen“ darstellt.[29] Ist doch das Judentum selber nicht nur als zeitlose Offenbarung, sondern vor allem auch als geschichtliches Faktum erstanden, Gottes Wort mit einem Volksdasein verknüpft und damit als wirksames Agens in die Menschheitsgeschichte hineingestellt, freilich auch in ihr Auf und Ab verstrickt worden: „Dieses Gottesbuch

---

25 Hebr. חורב; gemeint ist das gleichnamige Werk S. R. Hirschs (*Horeb*; in sefardischem Hebräisch „Chorew“). Es heißt dort: „Nicht eine einzige Zeile in diesen Versuchen wurde […] in der Absicht geschrieben, etwa eine Verteidigung der göttlichen Gebote zu versuchen, weil auch nur der Gedanke eines solchen Versuches mir als die Göttlichkeit der Gebote verneinend, und somit als sich ausser dem Judentum versetzen, erschiene.“ (Hirsch, *Chorew*, Basel 1992, XVI).

26 Die Diskussionen der babylonischen Gelehrten Abaje und Rawa (4. Jh.) gelten als Inbegriff talmudischer Dialektik („הויות דאביי ורבא“), vgl. bSuk 28a; Bacher, *Amoräer*, 114.

27 Die ursprünglich neunbändige *Weltgeschichte für Kinder und Kinderlehrer* (1801–1805) des Berliner Pädagogen und Historikers Karl Friedrich Becker (1777–1806) wurde nach seinem Tod verschiedentlich überarbeitet. Die 7. verbesserte und vermehrte Aufl. (Berlin 1837) war zehnbändig und wurde unter dem Titel *Weltgeschichte* von K. A. Menzel und J. G. Woltmann herausgegeben. Ins Englische übersetzt (von George P. Upton), erschien sie unter dem Titel *Life Stories for Young People* in den USA.

28 Hebr. יהי, „es sei“ (vgl. Gen 1, 3. 6. 14 usw.)

29 Hebr. ויהי כן, „und so geschah es“ (vgl. Gen 1, 7. 9. 11. 15 usw.)

Menschheitsgeschichte!“[30] Und wie die Tora unmittelbar nach dem Bericht über die Schöpfung – die Geschichte Gott-Schöpfers – zu einem Buche über die erste Menschheitsgeschichte wird, so ist das Judentum von der Geschichte nicht zu trennen und ohne geschichtliches Verständnis kaum zu begreifen. Das Grundübel der Reform war ihr vom Zeitalter der Aufklärung übernommener völliger Mangel an Geschichtlichkeit; das Grundübel des Zionismus seine nahe Beziehung zur materialistischen, also falschen, Geschichtsauffassung.

Das ungeschichtliche Judentum kann nicht anders als – dogmatisch sein.[31] Es gibt ein „orthodoxes“ Dogma. Es gibt aber auch ein neologes Dogma, und es gibt auch ein zionistisches Dogma.[32] Das geschichtliche Judentum beruht ganz auf geschichtlicher Erfahrung, und einziger Träger dieser Erfahrung ist die jüdische – Nation, die Sinai erlebte und die auch heute noch lebt. In höchst bedeutsamer Weise ergänzen sich also Talmud und Geschichte. Der Talmud überliefert das Judentum als das lebendige Nationalrecht Gottes. Die Geschichte überliefert das Judentum als lebendige Nation Gottes. Kein lebendiges Recht ohne lebendige Nation. Keine lebendige, auch ohne Land lebendige, Nation ohne lebendiges nationales Recht. Meine Liebe zum Talmud und meine tiefe Neigung zur Geschichte, beide wiesen mich, zunächst unbewusst, an die jüdische Nation.

Wer je meinen Vater am 9. Aw Kinot[33] vortragen hörte, der wusste sofort, dass hier kein Ungar oder ein Deutscher „jüdischen Glaubens“[34] der „religiös“ vorgeschriebenen Trauer oblag, sondern ein „Nationaljude“[35] im eigentlichen, unverfälschtesten Sinne des Wortes das Weh seiner Nation und das Weh seines GOTT-Königs über ihre wechselseitige Entfernung, zweitausendjähriges Weh, Quelle zweitausendjährigen Leids, in erschütternden Tönen beweinte, dass diesem Weinen kein Dogma über einst besessene, längst verlorene, allzeit erringbare nationale Gottesnähe[36] zu Grunde lag, sondern sicherste nationale Erfahrung,

---

30 Gen 5, 1. Breuer paraphrasiert die Erläuterungen Hirschs zu diesem Vers.

31 Vgl. Breuer, *Lehre, Gesetz und Nation* (IBWA 1, 23) und *Welt als Schöpfung und Natur* (IBWA 1, 545ff).

32 Anspielung auf die im Anschluss an Moses Mendelssohn geführte Diskussion, ob das Judentum Dogmen habe oder ob es – im Unterschied zum Christentum – dogmenlos sei und nur eine geoffenbarte *Gesetzgebung* kenne; vgl. dazu Baeck, *Dogmen*.

33 Hebr. קינות, „Klagelieder“.

34 Anspielung auf den 1893 gegründeten assimilatorisch gesonnenen *Centralverein deutscher Staatsbürger jüdischen Glaubens*.

35 Zur Neuinterpretation dieses Begriffs vgl. IBWA 1, 41f.

36 Vgl. unten Kap. 8, Anm. 24 (*qeruw Schechina*).

höchste Selbstgewissheit einer Persönlichkeit, die alles nationale Wissen und Erleben in eigenes Wissen, in eigenes Erleben verarbeitet hat.[37]

Als daher zum ersten Male Theodor Herzl* den zu Tode erschrockenen Juden Westeuropas – und es erschraken auch eine ganze Menge „gläubiger" Juden – ins Ohr schrie, dass sie Glieder einer lebenden, wenn auch kranken und leidenden Nation seien, bedeutete mir dies an sich nichts Neues. Noch heute erinnere ich mich des hinreißenden Eindrucks, den ich, damals kaum Bar Mizwa, von den ersten Reden Herzls und Nordaus* empfing. Hinreißend warum? Nicht weil sie den westeuropäischen Juden, sondern weil sie den westeuropäischen – Christen, den westeuropäischen Völkern und ihren Staatsmännern ins Ohr schrien, dass wir eine Nation seien, und weil sie den ungeheuren Mut fanden, diesen Schrei zugleich mit höchst aktuellen nationalen Ansprüchen zu verbinden. Dieser Schrei selber war ja bereits eine Kühnheit ohnegleichen, je wahrer, je aufrichtiger, je bekenntnisfreudiger er das „Geheimnis" preisgab, in das die westeuropäisch jüdischen Reformer in bewusstem Zusammenwirken mit gutgläubigen westeuropäisch christlichen Vorkämpfern der sozialen Judenemanzipation unsere Nation so geschickt und so nachhaltig gehüllt hatten, bis es selbst dem Bewusstsein vieler „gläubiger" Juden fast nicht mehr gegenwärtig war; eine Kühnheit ohnegleichen, die den christlichen Staatsmännern die soziale Emanzipation wie ein Bettel vor die Füße warf, wenn sie nur mit Preisgabe der Nation zu erkaufen war, ohne damit zu rechnen, was wohl der – Antisemitismus dazu sagen möge, der gerade damals frecher als je sein Haupt erhob. Aber es war nicht diese rücksichtslose Verkündung einer mir stets vertraut gewesenen Wahrheit allein, die mich hinriss. Es war vor allem die öffentlich erhobene Forderung auf Rückgabe Palästinas an unsere Nation, die mir den Atem raubte. „Erez Jisrael" –: meiner ganzen Kindheit war das Wort „Palästina" völlig fremd. Der Geist meines Elternhauses, wie er vor allem in den unvergesslichen Seder-Nächten[38] als eine einzigartige Synthese von Talmud und Geschichte mich in seinen Bann schlug, der Talmud selber und die Geschichte hatten mir, seit ich zurückdenken kann, Erez Jisrael als unsere Vergangenheit mit Zukunft verbindende Heimat, Jeruschalajim als unser teuerstes irdisches Gut, als diejenige Stelle gestaltet, wo der Himmel sich zur Erde neigt und Gottes Engel auf- und niedersteigen.[39]

Und es war keineswegs nur das ins Metaphysische gehobene Erez Jisrael,

---

37 Vgl. die Beschreibung des Sederabends als Erlebnisnacht der jüdischen Nationalgeschichte in Breuer, *Judenproblem* (IBWA 1), 306f.

38 Der Plural erinnert daran, dass das Festmahl des ersten Pessachabends (Seder) außerhalb des Landes Israel an zwei aufeinander folgenden Tagen gefeiert wird – innerhalb der Grenzen Israels bleibt es bei *einem* Seder-Abend; vgl. oben Anm. 37.

39 Vgl. Gen 28, 12. In GenR 68, 9 wird der Ort des biblischen Geschehens (Bethel) mit Jerusalem identifiziert.

keineswegs nur das „Jeruschalajim in der Höhe“[40]. In unserem Studierzimmer zu Hause hing viele Jahre, bis sie der Auflösung verfiel, eine große Landkarte von Erez Jisrael, die mir wie ein Zeugnis der immerwährenden „Realität“ unseres Landes erschien, und die ich umso eifriger lernte, je weniger Raum, leider, in unserer Schule der Geographie – Palästinas gegönnt war.[41] (Wenn wir zu Hause „Schule“ spielten, kam dafür dieser Landkarte eine Hauptrolle zu.) Die ungeheure Tragödie des 9. Aw erlebte ich durchaus talmudisch-geschichtlich, und ich weiß mich noch heute zu erinnern, wie mich als Kind meine selige Mutter mitten in dieser Nacht in Tränen aufgelöst entdeckte, und wie sie mich tröstete, wie nur eine Mutter ihr Kind zu trösten vermag.[42] Mit 19 Jahren schrieb ich meine erste größere Erzählung. Sie ist im Mainzer „Israelit“ in zahlreichen Fortsetzungen erschienen, und ich darf nicht verschweigen, dass ich von dem für sie vereinbarten Honorar niemals auch nur einen Pfennig erhalten habe.[43] Aber ihr Titel war „Jerusalem“, und nicht nur ihr Titel, sondern auch ihr ganzer Inhalt.[44] Und wenn mich mein Gedächtnis nicht trügt – ich habe die Erzählung seit ihrem Erscheinen im Jahre 1903 nicht mehr gelesen – verbarg sich hinter ihrer Hauptgestalt – Theodor Herzl*. (Ich habe freilich damals auch im Mainzer „Israelit“ einen „Epilog zu Herzls Tod“ veröffentlicht[45], der mir einen Wutanfall der „Rundschau“[46] eintrug).

---

40 Hebr. ירושלים של מעלה; dem „himmlischen Jerusalem“ (bTaan 5a) steht das „irdische“ bzw. „untere Jerusalem“ (ירושלים של מטה) gegenüber.

41 In Raphael Breuers Kommentar zu Josua 10ff (vgl. oben Anm. 12) aus dem Jahre 1915 spielen geographische Angaben zum Land Israel noch eine so geringe Rolle, dass der Autor sie „in der Hauptsache dem Wörterbuch von Gesenius“, dem lexikographischen Hilfsmittel eines christlichen (!) Bibelwissenschaftlers, entnimmt (a.a.O., 98). Entweder waren die Interessen seines Bruders Isaac schon in seiner Jugend anders gelagert – oder seine Erinnerung täuscht sich hier.

42 Vgl. Breuer, *Kampf um Gott*, 59: Der offenbar autobiographisch inspirierte Romanheld weint als Kind in dieser Nacht.

43 Herausgeber des *Israelit* war zur Zeit der Veröffentlichung von Breuers erstem Roman Oskar Lehmann, der Sohn des Gründers der Zeitung, des Mainzer Rabbiners Marcus Lehmann. 1905 übernahm Jakob Rosenheim die Herausgeberschaft.

44 Vgl. den Neuabdruck des Romans in: IBWA 3, 19–114.

45 Breuer, *Epilog*. Zu diesem Text, der am 1. 8. 1904 erschien, vgl. Mordechai Breuer, *Vier Trauerreden*.

46 Die Reaktion auf Breuers Text findet sich in einer Presseschau der *Jüdischen Rundschau* (Organ der *Zionistischen Vereinigung für Deutschland*, 9. Jg. 1904, Nr. 31, 5. August 1904, 337–338) unter der Überschrift „Mauschel obenauf“. Der „Israelit“ wird dort als „Jesuit“ bezeichnet, der mit „seiner Geschäftsfrömmigkeit dem Geschäfts-Philo-antisemitismus seiner Nachbarin von Frankfurt“ (gemeint ist die liberale Frankfurter Zeitung“) die Stange gehalten habe. „Irgend ein dunkler Ehrmann, oder dessen Schüler, der beim Zionismus nicht genug auf die Kosten kommen konnte, hat hier offenbar seinen Befähigungsnachweis im Jesuitismus erbringen wollen.“ Es folgen Zitate aus Breuers Text.

Aber sowohl häusliches Milieu, wie Talmud, wie Geschichte brachten unsere nationale Rückkehr in unser Land stets in engste Verbindung mit Moschiach.[47] Von den Mächten der Erde mit schallender Stimme und mit zorngeröteter Wange die Herausgabe unseres nationalen Landes an die landberaubte Nation zu fordern – „Hier ein Volk ohne Land, dort ein Land ohne Volk“[48] – : nur ein dem jüdischen Milieu, dem Talmud, der jüdischen Nationalgeschichte völlig Entfremdeter konnte einen solch tollen Einfall haben und mit solcher Besessenheit diesem Einfall fürderhin sein ganzes glanzvolles Dasein opfern. Es war, als ob ein jüdisches Kind, das, lange vor Zerstörung des jüdischen Staats geboren, von seinem Judesein noch nichts mehr wusste, als dass es in Palästina beheimatet sei, in einen bleiernen zweitausendjährigen Schlaf versunken war, während dessen es unmerklich zum Manne reifte, und nun wacht es plötzlich auf und reibt sich die Augen und sieht sich um: „Wo bin ich? Wohin hat man mich verschleppt? Wer durfte mir die Heimat rauben? Wer mich in die Fremde verschleppen? Gebt mir die Heimat wieder, die ihr mir geraubt! Lasst mich heimwärts ziehen, die ihr mich verschleppt! Ich will nach Hause!“ Nur ein Kind konnte so sprechen. Oder ein – Genie. Aber vielleicht ist jedes Genie ein Kind.

Worin lag das Geniale? Wahrhaftig nicht in der völligen Abkehr von der national-jüdischen Tradition und ihrer Moschiach-Erwartung. Bei Herzl fand eine solche Abkehr überhaupt nicht statt, denn ihr war niemals eine wirkliche Einkehr vorangegangen. Herzls Fühlen war das Fühlen eines völlig unwissenden jüdischen Kindes. Aber Herzls Denken war das Denken eines hochgebildeten – Westeuropäers. Nicht mit jüdischem Denken dachte Herzl die jüdische Situation, sondern mit völlig westeuropäischem Denken, und das jüdische Fühlen, unter der Schwelle des Bewusstseins, gab diesem Denken die Hitze des Entschlusses, den Heroismus der Tat; am Denken selber hatte es keinen Teil. Dass aber gerade westeuropäisches Denken, wohlgeordnet, wohldressiert, methodisch hochentwickelt, den Tatsachen nahe, der Selbstkritik zugeneigt, vorsichtig bis zur Skepsis, der Phantasie fast kaum mehr Raum lassend, und nichts beflissener scheuend als den Fluch gesellschaftlicher Lächerlichkeit: dass aber gerade westeuropäisches Denken, westeuropäisch-geschichtliches Denken der jüdischen Situation, ihn zu dem von ihm als unwiderleglich erachteten Schluss führte, dass es für das jüdische Problem keine andere Lösung gebe, als die nationale Rückkehr nach Palästina; und dass er

47 Zur Frage, ob mit der Rückkehr ins Gelobte Land bis zur Ankunft des Messias (in aschkenasischem Hebräisch „Moschiach“) zu warten sei, vgl. Ravitzky, *Forcing the End.*

48 Diese meist fälschlich Herzl zugeschriebe Wendung (vgl. Krämer, *Geschichte Palästinas*, 197–200) wird von Zionismuskritikern angeführt, um den Zionismus anzuklagen, die Palästinenser missachtet oder vergessen zu haben. Breuer, der Herzl ja distanziert gegenübersteht, zitiert den Slogan hier, ohne Zustimmung oder Ablehnung erkennen zu geben. Zu Breuers Herzl-Bild vgl. IBWA 1, 265–276.

am Ausgang des 19. Jahrhunderts, gewissermaßen mitten im tiefsten europäischen Frieden, diese Lösung als eine mögliche erachtete, die ihren Propagator nicht zu einem heillosen Schwärmer, ja zu einem europäischen – Narren stempele; und dass er, völlig unbeirrt, dem europäischen Gelächter die eiserne Festigkeit seines Willensentschlusses und die fast unbegreifbare Vorausahnung kommender Entwicklungen entgegenstellte; und dass, vor allem, diese Entwicklungen nun in der Tat der von ihm vorgeschlagenen Lösung, vorsichtig gesagt, zum mindesten die Wege bahnten: dies ist es, was das Geniale Theodor Herzls ausmacht. An das Europa des 19. Jahrhunderts erging Herzls Ruf. Erst als es aus einem Blutmeer wiederauftauchte, kam Europas Antwort: das Mandat![49] Was wird das zweite, grauenvollere, Blutmeer bringen? Herzl, der Westeuropäer, der Kenner europäischer Politik, der kühle Wäger ihrer immanenten Kräfte, ihrer potenten und latenten Strömungen, kommt, der erste seit zweitausend Jahren, aus rein westeuropäisch orientierten Ermittlungen zu dem nämlichen Ergebnis wie der nationale Talmud, wie das national-geschichtliche Bewusstsein: keine andere Lösung des Judenproblems als die Rückkehr der jüdischen Nation ins jüdische Land! Solches konnte in der Tat gerade dem in Talmud und in jüdischer Geschichte Verwurzelten den Atem rauben. Zion und Jeruschalajim im Munde Herzls, des Westeuropäers –: Kein Zeichen? Kein Wunder?

Noch heute erinnere ich mich, wie diese Kunde gleich einem Blitz in unsere Jeschiwa einschlug. Sie hat jahrelang die Gemüter beschäftigt, die freien Diskussionen beherrscht und leidenschaftliche Stellungnahme hervorgerufen. Hierbei handelte es sich kaum je um die Frage: „Nation oder Religion", der Begriff „Religion" war in unserer Jeschiwa nicht heimisch. Die von Herzl inaugurierte Konfrontation von europäischer Geschichte und jüdischer Nationalgeschichte stand auf der Tagesordnung.

Wir wussten alle, dass die gewaltsame Eroberung Palästinas für keinen bewussten Juden in Betracht kam.[50] Aber sprach denn Herzl von gewaltsamer Eroberung? Wollte er nicht vielmehr die nationale Heimstätte unter internationale Garantie gestellt wissen?[51] War er nicht vielmehr der Überzeugung, dass die Begründung der nationalen Heimstätte dem Frieden und der Ruhe aller „Wirtsvölker" diene? Aktives, klug diplomatisches Einweben des Judenproblems in die internationale

---

49 1920 übergab die Konferenz der Alliierten Mächte in San Remo die Verwaltung Palästinas als Mandat an Großbritannien. Die *Balfour-Erklärung* wurde in die Mandatsbestimmungen aufgenommen.

50 Eine gewaltsame Eroberung des Heiligen Landes galt nach Raschis Talmudkommentar (zu bKet 113) als verboten.

51 Nach Herzl sollte die jüdische Heimstätte in Palästina auf einer „öffentlich-rechtlich gesicherten" Grundlage (Charter) eingerichtet werden. Vgl. Schäfer, *Israel unter den Völkern*.

Politik mit dem Ziel der Gewinnung des Nationalheims: das war es, was er forderte! Was sprach eigentlich dagegen?

Es ist freilich ein Unterschied, ob man als bewusster Jude oder als –Westeuropäer sein Antlitz gen Zion kehrt. Als Jude fühlt man tiefstens den Abgrund, der zwischen jüdischer Geschichte und Völkergeschichte klafft, und man harrt des Moschiach, der sie zusammenbringen wird. Als Westeuropäer kommt Herzl gerade aus seiner Erkenntnis der Völkergeschichte zu dem Ergebnis, dass nur ein Nationalheim – natürlich Zion, aber vielleicht auch, vorläufig wenigstens, Uganda[52] – den in die Völkergeschichte Gesprengten die Rettung bringen könne. Eine solche Erkenntnis, die in der Rettung der in die Völkergeschichte Gesprengten zugleich eine keineswegs unwesentliche Erleichterung der Gesamtlage der Völkergeschichte selber erblickt, enthält im Grunde bereits in sich den Zwang zu ihr entsprechender Tat, und der Schauplatz dieser Tat kann natürlich nur die Völkergeschichte sein. So ist sowohl die Passivität der jüdischen Haltung einerseits, die Aktivität der Herzlschen Haltung andererseits, in Beziehung auf die Völkergeschichte gerechtfertigt.

Es war freilich gleichfalls auch von Anfang klar, dass Zion im Munde Herzls eine ganz andere Bedeutung hatte, als im Munde talmudisch-geschichtlicher Überlieferung. Seine und zumal Nordaus* Reden ließen zudem nicht den geringsten Zweifel darüber, dass es ein völlig – weltliches „Zion" war, um das es sich hier handelte, ein Zion, das unter Umständen, vorläufig wenigstens, auch in Uganda liegen konnte. Warum also gerade „Zion", ein Name, der sofort an R. Jehuda Halevi*, an alle Kinot[53] erinnerte? Warum nicht, in echt westeuropäischer Nüchternheit und Sachlichkeit, Palästina? Oder selbst Syrien? Da war es...

Hätte sich Herzl nur an die Völker gewandt, so hätte er sich schwerlich des Namens „Zion" bedient, der bei den Völkern, von den Psalmen her, eine rein „religiöse" Bedeutung hat. Dem westeuropäischen Politiker Herzl hätte „Palästina" weit besser angestanden. Der „Prophet" Herzl freilich konnte des Namens „Zion" nicht entraten und musste den – „Zionismus" verkünden. Der „Prophet" Herzl[54]: da war es...

---

52 1903 bot die Londoner Regierung der ZWO ein Territorium in Britisch-Ostafrika (das Mau-Plateau im heutigen Kenia) als autonomes jüdisches Siedlungsgebiet an (sogenannter „Uganda-Plan"). Herzl legte den Vorschlag im selben Jahr dem 6. Zionistenkongress vor und empfahl ihn, wobei ihn die meisten Misrachi-Delegierten unterstützten (vgl. Morgenstern, *Von Frankfurt*, 26f); das löste heftige Diskussionen aus und führte zu einer schweren Krise der zionistischen Bewegung, die diesen Plan letztendlich ablehnte.

53 Gemeint sind die *Zionslieder* Jehuda Halevis*, die unter die am 9. Aw rezitierten Klagelieder (*Kinot*) aufgenommen wurden. Vgl. oben Anm. 33.

54 Die Bezeichnung „Prophet" hat bei Breuer hier einen skeptischen Klang, da es nach dem Babylonischen Talmud (bMeg 14a–15a) gegenwärtig keine Prophetie mehr gibt. Herzl steht

Es ist Herzl nicht lange verborgen geblieben, dass sein aus der Erkenntnis der allgemeinen Geschichte geschöpftes Programm zur Lösung der Judenfrage, Rückkehr ins jüdische Land, in seltsam wunderbarer Weise sich mit der zweitausendjährigen Sehnsucht der jüdischen Nation begegnete. Dieses Sich-Begegnen entflammte sein jüdisches Fühlen, das die Stadien seiner Erkenntnis nur latent begleitet hatte, und es erschütterte ihn aufs tiefste. Er erlebte darin seine eigene „Rückkehr zum Judentum“, und so ward ihm selber, auf Grund dieses Erlebnisses, ohne jede Phrase, ohne jede Heuchelei, ohne jede Übertreibung, sein „Zionismus“ zur „Rückkehr zum Judentum noch vor der Rückkehr ins Land“.[55] So ward er „Prophet“ ... Als Prophet aber langte er, im besten Glauben, nach dem Zion der Nation, ihrem kostbarsten irdischen Gut, und identifizierte es ohne weiteres mit seinem eigenen Zion; langte nach der Nation selber und identifizierte sie, im besten Glauben, mit seinem eigenen, aus der Völkergeschichte genommenen Begriff der Nation.[56]

Ohne das Herzlsche „Prophetentum“ hätte sein politisches Programm niemals die grenzenlosen Enttäuschungen überdauert, die seiner zunächst harrten. Ohne es hätte es keinen – Zionismus als geistig-seelische Bewegung gegeben. Ohne es freilich auch nicht – den schroffen Gegensatz zum historischen jüdischen Nationalismus, zur historischen jüdischen Nation. Mit dem Politiker Herzl wäre, vielleicht, eine Verständigung möglich gewesen. Mit dem „Propheten“ Herzl – niemals.

Noch heute klammert sich der Misrachi* an den Politiker Herzl und versucht, den Propheten Herzl, mindestens offiziell, zu ignorieren. Der Persönlichkeit Herzls, und wohl auch der revolutionären Wucht des Zionismus als Bewegung, ist, wie mir scheint, der Misrachi wohl niemals gerecht geworden.

Als ich die Universität bezog, war ich bereits völlig entschlossener Antizionist, und zwar aus – nationalen Gründen. Damals war auch bereits die machtvolle Broschüre meines lieben Bruders Raphael s. A.* erschienen: „Nationaljudentum ein – Wahnjudentum“.[57]

---

demnach unter dem Verdacht, ein falscher Prophet zu sein; vgl. unten Breuers Bemerkungen zum Phänomen der Prophetie in Kap. 5 (zu Anm. 33).

55 Die Losung „Zionismus ist die Heimkehr zum Judentum noch vor der Rückkehr ins Judenland“ hatte Herzl auf dem ersten Zionistenkongress ausgegeben (Schäfer, *Zionismus*, 698). Vgl. auch Breuer, *Judenproblem* (IBWA 1), 288.

56 Zur Analyse der zionistischen Deutung des Nationbegriffs vgl. Breuer, *Judenproblem* (IBWA 1), 256ff, 265ff und 276ff.

57 *Nationaljudenthum – Wahnjudenthum*, Mainz 1903. Zu Raphael Breuer* vgl. Morgenstern, *Kommentare zum Hohenlied.*

Fünftes Kapitel

Philosophie

Wenn die Geschichte erstrebt, den Menschen aus der Menschheit zu begreifen, so mag für die Philosophie vielleicht das Umgekehrte gelten: sie will den Menschen kennen, um durch Selbsterkenntnis zur Erkenntnis der Menschheit zu gelangen. Das alte „erkenne dich selbst“[1] steht auch am Eingangstor zur modernen Philosophie. Geschichte und Philosophie ergänzen einander.

Die Tora selber, zumal in ihren beiden ersten Büchern, führt das jüdische Volk, und damit das Judentum überhaupt, als eine geschichtliche Schöpfung Gottes – ich nannte später die jüdische Geschichte: Metageschichte[2], und ich begriff darunter auch das „an sich“ der Völkergeschichte – in das allgemein geschichtliche Geschehen ein, gewissermaßen als dessen Durchbrechung, als Memento des Protestes gegen seine Erfahrung. Ich verdanke daher in der Tat meinen allgemeingeschichtlichen Studien, die ich auf der Universität fortsetzte – mir ist besonders der Nationalökonom Georg Friedrich Knapp* in Erinnerung geblieben, dessen geistvoll witzige Vorlesungen über die Geschichte ökonomischer Phänomene mich entzückten – ein, wie ich glaube, wesentlich vertieftes Verständnis der jüdischen Sache. Wer das Dunkel nicht kennt, weiß das Licht nicht zu schätzen.[3] Wer die Norm nie erlebt, begreift auch nicht die Ausnahmen. Auch Metageschichte ist Geschichte.

Aber gilt nicht letzten Endes das Gleiche, nicht nur für das jüdische Volk, sondern auch für den jüdischen Menschen? Nicht nur an das jüdische Volk, sondern auch an den jüdischen Menschen richtet sich die Tora. Ist nicht der jüdische Mensch eben Mensch, gleichwie die jüdische Nation eben Nation ist? Weil die jüdische Nation eben Nation ist, darum: Geschichte. Und weil der jüdische Mensch eben Mensch ist, darum: Philosophie. Philosophiegeschichte ist Geschichte des Menschen. Allgemeine Geschichte ist Geschichte der Nationen. Wer den Menschen nicht versteht, wird nur schwer, wird nur bei hochentwickelter divinatorischer Kraft, die Sonderheit des Weges begreifen, den der jüdische Mensch nach den Weisungen der Tora zu gehen hat.

Ohne Zweifel hat auch hier das Schrifttum Rabbiner Hirschs einen starken Einfluss auf mich ausgeübt. „Mensch-Jisroel“[4]: einfältige zionistische Dilettanten haben in dieser Begriffsbildung so etwas wie eine Aufforderung zur Verheimlichung

1 Inschrift des Apollotempels in Delphi.

2 Zu diesem Begriff vgl. Breuer, *Der Neue Kusari*. (IBWA 4, 81, 85–88, 97, 99 u.ö.).

3 Vgl. Breuer, *Kampf um Gott*, 335 („Nur die Finsternis zeigt das Licht“).

4 Zu Hirschs Konzept „Mensch-Israel“ vgl. Hirsch, *Horeb*, §4–12; Morgenstern, *Von Frankfurt*, 169.

des jüdischen Wesens nach außen, zur – Assimilation wittern zu sollen vermeint; sie haben damit nur bewiesen, dass sie vom Schrifttum Rabbiner Hirschs kaum eine leise Ahnung haben. „Mensch-Jisroel" hat mit dem jüdischen Nationalismus nicht das mindeste zu tun. Man muss schon hysterisch sein, um ohne weiteres im „Menschen" eine Wendung gegen die Nation zu erblicken, der er angehört.

"Mensch-Jisroel": der Begriff besagt, dass das Judesein ein bestimmt geartetes Menschsein ist, dass das Judesein daher in keinerlei Gegensatz zum Menschsein steht, es vielmehr zur Voraussetzung hat und seine Vollendung in einem den göttlichen Weisungen entsprechenden Leben erstrebt. Am achten Tag nach seiner Geburt wird das Kind in den jüdischen „Bund"[5] eingeführt: der Tag seiner Judewerdung ist die „Oktave" des Tages seiner Menschwerdung. „Mensch-Jisroel": Schließt dieser Begriff nicht letzten Endes auch in sich ein, dass es nicht unwichtig ist zu wissen, als was der Mensch sich selbst begreift, wenn er ermessen will, wie sein Schöpfer wünscht, dass er sich begreife? Bedeutet es nicht, dass selbstbewusstes Menschsein eine gute Einführung ist zum selbstbewussten Judesein?

Schon in den letzten Jahren meiner Jeschiwazeit begann ich daher, mich mit der Geschichte des selbstbewussten Menschseins, begann ich mich mit der Geschichte der Philosophie zu beschäftigen. Es geschah dies ohne die leiseste innere Krise oder gar Abwehr, ohne irgendwelche Verlagerung des bisherigen Mittelpunkts meiner Studien: des Talmuds. Ich stand keineswegs unter dem Eindruck, hier etwa einen Schritt nach „außen" zu tun, da mir das Menschsein nicht „außerhalb" des Judeseins schien. Es geschah ohne die mindeste Nervosität, in stiller Selbstverständlichkeit.

Es lag mir freilich auch vollkommen fern, aus der Geschichte der Philosophie nun etwa zu erfahren, wie es um – Jisraels Gott bestellt sei, der zugleich Jisraels König ist und Schöpfer und König der ganzen Welt. Jisraels Gott hatte ich von der jüdischen Nation durch den Mund meines Vaters empfangen.[6] Israels Gott-König thronte unantastbar in meinem jüdischen Nationalbewusstsein. Nicht über Gott, sondern über – mich wollte ich Genaueres wissen, über mich, Kind des 19. und 20. Jahrhunderts, keineswegs abgeschlossen von ihren Strömungen, keineswegs losgelöst von ihren Erlebnissen, keineswegs unbeeindruckt von dem besonderen Charakter, den in geheimnisvoller Weise jedes Jahrhundert aufweist –: wollte es wissen, um dadurch erst genauer erkennen zu können, was gerade mir, Kind des 19. und 20. Jahrhunderts, die Tora zu sagen hat, was sie gerade an mir gestalten und formen möchte. Wen der „Zweifel" zur Philosophie führt, der wird zwar bald aufhören zu zweifeln. Er wird aber auch aufhören zu – „glauben". Wen die Wissbegierde zur Philosophie führt – er glaubt, Israels nationale Weisheit bereits

5 Nach Gen 17, 12 sind jüdische Knaben am achten Tag nach ihrer Geburt zu beschneiden.

6 Vgl. Breuer, *Elischa,* 25.

zu kennen, und er möchte nun auch sich der „Weisheit der Völker“[7] zuwenden –, der tritt damit von vornherein, bewusst oder unbewusst, aus dem jüdischen Umkreis heraus, und nur unter besonders günstigen Umständen wird er unversehrt zurückkehren. Mit Beziehung auf die Bibel forderte einst Rabbiner Hirsch: „Als Juden wollen wir sie lesen“.[8] Meinen Eltern und ihrem Hause, der Jeschiwa und der Gemeinde danke ich es, dass ich von mir sagen darf: Ich habe die Philosophie als Jude gelesen!

Geschichte des bewussten Menschseins: Sokrates und Descartes haben die Geschichte der Philosophie hierzu gemacht. Beide gehören sie sicher zu den „Frommen der Völker der Welt“[9]. Bei beiden steht am Beginn der – Zweifel.[10] Aber siehe, es ist nicht der Zweifel an Gott, sondern der Zweifel am – Menschen, der Zweifel an der Erkenntniskraft der Menschen! „Gnädig gewährst du dem Menschen Erkenntnis“[11]: Lohnt es sich wirklich nicht, Einblick zu gewinnen in die unendlich feine Maschinerie dieses Gnadengeschenkes Gottes? Als „Erkenntnistheorie“ hat mich von Anfang an die Philosophie am meisten interessiert. Sie ist in der Tat die „menschlichste“ aller Wissenschaften. Mit ihr habe ich mich am meisten beschäftigt.

Auf der Universität hörte ich Geschichte der griechischen und der neueren Philosophie, hörte Geschichte der Philosophie des Mittelalters bei Clemens Baeumker*, einer Autorität auf diesem Gebiet, und nahm an Seminarübungen über Texte von Plato und Aristoteles sowie Spinoza teil. (Ehe ich zur Jurisprudenz überging, hatte ich im Konzept eine Doktordissertation über des Descartes „idea clara et distincta“ vollendet, die ich jedoch, nicht ohne Grimm, vernichtete, als ich wahrnehmen musste, dass mir Twardowski* bereits zuvorgekommen war.) Daneben hörte ich auch Vorlesungen über deutsche Literatur, über Shakespeare, über Kunstgeschichte und vor allem über germanistische historische Grammatik. Sanskrit, Gotisch, Alt-Hochdeutsch, Mittelhochdeutsch: es machte auf mich einen außerordentlich tiefen Eindruck, dass selbst auf dem Gebiet der Sprachentwicklung strengste Gesetzmäßigkeit obwaltet. Das „Vernersche Gesetz“[12] schien mir eine Glanzleistung in der Erforschung des Menschseins. Da glauben die Menschen in

---

7 Vgl. diesen Ausdruck im Midrasch Echa Rabbati 2, 13 (חכמה בגוים, chochma ba-gojim).

8 Hirsch, *Neunzehn Briefe*, 2. Brief, 7.

9 Hebr. חסידי אומות העולם – chasside ummot ha-olam (vgl. tSan 13).

10 Die 1641 in Paris gedruckten „Meditationen über die Erste Philosophie“ (*Meditationes de prima philosophia*) des französischen Philosophen René Descartes (1596–1650) beginnen mit der Frage, „woran man zweifeln kann.“

11 Hebr. אתה חונן לאדם דעת, Beginn der vierten Benediktion des Achtzehn-Gebets. Hirsch (Israels Gebete, 135) erklärt dazu: „Ohne דעת [Erkenntnis] ist der Mensch nicht Mensch.“

12 Grundlegendes Gesetz, die Lautverschiebung vom Indogermanischen zu den germanischen Sprachen betreffend, entdeckt von dem Dänen Karl Verner (1846–1896).

aller Willkür zu sprechen, wie es ihnen beliebt, gleichsam „wie ihnen der Schnabel gewachsen ist", und, ihnen selber unbewusst, gehorchen sie lediglich immanenten Gesetzen. –

Schließlich hörte ich auch eine Vorlesung über Deszendenztheorie und Selektionslehre[13] und nahm mit Erstaunen von der damals als ewige Wahrheit verkündeten dümmsten aller „Weltanschauungen" Kenntnis: dem Materialismus. Es war die Zeit, in der der Afterphilosoph Haeckel* in Deutschland seine Orgien feierte. Ich war dagegen völlig gefeit. Otto Liebmanns* herrliches Buch „Analysis der Wirklichkeit" hatte mich längst – Kant zugeführt. (Ich fand dieses Buch auf der Mansarde meines Großvaters s. A., vergraben unter einer Fülle abgelegter Korrespondenzen, freilich in einem kaum gelesenen Zustand.[14]) Mein eigentliches Interesse galt der Kantischen Philosophie. Vorlesungen haben mir hier wenig geholfen. Es wird wohl den meisten so ergangen sein, die sich mit Kant ernstlich beschäftigt haben. Ich habe mir Kant erarbeitet. Ich habe vor allen Dingen ihn selber gelesen, und ich habe ihm einen Aufwand an Verstand zur Verfügung gestellt, wie ich dies sonst nur für einen „harben Maharscha*"[15] zu tun geneigt war. Und so gewann ich mir „meinen" Kant.

Es ist meine tiefe Überzeugung, dass Israels Gott-König von Zeit zu Zeit unter den Völkern Männer aufleuchten lässt, berufen und bestimmt, in die jüdische Metageschichte einzugreifen und in ihr heilsame Wirkungen auszuüben. Nicht nur Nebukadnezar und Titus sind Stäbe in Gottes Hand.[16] Auch Cyrus hat Gott gesalbt.[17] Gutenberg hat Gewaltiges für die Erhaltung und Verbreitung der mündlichen Lehre geleistet.[18] Und als die Stunde der großen Auseinandersetzung schlug, als

---

13 Nach dieser Theorie, die im Gegensatz zu der der Artenkonstanz steht, gehen alle Lebewesen aus einem früheren Lebewesen hervor (monophyletische Abstammung). Zu Charles Darwin (1809–1882), der diese Theorie mit seiner Selektionslehre untermauerte (Evolutionstheorie), vgl. Breuer, *Messiasspuren* (IBWA 1, 434). Breuer hält diese Vorstellung für unvereinbar mit der Lehre eines einmaligen Schöpfungsaktes.

14 S. R. Hirsch hatte das 1876 in Straßburg erschienene Buch demnach noch in seinen alten Tagen gekauft und sich so dafür interessiert, dass er einige Stellen las – wenn die Andeutung („*kaum* gelesener Zustand") so zu interpretieren ist. Breuer führt seinen Großvater als Gewährsmann für die Legitimität philosophischer Interessen an – sein Vater hatte nach Abschluss seiner Doktorarbeit ja kein weltliches Buch mehr in die Hand genommen!

15 Eine schwierige Stelle in den Novellen des Shmuel Elieser Ha-Levi Eidels*; ein in den Jeschiwot üblicher Ausdruck.

16 Vgl. Jes 10, 5; vgl. den Abschnitt über die beiden Hirtenstäbe in Breuer, *Programm oder Testament* (IBWA 2, 55–58). Zur Rolle der beiden feindlichen Herrscher vgl. auch IBWA 2, 29 und 65f. 69. 80 und 82 sowie Breuer, *Erez Jisroel-Briefe*, IBWA 2, 312.

17 In Jes 45, 1 wird der persische Großkönig Kyros als „Gesalbter" (*Messias*) bezeichnet.

18 Johannes Gutenberg (1400–1468) war der Erfinder des Buchdrucks mit beweglichen Lettern;

die messianische Zeit anhub, in der Israel sich, im Zeichen sozialer und nationaler Emanzipation, des andrängenden Geistes der Völker zu wehren hat, und alles davon abhängt, dass Israel, in tausend physischen und geistigen Nöten, sich selbst behaupte, da ließ Gott unter den Völkern selber den außerordentlichen Mann erstehen, Kant, der, auf Grund des sokratischen und kartesischen Zweifels am Menschen, jene „Kopernikanische Wendung" vollzog, die dem ganzen menschlichen Denken eherne Grenzen setzte, innerhalb deren allein es zur Erkenntnis legitimiert ist, während jede Grenzüberschreitung es in „antinomische" Wirrsal verstrickt, aus der es kein Entkommen gibt. Gesegnet Gott, der von seiner Weisheit Kant gegeben hat![19] Jeder echte Jude, der ernsthaft und mit ehrlichem Bemühen die „Kritik der reinen Vernunft" studierte, wird aus tiefstem Herzen Amen sagen. „Folgt nicht der Kundschaft eures Herzens und eurer Augen – kantisch gesprochen: folgt nicht der Kundschaft eurer inneren und eurer äußeren Erfahrung –, denn ihnen nachgehend, werdet ihr mir untreu"[20]: die ganze kantische Erkenntnistheorie gibt diesem grundlegenden Satz der Tora den erforderlichen und ausreichenden Kommentar.

Von der äußeren und von der inneren Erfahrung ist im messianischen Zeitalter, mehr als je, die ihrer Reife entgegensehende jüdische Persönlichkeit bedrängt. Diese Erfahrung als solche ist, nach dem eigenen Zeugnis der Tora, niemals toragemäß. Es wäre sonst auch die Tora überflüssig. Nicht auf dem Wege eines ewig wechselnden und ewig flickenden Kompromisses, auch nicht auf dem Wege eines ständigen Rückzuges in Schlupfwinkel, in die der Besen der „Wissenschaft" noch nicht gelangt ist, lässt sich die Beziehung der Tora zur Erfahrung regeln. So radikal, so endgültig, das oben zitierte Gebot der Tora, so radikal, so endgültig muss auch die Lösung sein. Die Unehrlichkeit, die sophistisierende Unehrlichkeit des Bekenntnisses zu einer „doppelten Wahrheit" kann sie nicht bringen. Nur die sichere Einsicht in die bedingte Geltung jeder „Erfahrung", das klare Wissen um die unverrückbaren Grenzen, die ihr gezogen sind, und außerhalb deren sie lediglich auf illegitime „Kundschaft" geht, nur die „Kritik" der Erfahrung selber kann die Tora einmal für alle Male vor ihrer aufdringlichen Kompetenzüberschreitung grundsätzlich sicherstellen.

---

die ersten vollständigen Talmudausgaben wurden 1520–1523 von dem christlichen Buchdrucker Daniel Bomberg in Venedig gedruckt; vgl. Amir, *Bomberg, Daniel*.

19 Bei Anblick eines nichtjüdischen Weisen sprechen Juden eine Benediktion, die den König der Welt preist, „der Fleisch und Blut von seiner Weisheit gegeben hat"; vgl. bBer 58a; Hirsch, *Gebete*, 725.

20 Den Ausdruck „Kundschaft" entnimmt Breuer dem mit ויאמר (Num 15, 37) beginnenden Abschnitt des *Schema-Jisrael* im täglichen Morgengebet: „dass ihr nicht kundschaftet nach eueren Herzen und eueren Augen, denen nachfolgend ihr mir untreu werdet" (Hirsch, *Gebete*, 121–123); vgl. Num 15, 39 und der *Neue Kusari* (IBWA 4, 260–264).

Nicht „Herz“, Quell der inneren Erfahrung; nicht „Augen“, Quell der äußeren Erfahrung: ziehe äußere und innere Erfahrung von dir ab –: was bleibt übrig? Wer ist es, an den die Tora sich wendet, nachdem sie dich von Herz und Augen isoliert hat? Dein Wille ist es, dein von Herz und Augen erlöster, dein – freier Wille![21]

Mit Herz und Augen, so spricht die Tora, „erfahre“. Mit deinem Willen, dem von Herz und Augen befreiten, – herrsche! Herrsche in – Heiligkeit! Denn heilig ist – Gott![22]

Wille – wessen eigentlicher Adressat ist der Wille? Wer möchte vor allem den Willen bestimmen?

Das Recht!

Hier schließt sich ein Kreis. Hier führt Kants Erkenntniskritik unmittelbar zum – Talmud zurück, zum Nationalrecht des Judentums, zur Nation des Rechts, zur Gemeinde des Rechts.

Als Jude habe ich Kant studiert. Vom ersten Augenblick ahnte ich, wusste ich, dass ich in seinem Arsenal die Waffen holen werde, um das geheiligte Terrain der Tora und ihrer Nation und ihrer jüdischen Persönlichkeit vor dem immer kecker werdenden Zugriff der „Kundschafter“ in unserem Zeitalter, vor Herz und Augen wirksam zu schützen, ohne sie da, wo sie eben keine „Kundschafter“ sind, in den Bann zu tun oder gering zu achten und damit die Einheit der jüdischen Persönlichkeit zu zerspalten und zu vernichten. Denn die „Tora des Lebens“[23] ist unsere Tora –.

Eine Waffe ist mir Kant geworden, das Judentum gegen die Überheblichkeit der Kundschafter unseres Zeitalters und gegen die Lahmheit voreiliger und darum schädlicher Kompromisse, die meist nur verkappte Kapitulationen sind, offensiv zu verteidigen. Eine Waffe zur zeitentsprechenden Mobilisierung des Judentums, aber keine – Leuchte zur Erkenntnis des Judentums. Ich habe Kant nicht ins Judentum hineingetragen. Wie ich Kant als Jude studierte, so erst recht das – Judentum.

Ich habe auch nicht etwa die Gesamtposition des Judentums von Kant abhängig gemacht. Für das Verständnis der geistigen Grundlagen unseres gegenwärtigen Zeitalters ist jedenfalls die kantische Schulung unentbehrlich.[24] Noch ist das Fundament der kantischen „Kritik“ unerschüttert. Sollte einmal ein ganz anderes Zeitalter heraufkommen, das dieses Fundament zersprengt, so wird die göttliche Waltung – dessen bin ich sicher! – einen anderen Kant erstehen lassen, dessen

---

21 Vgl. Breuer, *Welt als Schöpfung und Natur* (IBWA 1), 506f.

22 Vgl. S. R. Hirsch zu Lev 19, 2: „Durch eure Heiligung verkündet ihr meine Heiligkeit unter den Völkern.“

23 Zum Ausdruck תורת חיים, *torat chajim* („Tora des Lebens“), vgl. Hirsch, *Gebete,* 156f.

24 Vgl. Breuer, *Lehre, Gesetz und Nation*, IBWA 1, 20f. – eine Antwort auf Kants Kritik der jüdischen Torapraxis.

Forschungsergebnisse die Wahrheit der Tora abermals sicherstellen. Nicht die Tora, aber – meine Bücher mögen dann „veraltet" sein. Was liegt daran? Haben sie doch geleistet, was sie leisten sollten und konnten.

Wie jeder große Bahnbrecher in der Geschichte des bewussten Menschseins, so ist auch Kant zu vielen „Anfängen" geworden, die unter dem Namen Neukantianismus zusammengefasst werden. Ich selber fühlte mich am meisten von jener Schule angezogen, deren Richtung von Kuno Fischer*, Windelband* und Rickert* bestimmt worden ist. Kuno Fischers* Darstellung der kantischen Philosophie habe ich viel zu verdanken. Windelbands „Präludien" [1884] machten auf mich tiefen Eindruck. Sie vor allem waren es, die mich auf die „Werte" lenkten. Seine kurz zusammenfassende Philosophie ist eine Geschichte der „Werte". Sein eigenes System ist er uns schuldig geblieben. Persönlich habe ich ihn nicht gekannt und nie gehört. Er ist allzu früh gestorben. Nach Mitteilung meines Freundes Fritz Münch[25] – meines einzigen deutschen Freundes, den ich dadurch kennenlernte, dass ich ihn bat, mir allwöchentlich seine Aufzeichnungen über Vorlesungen, die am Sabbat stattfanden, zur Verfügung zu stellen, da ich selber am Sabbat nicht zu Vorlesungen ging; Fritz Münch war eine große Hoffnung, die er mit sich in jungen Jahren zu Grabe trug – hat Windelband zu viel Zigaretten geraucht und zu viel auf dem Sofa gelegen. –

Rickerts ungemein scharfsinnige Untersuchungen haben mich namentlich in der „Subjekt-Objekt"-Lehre gefördert. Dagegen hat Hermann Cohen* auf mich keinerlei Einfluss ausgeübt. Zwei Semester studierte ich in Marburg, wo dieser gefeierte Philosoph wirkte. Ich konnte mich niemals entschließen, auch nur eine einzige seiner Vorlesungen zu hören.[26] Er war Jude und bekannte sich freudig und stolz dazu. Aber gerade als Jude bezog er von – Kant die Grundlagen seiner „jüdischen" Welt- und Lebensanschauung. So blieb ich ihm bewusst fern. Als er später auch unmittelbar zum Judentum Stellung nahm, veröffentlichte ich im „Israelit"[27] eine Artikelserie: „Was lässt Hermann Cohen vom Judentum übrig?" – Unser Zeitalter hat durch Herz und Augen das Reich der Erfahrung „begriffen" wie keins zuvor. Ist es verwunderlich, dass es, wie keins zuvor, geneigt ist, Herz und Augen auf „Kundschaft" zu schicken, um auch das Jenseits der Erfahrung zu –

---

25 Gemeint ist wohl der elsässische evangelische Theologe und Musikwissenschaftler Fritz Münch (1890-1970), ein Schwager Albert Schweitzers, der mit Breuer gemeinsam in Straßburg Philosophie studierte.

26 Breuer studierte 1906 in Marburg; dort schloß er 1911 auch seine Promotion ab; vgl. dazu unten Kap. 6, Anm. 41.

27 *Der Israelit* 52 (1911) vom 16. 3., 2f; 23. 3., 1f; 30. 3., 3f und 24. 4., 3f. (=IBWA 1, 56–74).

„begreifen"?[28] Das Luftschiff beherrscht den luftigen Raum. Warum nicht gar den – luftleeren?

Aber das Reich der Erfahrung ist das Reich der immerwährenden Zusammenhänge. Und diese Zusammenhänge sind die Zusammenhänge des – Verstands, der mit ihnen und durch sie Erfahrung allererst begründet. Erfahrung ist die bewusste Einheit von Subjekt der Erfahrung und Objekt der Erfahrung. Subjekt ist ohne Objekt nicht möglich, gleichwie Objekt nicht ohne Subjekt. Sich selbst erkennt das Subjekt am Objekt. Das Objekt erkennt das Subjekt in Selbsterkenntnis. Trennen sich Subjekt und Objekt, so versinken sie beide im Wesenlosen.

Der Allmächtige kann nicht Objekt der Erfahrung sein, denn Er ist das absolute Ich – „Anochi"[29] –, außerhalb jedes Zusammenhangs. Den Allmächtigen „beweisen" aber heißt, ihn „ableiten", in Zusammenhang hineinstellen. Auf Kundschaft geht der Verstand, wenn er an den Allmächtigen sich heranwagt. Gottes ist der Verstand, aber Gott ist nicht des Verstandes.

Die Schöpfung kann nicht Objekt der Erfahrung sein, denn das Nichts geht ihr voran, zwischen dem Nichts und dem Ichts[30] aber besteht keinerlei Zusammenhang.[31] So wenig der Verstand Gott erfährt, so wenig erfährt er die Schöpfung. Der Verstand kann die Welt nicht anders begreifen, denn als Reich immerwährenden, ewigen Zusammenhangs. Zwischen Schöpfung und Natur ist kein grundsätzlicher Gegensatz. Der Allmächtige, indem Er sich selbst offenbarte, tat gleichfalls kund, dass diese vom Verstand als Natur „begriffene" Welt, unabhängig vom Verstand, Schöpfung ist. Wer mit dem Verstand der Schöpfung nachgeht, gleicht dem Blinden, der Farben sucht.

Offenbarung kann nicht Objekt der Erfahrung sein, denn sie sprengt die Erfahrung. Nicht der Verstand mit Herz und Augen ist das Instrument, mittels dessen Offenbarung empfangen wird. Offenbarung wird nicht „erkundschaftet". Sie verleiht besondere Kraft der Aufnahme. Sie macht ihren Adressaten im Moment der Aufnahme zum Propheten. Jeder Offenbarungsempfänger ist Prophet. Jeder Prophet ist Offenbarungsempfänger.

---

28 Vgl. oben Anm. 20.

29 Mit Bezug auf das Ich (אנכי, anokhi) in Ex 20, 2 bezeichnet Hirsch in seinem Exoduskommentar Gott als „die einzige, wirkliche, absolute Persönlichkeit [...], durch welches erst alles andere Sein Möglichkeit und Wirklichkeit erhält."

30 Das Kunstwort (eine Analogbildung zu Ich und Nicht-Ich?) erinnert an bei Simrock, *Die deutschen Volksbücher*, 354, nachgewiesene Sprichwörter: „Besser Ichts denn gar Nichts", „Ists nicht viel, so ists doch Ichts, bewahr dich Gott vor gar nichts" (Nr. 7539f).

31 Vgl. Breuer, *Begriff des Wunders* (IBWA 1, 198): „Schöpfung und Zusammenhanglosigkeit sind identische Begriffe" und Breuer, *Welt als Schöpfung und Natur* (IBWA 1, 502).

Das echte Wunder kann nicht Objekt der Erfahrung sein, denn es sprengt die Erfahrung. Zu ihm spricht der Verstand: „Ich will doch näher gehn und nachsehen, was diese große Erscheinung ist. Warum wird der Dornbusch nicht verzehrt?“[32] Der Verstand sucht die Ursache innerhalb der Erfahrung, und er muss sie suchen, denn dies ist seine Funktion. Wenn der Verstand behauptet, es gebe keine Wunder, so hat er völlig recht, wenn er nur hinzufügt: für ihn, den Verstand. Wer ein Wunder als Wunder, das heißt in seiner die Erfahrung durchbrechenden Ursachlosigkeit, wahrnimmt, ist in diesem Moment Prophet.[33]

Schon als ich das erste Mal Kant studierte, fasste ich die Konzeption der „Welt als Schöpfung und Natur“[34], der Welt des Sechstagewerks und der Welt im Gewande des Sabbat, der Welt an sich und der „begriffenen“ Welt, der Welt Gottes und der Welt des tätigen Menschen. Aus der Erkenntnis des bewussten Menschseins erstand mir aufs Neue der Sabbat als beherrschender Mittelpunkt des bewussten Judeseins: Mensch-Jisroel!

Aber das bewusste Menschsein ist nicht nur Welt-Bewusstsein sondern auch Wert-Bewusstsein; es ist nicht nur auf „begreifende“ Beherrschung der „objektiven“ Dinge abgestellt, sondern auch auf „wertende“ Betrachtung und auf wertgebotene Tat. Wahr und unwahr – gut und böse – schön und hässlich – Recht und Unrecht – sozial und unsozial – sind denn auch sie der Erfahrung entnommen, auf Erfahrung bezogen und darum nur für Erfahrung gültig? Oder treffen sie nicht vielmehr eine Auslese innerhalb der Erfahrung, nach Maßstäben, die vor aller Erfahrung, die unabhängig von jedweder Erfahrung, von Maßstäben, die eine Erfahrung bestimmter Art fordern, und die damit dem, was immerdar ist, entgegenstellen das, was immerdar sein – soll? Diese Werte – Ideen – sind, soweit sie nicht zusammenhängende Realität begründen helfen, insgesamt nicht „beweisbar“, insgesamt nicht ableitbar, insgesamt losgelöst von jedem Nutzen, von jeder Befriedigung triebhafter Begehrlichkeit, sind Zweck an sich und dienen keinem Zweck. Sie appellieren als „Sollen“ schlechthin an den – Willen. Von ihm fordern sie, dass er sie in sich aufnehme, dass er sie wolle, ob sie sich gleich durch nichts sonst ihm empfehlen können als durch ihren Eigenwert. Darum sind sie keine Kundschafter des Verstandes, die sich in das Jenseits einschleichen möchten, sondern legitime Botschafter aus dem Jenseits, die mit ihrem Weckruf zu sollgerichteter Betrachtung und zu sollentsprechender Tat das Diesseits der Subjekt-Objekt-Erfahrung zu bereichern kommen.

Noch erinnere ich mich der atemlosen Spannung, mit der ich das erste Mal die kantische Ideenlehre studierte. Ich habe sie seitdem immer wieder durchdacht, und

---

32 Ex 3, 3.

33 Vgl. Breuer, *Begriff des Wunders* (IBWA 1, 185–209); zum Phänomen der Prophetie vgl. oben Kap. 4, Anm. 54.

34 Vgl. Breuer, *Welt als Schöpfung und Natur* (IBWA 1, 459–573).

ich habe versucht, sie in meiner Weise zu entwickeln, nicht ohne auch Schopenhauer und Fichte heranzuziehen; Fichte, den unschuldigen Urheber des Übermenschen[35]; Schopenhauer, den schuldigen Urheber des – Untermenschen.[36] Diese Ideenlehre – mir ist sie zum Portal geworden, durch das man ins Judentum eintritt. Mich lehrte sie das Menschsein in einer Gestalt anzuschauen, die förmlich nach dem Judesein schreit.

Das menschliche Bewusstsein als Schnittpunkt von Sein und Sollen – der Mensch als Bürger zweier Welten – das Reich naturhaften Begehrens, naturhafter Tat, und das Reich reinen Wollens, freier Tat – des Menschen empirischer und intelligibler Charakter –: „Machen wir einen Menschen in unserer Form, entsprechend unserem Gleichnis!“[37] Vom Menschen sagt die Tora, nicht vom Juden: „Da ward der Mensch zum – Lebewesen.“[38] Zum Menschen muss er sich selber machen... Der Mensch ist wesenhaft Wille, jener Wille, den der Talmud anspricht und den die Nation an sich reißen möchte. Der Wille begehrt; der Wille behauptet sich an der Objektivität der erkannten Dinge; der Wille sehnt sich, anhand der Ideen, nach Selbstbefreiung, nach Identität mit seiner göttlichen Seele. Auf der Möglichkeit dieser Selbstbefreiung beruht das ganze Judentum.[39]

Freiheit? Die Natur kennt sie nicht, denn sie ist das Reich immerwährender Zusammenhänge. Der Verstand „begreift“ sie nicht, denn er ist das Organon dieser Zusammenhänge. Keine „Kundschaft“ kann sie ermitteln. Beim Schöpfer weilt sie, der aus dem Nichts den Zusammenhang schafft[40] und in den Zusammenhang seine Wortoffenbarung und seine Tatoffenbarung hineinsprengt, wahrnehmbar denen nur, die „enthüllten Auges“ und „aufgebrochenen Ohres“.[41] Schöpfung – Offenbarung

35 Zu Nietzsches Lehre vom Übermenschen und zur Anthropologie Johann Gottlieb Fichtes vgl. von Taver, *Nietzsche-Studien*, 32. Zu Fichte als Quelle des Ideenpaares „Gott und Nichtgott“ bei Breuer vgl. Balog, *Persönlichkeit*, 240–241.

36 Breuer spielt hier offenbar auf Schopenhauers abgrundtiefen Pessimismus an; zu seinem Verständnis Schopenhauers vgl. IBWA 1, 368 und 560. Der Philosoph, der von 1843 bis zu seinem Tode am Frankfurter Mainufer wohnte (Schöne Aussicht 16), und S. R. Hirsch (Schöne Aussicht 5) lebten etwa neun Jahre lang in enger Nachbarschaft.

37 Gen 1, 26. Hirsch übersetzte: „Wir wollen einen Adam (Stellvertreter) machen in einer uns würdigen Hülle wie es unserem Ebenbilde entspricht.“

38 Vgl. Gen 2, 7 (nach Hirsch: „…so ward der Mensch zu einer lebendigen Persönlichkeit.“)

39 Zur Grundlage der Anthropologie Breuers in seiner Distinktion von Sein, Sollen und Wollen vgl. Breuer, *Elischa*.

40 Zur Vorstellung der „Schöpfung aus dem Nichts“, mit der Breuer natürlich nicht an den Topos der *creatio ex nihilo* in der christlichen Theologie (vgl. z.B. Hebräer 11, 3), sondern an den Torakommentar des Nachmanides anknüpft, vgl. IBWA 1, 197 und 205.

41 Siehe Ps 40, 7 (nach Hirsch „Ohren hast du mir gebohrt“ [hebr. אזנים כרית לי]).

– Wunder – Prophetie – Freiheit –: im Sollen des bewussten Menschseins sind sie alle verankert. „Das Freiheitsproblem" hieß meine erste philosophische Schrift aus meiner Studentenzeit, die Jakob Rosenheim* im „Israelit"[42] veröffentlichte. Er fügte den Untertitel hinzu: „Aus dem Tagebuch eines jüdischen Studenten". Soweit ich mich erinnere, ist auch diese Schrift jüdisch, und nicht kantisch.

Denn inzwischen hatte ich auch Kants Ethik – die „Kritik der praktischen Vernunft" und die „Metaphysische Anfangsgründe der Sittenlehre" – studiert, weniger aus innerem Bedürfnis als der Vollständigkeit wegen, und ich war geradezu erschüttert von der Kärglichkeit des Resultats. Der gewaltige Zergliederer des menschlichen Denksystems: da er sich anschickte, die Welt der Freiheit aufzubauen, aufzubauen mit dem ganzen Rüstzeug seiner unermesslichen geistigen Kraft und mit dem ganzen Pathos seiner Sehnsucht nach Erlösung, da er in die tiefsten Tiefen des bewussten Menschseins zum zweiten Male tauchte, fand er nichts als eine – Scherbe!

Er hatte vom Judentum nicht die leiseste Ahnung. Mehr noch: den Fortschritt des protestantischen Christentums zu feiern, hat er das Judentum in höchst unkritischer Weise mit den übelsten Vorurteilen bedacht. Aber so groß war der Mann, dass er bis an die Schwelle des – Judentums aus eigener Kraft vordrang. Dass die Verstandeswelt der Erfahrung zugleich die Welt des Begehrens, dass die Welt des Begehrens die Welt der Menschenknechtschaft sei, dass der sich selbst befreiende Wille seine Motive daher nicht aus der Welt des Begehrens schöpfen dürfe, ja sogar, dass die Freiheit des Willens nur auf dem – Gesetz beruhen könne, das seine Geltung nicht von der Welt der Erfahrung und ihren Begehrnissen herschreibe –: bis zu diesem entscheidenden Punkt, wo alles nach dem Freiheitsgesetz der – Tora schreit, ist dieser Mann gekommen. Dann brach er zusammen. Eine ergreifende Antwort auf die Frage des R. Jehuda Halevi*, warum Offenbarung nötig sei.[43]

Denn wie lautet das Gesetz der Freiheit, das Kant schließlich fand? Im Grunde eine klägliche Tautologie: „Handle frei!" Ist das ein Gesetz? Es ist, im günstigsten Falle, nichts als die Aufforderung, dem Gesetz der Freiheit zu folgen. Welches aber ist dieses Gesetz?

Kant hat es selber gespürt. Er hat daher sein „Gesetz" umschrieben: Handle so, dass du wünschen kannst, dass das Motiv deines Handelns allgemein Gesetz werde.[44] Also gewissermaßen: handle allgemeingültig, handle vorbildlich. Wer aber

---

42 Der Untertitel lautete: „Aus dem Skizzenbuch eines jüdischen Akademikers" (IBWA 3, 181–196).

43 Vgl. Breuer, *Der Neue Kusari* (IBWA 4, 347–349).

44 Breuer paraphrasiert die sog. Grundformel (Universalgesetzformel) des Kategorischen Imperativs Kants. Zu Breuers Interpretation dieses Motivs: IBWA 1, 16, 152, 177 und 518.

entscheidet über die Vorbildlichkeit? Über die Allgemeingültigkeit? Offenbar – jeder für sich! Jeder hat sich selbst als – Weltgesetzgeber vor jeder Tat anzusehen, und wenn er als Weltgesetzgeber die Tat fordern oder billigen würde, dann mag er sie beruhigt tun. Wie aber wird man Weltgesetzgeber? Trägt jeder Mensch den Stab des Weltgesetzgebers von der Geburt an im Tornister, und er braucht ihn nur herauszuholen, um seines Amtes walten zu können? Und wird nicht zwischen den zahllosen Weltgesetzgebern ewiger Streit sein? Und ist nicht am Ende eine Erziehung zum Weltgesetzgebertum dringend erforderlich? Und hat hierbei nicht vielleicht auch persönliche Begabung einiges mitzusprechen? Und ist nicht gerade die Geschichte der Menschheit voll von Beispielen höchst abschreckender Untaten, die aus reiner Absicht, aus ernstest gemeintem Weltgesetzgebertum geschehen sind? Genügt es etwa, Weltgesetzgeber sein zu wollen, um es schon wirklich zu sein? Bedeutet nicht im Grunde Kants Formel geradezu: handele, als ob du an – Gottes Stelle wärst?

Gut ist die Tat, die aus reinem Wollen stammt. Rein ist das Wollen, das sich von den Begehrnissen befreit hat. Befreiung von den Begehrnissen heißt Aufnahme des Weltgesetzes in das Wollen. Gut ist also die Tat, die dem Weltgesetz entspricht.

An der Schwelle des Judentums steht Kant. Aber weiter kommt er nicht. Setzt an die Stelle des Weltgesetzes die – Tora, und alles stimmt. Bewusstes Menschsein schreit nach der Tora. Ohne die Tora bleibt es Stückwerk. Mensch – Jisroel!

In sich selbst fühlte Kant das moralische Weltgesetz, gleichwie er in sich selbst das theoretische Weltgesetz fühlte. Letzteres fand er, denn der Schöpfer, der den Menschen in Seiner Form erschuf, hat es in ihn hineingelegt, auf dass er das geformt Seiende erkenne und beherrsche. Aber ersteres fand er nicht, denn die moralische Welt ist nicht seiend, sondern sollend, und nur die Idee dieser Welt und die Sehnsucht nach ihr hat der Schöpfer dem Menschen verliehen, auf dass er höre und gehorche und vollende.

Diese Sehnsucht nach dem moralischen Weltgesetz hat Kant mit dem Weltgesetz selber verwechselt und gelangte so zur Autonomie des reinen Menschenwillens und zur völligen Ablehnung, zu Verächtlichmachung der moralischen Heteronomie, selbst wenn der Heteros – Gott ist. Am Schluß sprach doch nur die – Schlange aus ihm, die alte Schlange: „Ihr werdet Gott gleich, wissend Gut und Böse.“[45]

Der Weg des Judentums ist ein völlig anderer. Es beginnt mit der Heteronomie des Rechtes Gottes, und es führt zur Autonomie der Gottes Willen völlig in den eigenen Willen rezipierenden „Heiligkeit“! Zum ersten Male habe ich dies in einer gleichfalls zunächst im „Israelit“[46] erschienenen Schrift darzulegen versucht, die

45 Gen 3, 5 (nach Hirsch: „werdet ihr Gott gleich sein, wissend, was gut ist und bös“).

46 Neuabdruck in: IBWA 1, 4–44.

noch aus meiner Referendarzeit stammt: „Lehre, Gesetz und Nation". Der äußere Anlass zu dieser Schrift war ein eigenartiger. Einer meiner Freunde, reichlich assimilatorisch, d.h. in Talmudferne, erzogen, aus persönlicher Neigung alsdann auf der Universität dem „Bund jüdischer Akademiker" angeschlossen und der jüdischen Lebenspraxis eine Weile mit einem gewissen „Fanatismus" zugetan, mir selber in grenzenloser Treue aufgeschlossen, ehrlich, aufrecht, aufrichtig, erklärte mir nicht ohne Plötzlichkeit, er habe jeden „Glauben an die Göttlichkeit der Tora" verloren. Er wolle kein Heuchler sein und halte sich daher für nicht mehr berechtigt, den Sabbat zu hüten, die Speisegesetze zu achten, und solchermaßen sich und der Welt vorzutäuschen, als sei er ein „orthodoxer" Jude.[47] Meine Antwort war die obige Schrift. Sie kam leider zu spät, denn er hatte mit der Praxis bereits gebrochen, und er scheute sich, sie nun wieder aufzunehmen. Ich habe nicht aufgehört, ihn zu lieben und auf ihn zu hoffen. Der erste Weltkrieg hat ihn getötet und meine Hoffnung beendet. Meine Liebe nicht.

---

47 Breuer schildert das Gespräch mit diesem Freund, der dort „Rosner" heißt, in seinem Roman *Kampf um Gott*, 146–157 (dazu: Morgenstern, *Von Frankfurt*, 233f).

Sechstes Kapitel

Jura

Ich ging auf die Universität, ohne eine bestimmte Berufswahl getroffen zu haben. Ich glaube, dass mein Vater s. A. nicht ungern gesehen hätte, wenn ich Rabbiner geworden wäre. Eine wie hohe Vorstellung auch immer ich, infolge steten Anschauungsunterrichts, von diesem Beruf hatte, konnte ich mich nie dazu entschließen. Der stete Anlass zum „Reden“, zumal das Predigen, war mir fatal.[1] Auch wollte ich wohl meine Beziehungen zum Judentum nicht berufsmäßig verankert wissen. Ich dachte an eine Professur für Geschichte. Ich dachte an freie Schriftstellerei.[2] Und so studierte ich zunächst Philosophie, Geschichte, Germanistik. Und so ward ich schließlich – das häufige Auskunftsmittel der Schwankenden – Jurist. Nicht ohne zuvor meinem Vater s. A. versprochen zu haben, mein juristisches Können der jüdischen Sache zur Verfügung zu stellen.

Mein erstes Erlebnis als Student der Rechte ärgerte mich ungemein. Die Studienordnung sah für Juristen mindestens sechs Semester Universitätsstudium vor, dem sich ein Vorbereitungsdienst an den Gerichten als Referendar von etwa 4 Jahren anzuschließen hatte. Ich aber war bereits 22 Jahre alt. So begab ich mich zum damaligen Dekan der Straßburger Juristenfakultät, dem Geheimen Hofrat Dr. Otto Lenel*, dem hochberühmten Kenner des Römischen Rechts, der nicht nur Geheimer Hofrat war, sondern, wie ich erst später erfuhr, Geheimer – Levy, und bat ihn, mir beim Herrn Justizminister den Erlass einiger Studiensemester mit Rücksicht auf mein sechsjähriges Studium des talmudischen Rechts auf einer jüdischen Hochschule zu erwirken. Nachdem er sich von der ersten Verblüffung erholt hatte, lehnte er meine Bitte rundweg mit der achselzuckenden Bemerkung ab: das talmudische Recht habe ja nur – antiquarischen Wert. Dabei konnte er selber sich mit den wirklichen Antiquitäten des Römischen Rechts nicht genug tun, und er hat einen großen Teil seines Lebens mit der Wiederherstellung völlig antiquierter römischer Rechtstexte zugebracht. Ich verließ ihn tief gekränkt, sah ihn aber bald auf dem Podium des Vorlesungssaals wieder, wo er wie ein Löwe hin und her lief, während er in wahrhaft packender Weise über Geschichte und System des Römischen Rechts dozierte.

Ich glaube sagen zu dürfen, dass ich nicht nur Edoms Philosophie, sondern auch Edoms Recht als Jude studiert habe. In gewisser Hinsicht ist das Studium dieses

---

1 Zum „Predigen“ vgl. oben Kap. 3, Anm. 15.

2 Breuer schrieb vier Romane, zu ihrer Analyse vgl. Balog, *Persönlichkeit*, 64–140. Sein erster Roman, *Jerusalem* (1903), ist in IBWA 3, 19–114 neu ediert. Auch mehrere seiner literarischen Zeitungsartikel finden sich in der Neuedition IBWA 3.

Rechts für die jüdische Sache, von Bibelkritik abgesehen[3], am gefährlichsten; sicher weit gefährlicher als etwa das Studium der Philosophie.[4] Der eigentliche Gegenstand der modernen Philosophie ist keineswegs zugleich der eigentliche Gegenstand des Judentums. Aber der Gegenstand des Römischen Rechts, wie das Recht aller Völker, ist das Nebeneinander der Menschen und Nationen: der gleiche Gegenstand, der auch der Tora als dem Rechte Gottes, der auch dem Talmud eignet. Aus diesem Nebeneinander entstehen natürliche Beziehungen des auf Bedürfnisbefriedigung gerichteten Güteraustauschs, natürliche Herrschaftsbeziehungen zu den Gütern selber, natürliche Formen für die Begründung und den Wechsel dieser Beziehungen, natürliche Familientatbestände und Tatbestände der Familiengüter, natürliche Vorkehrungen zum Schutz der gesellschaftlichen Glieder und natürliche Formen gesellschaftlicher Zusammenschlüsse. Das Recht der Tora kennt den Kauf[5] und den Tausch[6] und das Darlehen[7] und das Eigentum[8] und die Hypothek[9] und das Pfandrecht[10] und die Erwerbsarten[11] und die Ehe[12] und das Erbe[13] und das Verbrechen[14] und die Gemeinschaft[15] und den Staat[16], gleich dem Recht aller

3 Vgl. Morgenstern, *Jüdisch-orthodoxe Wege zur Bibelkritik.*

4 Als „gefährlich" gilt offenbar die Erforschung der Rechtsgeschichte, die aus Breuers Sicht zu dem Fehlschluss verleiten könnte, dass auch das Torarecht einer geschichtlichen Entwicklung unterliegt. Dies ist nach jüdisch-orthodoxer Überzeugung aber nicht der Fall, da die Tora ewig ist. Andererseits gilt auch nach orthodoxem Verständnis der Grundsatz, dass bei strittigen Rechtsfragen das jeweils später ergangene Rechtsurteil gilt (Hilkheta ke-Vatra'ei – „die Halacha folgt den späteren Rechtsentscheidern") – ein Grundsatz, der eine Entwicklung des Torarechts voraussetzt.

5 Hebr. קניין, qinjan.

6 Hebr. קניין חליפין, qinjan chalifin. Vgl. mBB 4–7.

7 Hebr. הלואה, halwaja. Vgl. mShev 10, 3–4; bGit 36a (zum Rechtsinstitut des *Prosbul*, der das Vergeben von Darlehen auch im Vorfeld eines Sabbatjahres ermöglicht).

8 Hebr. בעלות, ba'alut.

9 Hebr. משכנתא, mischkanta.

10 Hebr. שעבוד, shi'bud. Vgl. z. B. mBM 9, 13 und mShev 10, 5. Vgl. Breuer, *Elischa*, 42.

11 Hebr. קניין, qinjan.

12 Hebr. קידושין, qiduschin. Vgl. die eherechtlichen Traktate Qiddushin, Ketubbot, Sota und Gittin (dritte Ordnung der Mischna).

13 Hebr. ירושה, jeruscha. Vgl. z. B. bBB, Kap. 8.

14 Hebr. פשיעה, peschi'a. Vgl. die Traktate Makkot (Strafrecht), Sanhedrin (Strafprozessualrecht) und Baba Kamma (Kap. 7 zu Diebstahl, Gewalt und Raub) in der vierten Ordnung der Mischna.

15 Hebr. ציבור\רשות הרבים.

16 Vgl. den Abschnitt *Hilkhot Melakhim u-Milchemotehem* („Gesetze zu den Königen und ihren Kriegen") im letzten Buch (*Sefer Shoftim*) des religionsgesetzlichen Werkes *Mishne Tora* des Maimonides.

Völker. Die Rechtgeschichte erforscht die Entwicklung all dieser Beziehungen bei den einzelnen Völkern und stellt bei den meisten gewisse gleichmäßige Stadien der Entwicklung fest: dass das Recht zunächst sich vielfach in den Händen der Priester befand, dass erst allmählich eine Trennung von Religion und Recht stattfand[17], dass wirtschaftliche Phänomene einen starken Einfluss auf das Recht ausübten, und dass schließlich das Recht, gleich der Sprache, den Gesetzen des allgemeinen nationalen Wachstums unterliege. Römisches Recht, germanisches Recht, angelsächsisches und romanisches Recht –: warum nicht auch „ibrisches" Recht?[18] Sind nicht die Rechtstatbestände im Grunde die gleichen? Warum nicht auch das „ibrische Recht" in die „rechtsvergleichende Wissenschaft" einbeziehen? Warum nicht auch das „ibrische Recht" als Produkt des „ibrischen" Volkes erachten, gleichwie das Recht aller Völker ihr eigenes Produkt ist? Wer freilich so denkt, ist bereits aus der national-jüdischen Sphäre völlig herausgefallen und ist dem national-jüdischen „Lernen" völlig verloren.

Ich bin als Jude an Jura herangegangen. Wieder führte mich „Mensch-Jisroel" den Weg.[19] Auch das jüdische Nebeneinander ist zunächst menschliches Nebeneinander, gleichwie etwa die jüdische Nahrungsaufnahme zunächst menschliche Nahrungsaufnahme ist. Das künstliche Aufreißen von Abgründen zwischen Mensch und Jude ist die Quelle vieler auf Stelzen gestellter und darum scheinbar unlöslicher Probleme. Die allgemeinen Erscheinungsformen des menschlichen Nebeneinanders sind daher auch im jüdischen Nebeneinander anzutreffen, ebenso wie ihre allgemeinen Entwicklungstendenzen. Sie alle sind gewissermaßen prätoraitisch und stehen zur Tora im gleichen Verhältnis wie das Menschsein des einzelnen Juden. In all ihrer Menschlichkeit zieht die Tora sie in die Sphäre Gottes und bestätigt sie und berichtigt sie und ergänzt sie und formt sie und gestaltet sie, und wandelt so das natürlich-menschliche Nebeneinander in ein toraitisches Nebeneinander, dessen oberster Zweck ist, mit vereinten Kräften die Nähe Gottes als oberstes Gut zu gewinnen. Hierbei kommt es nicht einmal entscheidend auf die inhaltliche Verschiedenheit der gesellschaftlichen Regelungen im einzelnen Falle an. Zwei Menschen essen genau das Gleiche: der eine, weil

---

17 Dem Zwölftafelgesetz im frühen Rom (451/450 v.d.Z.), der ersten und jahrhundertelang einzigen Kodifikation des römischen Rechts, ging ein Zeitabschnitt voraus, in dem das Recht von Priestern geschöpft und ausgelegt wurde. Breuer hatte dies wohl in seinen Straßburger Vorlesungen zur römischen Rechtsgeschichte gehört.

18 Der Begriff *Mischpat ivri,* „hebräisches Recht", hier ablehnend gemeint, bekommt bei Breuers Schüler Menachem Elon (1923–2013), der 1977–1983 Präsident des Obersten Gerichts in Israel war, einen positiven Klang; vgl. Morgenstern, Balog, *Institut „Bina la-Ittim".* Das „hebräische Recht" und die Möglichkeiten seiner Inkorporierung in das Recht des Staates Israel gehörten zu Elons wichtigsten Forschungsgebieten.

19 Vgl. oben Kap. 5, Anm. 4.

er Hunger hat; der andere, um neu zu gewinnende Kraft dem Herrn des Alls zu weihen. Tun sie wirklich dasselbe? Ist jüdischer Kauf, bewusst vollzogen in vom Allmächtigen selbst nur bestätigter Form, in der Tat wesenseins mit dem Kauf der Völker? Jüdischer Kauf, gerade weil ins Gesamtsystem der Tora aufgenommen, führt mit derselben Unmittelbarkeit zu Gott wie das jüdische Speisegesetz, ja selbst wie Tallit und Tefillin.[20] Jüdischer Kauf heiligt.[21] Denn heilig sei – Gott das jüdische Nebeneinander. Was aber soll geheiligt werden? Das Menschliche!

So war ich vom ersten Tag an entschlossen, dem Recht der Völker nicht zu geben, [was mich hindern könnte,] in Gottes Recht, in Gottes Talmud einzudringen. Nicht vergebens hatte ich mich, nach nationalen Methoden, sechs Jahre auf der Jeschiwa mit Gottes Recht befasst, ohne vom Recht der Völker eine Ahnung zu haben. Diese nationalen Methoden waren mir sozusagen in Fleisch und Blut übergegangen. Ich habe von ihnen nicht gelassen, auch als ich „Jurist" wurde. Nur mit Widerwillen konnte ich die von jüdischen Juristen verfassten Schriften über „ibrisches Recht" lesen; fast nie habe ich sie zu Ende gelesen. Sie trieben mir Anatomie, Anatomie des entseelten Körpers. Unser Recht aber ist das Recht des lebendigen Gottes.

Je mehr ich mich mit dem Recht der Völker befasste, umso deutlicher wurde mir der Abstand zwischen ihm und Gottes Recht. Ich las Jherings* „Geist des römischen Rechts" und las Jherings „Zweck im Recht". Ich sah ihn mit Witz und Spott gegen den juristischen „Begriffshimmel" anstürmen, und ich stimmte ihm zu.[22] Vor mir erstand das Bild des römischen Gesetzgebers, unerreichtes Muster der Gesetzgeber aller Völker: nüchtern, kühl, klar denkend, scharfsinnig, systematisch; aber auch der Macht zugetan, aber auch stahlhart, aber auch völlig staatsbewusst; und vor allem grenzenlos – praktisch. Sein Recht herrscht nicht, sondern es dient. Es dient dem Zweck. Wem aber dient der Zweck? Das eben ist die Frage.

Der „Zweck im Recht" schafft den Abstand. Ist Gottes Recht „zweckmäßig"? Ist Gottes Naturgesetz „zweckmäßig"? Im höchsten Sinne: gewiss! Im Sinne des göttlichen Schöpfungsplans! In seinem Dienst stehen beide. In seinem Dienst steht auch der Mensch als Naturwesen und der Mensch als Wesen der Selbstbefreiung. Aber Gottes Schöpfungsplan müsste man kennen, um den Zweck im Naturgesetz, den Zweck in Gottes Recht zu begreifen. Hier scheiden sich Judentum und Rom, wie Jude und Mensch sich scheiden.

---

20 D.h. wie Gebetsmäntel mit 39-fach geknoteten Schaufäden (Num 15, 37–41) und Gebetsriemen (Phylakterien); vgl. Dtn 6, 4–9.

21 Vgl. bQid 2ab.

22 In seiner Schrift *Scherz und Ernst in der Jurisprudenz* (1884) polemisierte Jhering gegen die „Begriffsjurisprudenz", eine juristische Methodologie, die sich an leitenden Grundsätzen orientierte und der Logik folgen wollte – von ihm als „Begriffshimmel" bezeichnet. Nach Jhering sollte die Jurisprudenz vielmehr praktischen Interessen folgen.

Das Recht Gottes will aufgespürt sein, ganz gleich dem Naturgesetze Gottes.[23] Was hier die Natur, sind dort die geschriebene Tora und die mündliche Tora und die ewig wechselnden Fakten. Das Aufspüren des Rechts Gottes, dies leistet in exemplarischer Art der Talmud. Seine Art ist ganz die des Naturforschers: vor allem die Induktion. Der Begriff steht keineswegs von Anbeginn fest. Definitionen gehören zu den Seltenheiten. Meist bleibt die wirkliche Begriffsbildung Sache und wesentliche Aufgabe des Lernenden. Ein Recht ohne eigentliche Begriffe: wie die Natur. Aus zahllosen induktiven Einzelforschungen ersteht ein Gesetz. „Kasuistisch" nennt der moderne Wissenschaftler naserümpfend den Talmud, weil er nicht von Definitionen ausgeht und von ihnen deduktiv voranschreitet. Aber verfährt nicht auch die Naturforschung „kasuistisch" und ist nicht auch in der Natur das kleinste so wichtig wie das größte? Ist die Naturforschung je abgeschlossen? Ist nicht auch sie unergründlich, auch sie jeden Tag vor neue Aufgaben gestellt, neuer Entdeckungen gewärtig? Unmöglich, Gottes Recht in einem deduktiven Gesetzbuch zusammenzufassen. Kam jemand schon auf die Idee, ein Gesetzbuch der Natur zu schreiben? Und wie die Natur nicht veraltet, weil sie keinem zeitlichen Zweck verpflichtet, so auch Gottes Recht. Und wie die Natur, bei all ihrer Kasuistik, eine vollkommene Einheit bildet, so ist Gottes Recht, bei aller scheinbaren Systemlosigkeit, das Geschlossenste aller Systeme, das alle seine Teile zu einem untrennbaren Ganzen verbindet.[24]

So sehr aber auch Gottes Recht vom Recht der Völker, schon der Idee nach, geschieden ist, so wäre es dennoch undenkbar, wollte ich nicht bekennen, dass ich meinem juristischen Studium nicht unwesentliche Förderung im „Lernen" schulde. Je klarer mir die Abgrenzung war, umso eher konnte ich mich juristischer Begriffe bedienen, nicht um sie in Gottes Recht hineinzutragen, sondern um mit ihrer Hilfe das naturhafte Nebeneinander der Menschen zu klären, aus dem sie, gerade nach Jhering, erwachsen sind, und das durch Gottes Recht in die Sphäre des Heiligen gehoben, aber keineswegs als solches aufgehoben werden soll. Wie die Kenntnis vom Menschen, wie die Kenntnis von der Menschheit, dem Verständnis des Judentums nur förderlich sein kann, so die Kenntnis vom menschlichen Nebeneinander dem Verständnis des jüdischen Nebeneinanders und des zu seiner Gestaltung berufenen Rechts der Nation. Der Mangel einer solchen Kenntnis hat sich gerade in unserer Zeit, und gerade in unserem Lande, schmerzhaft genug bemerkbar gemacht. Die Formen des menschlichen Nebeneinanders sind die Materie der Formung des

---

23 Auch Hirsch (*Neunzehn Briefe*, 96) vergleicht die Toraforschung mit der Naturwissenschaft.

24 In *Programm oder Testament* (IBWA 2, 44), in *Erez Jisroel Probleme* (IBWA 2, 236f) und in *Der Neue Kusari* (IBWA 4, 167) beschreibt Breuer jüdisches Lernen anhand des juristischen Begriffspaars „Obersatz" und „Untersatz"; zur Logik des Talmudlernens vgl. Reichman, *Abduktives Denken*.

jüdischen Nebeneinanders durch unser Recht. Diese Formen aber sind einem steten Wechsel unterworfen. Es genügt nicht, die wirtschaftlichen Tatbestände von Abaje* und Rawa* zu kennen, um unser Recht auf die gegenwärtigen Tatbestände erstrecken zu können. Wenn ich „lerne", lerne ich nicht nur die Zeit von Abaje und Rawa, sondern bemühe mich stets, auch – meine Zeit zu lernen. Hierbei hat mir das juristische Studium gute Dienste geleistet.

Schon im ersten juristischen Semester stürzte ich mich auf das Staatsrecht. Mit brennendem Interesse hörte ich die einschlägigen Vorlesungen von Paul Laband* (einem Stammesgenossen von „Lenel*"). Sie machten auf mich den denkbar mächtigsten Eindruck. Es hatten die Philosophen aller Zeiten über den Staat viel nachgedacht und ihn in ihre Systeme hineinzubringen versucht. Es war aber dann meist der Staat, wie er nach ihrem System sein sollte, nicht aber der heutige Staat, der Staat, wie er sich wirklich entwickelt hat. Laband war ein absolut unphilosophischer Kopf. Er hielt all ihre Lehren über den Staat für „Brimborium". Er war Jurist vom Scheitel bis zur Sohle. Er hasste alles Undefinierbare und verachtete es. Von den in der Geschichte waltenden dämonischen Kräften wollte er nichts wissen, Revolutionen waren ihm naturhafte vulkanische Ausbrüche, mit denen der Jurist nichts zu tun hat, und während deren er gut tut, sich seitwärts in die Büsche zu schlagen, bis wieder menschliche Ordnung ist. Die von ihm mit grimmigem Behagen konstatierte Verworrenheit des öffentlichen Rechts und seiner Begriffe im Verhältnis zum Privatrecht und seiner von den Römern ererbten Begriffsklarheit führte er auf die fortgesetzte Vermengung des öffentlichen Rechts mit philosophischen Theorien und geschichtlichen Methoden zurück, und mit großer Entschlossenheit warf er all diese Fremdkörper fort, entschlossen, den Staat und seine Verhältnisse lediglich mit den Augen des Juristen zu sehen und ihm die volle Klarheit des Juristen, am Privatrecht geschult und gestählt, angedeihen zu lassen. Mag der Philosoph über den Staat von morgen grübeln, der Historiker den Staat von gestern erforschen: Den Staat von heute zu definieren und damit sein Wesen festzustellen, kann und darf nur Sache des Juristen sein, der grundsätzlich dem öffentlichen Recht nicht anders gegenübersteht als dem Privatrecht. Denn öffentliches wie privates Recht sind Regeln der Gemeinschaftsordnung, und der Staat ist qualifizierte Gemeinschaft.

Noch heute sehe ich ihn auf dem Podium sitzen, quadratischer Kopf, wenig Haare, schneeweißer, kurz gestutzter Schnurrbart, in elegantem Schwarz, mit kühlen, höchst abwehrenden Augen die große Zahl seiner Hörer musternd, jeder Zoll des mächtigen Deutschen Kaisers Kronanwalt, völlig unpathetisch, mit dem Tonfall leiser Müdigkeit: aber messerscharf zerschneidet seine verhaltene Stimme den Raum, mitleidlos verjagt seine zugespitzte Logik jede Illusion, ätzenden Spott sendet er den Fliehenden nach, mit kaltem Fanatismus fällt er seine Gegner an und bringt sie höhnend zur Strecke und ruht nicht eher, bis das Bild des Staats sich in uns gräbt, wie er als Erster ihn sieht: den vom Juristen im Namen des Rechts als souverän nachgewiesenen und darum von Rechts wegen unzerstörbaren Staat, unzerstörbar wie das Recht selber, das ihn begründet und das er alsdann sofort gänzlich in sich aufnimmt, gänzlich konsumiert, unzerstörbar, weil von Rechts wegen kein Platz neben ihm und außer ihm, und weil er auch das Volk, das ihn ausmacht, gänzlich in sich aufnimmt, gänzlich konsumiert – : und dann erhebt er sich kurz und geht – und die scheuen Blicke der bewundernden Hörer folgen der entschwindenden Gestalt. –

Ich habe Labands Lehre nie vergessen. Sie war ganz gewiss einseitig. Sie unterschied nicht zwischen Staat und Gesellschaft, zwischen Staat und Nation. Sie war mit keinem Tropfen philosophischen Oels gesalbt. Zu wirtschaftlichen oder rein geschichtlichen Phänomenen hatte sie keinerlei Beziehung. Schließlich kann auch Privatrecht, selbst auf seinem eigensten Gebiet, über das Wesen etwa des Eigentums, keine erschöpfende Auskunft geben. Aber Laband wollte bewusst einseitig sein. In der Wissenschaft, wie auch übrigens im Leben, ist Einseitigkeit weit häufiger ein Vorteil, denn ein Fehler. Was Laband meines Erachtens geradezu unübertrefflich darstellte, das war der Staat, wie ihn, nicht nur zu seiner Zeit, sondern vermutlich zu allen Zeiten, die – Diplomaten, die eigentlichen Staatsmänner sahen, sicher meist unbewusst, von Laband aber ins hellste Bewusstsein gehoben. Die Bedeutung der Diplomaten aber, der Staatsmänner, in der Völkergeschichte kann überhaupt nicht überschätzt werden. Sie sind es, die letzten Endes am Ruder sitzen, sie, die die Stimmung ihrer Völker aufs nachhaltigste beeinflussen und lenken können, sie, und nicht die Parlamente, die schließlich über Krieg und Frieden entscheiden.

Der Labandsche Staat ist wesentlich eine juristische Person. Als solche ist er selbständig handlungsfähig. Er handelt durch seine Organe, wie jede Aktiengesellschaft. Diese Organe handeln lediglich für den Staat, beileibe nicht für das Volk. Das Volk ist nichts als Staatsvolk, das Land nichts als Staatsland. Staatsvolk und Staatsland gehen restlos auf im Staat. Es gibt im Rechtssinn keine „Volksvertretung“. Eine Vertretung des Volkes gegenüber dem Staat ist eine begriffliche Unmöglichkeit. Auch das Parlament ist nichts als Organ des Staats. Auch der König. Auch der Präsident. Zum entscheidenden Merkmal des modernen Staats wird daher die Souveränität. Sie bedeutet nach innen, dass nichts, aber auch schlechterdings nichts, innerhalb des Staats vorhanden sein darf, das zum Staat wie gleich zu gleich stehen könnte, der Staatswille vielmehr, durch seine Organe zum Ausdruck gebracht, innerhalb des Staats absolut maßgebend zu sein hat, was immer er beinhalten sollte. „Recht“ ist, was immer der Staat will. Es gibt innerhalb des Staats kein anderes „Recht“, als das vom Staat erlassene oder anerkannte oder geduldete. Sie bedeutet nach außen, dass der Staatswille von nichts, aber auch gar nichts, außerhalb des Staats abhängig sein darf, dass die Beziehung zwischen souveränen Staaten lediglich auf Basis völliger Freiwilligkeit zu regeln ist, dieser

Regelung aber keinerlei Zwang schützend zur Seite stehen darf. Der souveräne Staat kann keinen Zwang von außen anerkennen. Schließt er Verträge, so stehen sie alle unter der clausula rebus sic stantibus[25]: sie binden ihn, solange er gebunden sein – will. Es ist der Staat der Diplomaten. Es ist der Staat der ewigen Kriege. Es ist der Staat, der mit allen Flüchen der Propheten Israels belastet ist. Der Staat der Völkergeschichte.

Ich habe Labands Lehre nie vergessen. Sie betraf keineswegs nur Deutschlands Diplomaten, sie betraf die Diplomaten aller Länder. Sie ist auch heute, nach zwei Weltkatastrophen, noch immer in Geltung. Nicht bei den Völkern, aber bei ihren Diplomaten. Und noch immer haben die Diplomaten das erste Wort, und auch das letzte.

Jhering lehrte mich den „Zweck im Recht", der im Grunde bereits die Idee des Rechts aufhebt. Denn die Idee dient keinem Zweck. Jede Idee ist Wert, ist Eigenwert. Jherings „Zweck" ist der Welt der Begehrnisse entnommen. Es wechseln die Begehrnisse, und mit ihnen das Recht. Das zweckbeherrschte Recht mag nützlich sein. Es mag auch gerecht sein. Gerechtigkeit und Nützlichkeit brauchen nicht immer einander entgegenzustehen. Aber das zweckbeherrschte Recht ist niemals – heilig. Es ist niemals – Gottes Recht. Die Heiligung der Gesellschaft, und mit ihr der Menschen, kennt nicht die Frage: wozu?

Aber Laband lehrte mich mehr. Dem „Zweck im Recht" fügte er zu den „Staat im Zweck". Laband begnügte sich nicht mit dem anonymen „Zweck". Er sprach es aus: Oberster Zweck des Rechts ist der – Staat. Denn außerhalb des Staats gibt es – nichts.[26] Jherings* Zweck, anonym wie er war, schließt die Idee des Rechts nicht notwendig aus. Labands Zweck setzt bewusst an Stelle der Idee des Rechts den Staat. Und dies ist die bis zum heutigen Tage noch in der Politik herrschende Lehre.

Gerade diese Lehre aber eröffnete mir einen tiefen Einblick in das Wesen des Judentums und der jüdischen Nation, und dieser Einblick blieb für mich bestimmend in der ganzen Folgezeit. Die jüdische Nation erhielt ihr Recht außerhalb des Landes und noch vor Gründung des Staats. Durch die Übernahme des Rechts erlangt sie die nationale Einheit. Mit diesem Recht zieht sie ins Land, mit diesem Recht gründet sie den Staat, aber mitten im Staat bleibt sie Nation des Rechts, und nicht der Staat ist souverän, sondern das Recht.

---

25 Eine angeblich an alle Verträge geknüpfte Bedingung, dass sie nur verbindlich seien, solange die Verhältnisse, unter denen sie entstanden, unverändert bleiben.

26 In *Kampf um Gott*, 336–338 bezeichnet Breuer den souveränen Staat als Götzen, als das „radikal Böse" und „Nicht-Gott".

Und als der Staat zerbrach, da zerbrach nicht auch das Recht, und auch ohne Staat verharrte die Nation als Nation des Rechts, verharrte das Land als Land des Rechts, beide in Jahrtausenden bereit, sich wieder zu vereinigen im Staat des Rechts.[27]

Welch fürchterlicher Gegensatz zwischen der jüdischen Konzeption des Staats des Rechts und der Diplomaten-Konzeption des Rechts des Staats. Welch fürchterlicher Gegensatz zwischen dem jüdischen Staat und dem Staat der Völker. Und abermals schloss sich hier ein Kreis. In zweitausend Jahren bekannte sich die jüdische Nation mit ihrem lebendigen Talmud zum Recht an sich, zur Idee des Rechts, zum Rechte Gottes. Dann kam Theodor Herzl mit seinem – „Judenstaat". Dann kam Theodor Herzl als erster jüdischer – Diplomat. – Er hat reichlich Nachfolger gefunden.

Zwischen Menschsein und Judesein klafft kein Abgrund. Das Judesein nimmt das Menschsein in sich auf. Zwischen dem menschlichen und dem jüdischen Nebeneinander (Gesellschaft) klafft kein Abgrund. Denn das jüdische Nebeneinander ist nur besonders geformtes menschliches Nebeneinander. Zwischen dem „Zweck im Recht" und dem jüdischen Recht ist Abstand, aber kein Abgrund. Das jüdische Recht verwirft nicht den Menschenzweck aus der Welt der Begehrnisse, sondern gibt ihm die Wende zum Zweck aller Zwecke. Aber zwischen dem Judentum und dem in der Völkergeschichte entwickelten Staat klafft in der Tat der Abgrund unversöhnlicher Kontradiktion. Sie stehen einander gegenüber wie Ja und Nein, wie Gut und Böse. Sie schließen einander einfach aus. Hier gibt es keine Versöhnung, keinen Ausgleich. Bis zu Gottes Thron reicht der Gegensatz. Unvollkommen bleibt Gottes Weltenthron, solange dieser Staat auf der Welt ist. Kampf Gottes gegen diesen Staat, von Geschlecht zu Geschlecht. Und Israel Sein Werkzeug: „Vergiss nicht!"[28]

Den Talmud im Sinn und im Herzen, lernte ich Edoms Staatsgefüge immer genauer kennen und damit die geschichtliche Erscheinung des Judentums immer besser verstehen. Edoms Problematik warf helles Licht auf sie. – Der allgemeine Teil des deutschen Strafrechts fesselte mich ungemein. Fritz van Calker* traktierte ihn in Straßburg. In Berlin nahm ich an den Übungen Franz v. Liszts* teil. Van Calker trat ich auch persönlich näher. Er war ein blonder Hüne mit dem Herzen eines Kindes: gütig, optimistisch, immer wohl aufgelegt, liebenswürdig, schien er die personifizierte Verneinung des Urbösen im Menschen, wiewohl er sich von

---

27 Zur Vorstellung einer „Wiedervereinigung" des jüdischen Landes und der jüdischen Nation vgl. Breuer, *Messiasspuren. Eine Selbstanzeige* (IBWA 1, 438). Im Hintergrund steht Hirschs Kommentar zu Ps 133, 1 („Seht, wie gut, wie lieblich, wenn Brüder auch zusammenwohnen!"): „Wie gut […] war es und wird es wieder sein, wenn diejenigen, die [..] durch die geistige Einheit ihrer Überzeugungen, ihrer Lebensgrundsätze ‚Brüder' sind, ‚auch räumlich in einem Land wieder zusammen wohnen werden!'"

28 Dtn 25, 19; die Amalekiter, zu deren Bekämpfung dieser Vers aufruft (vgl. auch Ex 17, 14–16), stammten von Esau/Edom ab: vgl. Gen 36, 12 und oben Anm. 4.

Amts wegen fortgesetzt mit ihm zu befassen und auseinanderzusetzen hatte. Er war mir hold, und er war später gern bereit, mir bei Einschlagung der akademischen Laufbahn behilflich zu sein, falls ich mich dazu entschließen würde. Er liebte es nicht, seine Vorlesungen in kontinuierlicher Rede zu halten, zog es vielmehr nach sokratischer Art vor, auf dem Wege von Frage und Antwort die Lehrmeinungen zu entwickeln und allmählich die richtige – natürlich die seinige – Ansicht herauszustellen. Was ist Verantwortung? Ein Geisteszustand? Ein Willenszustand? Setzt sie Willensfreiheit voraus? Wie steht der Determinismus zu ihr? Was ist der Sinn der Strafe? Rache? Sühne? Oder Schutz der Gesellschaft? Schutz des Staats? Besserung des Verbrechers? Gibt es geborene Verbrecher? Lombroso*? Kommt es auf die Gesinnung an? Auf Kenntnis des Gesetzes? Mit Erstaunen nahm ich wahr, wie unsicher all diese Fundamente waren, und wie wenig sie von einem beherrschenden zentralen Punkt aus zur Erörterung kamen. Ich dachte, dass gerade im Strafrecht sich die ganze Autorität des Staates gegenüber den Einzelnen entfalte, und dass daher von der Idee des Staates aus die Probleme des allgemeinen Teils des Strafrechts gelöst werden müssten. Hier aber zeigte es sich am eklatantesten, dass der moderne Staat eben keine Idee hat, dass seine angemaßte Souveränität die Idee geradezu ausschließt, und dass daher, vom Staat aus gesehen, nur sein eigener Schutz den einzigen Maßstab für das verstaatlichte Strafrecht abgeben kann, womit freilich die meisten Probleme des Strafrechts nicht zwar gelöst, aber gegenstandlos sind. Hiergegen sträubt sich alles Menschliche im Menschen, und so kommen gerade ins Strafrecht, wiewohl dem öffentlichen Recht zugeteilt, Gesichtspunkte philosophischer, ja selbst religiöser Art hinein, die einen geradezu – komisch anmuten, und die lediglich dartun, dass die Verstaatlichung des Rechts und seine hierdurch erfolgte Trennung von dem höchsten Anliegen der Menschheit, so konsequent sie nach außen durchgeführt werden mag, im inneren, zum mindesten in Friedenszeiten, am unausrottbaren Wesen des Menschseins seine Grenze findet. Im Übrigen spielen, wie ich später feststellte, bei der praktischen Handhabung des Strafrechts selber die allgemeinen Theorien kaum eine Rolle.

Zur Ergänzung hörte ich auch in Straßburg den damaligen Privatdozenten Max Ernst Mayer* (einen Stammesgenossen von „Lenel*“) über das Freiheitsproblem. Ich war neugierig, einen Juristen im Gewande des Philosophen zu sehn. Ich kam durchaus auf meine Rechnung. Er schloss sich zunächst ziemlich eng an Schopenhauers bekannte Preisschrift[29] an. Determinismus oder Indeterminismus: dies war die Frage. Er brachte Schopenhauers Distinktionen und Schopenhauers Stellung. Dann atmete er tief, ehe er sich anschickte, seine eigene Meinung dem heftig

29 Schopenhauers Schrift über die *Freiheit des Willens*, 1839 preisgekrönt von der Königlich-Norwegischen Sozietät der Wissenschaften, erschien 1841 unter dem Titel *Die beiden Grundprobleme der Ethik*; vgl. den Nachdruck Hamburg 1978.

mitschreibenden Auditorio kund zu tun. Sie war in der Tat das Ei des Columbus, und er krähte triumphierend, indem er sich des Eis entledigte: der Mensch ist zum Indeterminismus – determiniert! Da stand das Ei! – Das verstaatlichte Recht, von den Ideen abgetrennt, verträgt im Grunde keine Philosophie. „Allgemeine Rechtslehre" ist keine Rechtsphilosophie. Das a priori des verstaatlichten Rechts ist der – Staat. Eine wirklich philosophische Erforschung des Rechts muss zwangsläufig an die Idee des Rechts anknüpfen und seine Verstaatlichung ablehnen. Der große Jurist Joseph Kohler* in Berlin – er sprach, als ob er zehn Kartoffeln im Mund hätte – Laband hasste ihn ingrimmig und nannte ihn gelegentlich „des deutschen Reiches Oberkohler" – er hat übrigens auf dem Gebiet des deutschen Patentrechts geradezu bahnbrechend gewirkt – begnügte sich in seinen „rechtsphilosophischen" Arbeiten [damit], Hegel zu – verkohlen. Franz v. Liszts* Rechtsphilosophie war im Grunde nur Gesellschaftslehre. Gierke* in Berlin, gewaltiger Kenner deutscher Rechtsgeschichte, Vollblutgermane, ein Mann mit einer wahren Donnerstimme, glaubte sich Rechtsphilosoph, wenn er dem Verband eine wirklich lebendige Verbandseele zuschrieb. Die übrigen berühmten Juristen, die ich noch hörte – der alte Dernburg* in Berlin (Stammesgenosse von „Lenel*"; er sprach und sah aus wie ein emeritierter Reformrabbiner), Kipp* in Berlin und der alte Enneccerus* in Marburg („O jerum, jerum, jerum, jerum[30] – Ich höre Enneccerum" fand ich in eine Studentenbank eingekratzt) erhoben gar keinen Anspruch darauf, Rechtsphilosophen zu sein; und meiner Treu: sie hatten recht. – Nur eine Stimme hörte ich, die, schrill und scharf, mutig und wahr, rücksichtslos und offen, gegen die Verstaatlichung des Rechts Protest erhob: Walther Schücking* in Marburg, nicht als Rechtsphilosoph, aber als – Pazifist. Als in der Bülow-Ära ein Gesetz gegen die Polen in der Provinz Posen erging, das dem Staat die Möglichkeit gab, unter gewissen Voraussetzungen den polnischen Staatsbürgern ihren Grundbesitz abzunehmen[31], erklärte er in einer Vorlesung über Verwaltungsrecht – diese Vorlesung war überhaupt gespickt mit

---

30 Anspielung auf die Zeile „o jerum, jerum, jerum, jerum, o quae mutatio rerum" in dem Studentenlied *Die alte Burschenherrlichkeit* aus dem 19. Jahrhundert, das von Studentenverbindungen gesungen wurde. Der Ausdruck, eine ironische Klage von inzwischen Berufstätigen, die wehmütig an ihre Jugendzeit zurückdenken, leitet sich wie *o jemine* von *Jesu domine* ab; vgl. https://www.duden.de/rechtschreibung/jerum; Norbert Nail, O quae mutatio rerum. Fakten und Vermutungen zur Verfasserschaft des Liedes „O alte Burschenherrlichkeit": https://www.uni-marburg.de/de/uniarchiv/inhalte-pdf/burschenherrlichkeit.pdf (Zugriff am 5. 10. 2023).

31 Bernhard Heinrich Martin Karl von Bülow war von 1900 bis 1909 Reichskanzler des Deutschen Kaiserreichs. Am 20. März 1908 verabschiedete der Preußische Landtag eine Novelle des Gesetzes über Maßnahmen zur Stärkung des Deutschtums in den Provinzen Westpreußen und Posen (Enteignungsgesetz). Nach dieser Vorschrift konnte der Staat polnische Grundstücke bis zur Größe von 70000 Hektar enteignen. Vgl. https://www.bundestag.de/resource/blob/594340/1e751eb9b02b5b4ba65a928ce997dbee/WD-1-040-18-pdf-data.pdf (Zugriff am 14. 11. 2023). Vgl. dazu Acker, *Walther Schücking*, 28–32.

schroffer politischer Kritik – mit vor innerer Erregung zitternder Stimme: „Wenn der Staat die Polen von Haus und Hof treibt, so ist dies eine Gemeinheit!" Er hat seine ganze Haltung, trotz der akademischen Lehrfreiheit, teuer bezahlen müssen.[32]

Aber sonst waren alle meine akademischen Lehrer höchst treue Juristen des Staats, höchst überzeugte Monarchisten, der Dynastie Hohenzollern durchaus ergeben. Im Übrigen gab es zwischen ihnen, wie sich das versteht, viele Meinungsverschiedenheiten. In einem jedoch waren sie alle einig: in der völligen Ablehnung des – Naturrechts. Sie alle sprachen von Naturrecht wie von einer kindlichen Verirrung des Menschengeistes, und sie konnten sich nicht genug tun, lächelnd und mit höchst überlegener Geste, seine Möglichkeit weit von sich zu weisen. Franz Leonhard* in Marburg (Stammesgenosse von „Lenel*"), die rechte Hälfte seines Gesichts durch eine höchst martialisch wirkende „Schmisse" zerspalten, übte wohlgelaunt seinen spärlichen Witz daran und erntete mit inniger Befriedigung den trampelnden Beifall seiner Hörer. Ich hätte ihn ohrfeigen mögen. Seine Waffentüchtigkeit verratende „Schmisse" hielt mich ab. (Dafür bin ich aber beim „Rodeln" mit ihm zusammengestoßen, sodass er in den Schnee fiel. Ich weihte es dem verunglimpften Naturrecht.)

Naturrecht? Am Ende gar ein – ewiges Recht? Gleich den Gesetzen der Natur? In wessen Namen soll es denn gelten? Soll etwa der Staat neben seinem Recht noch ein zweites anerkennen, das am Ende gar über ihm steht? Unausdenkbar! Und gibt es überhaupt auch nur einen einzigen Rechtssatz, der inhaltlich zeitenthobene Dauer beanspruchen könnte? Hat uns nicht längst Jhering* gelehrt, dass der Zweck Vater des Rechts ist? Und ist es nicht töricht, dem Zweck Ewigkeit zuzuschreiben? Der einzig gesunde Kern in der ganzen Konzeption des Naturrechts ist die darin enthaltene Aufforderung, am geltenden Recht Kritik zu üben und seine Änderung zu erstreben, sofern die Kritik in einem oder anderen Punkt seine Unzweckmäßigkeit dartun sollte. Eine solche Kritik, wenn mit Maß geübt und ohne Gefährdung der Staatssicherheit und der Grundlagen staatlicher Ordnung, und wenn sie den erforderlichen Takt nicht vermissen lässt, kann nur begrüßt werden, und der Staat wird sich ihr auf die Dauer gewiss nicht entziehen. Aber Rechtskritik ist noch lange kein Recht. Naturrecht ist Unsinn. (Wütendes Beifallsgetrampel!)

Da lag nun das Naturrecht auf der Strecke, und mit ihm das Sehnsuchtsziel der edelsten Geister der Jahrhunderte. Mir aber war es, als hätten die Helden nicht nur das Naturrecht, sondern – das Recht überhaupt verleugnet.

---

32 Schücking wurde vom preußischen Kultusministerium getadelt und „wegen sittlicher Unwürdigkeit" aus der Prüfungskommission für das juristische Referendarexamen ausgeschlossen, der er bis zu seinem Ausscheiden aus der Marburger Universität nicht mehr angehörte; vgl. Kohl, *Walther Schücking*, 234.

Was ist das Recht ohne die Idee der Gerechtigkeit? Was die Menschheit ohne die Idee des Guten? Was ist die Idee der Gerechtigkeit, wenn sich aus ihr kein positiver Rechtsbefehl ableiten lässt? Genau das gleiche, wie die Kantische Idee des Guten! Die Idee der Gerechtigkeit und die Idee des Guten ist der ewig sehnsüchtige Ruf in der Menschenbrust nach – Offenbarung. Denn Gottes ist das Gute, Gottes die Gerechtigkeit. Naturrecht ist das von der Idee der Gerechtigkeit abgeleitete Recht. Naturrecht ist – Gottes Recht. Die Tora ist das Naturrecht. Auch sie dient dem 'Zweck'. Aber nicht dem vom Menschen bestimmten Zweck, dem ewig wandelbaren, sondern Gottes Schöpfungsplan, dem ewig gültigen. Nicht Naturrecht, sondern Schöpfungsrecht. Die Tora ist Schöpfungsrecht. Und siehe, da war ich wieder beim Talmud angelangt.

Seltsam! Kein Ethiker wird es wagen, sich mit Spott und Hohn gegen „Naturethik“ zu kehren, d.h. gegen den Versuch der Ableitung der guten Tat von der Idee des Guten. Jeder wird bestätigen, dass ohne diesen Versuch, mag er auch immer wieder scheitern, Ethik als Wissenschaft nicht möglich ist. Aber das Recht ist nicht so glücklich. Das Recht muss sich gefallen lassen, von seinem eigenen Ministranten verraten zu werden. Die Idee der Gerechtigkeit ist nicht das Zentralproblem im Recht der Völker. In den Lehrbüchern wird ihrer einleitend, mit mehr oder weniger respektvoller Verbeugung, Erwähnung getan. Dann kehrt sie nicht mehr wieder. Zwischen dem Recht der Völker und der Idee der Gerechtigkeit steht der – Staat.

Da fiel mir, schon am Ende meiner Studienzeit, Rudolf Stammlers* Buch in die Hand: *Wirtschaft und Recht*. Dieses Werk hat einen höchst nachhaltigen Einflug auf mich ausgeübt.

Die Lehre vom ‚Zweck im Recht' drängte mir das Studium der Nationalökonomie unmittelbar auf. War diese Lehre richtig, so musste, vom Staatsinteresse als obersten Zweck abgesehen, die Wirtschaft eine Hauptquelle des Rechts der Völker sein. Georg Friedrich Knapp* habe ich bereits erwähnt.[33] Er war vorwiegend historisch eingestellt. Daneben hat er eine eigene Geldtheorie begründet, die er, sprühend von Geist und Witz, in einer besonderen Vorlesung vortrug.[34] In der Kunst rednerischer Darstellung von Problemen glaube ich ihm sehr vieles zu verdanken zu haben. Sein genaues Gegenteil war Herr Sartorius Freiherr v. Waltershausen* (kein Stammesgenosse von „Lenel*“), der mir während eines Semesters, viermal

33 Vgl. oben Kap. 5.

34 Knapps Geldtheorie, die er 1905 in seiner Abhandlung *Staatliche Theorie des Geldes* vorstellte, wurde als „Chartalismus“ bezeichnet. Demnach hat das Geld keinen inneren Wert, sondern wird von Regierungen geschaffen und bewertet, indem sie es zu gesetzlichen Zahlungsmitteln deklarieren. Der Wert des Geldes beruht also, ganz abgesehen von seinem Materialwert, auf seiner Akzeptanz. In neueren postkeynesianischen Geldwerttheorien wurde Knapps Theorie wieder aufgenommen; vgl. Braunberger, *Monetary Theory*.

die Woche, die nationalökonomischen Theorien vortrug. Langweiligeres war nicht auszudenken. Er hat mir das Gähnen bis zu einem Ausmaße beigebracht, das noch heute vorhält. Es lag aber nicht am Gegenstand, sondern an ihm. In Berlin hörte ich Herrn v. Schmoller* und Wagner*, die beiden berühmten Antipoden. Herr v. Schmoller, ein würdevoller stattlicher Greis mit schneeigem Vollbart, zog mich mehr an. (Er hatte den Mut, in einer Vorlesung Friedrich den Großen als den letzten wirklich großen Herrscher kraft Geburtsrechts anzusprechen, und das in einer Zeit, da der Kaiser seinem – Großvater den Titel des „Großen" verlieh und sich selbst mutmaßlich den Titel des „Ganz Großen" vorbehielt.) Wagner sah schrecklich aus; aber darauf kommt es vielleicht nicht so an. Seine Vorlesung über bargeldlosen Verkehr war jedenfalls ungemein lehrreich. Aber für all diese Professoren war die marxistische Nationalökonomie offiziell nicht vorhanden. Im damaligen Deutschland war ein marxistischer Professor nicht möglich. Der sogenannte „Kathedersozialismus", dem auch Knapp* nahestand, war im Grunde zahm genug.[35] Er war für die Karriere eines nationalökonomischen Privatdozenten mörderisch, wenn er unvorsichtig genug war, sich in den Ruf zu bringen, der Sozialdemokratie nahezustehen. So habe ich durch Vorlesungen zwar Kenntnis der wirtschaftlichen Phänomene und Verständnis für sie erlangt; den Marxismus aber musste ich privat studieren. Sehr frühzeitig hatte sich mir die „soziale Frage" aufgedrängt. In unserer Gemeinde gab es in den 90er Jahren des vorigen Jahrhunderts nur wenig wirklich arme Leute. Dagegen machten sich die keineswegs wenigen wirklich reichen Leute sehr nachdrücklich bemerkbar. Die Gemeinde erhob keine Steuern. Sie war auf die Freigebigkeit ihrer reichen Mitglieder angewiesen. Diese spendeten in der Tat; zum Teil in großartiger Weise. Man dankte es ihnen teils durch Publizität, teils durch Ämter, immer aber durch ehrende Bewunderung. Diese Bewunderung übertrug man unwillkürlich auch auf solche, die unausreichend oder gar nichts leisteten. Immerhin waren sie doch potentielle Gönner. Deutlich trat die soziale Gliederung der Gemeinde in „Kenizim"[36] und in solche, die es nicht waren, hervor. Ihre Gliederung in Bene Tora[37] und Amej Haarez[38] war damals noch weniger sichtbar. Die „Kenizim" ehrten sich auch gegenseitig. Ich muss gestehen, dass selbst in unserer Schule, selbst unter den Kindern, diese Gliederung stets

35 Dieser Begriff wurde 1871 von dem der Frankfurter jüdischen Bankiersfamilie entstammenden politischen Publizisten Heinrich Bernhard Oppenheim (1819–1880) geprägt, der Schmoller als Vertreter eines anti-liberalen Staatsinterventionismus kennzeichnete und als solchen kritisierte. Schmoller hatte auf die Schwachstellen der seit 1869 im Norddeutschen Bund geltenden allgemeinen Gewerbefreiheit hingewiesen.

36 Slawisches Wort für „Stammesführer" oder „Prinz".

37 Hebr. בני תורה, „Torajünger", also diejenigen, die sich in der jüdischen Lehre auskennen.

38 Hebr. עמי הארץ, „Völker der Erde", einfaches, in der Tora unkundiges Volk.

hervortrat. Meine Klasse bestand zuletzt aus folgenden Schülern (sie war durch den Ausfall der „Sitzengebliebenen" zuletzt wesentlich zusammengeschrumpft): 1) Appelt, 2) Benjamin, 3) Breuer, 4) Carlebach, 5) Cohn, 6) Cramer, 7) Feingold, 8) Goldschmidt, 9) Gutmann, 10) Halberstadt, 11) Harris, 12) Hochschild, 13) Kaufmann, 14) Klibansky, 15) Mainz, 16) Neft, 17) Posen, 18) Schames, 19) Schwarzschild, 20) Siesel, 21) Sondheimer, 22) Straus I, 23) Straus II, 24) Weil. Von ihnen gehörten der „Finanz" an oder standen ihr mindestens sehr nahe: 2, 6, besonders 8, 9, 15, 18, 21; 11 und 20 gehörten zu den „Waisenhauskindern"; 7 und 10 waren „Polacken" = Ostjuden. Ohne Zweifel war die „Finanz" der oberste Stand in der Klasse. Ihm gegenüber konnte sich die „Intelligenz" unter Führung von 3 und 19 nur mühsam behaupten. Vorgebens versuchte Mendel Hirsch* dieser Situation drastisch entgegenzutreten, indem er gerade die „Finanz" das durchbohrende Gefühl ihres Nichts mit grausamer Ironie durchkosten ließ; die Gliederung der Klasse war oben nur ein Kleinbild der Gliederung der Gemeinde selber, die nur ganz allmählich sich verlagerte, bis die Inflation völligen Wandel schuf.

In meinem Elternhaus war nicht der mindeste Respekt vor dem Geld. Zur Kapitalbildung ist es niemals gekommen. Als Kind hörte ich von Geld überhaupt nicht sprechen. Das Milieu der Jeschiwa war ausgesprochen antikapitalistisch. Die Bachurim* waren damals fast durchweg völlig arme Menschen, für deren Existenz und Fortkommen mein Vater s. A. sorgte. Unter ihnen bin ich herangereift. Ihre Quartiere waren mir vertraut. Aus Erzählungen meines Vaters wusste ich auch, wie blutarm er selber als Bachur* gewesen. Ich kann nicht sagen, dass mir der „reiche Mann" sympathisch war. Bald aber fing ich an, über den Sinn des Daseins des „kleinen Manns" nachzudenken. Wenn ich an Mondscheinabenden, meist allein, am Mainufer auf der „Schönen Aussicht" entlang ging, wurde mir diese Frage zur wirklichen Qual. „Arbeiten, um zu leben, und leben, um zu arbeiten": welch fürchterlich fehlerhafter Zirkel! Und liegt nicht in diesem Zirkel im Grunde die soziale Frage beschlossen? Die überwältigende Mehrzahl der Menschen kommt aus ihm nicht heraus. Wird es mir besser gehen? Und wie darf ich erwarten, dass es mir besser gehe als der überwältigenden Mehrzahl der Menschen? Es mag wohl an den Jahren gelegen haben, dass mich zuweilen ein fast bis zur Unerträglichkeit gesteigerter „sozialer Weltschmerz" erfasste, der aus der Tiefe des Menschseins hervorbrach und vom Judesein noch nicht erfasst und geformt war. Allmählich klang er ab, nicht ohne eine Zahl keineswegs zur Veröffentlichung bestimmter – Gedichte hinterlassen und ein dauerndes brennendes Interesse am sozialen Problem geweckt zu haben.

Marx wurde mir eine Art Kant der Wirtschaft. Wie Kant mir das Verhältnis des bewussten Menschseins zur objektiven Natur klärte, so Marx das Verhältnis des bewussten Menschenwollens zur Wirtschaft. Während aber Kant der objektiven Natur das freie Ich entgegenhielt, ließ Marx umgekehrt das Menschenwollen in der

Wirtschaft aufgehen. Ungemein imponierend war seine dialektische Zergliederung der wirtschaftlichen Phänomene in ihrer zwangsläufigen Aufeinanderfolge. Bitter und grausam rächte er die Schmach des Rechts an den Höhnern des Naturrechts. Hinter dem Schutzwall des Staats hatten die Höhner des Naturrechts sich versteckt, um dem entgotteten Recht wenigstens die Hoheit des Staats zu leihen. Aber mit stürmender Hand riss Marx diesen Schutzwall nieder und lieferte das entgottete Recht dem einzigen von ihm anerkannten Souverän aus: der Wirtschaft. Nicht „Zweck im Recht" und nicht Staat im Zweck, sondern Wirtschaft im Recht. Nicht Naturrecht, sondern Naturwirtschaft. Über dem ganzen Menschen-Nebeneinander waltet allein die Wirtschaft, ja das „an sich" dieses Nebeneinander ist Wirtschaft, und der Einzelmensch mit seinen Begriffen und vor allem mit seinen Ideen ist ihr Produkt. Die gewissenhafte Analyse der Wirtschaft, nach der Art des Naturforschers, führt zur Erkenntnis der Gesetzmäßigkeit ihrer Phänomene in ihrer wechselseitigen Verflechtung und fortwährenden Umgestaltung, denn sie ist, neben der Natur, die einzige Realität. Die Geschichte der Menschheit ist wesenhaft Wirtschaftsgeschichte, und Menschsein heißt: bewusst wirtschaftlich handeln. Unabwendbar führt die von Marx angenommene Eigengeschichtlichkeit der Wirtschaft zum Untergang der Wirtschaftsordnung seiner Zeit, zur Vergemeinschaftung der Produktionsmittel, zur Erlösung des Proletariats. Bewusstes Menschenwollen nimmt rechtzeitig das Unabwendbare in den Willen auf und setzt sich für das Unabwendbare in Bereitschaft. Darum nieder mit den Kapitalistenstaaten der kapitalistisch durchseuchten Nationen! Proletarier der Welt, vereinigt euch![39]

Wenn aus der Idee von Gut und Böse das Gesetz der freien Tat sich schlechterdings nicht entwickeln lässt; wenn aus der Idee der Gerechtigkeit die Gesetze des Naturrechts sich nicht durch Folgerungen ergeben, so bleibt dem sehnsüchtigen Menschengeist, der sich der aussichtslosen Willkür des in den Händen der Mächtigen sich befindenden Staats nicht ergeben möchte, nur die Flucht in die angebliche Zwangsläufigkeit der Wirtschaft übrig, um in ihr den Baum der verzweifelten Hoffnung zu pflanzen, dass sie aus innerer Notwendigkeit die Früchte des Guten und des Gerechten hervortreibe, die man den Ideen nicht mehr zutraut. Der Marxismus ist die Weltanschauung eines um Gottes Offenbarung betrogenen und darum verzweifelten – Juden.[40]

Ohne Offenbarung ist weder die subjektive noch die objektive Welt der Begehrnisse in die freie Schöpfungsordnung umzuwandeln. Anstelle des „Glaubens" an die Offenbarung muss daher schließlich der Glaube an die Wirtschaft selber

39 Mit dem Satz „Proletarier aller Länder, vereinigt Euch!" endet das von Karl Marx und Friedrich Engels 1848 veröffentlichte *Kommunistische Manifest*; vgl. Kuczynski, *Manifest*, 23; zum Marxismus bei Breuer vgl. Morgenstern, *Von Frankfurt*, 277–304.

40 Zur Analyse des Marxismus in Breuers *Der Neue Kusari* vgl. IBWA 4, 409ff.

treten. Der Marxismus ist die Religion der Wirtschaft. Dieser Religion ist nur das Judentum gewachsen. Nur das Judentum wird den Marxismus überwinden. – – Rudolf Stammler* aber hatte es übernommen, den Marxismus mit den Methoden Kantischer Kritik gewissermaßen theoretisch zu widerlegen und das Recht aus den Ketten der Wirtschaft zu befreien. Es ist ungemein charakteristisch, dass ihm dieser Befreiungsversuch nur möglich war durch eine ebenso scharfe Wendung gegen Jherings* „Zweck im Recht", durch eine weitgehende Restauration wenigstens der Idee des Naturrechts, und durch eine zum mindesten verkappte Opposition gegen die Rechtsverstaatlichung. Stammler übernimmt von Kant die Lehre, dass der Grundsatz der menschlichen, stets von Begehrnissen kausierten Handlung lautet: Handele frei, d.h. aus frei gewordenem Willen: Handele als frei Wollender. Und da auch die menschliche Gesellschaft zunächst urwüchsig aus den Begehrnissen entsteht und auf ihre „geregelte" Befriedigung abgestellt ist, diese „Regelung" aber gleichfalls in das Gebiet menschlicher Zweckhandlungen fällt, mag zwar auch sie zunächst von „begehrten" Zwecken angeregt sein und aus der Wirtschaft ihre Impulse erhalten, ihr Grundgesetz aber kann und darf kein anderes sein als das Grundgesetz menschlichen Handelns überhaupt, und lautet dieses Grundgesetz für das Individuum: Handele frei!, so muss es für den Regler menschlicher Gesellschaft lauten: Regele frei!, regele die Gesellschaft subjektiv als ein frei Wollender, und regele sie objektiv als eine Gesellschaft „frei Wollender". Die Wirtschaft ist die Unfreiheit der Gesellschaft. Diese Unfreiheit mag Marx zutreffend dargestellt haben. Aber die unfreie Gesellschaft ist nur die Materie der freien, gleichwie der unfreie Mensch nur das Objekt der Selbstbefreiung darstellt. Das Recht erstrebt die Befreiung der Gesellschaft und ihre Emporhebung zur Gesellschaft frei wollender Menschen.

Ich weiß mich Stammler zu dauerndem Dank verpflichtet. Seine Kritik des marxistischen Materialismus ist ein Muster wissenschaftlicher Klarheit und Gründlichkeit. Die von ihm vollzogene Abgrenzung zwischen Menschengesellschaft und Tiergesellschaft ist ein Haupteckstein meiner Auffassung vom Wesen und Sinn der jüdischen Gesellschaft und des jüdischen Staats geworden. (Dem Vernehmen nach war auch er ein Stammesgenosse „Lenels*". Ich hörte es erst viel später und konnte es nie mit Sicherheit feststellen. Meine innere Stimme spricht dafür.) Ich trat mit ihm in einem wochenlangen Briefwechsel und lernte ihn im Jahre 1913 auch persönlich kennen. (Letzteres, nebenbei, für mich eine große Enttäuschung. Er saß im Kreise inbrünstiger studentischer Verehrer, mit seinem Jägerrock angetan, und er witzelte –.) Vorher hatte ich bereits eine Schrift veröffentlicht: „Der Rechtsbegriff auf Grundlage der Stammlerischen Sozialphilosophie". Mit dieser Schrift glaube ich meine Dankesschuld an Edoms „Recht" abgetragen zu haben. Für das Verständnis meiner späteren Schriften ist sie keineswegs unwesentlich. Sie war ursprünglich als meine Doktordissertation bestimmt. Ich hatte sie im Einvernehmen mit Ernst

Heymann*, der später nach Berlin berufen wurde (auch er ein Stammesgenosse „Lenels") bei der Marburger Juristenfakultät eingereicht. Heymann, der mir sehr zugetan war, befürwortete sie aufs wärmste. Aber wie ein Löwe stand der alte Enneccerus gegen sie auf und versah sie mit grimmigen Randbemerkungen, wobei ihm freilich das Malheur passierte, dass er nicht zu unterscheiden wusste, was auf meinem Beet gewachsen war und was von – Kant stammte, und daher vielfach den großen Königsberger sehr von oben herab schulmeisterte. Heymann, in tödlicher Verlegenheit, riet mir, die Arbeit zurückzuziehen. Als Entschädigung versprach er mir, jedwede sonstige Arbeit mit größter Beschleunigung durch die Fakultät zu peitschen. Ich verfuhr dementsprechend, wandelte innerhalb 14 Tagen meine auf Lager befindliche Prüfungsarbeit für das Referendarexamen in eine Doktorarbeit um, gab ihr den Titel: „Die rechtliche Natur der Patentlizenz", reichte ein und kam und war Doktor.[41] Gegen diese Arbeit hatte Enneccerus nicht das Mindeste einzuwenden. Sie erschien in einer hochangesehenen Patentzeitschrift in Berlin, sodass ihre Drucklegung meine Eltern nichts kostete. Dem Vernehmen nach ist seitdem die rechtliche Natur der Patentlizenz weit klarer als es ehedem der Fall war.[42] – Mein „Rechtsbegriff" aber erschien als Beilage zu den von Vaihinger* herausgegebenen „Kantstudien"[43]. Die Schrift brachte mich in persönliche Verbindung mit Vaihinger und trug mir die begeisterte Zustimmung von Ernst Marcus ein, einem einsamen, in Essen, glaube ich, sitzenden Kantianer, dessen wertvolle Bücher sich nicht durchsetzen konnten. – Ich wurde Mitglied der Kantgesellschaft und blieb es, bis ich Deutschland verließ.

Meines Wissens hat die Kantgesellschaft am längsten dem Nazismus Widerstand geleistet. In der Tat: Kant und – Nazismus... Vaihinger bat mich, seine damals herausgekommene „Philosophie des Als Ob" als Jurist zu rezensieren. Ich kam dem Ersuchen gerne nach. Meine Rezension erschien im „Gerichtssaal".[44] Vaihinger war ungemein befriedigt und legte mir nahe, diese Rezension zu einem „System der juristischen Fiktionen" auszuarbeiten und mich damit an einer Universität zu

---

41 Die mündliche Prüfung fand am 15. Juni 1911 statt; Dekan war der Marburger Rechtswissenschaftler Prof. Friedrich Bernhard André (1859–1927); Breuer erhielt die Note *magna cum laude* (Dekanatsarchiv der Juristischen Fakultät der Universität Marburg, Promotionsbuch; Kopie im Privatarchiv M. Morgenstern). Die Wendung „reichte ein und kam und war" spielt wohl auf Caesars bekanntes Diktum „Veni, vidi, vici" an.

42 Erschienen in der Zeitschrift *Gewerblicher Rechtsschutz und Urheberrecht. Zeitschrift des Deutschen Vereins für den Schutz des gewerblichen Eigentums* 17 (1912), Nr. 2, 44–60; Nr. 3, 89–99; vgl. den Hinweis in der *Juristischen Wochenschrift* 41 (1912), 490.

43 Breuer *Der Rechtsbegriff auf Grundlage der Stammlerischen Sozialphilosophie* (vgl. IBWA 3, 243, Nr. 28)

44 Breuer, *Die Lehre vom unrichtigen Recht* (vgl. IBWA 3, 244, Nr. 39).

habilitieren.[45] Schon aber hatte mir Ernst Heymann* anvertraut, dass die juristisch-akademische Karriere wesentlich durch die – Taufe[46] gefördert werde...

Was für Kants Ethik gilt, trifft auch für Stammlers Rechtsphilosophie zu. „Handle frei“ ist kein Gesetz, sondern eine – Sehnsucht. „Regle frei“, „bilde die Gemeinschaft frei Wollender“ ist gleichfalls Ausdruck der Sehnsucht nach der vom Gesetz der Freiheit beherrschten Gesellschaft. Wo ist das Gesetz des freien menschlichen Handelns? Wo das Gesetz der begehrenfreien Gesellschaft? Stammler hat es versucht, in der „Lehre vom richtigen Recht“[47] aus der sozialen Freiheitsidee praktische rechtliche Konsequenzen zu ziehen. Ich habe den Versuch niemals als gelungen erachten können. Noch warten die Völker und ihre Menschen auf Offenbarung. Denn die Tora ist das Gesetz des freien menschlichen Handelns, die Tora das Recht der begehrenfreien Gesellschaft.

Und ist denn nicht auch Vaihingers „Als Ob“, zur Weltanschauung erhoben, letzten Endes nur der unbewusste Ausdruck völliger Verzweiflung? Wagt nicht dieser durch und durch edle Mensch mit seinem „Als Ob“ sich schließlich auch an die Heiligkeit der Ideen? Ergreifend ist die Feststellung, wie die hoffnungslose Sehnsucht schließlich die Idee in eine – Fiktion verzerrt. – Und schon steht der – Weltkrieg vor der Tür. Der aber war keine – Fiktion. Der war grauenvolle – Realität...

Noch als Referendar veröffentlichte ich, nach „Lehre, Gesetz und Nation“[48], meine erste systematische Schrift, die für die Begegnung eines unverwüstlichen Talmudjuden mit der Geschichte, der Philosophie und dem „Recht“ der Völker grundlegend ist: „Jüdisches Frauenrecht, Sklavenrecht, Fremdenrecht“. Sie erschien erstmals in den Jahrbüchern der „Jüdisch-Literarischen Gesellschaft“[49], Rosenheim* bevorschusste sie mir gütiger Weise, und mit dem Geld reiste ich in die Schweiz, von der ich damals erst Luzern und die Axenstraße[50] kannte. (Im Jahre 1905, 100 Jahre nach Schillers Tod, schrieb ich für die „Straßburger Post“ einen

---

45 Vgl. den Abdruck von Vaihingers Empfehlungsbrief für Breuer vom 15. September 1913 in Balog, *Persönlichkeit*, 49 und 287.

46 Vgl. Breuer, *Die Taufe als „Kulturfaktor“* (IBWA 3, 242, Nr. 21).

47 Stammler, *Die Lehre vom richtigen Recht.*

48 Die Schrift, die zunächst in Fortsetzungsfolgen in der Wochenzeitung *Der Israelit,* dann als Sonderdruck erschien, liegt jetzt in einer kritischen kommentierten Ausgabe vor: IBWA 1, 1–54. Vgl. oben Kap. 1, Anm. 6.

49 IBWA 1, 131 –183.

50 Die 1865 fertiggestellte Axenstraße, die, am Ostufer des Schweizer Urnersees (im Süden des Vierwaldstättersees) gelegen, die Orte Brunnen und Flüelen verbindet und erstmals den Straßenverkehr zwischen Zürich und Mailand ermöglichte, gilt als technische Meisterleistung der Ingenieurskunst der 19. Jahrhunderts.

„Epilog zur Schillerfeier“[51], erhielt dafür 20 Mark, und dieser Betrag reichte gerade für Luzern und die Axenstraße.) Ich sah mir das Berner Oberland gründlich an. Insofern hat diese Schrift wirklich Gutes geleistet. Hoffentlich hat sie auch anderen geholfen.

Ebenfalls aus meiner Referendarzeit stammt die Schrift „Friedhof und Feuerbestattung“.[52] Ich verfasste sie im Auftrag des unter Vorsitz meines Vaters stehenden „Orthodoxen Rabbinerverbandes“, als die Frage der Beisetzung von Aschenurnen auf jüdischen Friedhöfen eine „brennende“ war. Ich hüllte mich in die Toga eines reinen Juristen und kam auf Grund eingehender Prüfung von Gesetzgebung und Rechtsprechung sonderbarerweise zu einem der Orthodoxie außerordentlich günstigen Ergebnis. Das Buch erschien 1912 bei dem angesehenen juristischen Verlag von Franz Vahlen. Die „Juristische Wochenschrift“ pries in einer Besprechung seine ungemein wohltuende „Objektivität“. Tableau! – Schließlich stammt aus meiner Referendarzeit auch die zunächst als Artikelserie im *Israelit* erschienene Schrift: „Die preußische Austrittsgesetzgebung und das Judentum“ (1913). Auch sie ist rein juristisch, rein „objektiv“. Vielleicht ist es möglich, das im Februar 1913 zu ihr geschriebene Vorwort hierher zu setzen: „Die tiefgehenden Erschütterungen, von denen gegenwärtig das deutsche Judentum infolge der dogmatischen Selbstbesinnung der Neologie erfasst ist – gemeint sind die berüchtigten ‚Richtlinien', die damals die jüdischen Reformpfaffen veröffentlichten[53] – verleihen der vorliegenden Studie den Vorzug höchster Aktualität. Dankbar dürfen Preußens Juden es anerkennen, dass eine weitschauende Gesetzgebung, die bereits vor vierzig Jahren den überganglosen Gegensätzen innerhalb des deutschen Judentums Rechnung getragen hat, sie auch in den schweren Zeiten der Gegenwart vor jeder Gewissenskränkung bewahrt. – Ich hatte ursprünglich die Absicht, auch der religionsgesetzlichen Natur des ‚Austritts' eine Studie zu widmen. Das erscheint mir heute als überflüssig. Nur ein Unmündiger kann heute glauben, dass im nämlichen Gemeindeverband sowohl für das historische Judentum wie für das Pseudojudentum der Neologie Raum sei. Und für Unmündige schreibe ich nicht.“[54] „Und für Unmündige schreibe ich nicht“ –: Ich glaube, dass es Sätze wie dieser sind, denen ich ein gutes Stück der Unbeliebtheit zu verdanken habe, die ich stets genoss. So etwas schreibt man in der Tat nicht. Nicht wahr? Es gehört sich einfach nicht.

---

51 Breuer, *Epilog zur Schillerfeier* (vgl. IBWA 3, 172–177).

52 Breuer, *Friedhof und Feuerbestattung*, Berlin 1912. Die Besprechung ließ sich nicht nachweisen.

53 Zu den *Richtlinien zu einem Programm für das liberale Judentum,* die auf einer Tagung der liberalen Rabbinervereinigung im Mai 1912 in Berlin vorgestellt wurden, vgl. Morgenstern, *Von Frankfurt*, 41f.

54 Breuer, *Austrittsgesetzgebung*; das Vorwort ist unpaginiert.

Es ist gewiss Gnade, Sohn, Enkel und Urenkel und Ururenkel großer Männer zu sein. Es hat aber ganz gewiss auch Nachteile, die man in Kauf nehmen muss. In der zweituntersten Klasse unterschrieb ich einmal eine Schularbeit mit „Dr. Isaac Breuer“, offenbar im Wahn, dass der Doktortitel erblich sei. War der Wahn nur auf den Doktortitel beschränkt? Ich kann es nicht sagen. Jedenfalls war ich ein Anhänger der Vererbungstheorie. Auch andere glaubten offenbar an sie. Als ich mit 16 Jahren mich an einem im „Israelit“ erlassenen Preisausschreiben für die beste Skizze beteiligte und gemeinsam mit Rabbiner Dr. Herz Ehrmann* in Baden (Schweiz)[55] und Rabbiner Dr. Ackermann* in Brandenburg einen Preis für meine alsdann veröffentlichte Skizze „Neigung und Pflicht“[56] gewann, kam aus Ungarn eine an „Rabbiner Dr. Isaac Breuer“ adressierte Anfrage wegen einer Wendung am Schluss der Skizze. – Im Jahre 1903 veröffentlichte ich im „Israelit“[57] meine in Rosenheims „Nachalat-Zwi-Verein“ gehaltene Jungfernrede: „Rückblick über das Jahr 5663“; sie brachte mir von einem angesehenen ungarischen Rabbiner die „Morenu“ ein. Mein Vater s. A. verheimlichte mir allerdings, wohl aus pädagogischen Gründen, diese Ehrung, und ich habe erst viel später von ihr Kenntnis bekommen. – Ohne Zweifel habe ich viel zu schnell und viel zu früh im öffentlichen jüdischen Leben Beachtung gefunden, und dies war sicherlich weder mir noch meinen Beziehungen zur deutsch-jüdischen Orthodoxie förderlich. Die letzteren sind niemals „normale“ geworden; auch nicht die zur „Agudat Jisrael“. Man liebt sich, vielleicht, wenigstens von Zeit zu Zeit, aber man „grüßt sich nicht Unter den Linden“.[58] Gewiss liegt es an mir. – Dabei war es gerade Rosenheim, der in diesen frühen Jahren mich immer wieder, durchaus nicht meiner Neigung entsprechend, mit öffentlichen Dingen befasste, sei es, dass er gerne meinen Rat in Anspruch nahm, sei es, dass er mich zur Vermittlung zwischen sich und seinem – Rabbiner benötigte, sei es, dass er mir immer wieder neu erschienene Bücher zur Besprechung für den „Israelit“ sandte. In den Jahren 1906 – 1913 konnte ich wohl als regelmäßiger Mitarbeiter des „Israelit“ betrachtet werden. Im Jahre 1913 machte Rosenheims offener Aufruhr gegen seinen Rabbiner in Sachen der Agudat Jisrael meiner Mitarbeit unter keineswegs

55 Herz Naftali Ehrmann (1849–1918) war 1886 bis 1902 Rabbiner der Gemeinde Baden im schweizerischen Aargau; vgl. *Der Israelit* vom 5. Oktober 1885 und vom 14. Januar 1886 sowie das *Frankfurter Israelitische Familienblatt*, 22. Februar 1918.

56 Breuer, *Neigung und Pflicht* (vgl. IBWA 3, 1–11).

57 Breuer, *Rückblick über das Jahr 5663* (vgl. IBWA 3, 172–177).

58 Anspielung auf Heines Gedicht *Der Gesellschafter* (1824): Blamier mich nicht, mein schönes Kind,/ Und grüß mich nicht unter den Linden;/ Wenn wir nachher zu Hause sind,/ Wird sich schon alles finden.

lieblichen Begleitumständen ein Ende. Erst im Jahre 1933, nach Ausbruch der Nazi-Revolution, habe ich dem „Israelit" wieder einen Artikel – er betraf unsere Stellung zum Nazi-Regiment – eingesandt.[59] Im Jahre 1913 vertrat ich unter dem Namen „Jonathan ben Usiel" den Standpunkt meines Vaters s. A. gegen Rosenheim in der „Deutsch-Israelitischen Zeitung"[60]. Vom Jahre 1914 an war ich regelmäßiger Mitarbeiter der von uns gegen die Rosenheimsche „Prozentrechnung" gegründeten „Jüdischen Monatshefte" und später unseres „Nachalat Zwi". Sollten jemals meine „Gesammelten Schriften" herauskommen, so gestatte ich mir, für sie ergebenst den Gesamttitel „Pachad Jizchak"[61] in Vorschlag zu bringen, ohne jedoch damit eine bindende Anordnung treffen zu wollen.

Nur wenige Artikel aus der Zeit meiner Mitarbeiterschaft am „Israelit" sind meiner Erinnerung gegenwärtig. Ihre Zahl ist keineswegs klein. Sie betrafen fast alle Grundsätzliches. Sie müssen auch in nicht-orthodoxen Kreisen Beachtung gefunden haben. Im Jahre 1909 veröffentliche Adolf Lewin eine „Geschichte der badischen Juden seit der Regierung Karl Friedrichs, 1738–1909". Das umfangreiche Buch ist durchaus antiorthodox. Es schildert unter anderem die jüngste Entwicklung der Orthodoxie in Deutschland, vom Standpunkt der Neologie gesehen, in einer gerade heute noch interessierenden Art: „Die bedeutsamste und folgenschwerste Wandlung hat sich jedoch unbewusst in den Gemütern der deutschen Orthodoxen, auch derjenigen der strengsten Observanz, vollzogen: sie achten und anerkennen die die Forderungen der Moral befolgenden Glaubensgenossen auch dann, wenn sie offenkundige Übertreter des Zeremonialgesetzes sind. Während diese in früherer Zeit von den ‚Frommen' ängstlich gemieden und der Jugend als Gegenstand des Abscheus hingestellt wurden, unterhält die heutige Orthodoxie mit ihnen die regsten Beziehungen und nimmt sogar keinen Anstand, sie mit zur Verwaltung ihrer religiösen Angelegenheiten zu berufen und ihnen in ihren Gottesdiensten Ehrenfunktionen zu übertragen. Weit entfernt, in der Öffentlichkeit hervorragende Israeliten etwa wegen Nichtachtung des Sabbat und der Speisegesetze als Abtrünnige zu kennzeichnen oder auf die ihnen in der Zeitlichkeit und Ewigkeit drohenden Strafen des Himmels hinzuweisen, hebt auch die orthodoxe Presse die solchen Glaubensgenossen zuteil gewordenen Ehrungen mit Genugtuung hervor und widmet ihnen bei ihrem Hinscheiden achtungsvolle Nachrufe, bei denen nur leise das Bedauern mitklingt, dass ihr religiöser Standpunkt ein abweichender war. Je größer eben die Zahl der nicht-orthodoxen Israeliten wurde und je mehr auch in den konservativsten Familien die Jugend sich von den hergebrachten Anschauungen

---

59 Breuer (mit Jacob Rosenheim), *Eine Erklärung*.

60 Jonathan ben Usiel (Pseudonym), *Politik und kein Ende* (vgl. IBWA 3, 244, Nr. 37).

61 Dem zweitem Band der IBWA ist das Motto *Pachad Jitzhak* („Furcht Isaaks") nach Gen 25, 28 vorangestellt.

und Übungen entfernte, desto weniger war es möglich, mit der früher üblichen Rigorosität dagegen aufzutreten. Ja, man sah sich schließlich in den maßgebenden Kreisen der Orthodoxie genötigt, auf die Betonung des Dogmatischen überhaupt zu verzichten, von der gläubigen Gesinnung zu abstrahieren und sich mit der tatsächlichen Übung der religiösen Formen zu begnügen; man nannte sich nicht mehr orthodox (rechtgläubig), sondern gesetzestreu – eine sehr bemerkenswerte Änderung, die, allerdings nicht ohne Widerspruch, in den letzten Jahrzehnten sich immer mehr durchgesetzt hat. Einen markanten Ausdruck hat diese Auffassung in den folgenden Sätzen – Israelit 1909, Nr. 14[62] – gefunden:

'Das Wesen des Judentums[63] lässt sich nur formal definieren: es ist der Inbegriff der für den Einzelnen sowie für die Gesamtheit des jüdischen Volks von Gott sowie von den gesetzlichen jüdischen Behörden erlassenen Zwangsnormen. Seit der am Sinai erfolgten Unterwerfung des jüdischen Volks bildet für den Einzelnen nicht mehr dessen Gewissen oder Überzeugung, sondern lediglich seine Zugehörigkeit zum jüdischen Volk alleinigen und ausschließlichen Verpflichtungsgrund für den Gehorsam gegenüber dem Gesetz. Wie jedes Recht ist auch das jüdische Recht von Anbeginn an auf Zwang angelegt. Und wie jedes Recht, bestimmt auch das jüdische Recht ausschließlich über die Faktoren, die zur Abänderung und Aufhebung einzelner Bestimmungen sowie des ganzen Rechts kompetent sind. Religion kann mithin das Judentum nur genannt werden, sofern man diesen Begriff auf alle, menschliches Verhalten regelnde Sätze göttlicher Provenienz ausdehnt. [Dagegen sind die Grundlagen des Judentums völlig verschieden von den Grundlagen der Ethik. Jede Ethik, auch die heteronome, geht von der Bewusstseinstatsache des Vorhandenseins ethischer Urteile, d.h. Bewertungen menschlichen Wollens nach den Kategorien Gut, Böse aus. Das Judentum geht, wie jedes Recht, vom *Gesetzgeber*, geht von Gott aus.[64]] Es ist somit die im Talmud überlieferte und seitdem stets angewandte juristische Methode in der Behandlung und Entscheidung in das Gebiet

62 Breuer, *Die Erneuerung des Judentums*, 1f.

63 Die Auseinandersetzung über das „Wesen des Judentums" wurde 1904 durch Adolf von Harnacks Schrift über das „Wesen des Christentums" ausgelöst, auf die der reformjüdische Theologe und Rabbiner Leo Baeck 1905 mit seiner Untersuchung über das „Wesen des Judentums" antwortete. Breuer griff 1910 mit seinem Aufsatz *Lehre, Gesetz und Nation* in die Diskussion ein: IBWA 1, 1–54.

64 Der in Lewins Zitat und in *Mein Weg* fehlende Text aus Breuers Artikel des Jahres 1909 ist hier hinzugefügt.

des Judentums fallender praktischer Fragen die allein dem Wesen des Judentums entsprechende.'"[65]

Dieser „markante Ausdruck" stammt von mir. Meines Erinnerns findet er sich in einer Besprechung eines Buchs von Lazarus* „Die Erneuerung des Judentums".[66]

65 Lewin, *Geschichte der badischen Juden,* 448f. Breuer interessierte sich für die Geschichte der badischen Juden, weil es im Großherzogtum zu Beginn des 20. Jahrhundert zu einem Streit um die Einführung eines Reformgebetbuches gekommen war, das von allen Bezügen auf Zion und anderen als anstößig empfundenen Stellen gereinigt worden war. In diesem Streit stellten sich die Zionisten auf die Seite der Orthodoxen, die die Einführung dieses Gebetbuches bekämpften; vgl. Morgenstern, *Von Frankfurt*, 17.

66 Vgl. die oben (Anm. 62) genannte Besprechung.

Siebtes Kapitel

Bund jüdischer Akademiker

Meine Erziehung brachte es mit sich, dass ich mich der deutschen Umwelt niemals in Volksgenossenschaft verbunden fühlte. Bei aller Loyalität – mein Vater nahm das Prophetengebot, das Wohl des Wirtslandes zu fördern[1], sehr ernst! – und bei allem Verständnis für deutsche Kultur und deutsche Geschichte, erachtete ich mich den deutschen Menschen gegenüber als Fremder, als Gast. Man war dankbar für die bürgerlichen Rechte, die man genoss, und man war keineswegs unempfindlich, wenn Juden in Preußen immer noch keine Offiziere werden konnten.[2] Sich darüber aufzuregen, überließ man dem „Verein zur Abwehr des Antisemitismus"[3] und den „liberalen" Juden. Man wusste sich immer noch im „Galut", und man maß das gegenwärtige Galut am Galut vergangener Zeiten und war sich stets darüber klar, dass Berlin nicht – Jerusalem sei.[4] Man rechnete es dem Kaiser an – ich habe es ihm noch heute nicht vergessen –, dass er, als in Konitz ein Ritualmordmärchen zu Unruhen Anlass gab, alsbald ein Regiment Soldaten hin sandte, das so lange auf Kosten des Städtchens dort verblieb, bis völlige Sicherheit wieder eingetreten war.[5] Das preußische Drei-Klassen-Wahlsystem war gewiss nicht demokratisch. Aber zeigte nicht die preußische Regierung stets gutes und wohlwollendes Verständnis für die Belange der Orthodoxie? War nicht sie es, die durch ein eigenes Gesetz uns vor Gewissenskränkung seitens einer machtstolzen neologen Majorität geschützt hatte[6], und die uns stets ein Ohr lieh, wenn die Justizräte unserer verirrten Brüder

---

1 Jer 29, 7.

2 Das preußische Judenrecht des Jahres 1847 sah zwar Rechtsgleichzeit zwischen Juden und Nichtjuden vor, und das Emanzipationsgesetz des Norddeutschen Bundes (1869), das 1871 vom Deutschen Reich übernommen wurde, hob alle noch bestehenden Beschränkungen der bürgerlichen und staatsbürgerlichen Rechte der Juden auf, aber faktisch blieb die Schranke bestehen, die Juden in der Armee den Zugang zu Offiziersrängen verwehrte.

3 Der *Verein zur Abwehr des Antisemitismus* („Abwehrverein") wurde 1890 von jüdischen wie nichtjüdischen liberalen Bürgern gegründet und 1933 wieder aufgelöst.

4 Mühling, *Weltreligionen*, 99, zitiert Slogans liberaler Juden in Deutschland wie „Deutschland ist unser Zion, Düsseldorf unser Jerusalem" und „Der Neckar unser Jordan, Stuttgart unser Jerusalem".

5 Im März 1900 wurde in der westpreußischen Stadt Konitz (poln. *Chojnice*) die zerstückelte Leiche eines ermordeten Schülers gefunden; danach kam es zu antisemitischer Gewalt, da der Mord als jüdischer Ritualmord gedeutet wurde. Vgl. Nonn, *Antisemitismus*; Smith, *Mord und Antisemitismus*.

6 Das preußische Austrittsgesetz vom 28. Juli 1876 befreite die Juden von der zuvor herrschenden Zwangsmitgliedschaft in den öffentlich-rechtlich anerkannten jüdischen Gemeinden, die von Reformjuden geleitet wurden. Sie konnten nun austreten, ohne vor dem Richter ihren „Austritt aus dem Judentum" erklären zu müssen.

immer wieder bei ihr Sturm liefen, um ihren Irrtum und unsere Wahrheit in eine lebenmordende Zwangseinheitsorganisation zu pressen? Dankbar, aufrichtig dankbar zu sein für alles Gewährte, und nicht erstaunt oder gar erbost und aufgeregt zu sein über alles immer noch Versagte – wie es sich wohlerzogenen Gästen geziemt: das war der Geist meines Elternhauses. Dabei war mein Vater s. A. in grandioser Voraussicht keineswegs ohne Zweifel hinsichtlich der Dauer der sozialen Emanzipation; in vorsichtig gewählten Worten hat er diesem Zweifel mahnend und warnend öfters Ausdruck geliehen.

Von der Jeschiwa kam ich zur Universität, und als scheuer Gast bin ich all die Jahre durch ihre Säle geschritten, habe doppelt scheu, mit immer nur wachsendem Missbehagen, unter den Richtern und Staatsanwälten meine Scheintätigkeit als Referendar ausgeübt. Die deutschen Studenten waren mir völlig wesensfremd. Das Treiben der Corps und der Burschenschaften, soweit es nach außen in Erscheinung trat, kam mir wie ein in Permanenz erklärter Purim vor. Die Sorgfalt, die sie auf Kleidung und Frisur legten – durchgezogener Scheitel! – deuchte mir lächerlich. Ihre Unterhaltungen sagten mir nichts. Ihre Zoten widerten mich an. Die Sicherheit ihres Auftretens und die Selbstverständlichkeit, mit der sie offenbar ihr Dasein und ihr Sosein hinnahmen, verstand ich nicht. Gesellschaftlich bin ich keinem nähergetreten, habe dafür allerdings auch niemals Demütigungen erlebt oder sonst wie unter Antisemitismus zu leiden gehabt. Nur in den ersten neun Monaten meiner Referendarzeit, die ich in dem schönen Taunusstädtchen Idstein zubrachte, musste ich auf Veranlassung meines äußerst wohlmeinenden Chefs, des Amtsgerichtsrats Oeberg[7], dem von ihm gegründeten akademischen Kegelklub „J.D.K.C." Idsteiner Dienstag-Kegel-Club – beitreten und jeden Dienstag mit den Herren des Gerichts – auch der Anwalt des Orts, Herr Hamacher, sowie Herr Oberschulrat Wagner* waren zugelassen, sowie der Arzt Dr. Klein, während Apotheker, Zahnarzt, Pfarrer etc. keinen Zutritt hatten – im Gasthof zum Lamm von halb 6 bis halb 12 kegeln. Wie lautete doch noch der schöne Spruch an der Wand der Kegelbahn?

"Das Leben ist ein Kegelspiel, der Sandhasen werden geworfen viel. Wer Glück hat, wirft durch die Beine und trifft doch alle Neune!"

Ich hatte meist keines. Eher beim Apfelwein, den man während des Spiels fortgesetzt trank. Und da ich allen Würdigeren mit einer „Vollen zu kommen" hatte, die ihrerseits sich alsdann revanchierten, so legte ich mir in Idstein eine gewisse Trinkfestigkeit zu, die mein Ansehen in der Aguda späterhin mehrte, als es sich in Warschau zum Erstaunen der Chassidim herausstellte, dass ich dem

7 Gemeint ist vielleicht die in der „Dienstaltersliste der sämmtlichen Landrichter, Amtsrichter und Staatsanwälte nach dem Stande vom 1. August 1897" aufgeführte Person (Beilage zum Preussischen Terminkalender für 1898. 103. Nr. 1185; https://digital.staatsbibliothek-berlin.de/werkansicht?PPN=PPN645782998&PHYSID=PHYS_0008&view=fulltext-endless (Zugriff am 8. 11. 2023).

„96er“[8] gewachsen war. Oeberg war ein Herr von hohen menschlichen Qualitäten und gediegener Bildung. Schade nur, dass er völlig vertrunken war. Er roch schon morgens um halb 11, wenn er die Gerichtsstätte betrat, entsetzlich nach Apfelwein. So war auch hier eine Annäherung nicht möglich.

Nun bildet sich ein Charakter zwar nicht nur „im Strom der Welt“, aber ganz gewiss nur im Verkehr mit Menschen. Zum Leidwesen meiner lieben Mutter s. A. hatte ich in meiner ersten Jugendzeit wenig Verkehr. Sie tat ihr Bestes, um dies zu ändern, jedoch mit geringem Erfolg. Meine Schulkameraden traten von der Schule alle ins geschäftliche Leben ein, während ich auf die Jeschiwa kam. Die völlige Verschiedenheit der Interessen brachte schnelle Entfremdung. Auf der Jeschiwa war damals ein rein ungarisch-jüdisches Milieu, und die allermeisten Bachurim* waren weit älter als ich. Ich selber hatte einen angeborenen Hang zur Einsamkeit. Immerhin wirkten die Bachurim insofern stark auf mich ein, als sie mir die „daatsche“ Art im Lichte einer gewissen „Narrischkeit“ erscheinen ließen. Der Begriff „Narrischkeit“, wie er auf der Jeschiwa herrschte, ist schlechterdings nicht zu definieren. Er ist noch umfassender als der Begriff „jeckisch“, den man auf der Jeschiwa nicht kannte. Immerhin galt „Aschkenas“ als Abbreviatur von „Ewil, Schauteh, K'sil, Narr, Sonow“.*[9] Es war das Bestreben jedes Bachur*, sich nicht „narrisch“ zu machen. Dies galt besonders für die Welt der Gefühle. Gefühle hat man, aber man zeigt es nicht. Innenleben besitzt man, aber man gibt es nicht preis. „Fromm“ ist man, aber man spricht nicht darüber. Alles Persönliche flüchtet sich in den – Witz. Er musste für alles schadlos halten, was die Angst vor „Narrischkeit“ hemmte oder gar zu zerstören drohte. Ihm war, zumal wenn er gut war, vieles, fast alles, erlaubt, und in ihm konnte man sich daher einigermaßen „ausleben“. Er war oft derb, aber niemals wirklich unanständig. Er suchte sich oft unter den Gefährten seine Opfer, war aber nur ganz selten im strengen Sinne bösartig.

Mit solcher Vorbereitung kam ich auf die Universität, und ich wäre daher ganz gewiss auch unter den jüdischen Studenten einsam geblieben, wäre es nicht zur Gründung der Vereine jüdischer Akademiker (V.J.A.) und aus ihnen zur Gründung des Bundes jüdischer Akademiker (B.J.A.) gekommen.

Ich war Mitgründer der V.J.A. in Straßburg (erster Anreger war Moses Auerbach*, der in Berlin den ersten Verein hatte gründen helfen). Ich war, im Sommer 1906, Mitgründer des Bundes, und der erste Bundespräside; ich war der erste „Fuxmajor“ des Bundes und arbeitete einen „Grundriss des Fuxenunterrichts“ aus, der Jahre

---

8 D.h. vielleicht der von Weinliebhabern als „vinologische Kostbarkeit“ bezeichnete 1896er Riesling; vgl. https://www.wein-genuss.de/1896-riesling-erste-lage/ (Zugriff am 8. 11. 2023).

9 *Aschkenas* (Deutschland) wird als Akronym der hebräischen Ausdrücke *töricht* (אוויל), *närrisch* (שוטה), Dummkopf (כסיל), das deutsche *Narr* und wiederum das hebräische Wort für *Schwanz* (זנב) gelesen – alle Ausdrücke hier in aschkenasischer Mundart.

lang in Benutzung war und der große Ähnlichkeit mit dem Grundriss meines im Jahre 1945 erschienenen Buches „Moriah“[10] zeigt. Mit Unterbrechungen bin ich bis in die 20er Jahre des Jahrhunderts als Fuxmajor tätig gewesen. Ich habe für die Bewegung sicher ein Dutzend Artikel und Aufrufe geschrieben. (Sollten sie jemals gesammelt werden, so schlage ich unverbindlich den Gesamttitel vor: „Wajeehaw Jizchak“.[11]) Denn ich habe die V.J.A. geliebt. Sie hat meinen Charakter gebildet, ehe meine liebe Frau die „vollendende“ Hand an ihn legte. –

Ich habe die damalige Situation der jüdischen Studenten in einem längeren feuilletonistischen Aufsatz, mit dem ich die V.J.A. in die jüdische Öffentlichkeit einführte, und der im Jahre 1907 im „Israelit“ unter dem Titel „Auf der Heimkehr ins Philisterland“ erschien, genauer geschildert.[12] Auch auf mein Buch „Ein Kampf um Gott“[13] darf ich verweisen, nicht ohne dabei zu bemerken, dass in diesem Buch manches karikaturhaft dargestellt ist.

Auf den Universitäten machten sich die geistigen Strömungen des deutschen Judentums am deutlichsten bemerkbar, weil keinerlei praktische Rücksichten sie hier beeinflussten. Es war ein klarer Beweis für die innere Hohlheit des bewussten Assimilantentums sowie des Reformjudentums, dass beide auf den Universitäten als organisierte Bestrebungen überhaupt nicht vertreten waren. Das Reformjudentum als solches hatte keine Werbekraft mehr, und die Würdelosigkeit bewusster Assimilation erledigt man am besten mit sich selbst. Es gab den K.C. – „Kartell-Convent“[14] –, und es gab die zionistischen Verbindungen. Beide forderten „bewusstes“ Judentum, die erste auf Basis des deutschen, die letzte auf Basis des Herzlschen Nationalismus. Der K.C. verleugnete nicht sein Judentum, sondern betonte es. In studentischer Ehrlichkeit versteckte er es auch nicht unter dem Schleier der „Religion“. Ihm waren die deutschen Juden ein unter besonderen historischen Bedingungen entwickelter Stamm inmitten der deutschen Stämme, der, wenn auch nicht germanisch, gleich anderen deutschen Stämmen nichtgermanischer Abkunft durch Jahrhunderte lange Sesshaftigkeit auf deutschem Boden, durch Jahrhunderte lange Verstrickung mit dem deutschen Schicksal und durch bedeutsame Mitarbeit an deutscher Kultur und Zivilisation sich das volle Anrecht nicht nur auf Duldung, sondern auf ehrenvolle Aufnahme in den deutschen Stämmeverband erworben habe. Der K.C. war eine „schlagende“ Verbindung. Er verpflichtete seine Mitglieder,

10 Breuer, *Moriah* (hebr.) (vgl. IBWA 3, 263 [Nr. 248]).

11 Gen 25, 28 („und Isaak liebte“). Band I der IBWA trägt dieses Motto.

12 *Der Israelit* vom 28. 3. 1907, 4–7 (=IBWA 3, 199–216).

13 Zu diesem Roman vgl. Morgenstern, *Von Frankfurt*, 233f.

14 Der *Kartell-Convent der Verbindungen deutscher Studenten jüdischen Glaubens*, eine Vereinigung jüdischer Studentenverbindungen, bestand in den Jahren 1896 bis 1933.

allzeit mit der Waffe jede Judenschmach blutig abzuwaschen. Es waren gefürchtete Schläger, die sich – und damit in gewissem Sinne auch mir – den Respekt der mehr oder weniger insgesamt antisemitisch infizierten Verbindungen erzwangen. Wagte man es, ihre „Forderung" abzulehnen, weil Juden nicht „kommentfähig" seien, so gingen sie ungesäumt mit der – Reitpeitsche vor. Es waren Helden.

Die zionistischen Verbindungen übten keinen „Kommentzwang"[15] aus. Ihre Mitglieder waren fakultative Helden. Auch sie erzogen zu „bewusstem Judentum". Auch ihnen hatte „bewusstes Judentum" keine unmittelbare Beziehung zu Tora und Talmud. Auch ihnen war die jüdische Geschichte keineswegs die Metageschichte des auserwählten der Völker. Mit Herzls* Augen lasen sie die Blätter dieser Geschichte, darum war ihr Ergebnis ein gänzlich anderes als das des K.C. Ihr „bewusstes Judentum" mündete nicht in Deutschland, sondern in Palästina. Und weil Studenten keineswegs berufen sind, aktiv an der Schaffung einer öffentlich-rechtlich gesicherten Heimstätte für das jüdische Volk[16] zu arbeiten, hat gerade auf den Universitäten der Zionismus als geistige Bewegung die gründlichste Vertiefung, Herzls „Prophetentum" die enthusiastischste Gefolgschaft, die misrachistische Ideenblindheit die unwiderleglichste Charakterisierung gefunden. Das von den zionistischen Verbindungen auf den Universitäten propagierte „bewusste Judentum" hat meinen Antizionismus endgültig festgelegt. Seine Opfer unter den „religiösen" Studenten waren Legion. Die Universitätsprofessoren auf der einen Seite, und dieses tora- und talmudfremde, bewusste Judentum auf der anderen: es war zu viel...

Die V.J.A. ist ursprünglich als orthodox-religiöse Vereinigung gegründet worden. Als solche war sie keine echte Studentenverbindung, die sich nicht lediglich mit bestimmten Seiten des studentischen Menschen begnügt, sondern die ganze Persönlichkeit erfassen und gestalten will. Vom studentischen Gesichtspunkt ist die Zugehörigkeit zu mehreren Verbindungen eine Unmöglichkeit. Es hatte aber die V.J.A. in ihrer ersten Zeit auch solche Mitglieder, die gleichzeitig den zionistischen Vereinen angeschlossen waren. Sie sorgte gewissermaßen für die „religiösen" Bedürfnisse dieser Mitglieder, die sich im Übrigen in den zionistischen Vereinen auslebten. Dementsprechend hatte die V.J.A. nur einen religiös-komplementären Charakter. Man sieht leicht, wie sich hier im studentischen Wesen, gewissermaßen mikrokosmisch, die großen Fragen widerspiegelten, die das gesetzestreue Judentum Deutschlands in zwei Lager spaltete. Es kam zu äußerst lebhaften Auseinandersetzungen innerhalb des B.J.A. Die entscheidende Sitzung in Berlin währte bis 4 Uhr morgens. An ihr nahmen teil Eduard Biberfeld*,

---

15 *Komment* heißt das Regelwerk der *Kneipen*, der ritualisierten Trinkgesellschaften studentischer Korporationen.

16 Dies forderte das „Basler Programm" der zionistischen Organisation (Böhm, *Zionistische Bewegung*, 181).

Meier Hildesheimer*, Esra Munk*, und Joseph Wohlgemuth s. A.* Mit Ausnahme von Eduard Biberfeld stimmten sie alle gegen die Aufhebung der doppelten Mitgliederschaft. Mit knapper Majorität – es kam schließlich auf die zuletzt abgegebene Stimme an, die Stimme des Bundesbruders Macht*, der in Baltimore wirkte und ein treffliches Buch über das biblische Räucherwerk herausgegeben hat[17] – wurde der Antrag auf Aufhebung der doppelten Mitgliedschaft angenommen. Damit war der B.J.A. zu einem „totalitären“ Studentenbund geworden. Und damit erst begann sein eigentlicher Aufschwung.

Versteht man unter „Jugendbewegung“ den Anspruch der Jugend, nach eigenen Maßstäben gemessen zu werden, und nicht lediglich als „unfertiges“, in Vorbereitung befindliches Erwachsensein zu gelten, so gab es damals eine Jugendbewegung nur unter den Studenten. Sie allerdings machten diesen Anspruch in sehr umfassender Art geltend. Der B.J.A. war damals „die“ orthodoxe Jugendbewegung Deutschlands. Sie hat in der Tat durchaus eigenartig zur gesetzestreuen Situation Stellung genommen.

Der B.J.A. fühlte sich ausschließlich als eine studentische Organisation. Als solche wollte er jüdische Studenten zu geschlossenen toratreuen Persönlichkeiten erziehen. Dieses Erziehungsprogramm duldete nicht die Einflussnahme anderer studentischer Verbindungen. Mit dem „Austritt“ hatte dies, so sehr meine damaligen studentischen Gegner es behaupteten, wirklich nichts zu tun. Der B.J.A. als studentische Organisation fühlte sich nicht berufen, zu Gemeindefragen Stellung zu nehmen. In diesem Sinne war er „neutral“, und er durfte es auch sein. In seinen besten Zeiten war es eine rein negative Neutralität: er lud zu seinen Veranstaltungen Gemeinden als solche überhaupt nicht ein. Mir war es nicht einen Augenblick zweifelhaft, dass für die Einführung des Frankfurter „Boykotts“ in den B.J.A. nicht der leiseste Anlass vorlag.[18]

Wohl aber lag Anlass vor, sich mit dem geistigen Zionismus zu befassen, der eine jüdisch-studentische Frage ersten Ranges war. Gerade hier erwies sich die Aufhebung der doppelten Mitgliedschaft als segensreich. Die echten Zionisten unter den religiösen Studenten, vor die Wahl gestellt zwischen der zionistischen, religiös „neutralen“ Verbindung und der Verbindung der totalitären Tora, entschieden sich insgesamt für die – erste. So ward der B.J.A. ganz von selbst antizionistisch.

---

17 Vgl. Macht, *The Holy Incense*.

18 Breuer befürwortete die Aufhebung der Möglichkeit von Doppelmitgliedschaften und setzte sich auch durch: Wer einer im Grundsatz nicht-orthodoxen Organisation angehörte, konnte nicht zugleich B.J.A.-Mitglied sein; zugleich hielt er es nicht für nötig, dem gesellschaftlichen Verkehr mit jüdisch-orthodoxen Studenten, die nicht-orthodoxen Organisationen angehörten, aus dem Weg zu gehen, sie zu „boykottieren“.

Was Rosenheim in der „Freien Vereinigung"[19] und später in Agudat Jisrael vergebens erstrebte, ist uns im B.J.A. in erheblichem Maß gelungen: die studentische gesetzestreue Jugend war im B.J.A. geeinigt, soweit sie überhaupt zu einigen war. Ich glaube, dass Rosenheim nie verstanden hat, warum ihm der Erfolg versagt bleiben musste, und warum wir erfolgreich sein konnten. Er war unhistorisch, und er war nie Student, nie „jugendbewegt". Das historische Gewicht des Frankfurter „Boykotts" hat er nie gefühlt, und das Wesen einer Jugendbewegung, die immerhin etwas ganz anderes ist als ein – Literaturverein, war ihm nie nahe.

Es ist hier nicht die Stelle, von der Bedeutung und Leistung des B.J.A. zu sprechen; er gehört der Geschichte des deutschen Judentums an. Wohl aber darf ich hier freudig bekennen, wie viel ich ihm persönlich zu verdanken habe. Er schenkte mir meine Freunde, Freunde fürs Leben. Jahrelange Trennung und völlig stockende Korrespondenz kann uns nichts anhaben. Treffen wir uns morgen wieder, so ist es uns so, als führen wir in der Unterhaltung da fort, wo wir gestern aufgehört haben. Es gibt Menschen, die keine Freunde haben, sondern nur – Verehrer. Ich aber habe Freunde. Und wie ich dies hier schreibe, grüße ich sie alle, die Nahen und die Fernen, die Lebenden und die nicht mehr sind –: es war schön mit euch, und es ist schön mit euch, und wir bleiben uns treu!

Und er schützte mich vor der Einsamkeit der Überzeugung. Jede Überzeugung wird in Einsamkeit erworben. Bleibt sie einsam, so bedeutet sie ewige, und darum unfruchtbare, Selbstbestätigung. Der B.J.A. schenkte mir die Wonne der Auseinandersetzung, die schwere Kunst des Zuhörens, die noch schwerere der Einfühlungsbereitschaft, die schwerste des wechselseitigen Sichverstehens. Seid mir gegrüßt, ihr meine Füxe in der ganzen Welt! (Denkt ihr noch? Füxe waret ihr, weil ihr mit euren Fackeln die Gefilde der Philister in Brand setzen solltet![20]) Seid mir gegrüßt und denket mit mir der heiterernsten Stunden – Bötzows Garten – auf der „Bude"[21] – in meinem Haus – und nehmt meinen Dank, tausendfältigen Dank für alles, was ihr – mir gabt. Was ich fühlte, erhielt durch euch Gestalt. Was ich dachte, durch euch die Reife. Was ich zweifelte, durch euch Klärung und Bewährung. „Die Welt als Schöpfung und Natur"[22] ist euer Werk, wie es das meine ist. Was ich euch lehrte, lehrte ich mich. Ihr gabt mir doppelt wieder, was ihr von mir empfingt. Der rein germanisch-studentische Begriff des „Philisters" – an euch entriss ich ihn seinem Erdreich und pflanzte ihn ein im Wundergarten des Judentums und machte seine Verneinung zu einem der Leitsterne meines Lebens: „Wenn du Kinder und

19 Vgl. oben Kap. 3, Anm. 5.

20 Vgl. Ri 15, 4–5.

21 "Bude" bezeichnet hier den Versammlungsraum der Studentenverbindung.

22 Vgl. oben Kap. 5, Anm. 31.

Kindeskinder erzeugen wirst und ihr werdet – Philister im Lande...“[23] Mich will bedünken, dass ich eigentlich nie aufgehört habe, nie aufhören wollte, Bachur* der Jeschiwa und Student der V.J.A. zu sein. Gewiss nicht leicht für meine liebe Frau. Aber sie hat es geschafft...

Und er gab mir die Übung in der Kunst der Rede. Eine gefährliche, eine unangenehme Kunst, wenn es die Kunst der Zwiebelrede ist, die den Hörern, gleich der Zwiebel, Tränen entlocken soll; oder die Kunst der Schnapsrede, die gleich dem Schnaps, die Hörer in Rausch erfasst, der nur einen Katzenjammer hinterlässt. Hat nicht der Allmächtige als ersten Führer Israels Moses erkoren, der schweren Mundes und ungefüger Lippen[24] war? Der B.J.A. übte mich in der Kunst der akademischen Rede, die klären und nicht überreden, belehren und nicht überrennen, anregen und nicht abschließen will, selbst wenn sie Gefahr läuft, bei der Menge als „eiskalte Logik“ verschrien zu werden. (Warum übrigens die Logik „eiskalt“ ist, weiß ich nicht. Im „Lernen“ ist sie sicher „feuerheiß“.)

Und er gab mir die Übung in der Kunst, Versammlungen zu leiten. Unter den Augen meines lieben, unvergesslichen Bundesbruders Ivan Haarburger in unseren „Monatsheften“[25] widmete ich diesem reinen Menschen und starken Juden einen Nachruf[26] – war ich Präside der V.J.A. Berlin, und dies bedeutete eine unvergleichliche Erziehung zu parlamentarischer Geschäftsordnung und Geschäftsleitung. Noch klingt in meinem Ohr sein Furcht und Schrecken auslösender Ruf: „Zur Geschäftsordnung“, und die magere Gestalt erhebt sich, voll gefasster Ruhe inmitten brandender Wogen, und sein weises und kenntnisreiches Wort stellt im Nu Ordnung und Sitte, Gerechtigkeit und Sachlichkeit her.

Und er gab mir die Entwicklung gesellschaftlicher Talente. Die studentischen Formen, der Comment, in den deutschen Verbindungen blutig ernst genommen, waren uns eine schier unerschöpfliche Quelle der Belustigung. Man „stieg in die Kanne“, man „rieb Salamander“, man kam in „B.V.“, man „kam mit“, man „kam nach“, man wurde zu „Bierreden innerhalb 4 Bierminuten verdonnert“, man „petierte tempus“[27] – und war sich bei all dem Unfug, oder vielleicht gerade erst

---

23 Breuer paraphrasiert Dtn 4, 25. Der Begriff des Philistertums zur Bezeichnung einer schlafmützigen bourgeoisen Behaglichkeit assimilierter Westjuden findet sich auch bei Franz Rosenzweig Mayer, *Philosophie des Judentums*, 14 (Brief Rosenzweigs an seine Mutter vom 23. 5.1918).

24 Ex 4, 10.

25 *B.J.A.-Korrespondenzblatt*, Nr.7 (März 1919), 11.

26 Nach dem Tod Haarburgers, der offenbar im 1. Weltkrieg starb, fand am 22. Dezember 1918 in Berlin eine Trauerfeier statt; im *B.J.A.-Korrespondenzblatt* Nr. 7 (März 1919) ist die Rede von einem zu seinen Ehren veröffentlichten „Gedenkenblatt“.

27 "In die Kanne steigen“, war eine Strafe („Bierstrafe“) für einen Verstoß gegen die Kneipordnung

recht durch ihn, immer bewusst, dass man Jude und nicht Deutscher sei, und man ergab sich dem Unfug niemals, ohne dass nicht zuvor ein ernstes jüdisches Thema dem Abend Würde geliehen hätte.

Und er gab mir schließlich das Gefühl des „Beliebtseins", wie ich es seitdem nicht wiederhatte. Letzteres gewiss durch meine Schuld. Aber vielleicht irrte mein Gefühl auch damals. Wer weiß? – Im Jahre 1909 wurde ich „alter Herr" unserer Verbindung. Im Jahre 1913 endete meine Vorbereitungszeit. Im September desselben Jahres ließ ich mich als Rechtsanwalt in Frankfurt nieder.

Ein öffentliches jüdisches Amt bekleidete ich während dieser ganzen Zeit nicht, wiewohl ich, durch Rosenheim immer wieder herangezogen, sowohl an der „Freien Vereinigung" wie an den Gründungstagungen der Aguda tätigsten Anteil nahm.[28] Es geschah dies in meiner Eigenschaft als „Sohn". Das Ergebnis freilich war einigermaßen merkwürdig. Im Jahre 1914 veröffentlichte Kommerzienrat Fraenkel* in München einen vernichtenden „offenen Brief" an mich, aus Anlass meines im Auftrag meines Vaters s. A. in Sachen der Aguda gegen Rosenheims prozentrechnende Empörung gerichteten Kampfes, worin er mich aufforderte, meinem Treiben ein Ende zu bereiten, und meine „großen Gaben" nicht weiter zu missbrauchen. Da Fraenkel Chef eines bedeutenden Wollunternehmens war, begnügte ich mich in unseren „Monatsheften" mit der kurzen Erwiderung, seine Schrift enthalte „viel Geschrei und wenig Wolle".[29] Um dieselbe Zeit besaß meine

---

in der Trinkkultur studentischer Korporationen: Der „Delinquent" musste eine größere Menge Alkohol auf einmal trinken. „Salamander reiben" war eine feierliche Form des Einander-Zutrinkens. Als Bierminute galt eine für die „Kneipe" berechnete Zeiteinheit; dabei entsprach eine bestimmte Anzahl von „Bierminuten" einer bestimmten Anzahl realer Minuten. „B.V." („Bierverschiss") bezeichnet den Vorgang, dass ein Kneipmitglied durch das Präsidium der Kneipe einen Verweis erhält.

28 Die Kattowitzer Konferenz, auf der die AI gegründet wurde, fand im Mai 1912 statt; vgl. Morgenstern, *Von Frankfurt*, 56–60 und unten Kap. 8.

29 I. Breuer, *Austrittsspiel*. Frankel war Vorsitzender des orthodoxen Synagogenvereins *Ohel Jakob* in München, einer privatrechtlichen Vereinigung, die nicht zur staatlich anerkannten Einheitsgemeinde gehörte. Die Anerkennung der Einheitsgemeinden in Bayern als öffentlich-rechtliche Körperschaft ruhte auf einer Ministerialentschließung des Jahres 1863, die den orthodoxen Juden in Bayern vorteilhaft erschien, weil sie die Gemeinden verpflichtete, toragemäße Institutionen zu unterhalten. Dennoch entstanden in Nürnberg (*Adass Jisroel*) und München privatrechtliche orthodoxe Separatgemeinden, die in den Jahren 1911–1914 für den Austritt warben, obwohl diese Möglichkeit staatlicherseits damals noch nicht vorgesehen war. Breuer lehnte es ab, den Austritt als taktisches Mittel zur Erreichung von Zugeständnissen anzudrohen. Wer den Gewissensdruck, den die Zugehörigkeit zu einer nicht nach der Tora geführten Gemeinde mit sich bringe, nicht in sich spüre, habe kein Recht, mit dem Austritt zu drohen. Um dem unwürdigen Spiel mit dem Austritt und dem Missbrauch der Parole von der Gewissensfreiheit zu wehren, müsse die bestehende Situation erhalten bleiben. Es sei „von Religionswegen" besser, einer „Reformgemeinde zwangsweise anzugehören als – freiwillig" (*Das bayrische Austrittsspiel*, 155). Er fügte hinzu: „Spielet womit

liebe Frau den Mut, meine Werbung anzunehmen. Mit meiner Zustimmung nahm sie, nicht lange nach Erscheinen der Schrift, schon als Braut, eine Einladung Fraenkels zu einem Besuch in seinem Hause an. Fraenkel zeigte ihr eine ganze Kiste voll begeisterter Dank– und Zustimmungsschreiben, die ihm die Schrift eingetragen hatte. Meine Frau ließ sich gleichwohl nicht abschrecken.

Als während des Krieges mein Vater s. A. mich zum ehrenamtlichen Syndikus der „Freien Vereinigung" ernannte, hagelte es von Protestschreiben erboster Gesinnungsgenossen. Erst nach dem Kriege wurde ich in Ämter „gewählt". Im B.J.A. ist es mir besser ergangen...

---

ihr wollt, aber lasset den Austritt aus dem Spiel! Das Blut eurer Ahnen hängt an ihm!" (A.a.O., 150). Fraenkel reagierte scharf und warnte vor dem Hegemonialstreben der Familie Breuer: „... die deutsche Orthodoxie kann und wird es nicht dulden, daß sich jemals eine katholische Richtung mit Unfehlbarkeitsdogma innerhalb unserer Glaubensgemeinschaft breitmache, sie kann und wird es nicht dulden, daß eine einzige Familie das überlieferte Judentum in Deutschland in Grund und Boden hinein unterwühlt" (Fraenkel, *Offener Brief,* 44f).

Achtes Kapitel

Weltkrieg

Vielen von uns, die die Zeit vor dem ersten Weltkrieg noch bewusst erlebt haben, erscheint sie heute nachträglich fast in paradiesischem Lichte. Für die deutschen Juden mag dies in einem gewissen Sinne zutreffen. Es war ein Philisterparadies. Der Wohlstand wuchs ständig. Das bürgerliche Leben hatte genau vorgezeichnete Bahnen. Mit Erschütterungen brauchte man nicht zu rechnen. Leben und Eigentum waren hinreichend geschützt. Passierte einmal in Mittel- und Westeuropa ein Mord, so beschäftigte er die Tageszeitungen in spaltenlangen Berichten. Mit allgemeiner Politik beschäftigte man sich so wenig wie möglich und überließ sie den Zünftigen. An der aufrichtigen Friedensliebe des Kaisers zweifelte niemand. Seine gelegentlichen rednerischen Entgleisungen schrieb man seinem Temperament zu. Als er Großvater wurde[1] und seine Haare ergrauten, nahm man nicht ohne Rührung davon Kenntnis und sah auch darin eine gewisse Garantie für die Stetigkeit der Verhältnisse. Kein Mensch hatte eine wirkliche Vorstellung von einem „modernen" Krieg, und niemand rechnete ernstlich mit ihm. Die Unkenrufe in Hardens „Zukunft" las man mit angenehmem Gruseln und vergaß sie in der nächsten Minute.[2] Stattdessen war die Überlegung, wo man die nächste Sommerfrische verbringen werde, von erheblicher Bedeutung. Von den zivilisatorischen Errungenschaften machte man mit Behagen Gebrauch und war nicht wenig stolz auf sie. Von Kunst und Literatur ließ man sich die Abende verschönen und nahm ihre Perversitäten ohne erhebliches Widerstreben in Kauf. Der Tangotanz erregte die Gemüter Europas, und die Sozialdemokratie sorgte für Abwechslung. Man war nicht unbedingt materialistisch, zumal in religiösen Kreisen. Aber Judentum bedeutete kein Schicksal, und Ideen keine Berufung. Der geistige Kampf zwischen Judentum und Reform hatte nach Schaffung der Möglichkeit des „Austritts" aufgehört, und in der „neutralen" Gemeinde war es zu einem förmlichen Friedensschluss zwischen ihnen gekommen. An die Stelle des Kampfes der Ideen hatten sich Organisationsbestrebungen gesetzt, die vielfach doch nur ein Symptom zunehmender Verflachung waren. Den Zionismus nahmen im Grunde nur die Studenten ernst; die Philister lächelten. Auch bei der Gründung

---

1 Der Enkel Kaiser Wilhelms II., Prinz Wilhelm Friedrich Franz Joseph Christian Olaf von Preußen, wurde am 4. Juli 1906 als erster Sohn des Kronprinzen des Deutschen Reiches Friedrich Wilhelm Victor August Ernst (1882 - 1951) in Potsdam geboren.

2 Anspielung auf die Harden-Eulenburg Affäre, einen Streit zwischen dem Journalisten Maximilian Harden (1861–1927) und dem preußischen Diplomaten Philipp Fürst zu Eulenburg-Hartefeld (1847–1921), der mit Kaiser Wilhelm II. befreundet war und dessen Reichskanzler Bernhard von Bülow (1849–1929) protegierte. Harden versuchte Eulenburg in seiner Zeitschrift *Die Zukunft* vom 17. November 1906 (erschienen am 24. November) durch die Andeutung, er sei homosexuell, zu diskreditieren. Zu dieser Affäre: Röhl, *Kaiser, Hof und Staat,* 26–28.

der Aguda in Kattowitz[3] stand das rein Organisatorische im Vordergrund. Als mein Vater s. A. in seiner Eröffnungsrede[4] auf die geistige Gefahr des Zionismus hinwies, und ihre Bekämpfung als eine der Aufgaben der zu gründenden Weltorganisation bezeichnete, beeilte sich Rosenheim, im „Israelit“[5] zu erklären, dass dies nur eine „private“ Meinungsäußerung sei, die das „provisorische Comitee“ nicht binde. Ich hatte in Kattowitz zuweilen den Eindruck, als handele es sich um einen erweiterten – „Nachalat Zwi-Verein“.[6] Auf jeden Fall nahm in Kattowitz, hinter den Kulissen, die von Rosenheim auf Grund seiner Prozentrechnung innerhalb der Weltgemeinde erstrebte Emanzipation der „Reformgemeinde-Orthodoxie“ den breitesten Raum ein. Es ging nicht sehr erhebend zu hinter den Kulissen von Kattowitz.[7] Und nach Kattowitz erst recht nicht. Nur der Ausbruch des Krieges hat einen Skandal von nicht ausdenkbaren Folgen verhindert.

Ich habe die deutsch-jüdische Situation am Vorabend des Krieges und ihre Ätiologie in meinem in den „Monatsheften“ im Jahre 1917[8] erschienenen Aufsatz „Neuorientierung“, den ich später in mein Buch „Programm oder Testament“[9] aufnahm, eingehend geschildert. Der Aufsatz ist vielleicht heute noch lehrreich.

In der Nacht des 9. Aw gingen die Vorkriegswelt und der Vorkriegsfriede in Flammen auf. In der Nacht des 9. Aw hat eine neue Weltgeschichtsepoche begonnen.[10]

---

3 Vgl. dazu oben Kap. 3, Anm. 6.

4 Vgl. *Der Israelit* 53 (1912), Nr. 22, 30. Mai, 2. Es heißt dort: „Rabbiner Dr. S. Breuer, Frankfurt, begrüßt die Versammlung als einer der Unterzeichner des Aufrufs. Schon vor langen Jahren habe er den Gedanken einer derartigen Vereinigung ausgesprochen. Denn die anderen großen Vereinigungen bes. die A.I.U. [Alliance Israélite Universelle] oder der Zionismus werden bei ihrer Tätigkeit nicht vom Geist der Tora geleitet. Aber der Kampf allein habe keinen Sinn, wenn wir nicht selbst etwas Praktisches leisten.“

5 In *Der Israelit* 53 (1912), Nr. 23, 6. Juni, 1, wird Rosenheim mit dem Satz zitiert, er erkläre „in aller Form..., dass unsere Agudath Jisroel keine Kampfesorganisation sein soll.“

6 Vgl. oben Kap. 3, Anm. 32.

7 Vielleicht Anspielung auf den Skandal, den Breuers Bruder Raphael Breuer 1912 mit der Veröffentlichung eines Kommentars zum Buch Hoheslied auslöste; da dieser Kommentar sich nicht vom im orthodoxen Judentum sonst maßgeblichen allegorischen Sinn leiten ließ, sondern dem Literalsinn des Bibeltextes auf der Spur war, wurde er heftig angegriffen. Salomon Breuer stellte sich auf die Seite seines Sohnes und drohte damit, der AI-Gründung nicht zuzustimmen. Erst in letzter Minute konnte er umgestimmt und zur Teilnahe an der Kattowitzer Konferenz bewogen werden; vgl. dazu Morgenstern, *Von Frankfurt*, 55.

8 Breuer, *Neuorientierung* (IBWA 2, 3–40).

9 Vgl. IBWA 2, 3–88.

10 Der Königsberger Rabbiner Perles schrieb zum Kriegsausbruch am 1. August 1914: „Durch ein wundersames Zusammentreffen fiel die Feier [d.h. des 9. Aw] in diesem Jahr gerade auf den Abend des 1. August… 2 ½ Jahrtausende schon klagen wir am 9. Ab um unser verlorenes Glück…, nun

Von den ersten Stunden an habe ich den Krieg geschichtlich erlebt. Von April 1915 bis zum Ende des Kriegs war ich eingezogen, blieb jedoch vom Felddienst wegen starker Kurzsichtigkeit verschont. In den endlosen Stunden des Wachtdienstes, sowie als militärischer Zensor beim Roten Kreuz – mein dortiger Chef war meine liebe Frau[11], die, begeisterte Pazifistin, beim Roten Kreuz eine segensreiche Tätigkeit ausübte – und weiterhin als juristischer Berater beim Stellvertretenden XVIII. Armeekorps, hatte ich hinreichende Zeit zum Nachdenken und zum Schreiben. Zahlreiche Artikel für unsere „Monatshefte", sowie namentlich mein „Judenproblem"[12] und „Messiasspuren"[13], sind zum großen Teil in militärischer Umgebung entstanden. Auch begann ich, verlobt erst und noch nicht verheiratet, auf der Wache mit einem unmittelbar an meine – Enkel gerichteten Buch „Ich und der Krieg", das ich bis zum Jahre 1917 fortführte, und dessen ausgesprochener Zweck war, meine Enkel wissen zu lassen, was Krieg ist, und wie ich ihn erlebte –: mir zur Erleichterung, ihnen zur Belehrung und Mahnung. Das Buch ist im Manuskript vorhanden[14], und schon wachsen, durch Gottes Gnade, liebliche – Enkelinnen[15] ihm heran; durch Gottes Gnade hoffentlich bald auch – Enkel. Aber wie Gott es will.

Mitten im Kriege, 1916, habe ich geheiratet. Über meine liebe Frau schweige ich hier und begnüge mich mit einem dankerfüllten Gedankenstrich –. Wer zu lesen versteht, wird das über sie Sagbare in fast allen meinen Büchern, namentlich im „Elijahu", dessen entscheidende Teile ich schrieb, während die Himmlischen und die Irdischen sich um sie stritten[16], und im „Elischa" finden. Völkerkrieg – und

---

beginnt eine neue Periode unserer Geschichte, und es erfüllen sich die Trostverheißungen unserer Propheten" (Perles, *Der Krieg*, 15). Breuer griff dieses Thema auch in Romanform auf (*Kampf um Gott*, 298ff).

11 Breuer war verheiratet mit Esther (Jenny), geb. Eisenmann (1892–1985), der Tochter eines Antwerpener Gewürzhändlers und Enkelin des Rabbiners Elieser Lipman Prins (1835–1915).

12 Vgl. IBWA 1, 211–340.

13 IBWA 1, 341–437; Breuers *Messiasspuren* teilen den Entstehungskontext mit Franz Rosenzweigs *Stern der Erlösung* – ein Werk, das Rosenzweig zunächst auf Postkarten verfasste, die er während des Krieges von der Front an seine Eltern nach Kassel schickte. Zu Breuer und Rosenzweig im Vergleich vgl. Dober, *Zukunftshoffnungen*.

14 Das Manuskript ist unveröffentlicht und soll nach dem Willen der Nachfahren Breuers auch nicht veröffentlicht werden.

15 Gemeint ist u.a. Naomi Gafni (geb. 1943), die Tochter von Breuers Sohn Jacob Bar-Or (1916–2008) und Dina Zunz, die älteste Tochter seines zweiten Sohnes, des Historikers Mordechai Breuer (1918–2007).

16 Anspielung auf die in bKet 104a geschilderte Szene vom Sterben Rabbis (Jehuda ha-Nasi). Der Todeskampf war ein Streit zwischen „oberen" und „unteren" Wesen, *Erelim* (Engeln) und *Mezuqim* (irdischen Wesen), den die Ersteren gewannen. Breuers Schrift *Elijahu*, eine Meditation über die jüdische Familie, trägt den Namen seines neugeborenen Sohnes, der nach der Geburt starb. Das

jüdisch-nationale Hausesgründung –: aus dem fürchterlichen Widerstreit dieser Komponenten ist, glaube ich, in allmählicher und folgerichtiger Entwicklung alles entstanden, was ich unserem Volk sagen zu können meinte. Die Reihenfolge meiner Bücher gibt über diese Entwicklung hinreichenden Aufschluss.

Mir hat der Krieg von der ersten Stunde an die von den Propheten Israels insgesamt verkündete jüdische Geschichtstheorie in solch eindringlicher Weise illustriert und damit aktualisiert, dass ich mich ihrem Banne fürderhin nicht mehr entziehen konnte und alles Geschehene zu ihr in Beziehung setzen musste. Diese Theorie aber beruht wesentlich auf der Unterscheidung zwischen Metageschichte[17] und sichtbarer Geschichte, auf dem Gegensatz zwischen dem jüdischen Volk als unmittelbarem Faktor der Metageschichte und den Völkern als Trägern der sichtbaren Geschichte, auf der fortwährenden Auseinandersetzung zwischen den Ideen der Metageschichte, begründet im göttlichen Schöpfungsplan, und den Realitäten der sichtbaren Geschichte, wie sie aus dem menschlichen Nebeneinander naturhaft erwachsen, und auf dem unverrückbaren Ziel dieser Auseinandersetzung am Ende der Zeiten, wenn sichtbare Geschichte und Metageschichte sich für immer treffen und Schöpfung und Natur sich decken. Im Auf und Ab der sichtbaren Geschichte erschien mir der Krieg als explosive Steigerung ihrer Gegensätzlichkeit zur Metageschichte, erschien mir der Völkerkrieg mit seinen unausbleiblichen schwersten Leiden für das jüdische Volk als unverkennbares Symptom des um seine Geburt ringenden – Moschiach.[18]

Dieses völlig bewusste Erleben der prophetischen Geschichte gab mir den Mut, trotz des Zionismus, und gerade wegen des Zionismus, im „Judenproblem" der Judenheit den Charakter einer lebendigen Nation vorbehaltlos zu vindizieren und den Zionismus aus nationalen Gründen abzulehnen. Es gab mir die Einsicht in den messianischen Charakter der durch den Völkerkrieg eröffneten Epoche, und es zwang mich, in den „Messiasspuren" die Erhebung unseres Volkes und aller seiner Glieder zur Höhe der prophetischen Verkündung, ihre Bereitstellung[19] für die Entscheidungskämpfe zwischen Metageschichte und sichtbarer Geschichte, eben den „Messianismus" zu fordern. Ahnungsvoll stellte ich am Schluss der

---

Buch widmete er seiner Frau „zur Feier Ihrer Genesung". Offenbar schwebte sie nach der Geburt in Lebensgefahr. Eine kommentierte Neuausgabe dieser Schrift (gemeinsam mit *Elischa*) ist in IBWA 5 vorgesehen.

17 Breuer prägte diesen Begriff in seinem Roman *Der Neue Kusari* (IBWA 4, 81).

18 Breuer deutet den Weltkrieg als Anzeichen der „Wehen des Messias" (vgl. Jes 26, 17).

19 In seinen Schriften *Das jüdische Nationalheim* und *Agudismus als Idee und Tat* verwendet Breuer als hebräisches Äquivalent seiner Forderung der „Bereitstellung" den Begriff *Hachschara* (Ertüchtigung), der im zionistischen Kontext die Vorbereitungskurse jüdischer Jugendlicher für eine Pioniertätigkeit in Palästina bezeichnet (vgl. IBWA 2, 189, 354 und 356).

„Messiasspuren" die Frage, ob – Agudat Jisrael den Weg zu diesem „Messianismus" finden werde. Im Lichte dieses Erlebens erschien mir der Zionismus nicht mehr nur als der von falschen Propheten unternommene und darum mit aller seelischen Kraft abzulehnende und zu bekämpfende Versuch zu einer nationalen Reform unseres Volkes im Sinne einer nationalen Assimilation an die Völker und ihre sichtbare Geschichte, sondern zugleich als ein Instrument in der Hand des Gottes der Metageschichte, ihren unmittelbaren Faktor, die jüdische Nation, aktiver als es seit zweitausend Jahren der Fall war, inmitten der sichtbaren Geschichte wirksam sein zu lassen, aktiver ihrem verkündeten Ziel entgegenzureifen, indes auch die sichtbare Geschichte der Völker immer unaufhaltsamer dem geweissagten Ende entgegeneilte. In der Balfour-Deklaration[20] und im Mandat[21], durch den Zionismus vorbereitet und erreicht, sah ich die von Gott seinem Volk eröffnete Möglichkeit zu solcher Wirksamkeit, die von Gott seinem Volk gestellte unsagbar schwere und unsagbar herrliche Aufgabe im Zeitalter des um seine Geburt ringenden Moschiach, die Aufgabe, die zwar alle anderen Aufgaben nicht ablöst, nicht wertloser oder gar überflüssig macht, die aber ihnen allen die Richtung gibt und den Ort anweist und den einheitlichen Zusammenhang verleiht. So erstanden vor meiner Seele Gottes Volk und Gottes Land, durch Gottes Recht auf ewig verbunden, durch Gottes Willen seit zweitausend Jahren getrennt, durch Gottes wunderbare Leitung aus der sichtbaren Geschichte heraus einander unmittelbar gegenübergestellt –: und beide rufen uns zu, beide flehen uns an: erwachet, erwachet, vergesst nicht die von unserem Gott gegebene Gelegenheit, stellt uns bereit, bringt uns zusammen, auf dass Gottes Herrlichkeit und Gottes Nähe, wenn ihr euch Erlösung verdient, uns noch einmal, und dann für die Dauer, verbinde![22] Die gesetzestreue Jugend Deutschlands hörte mich damals, und viele von ihnen verstanden mich. Eine Jugendtagung in Kassel stand ganz im Zeichen der „Messiasspuren".[23] Während der Verhandlungen, in denen immer wieder die Worte „Keruw Schechina" und „Siluk Schechina"[24] von glühenden jugendlichen Lippen fielen, eilte Rosenheim aufgeregt auf mich

20 Erklärung des britischen Außenministers Arthur James Balfour vom 2. November 1917 zugunsten der Errichtung eines jüdischen Nationalheims in Palästina (1917). Im Jerusalemer antizionistischen *Alten Jischuw* wurde diese Erklärung anders bewertet: Der in Ungarn gebürtige Belzer Chassid und Rabbiner Jeschajahu Ascher Selig Margaliot (1893–1969), der eng mit dem chassidischen (und anti-agudistischen) Munkatscher Rebben Chajim Elasar Schapira* (1871–1937) verbunden war, hielt sie für eine Verführung zum Götzendienst und nannte sie „Baal-Peor-Erklärung" (vgl. Num 25); Gebel, *Workers Movement*, 30f.

21 Vgl. oben Kap. 4, Anm. 49.

22 Vgl. die fünfte Strophe des Sabbatliedes *Lecha Dodi* (Hirsch, *Gebete,* 250).

23 Zu dieser Delegiertentagung der agudistischen Jugendverbände im Januar 1919 vgl. Morgenstern, *Von Frankfurt,* 220.

24 *Qeruw Schechina* (קירוב שכינה), die Annäherung an die göttliche Einwohnung, und *Silluq*

zu: „Können Sie es wirklich verantworten, und erschrecken Sie nicht selber, wenn Sie hier solche Worte hören?“ Ich erwiderte: „Ganz und gar nicht erschrecke ich. Denn die Zeiten verlangen es, dass wir unser Heiligstes in die Waagschale werfen.“ Damals aber beging ich eine meiner folgenschwersten Dummheiten. Ich war entschlossen, eine eigene interterritoriale Fraktion als Stoßtrupp innerhalb der Aguda zur Durchsetzung meiner Ideen zu gründen, und ließ mich von einem guten Freund davon abhalten: „Wozu brauchst du eine Fraktion? Du bekommst ja in Kurzem alles!“ – Noch während des Krieges hatte ich, geraume Zeit vor den „Messiasspuren“, mein „Judenproblem“[25] veröffentlicht.

Schwerlich wird man sagen können, dass diese Schrift das Ergebnis „eiskalter Logik“ ist. Sie stellt die notwendige Ergänzung zu den „Messiasspuren“ dar. Wenn diese das Tor zu einer neuen Zukunft eröffnen wollen, so möchte jene den Schutt der Vergangenheit wegräumen. Beide sind sie aus mächtiger innerer Erschütterung geschrieben, beide von der furchtbaren Sorge getragen, es möchte die Orthodoxie am Ende, wie alle Philister, auch diesen Krieg nur als äußerst üble – Episode erleben und sich unterfangen, nach dem Krieg, wie alle Philister, dort wieder anzuheben, wo sie vor dem Krieg aufgehört, anzuknüpfen, wo der Krieg in bedauernswerter Weise abgerissen. Denn ich fühlte und ich wusste, dass dieser Krieg eben keine Episode, dass er epochemachend sei[26], und dass die neue Epoche unser Volk vor eine völlig neue Aufgabe stelle, wie sie in zweitausend Jahren Galut nicht bekannt war, als nationale, einheitlich zu lösende Aufgabe nicht bekannt war: „Die Bereitstellung des jüdischen Volkes und des jüdischen Landes für ihre Wiedervereinigung unter der Herrschaft des Rechtes Gottes“!

Dieser Satz entstammt einer kleinen Schrift: „Die Idee des Agudismus“, die ich im Jahre 1919 verfasste.[27] Sie beruht ganz auf den „Messiasspuren“ und will das

---

Schechina (סילוק שכינה), die Entfernung von ihr (zu diesem Begriff vgl. IBWA 1, 439 und 443), sind zwei kabbalistische Begriffe, vor deren Verwendung Rosenheim zurückschreckte.

25 Im Manuskript irrtümlich „Neuorientierung“ (Korrektur der Herausgeber der ersten Auflage von *Mein Weg*). Breuers Text *Die Neuorientierung des deutschen Judentums* erschien 1917 in den *Jüdischen Monatsblättern*. Die erste Auflage von *Judenproblem* erschien ohne Zeitangabe (wahrscheinlich Anfang Januar 1918). Bis 1922 folgten drei weitere Auflagen. Auszüge des Buches wurden ins Englische, Jiddische und Hebräische übersetzt (vgl. IBWA 3, 257f). Die *Messiasspuren* erschienen 1918.

26 Zur aristotelischen Unterscheidung von *Epoche* und *Episode* vgl. Breuer, *Messiasspuren* (IBWA 1, 445); *episodisch* ist eine zwischen zwei Chorgesänge einfügte Nebenhandlung; der Weltkrieg ist hingegen als *epochal* (Epoche bildend) zu verstehen.

27 Breuer, *Idee des Agudismus* (IBWA 2, 101–130). Die Formulierung dort (S. 125) lautet: „Agudas Jisroel erstrebt die Bereitstellung der Nation Gottes und des Landes Gottes für ihre Wiedervereinigung unter der Herrschaft des Rechtes Gottes zum Gottesstaat.“ Zum Begriff der „Wiedervereinigung“ vgl. oben Kap. 6, Anm. 27 sowie IBWA 2, 103.

Programm des Agudismus=Messianismus entwickeln. Sie fasst alle Punkte des Programms in dem zitierten Satz zusammen. Stellt man ihn dem Rosenheimschen: „Lösung der jeweiligen Gesamtheitsaufgaben im Geiste der überlieferten Tora“[28] gegenüber, so mag man in dem Gegensatz beider Formulierungen mein inneres Verhältnis zu Rosenheim am klarsten erkennen. Es ist der Gegensatz zwischen prozentrechnendem Dogma und prozentloser Geschichte. Rosenheim will das Programm des organisierten „Klall Jisroel“*, wie er sich zunächst etwas vorsichtig ausdrückte, gewissermaßen aus dem Begriff von „Klall Jisroel“ entnehmen, das Programm sozusagen „definieren“, und kommt es bei einer Definition nicht wirklich darauf an, dass sie weit genug ist, um alle nur irgendwie und irgendwo und irgendwann ausdeutbaren Aufgaben tatsächlich „hundertprozentig“ in sich aufzunehmen? Schon bei Aristoteles aber ist zu finden, dass je umfassender ein Begriff ist, er als umso – inhaltsleerer sich erweist.[29] –

Mir aber war „Klall Jisrael“, war die jüdische Nation kein zeitloser Begriff, der zu definieren, sondern eine geschichtliche, eine metageschichtliche Kraft, deren Bestimmung nur aus der Erkenntnis der geschichtlichen Gesamtsituation zu entnehmen war, und wenn vor dem Krieg eine solche Erkenntnis vielleicht nicht zu gewinnen war, so hatte, schien es mir, das unerhörte Erlebnis dieses Krieges, so hatte, schien es mir, das unerhörte Erlebnis der Balfour-Deklaration und des Mandats eine so deutliche Sprache gesprochen, dass die weitere Aufrechterhaltung eines rein definitorischen Programms mir eine völlige Unmöglichkeit schien. Zwischen Kattowitz und Wien[30] hatte – Gott gesprochen. War es nicht oberste Aufgabe von „Klall Jisrael“, Gott zu – antworten?

Ich kann es noch heute nicht fassen! Wie? Nach zweitausend Jahren neigt Gott sich, inmitten eines Völkerkrieges voll messianischer Schauer, voll messianischer Gräuel, in Gnade zu seinem Volk, und er wendet das Herz der Völker für eines Augenblickes Weile[31], dass sie die geschichtliche Verbindung zwischen Gottes Volk und Gottes Land anerkennen, dass sie die Möglichkeit zur Errichtung eines nationalen Heims für das gefangene und zerstreute Volk eröffnen – und das Volk der

---

28 Diese Formulierung findet sich in § 1 der AI-Satzung von 1923; die erste Fassung dieser Satzung wurde offenbar von Breuer erstellt, während der Beratungen auf der ersten Kenssia Gedola (vgl. dazu unten Anm. 30) kam es aber zu Änderungen. Vgl. den Abdruck der Satzung in: *Der Israelit* 64 (1923), Nr. 35 (30. 8.), 9 und den Teilabdruck bei Morgenstern, *Von Frankfurt*, 333.

29 Zum Begriff der „Definition“ vgl. Aristoteles, Metaphysik 1038b. 11f.

30 Gemeint ist die erste *Kenessia Gedola* („Große Versammlung“) der AI-Weltorganisation, die vom 20.–28. August (3.–10. Elul) 1923 in Wien stattfand, an der etwa 900 Delegierte teilnahmen; vgl. https://www.youtube.com/watch?v=oPh-RwgDZe4 und http://theantitzemach.blogspot.com/2015/02/pictures-from-first-kenessia-gedola.html (Zugriff am 10. 11. 2023). Zu den weiteren „Großen Versammlungen“ vgl. unten Kap. 9, Anm. 58.

31 Vgl. Esra 9, 8. Diesen Vers zitiert Breuer auch in *Moriah*, 191.

Tora erhebt sich nicht wie ein Mann, um in lodernder Begeisterung alles daran zu setzen, um Gott und Seiner Tora im Lande der Tora das nationale Haus zu bauen? Ich kann es noch heute nicht fassen! Buch für Buch habe ich veröffentlicht, und sie alle klingen aus in einem flammenden Mahn- und Weckruf zur Verwirklichung der „Idee des Agudismus" –: Warum blieb mir der Erfolg versagt? Wenn ich redete, hörte man mich, und wenn ich schrieb, las man mich. Doch wenn ich forderte, verlief man sich. Warum? Warum? Gewiss bin ich selbst daran schuld. – –

Von der ersten Stunde des Völkerkriegs richtete sich das Sehnen alter ideenahen Menschen auf „Krieg dem Krieg". In unseren „Monatsheften"[32], sowie in einer deutschen Zeitschrift – wo? weiß ich nicht mehr – veröffentlichte ich einen Aufsatz „Die Wurzel des Krieges", worin ich mich, noch während des Krieges, mit ungemeiner Schärfe gegen die Souveränität der Staaten wandte, und es offen aussprach, dass sie gleichbedeutend sei mit der völligen Rechtlosigkeit ihrer wechselseitigen Beziehungen, völlig gleichbedeutend mit internationalem Faustrecht, und dass nur die Überwindung dieses Faustrechts einen dauernden Frieden sichern könne, gleichwie nur die Überwindung des individuellen Faustrechts den Frieden im Innern hergestellt habe. Als dann Wilson seine „Punkte" verkündete[33], als die Balfour-Deklaration unserem Volke zuteilwurde, und der Völkerbund wie ein milder Mond über all das grauenvoll nächtliche Geschehen aufzugehen begann, da erlebte ich einen jener großen Momente in der Menschheitsentwicklung, da Metageschichte und sichtbare Geschichte sich begegnen und Esaw in aufwallender Liebe Jakob den Bruderkuss gibt.[34] Ich glaubte an Wilson. Ich glaubte an den Völkerbund. Ich glaubte an einen – Rechtsfrieden, wie ihn die gequälte Welt bisher nicht gesehen, an einen Rechtsfrieden an Stelle eines Kriegsfriedens, der bisher noch immer der Vater eines neuen Friedenskriegs gewesen. Es war nur ein großer – Moment. Groß genug, uns die Möglichkeit des Nationalheims zu eröffnen. Doch alsdann trennten sich wieder die Wege. Esaw kehrte nach Se'ir zurück.[35] Esaw diktierte einen Frieden, der nicht

---

32 Breuer, *Die Wurzel des Krieges*, in: JM 3 (1916), 214–228; der zweite Veröffentlichungsort ließ sich nicht nachweisen.

33 US-Präsident Woodrow Wilson stellte am 8. Januar 1918 vor dem amerikanischen Kongress sein 14-Punkte-Programm für eine Friedensordnung nach dem Weltkrieg in Europa vor.

34 Jakobs Zwillingsbruder Esaw (Esau) gilt als Repräsentant der Weltmacht, die einst (als Rom) den Tempel zerstörte und gegenwärtig (in Gestalt des britischen Reiches oder des Völkerbundes) den Juden die Aussicht auf die Rückkehr in ihr Land eröffnet. Raschi diskutiert die Frage, ob Esaus Bruderkuss (Gen 33, 4) als ehrlich zu bezeichnen ist; S. R. Hirsch sah in diesem Kuss eine Prophezeiung des sich zum Besseren wendenden Verhältnisses von Christen und Juden; vgl. Morgenstern, *Hirsch and his Perception.*

35 Vgl. Gen 33, 16. Nach S. R. Hirsch (zu Gen 32, 33) war Jakobs Kampf am Jabbok, sein Kampf mit der unheimlichen Gestalt des „Genius Esaus", so auszulegen, dass dieser „während des ganzen nächtlichen Kampfes" Jakob nicht besiegen und nicht niederwerfen konnte, ihm aber die Sehnen

besser, nicht anders war als jeder Friede zuvor. Es war wahrlich kein Rechtsfrieden. Aber der Rechtsakte des Völkerbunds wurde er einverleibt, damit fürderhin das Recht über den Besitzstand der Gewalt wache. Und der Souveränität wurde kein Haar gekrümmt. Da wusste ich, dass Jakobs und – Esaws Galutgeschichte nur in eine völlig neue Phase getreten, aber noch nicht zu Ende war. Da wusste ich, dass dieser Völkerkrieg nur der erste der messianischen Kriege[36] gewesen und dass unser Volk sich sein Heim inmitten schwerster Zeitenstürme, inmitten des fortschreitenden Kampfes zwischen Metageschichte und sichtbarer Geschichte, werde errichten müssen, und dass es mit der – Philisterruhe, der Philisterbehaglichkeit endgültig – vorbei sei. „Bereitstellung" ist alles.

Für diesen Kampf wollte ich das Volk der Tora wecken und aufrufen. Ich erkannte im Zionismus den Nationalismus der sichtbaren Geschichte, den nationalen „Jezer hara"[37], berufen und bestimmt, den nationalen „Jezer hatow" zu entflammen, der das Volk der Tora mit bewusster Geschichtlichkeit erfüllt und als lebendige Nation, zum ersten Mal seit zweitausend Jahren, handlungsfähig macht und in aktivste Beziehung zum Land der Tora bringt. Der „Jezer hara" ist eine produktive Kraft, und man kann und man darf ihm nicht entfliehen, sondern man hat sich ihm zu stellen, um ihn zu überwinden und damit in den Dienst des Guten zu stellen. Mir schien es, als hätte sich bis jetzt die Orthodoxie auf der Flucht vor dem nationalen „Jezer hara" befunden, und da er nur in der Geschichte lebt, und nur im Nationalen sich auswirkt und im nationalen Land seine Hauptstätte findet, als habe bis jetzt die Orthodoxie, auf der Flucht vor dem nationalen „Jezer hara", sich auch aus – der Geschichte geflüchtet, das Nationale überhaupt verleugnet und vom nationalen

---

durchschnitt, um „ihn an dem Gebrauch seiner natürlich ihm zustehenden materiellen Kräfte zu hindern. Hinkend nur, nicht auf beiden Füßen stehend, ohne festen Stand und Gang auf Erden, schreitet Jakob durch die Geschichte." Zu Gen 33, 16 führt Hirsch dann aus, dass dieses ganze Ereignis „erst in fernster Zukunft seiner Verwirklichung und Vollendung harrt"; der Kuss, den Jakob in der Zwischenzeit von Esau erhielt (Gen 33, 4) war „nur ein Wahr- und Anzeichen, wie einst am Ende der Tage sich die Beziehungen Jakobs und Esaus zu einander gestalten werden." Einstweilen aber gelte, dass Esau „zu seiner gewohnten Weise", seiner „Lebens- und Sinnesweise" zurückkehrte. Offenbar ist für Breuer auch der Versailler Friedensvertrag, den Deutschland nach Ende des ersten Weltkrieges unterzeichnen musste – für seine Kritiker ein „Diktatfrieden"! –, Symptom dieser Rückkehr zur nur kurzfristig überwundenen „Sinnesweise".

36 Breuer bezeichnet auch den zweiten Weltkrieg als messianischen Krieg (*Erinnerung an das deutsche Judentum*, 195; *Moriah*, 232–235).

37 Der Midrasch GenR 14, 4 begründet die Existenz des „bösen Triebes" neben dem „guten Trieb" damit, dass die Wendung *wajizzer* („und er bildete") im Bericht über die Erschaffung des Menschen in Gen 2, 7 regelwidrig mit zwei Jod geschrieben ist. In bJoma 69b wird anhand einer Erzählung vom zeitweiligen Verschwinden des Sexualtriebes verdeutlicht, dass das Überleben der Menschheit ohne den „bösen Trieb" unmöglich wäre. Ebenso ist nach Breuer auch der Zionismus, trotz seiner Mängel, eine geschichtliche Notwendigkeit.

Land sich voll Scheu entfernt. Mir schien es, dass die Orthodoxie, aus Angst vor dem nationalen „Jezer hara“, die Decke der individualistischen „Religion“ über sich gezogen habe, um den andrängenden Impulsen des Zeitalters der „nationalen Emanzipation“ die verstärkte Übung von „Tora und Mizwot“ entgegenzustellen. Aber hatte sie nicht im Zeitalter der „sozialen Emanzipation“ dasselbe Verfahren eingeschlagen, und hatte es nicht in West- und Zentraleuropa zu den furchtbarsten Katastrophen geführt? Und war nicht das Zeitalter der „nationalen Emanzipation“ unendlich gefährlicher als jene?[38] Nein! Es gab keine Flucht vor dem nationalen „Jezer hara“, wenn Gottes Vorsehung ihn über uns gebracht, so wenig es eine Flucht vor dem individuellen „Jezer hara“ gibt. Flucht vor dem nationalen „Jezer hara“ bedeutet nationale Lebensabtötung, bedeutet Kapitulation vor ihm, gleichwie Flucht vor dem individuellen „Jezer hara“ negative Askese und unfruchtbares Mönchstum ist. Darum erschien mir die Entflammung des echten jüdischen Nationalismus als dringendstes Gebot der Stunde.

Das Signal dazu hatte ich schon lange vor dem Völkerkrieg, hatte ich schon in „Lehre, Gesetz und Nation“ gegeben. Erst mein jüdischer, ganz in der Metageschichte wurzelnder Nationalismus hatte meiner Stellung zum Zionismus die letzte Klarheit gegeben, er erst mir die Erkenntnis vermittelt, dass schon der Kampf Rabbiner Hirschs s. A. um das Wesen der jüdischen Gemeinde in nuce bereits den Kampf um das Wesen der jüdischen Nation, lange vor Theodor Herzl*, bedeutete. Die „neutrale“ jüdische Nation war mir lediglich die Konsequenz der „neutralen“ jüdischen Gemeinde, die Gemeinde der Tora die Urzelle der Nation der Tora.

Die Frage des Frankfurter Boykotts hatte unmittelbar vor dem Ausbruch des Krieges die erst im Entstehen begriffene Aguda an den Rand des Abgrunds gebracht. Als während des Krieges die Deutschen Polen besetzten, kam mein unvergesslicher Freund Pinchas Kohn s. A.*, der in vollendetem Gegensatz zu Rosenheim* meinem Vater s. A. in vorbildlicher Treue zur Seite stand und unter seiner Mitwirkung die Leitung unserer „Monatshefte“ übernommen hatte, formell als Vertreter der „Freien Vereinigung“ nach Warschau, um die deutsche Macht in jüdischen Angelegenheiten zu beraten.[39] Sein dortiges Wirken gehört der jüdischen Geschichte an. (Meiner oft wiederholten Bitte, selber eine genaue Darstellung seiner Tätigkeit in Polen zu geben, hat er leider nicht willfahren.) Er darf wohl als der eigentliche Gründer der polnischen Aguda angesehen werden. Es zeigten aber die neu gewonnenen Führer der allmählich sich konkretisierenden polnischen Aguda ein überraschendes Verständnis für den Standpunkt meines Vaters s. A.; vielleicht wussten sie auch die

---

38 Zu Breuers Behandlung der individuellen, sozialen und nationalen Emanzipation vgl. *Erinnerung an das deutsche Judentum*, 142ff.

39 Vgl. Morgenstern, *Von Frankfurt*, 67f.

Bedeutung des Frankfurter Gaon* besser einzuschätzen als Rosenheim* damals offenbar im Stande war; und ohne Zweifel hatte Pinchas Kohn* selber aufklärend und belehrend gewirkt. Es bestand die frohe Hoffnung, dass die Aguda nach dem Kriege den Weg nicht fortsetzen werde, den sie unter Rosenheims Leitung von Kattowitz bis zum Kriege eingeschlagen hatte. Warum sollte es nicht auch gelingen, die Aguda aus einem „Welt-Verein" zur Trägerin der großen nationalen Bewegung zu machen, die ich für unerlässlich hielt; sie als das organisierte „Volk der Tora"[40] hinzustellen, die Nation und Land für ihre Wiedervereinigung unter Gottes Herrschaft „bereitstellt"? Noch während des Krieges, in den „Messiasspuren", richtete ich diese entscheidende Frage öffentlich an die Aguda. Aber fast – dreißig Jahre musste ich auf die Antwort warten. Erst Ende 1945 hat sich die Londoner Konferenz der Aguda zum Programm der „Messiasspuren" bekannt.[41] Dazwischen liegt ein zweiter, ein furchtbarerer messianischer Völkerkrieg. Dazwischen liegt – die Zerstörung der europäischen Orthodoxie und die Vernichtung von Millionen unserer Brüder und Schwestern. Warum? Warum?

Sah man denn nicht den schwelenden Rauch aufsteigen unter der leichten Hülle eines trügerischen Scheinfriedens? Erkannte man denn nicht diesen Scheinfrieden als unmittelbare Fortsetzung des Krieges, mit anderen Mitteln und gewechselter Taktik? Hatte man denn keinen Blick für die erschütternden Leiden des Völkerbunds, wo Europas edelste Geister einen ohnmächtigen Kampf gegen das Faustrecht der Souveränität führten, indes die explosiven Mächte der sichtbaren Geschichte immer bedrohlicher einander näher rückten? Hatte man denn kein Ohr für den erschütternden Schrei Rabbi Chaim Sonnenfelds s. A.*[42] aus dem wachsenden Bau des Nationalheims, den Schrei der Metageschichte inmitten der in Gottes Land unter den Söhnen Seines Volks immer weiter um sich greifenden sichtbaren Geschichte, derselben sichtbaren Geschichte, die dem anerkannten Schützer des Nationalheims, die dem Völkerbund mehr und mehr den Garaus zu machen drohte? Ahnte man hier keine Zusammenhänge? Fühlte man hier nicht den Zwang zur nationalen Tat, die der Metageschichte ihr Land erkämpft und damit, vielleicht, der bedrohten Menschheit in letzter Stunde die Rettung bringt? Rettung vor allem dem Volk der Metageschichte, das jede Weltkatastrophe zuerst und am empfindlichsten trifft?

Warum? Warum?

Grausame Frage! Frage, die zu Selbstkontrolle, zu Selbstkritik lädt! Gewiss war ich wohl nicht fähig, wohl auch nicht würdig, Gottes Volk zu „revolutionieren", ihm die Wende zu aktiver Metageschichte, die entscheidende Wende zu seinem Lande

---

40 Zu diesem Ausdruck vgl. unten Kap. 12, Anm. 45 und 46.

41 Vgl. Morgenstern, *Von Frankfurt*, 228.

42 Vgl. Breuer, *Moriah,* 191; Morgenstern, *Von Frankfurt*, 273.

zu geben. Ich war wohl auch zu „schroff", zu „kalt", von „eiskalter Logik", von „verletzender Ironie" – und Philister ist doch so empfindlich –, zu „theoretisch", zu „wirklichkeitsfremd" – ich glaube allerdings, die „Wirklichkeit" besser und richtiger gesehen zu haben als all die „Praktiker" – zu volksfremd, zu volksfern – –: ich weiß es – ich weiß es – : Aber warum haben nicht andere, bessere, würdigere all das aufgegriffen, was ich ungezählte Male schrieb und sagte und schilderte und warnte und bat und beschwor – : warum blieb ich mit meinem Freund Salomon Ehrmann*, der alles hatte, was mir selber fehlte, warum blieb ich – allein? Warum? Warum? –

Schwere Frage! Grausame Frage!...

Neuntes Kapitel

Zwischen Krieg und Krieg

Der Frieden kam, und siehe, es war kein Frieden. Es kam die deutsche Republik, und siehe, es war keine Republik. An ihrer Spitze standen keine Männer der Idee, die aus felsenfestem Wollen der Idee den Mut zu durchgreifender Tat gefunden hätten. Und die Westmächte unterließen nichts, was verhindern konnte, dass sie in der deutschen Volksseele Wurzeln schlage. Hätten sie der Republik auch nur zehn Prozent dessen gegönnt, was sie sich später von dem Verbrecher erpressen ließen, wäre vielleicht doch noch alles anders gekommen. So aber taumelte die Republik von einer Krise in die andere, bis sie sich dem bankrotten Marschall, selber bankrott, in die Arme warf. Der bankrotte Marschall[1] aber lieferte die bankrotte Republik dem Verbrecher aus.

Es kam der Frieden, und über mich kam der reiche Segen des jüdischen Nationalheims, das ich mir mit meiner lieben Frau in meinem Haus errichtete. Ein Nationalheim darf ich es wohl nennen, denn in ihm herrschte Zion und Zions Gottesrecht, herrschte Jeruschalajim und Jeruschalajims Gott dienende Nation. Für Treue und Liebe zu Zion und Jeruschalajim erzogen wir unsere Kinder, und durch Treue und Liebe zu Zion und Jeruschalajim zu Treue und Liebe zur Tora, Zions Tora und Jeruschalajims. Eine durch und durch nationale Erziehung gaben wir unseren Kindern. Und wenn es mir auch nicht gelungen ist, mein „Bereitstellungsprogramm“ in der Aguda durchzusetzen – in meinem Hause ist es mir, glaube ich, gelungen. Das ist immerhin etwas. Es ist viel. Vielleicht gar – alles. Mir hat mein Haus die Schwingen nicht gelähmt, sondern im Gegenteil ihre Kraft vermehrt. Kaum ein deutsches Manuskript, das meine liebe Frau nicht vor der Drucklegung, ganz oder zum größten Teil, gelesen und gewertet hätte. Selten nur fand sie den „Stil zu schwer“. Und sie öffnete die Türe meines Hauses den Gästen, der Jugend zumal, und umgab sie mit Güte und Behaglichkeit.[2] Und sie mahnte mich zu Geduld, wenn die Erfolge in der Aguda nicht kamen, und sie tröstete mich, wenn Enttäuschungen sich einstellten, und sie ist schließlich freudig und gern mit mir in die Heilige Heimat zurückgekehrt, um dort erst recht ihres hohen Amtes zu walten.

Eine weitere Quelle immer neu zuströmender Kraft war mir das „Lernen“.[3] Noch während des Krieges, im Jahre 1917, begann ich meinen öffentlichen

1 Paul von Hindenburg (1847–1934), der als Soldat im ersten Weltkrieg zuletzt den Rang eines Generalfeldmarschalls bekleidet hatte, wurde 1925 zum zweiten Reichspräsidenten der Weimarer Republik gewählt. 1932 wiedergewählt, ernannte er Hitler am 30. Januar 1933 zum Reichskanzler.

2 Vgl. dazu den Erlebnisbericht bei Katz, *Own Eyes*, 67f.

3 Zur Bedeutung des „Lernens“ vgl. Breuer, *Der Neue Kusari,* IBWA 4, 167–174.

„Schiur“[4] im „Lehrhaus Ostendstraße 18“[5] und führte ihn regelmäßig durch, bis ich, im Jahre 1936, Frankfurt und Deutschland verließ. „Baba Kama“ und „Schewuot“[6] sowie eine Reihe von „Sugjot“[7] haben wir in dieser Zeit beackert, der Seitenzahl nach vielleicht nicht viel, dem Stoff nach unendlich. Ich möchte sagen, dass ich auch mein „Lernen“ national gestaltete, bei aller Treue zur Methode unserer Jeschiwa: Erforschung der Tora als geltendes Gottesrecht der Nation, durch die Metageschichte der Tora an Hand der „Rischonim“ und der „Acharonim“[8] durchgeführt, die Klarheit der Begriffe in Beziehung zur heutigen Wirklichkeit erarbeitet, und metarechtlich[9] gegen die Begriffe der Völker abgegrenzt, und bis zur „Halacha“ möglichst entwickelt: das „Bereitstellungsprogramm“ aufs „Lernen“ übertragen. Gegner habe ich hier nicht angetroffen. Den Teilnehmern an diesem „Schiur“ fühle ich mich für immer verbunden.

Schließlich hatte ich auch noch den Vorzug, einen Lehrauftrag von unserer Jeschiwa[10] zu erhalten und ihr solchermaßen wenigstens einen kleinen Teil der ungeheuren Dankesschuld abzutragen, der mich ihr dauernd verpflichtet. Der Lehrauftrag galt vor allem weltanschaulichen Dingen.[11] Jüdische Geschichte – das Maß meines „Spezialwissens“ auf diesem Gebiet ist freilich, heute darf ich es gestehen, nicht gerade bedeutend; hoffentlich haben es meine Hörer nicht allzu klar bemerkt –, die ersten Abschnitte des Rambam*[12], das Bildungsproblem anhand der einschlägigen Responsen des Raschba*[13], das Freiheitsproblem, der

4 Hebr. „Lektion“.

5 Gemeint ist die von dem aus Litauen stammenden Moses Schneider (1884–1954) gegründete Jeschiwa *Thauras Mausche* („Schneider'sche Jeschiwa“), die zeitweilig von Rabbiner Moses Karpel geleitet wurde. Die Synagoge an der Ostend-Straße war 1888 von Zacharias Wolf Wertheimer gestiftet worden. 1938 wurde das Grundstück an Privatleute verkauft (https://www.lagis-hessen.de/de/subjects/browse/page/88/sn/jgv) (Zugriff am 9. 11. 2023).

6 Zu diesen Traktaten der Mischna-Ordnung *Nesikin* vgl. oben Kap. 4, Anm. 21. In dem zu Breuers fünfzigstem Todestag veröffentlichten Heft *Savenu* („Unser Großvater“, 11–16) sind Novellen Breuers zum Traktat *Qiddushin* abgedruckt (vgl. IBWA 3, 271).

7 Hebr. „Themen“.

8 Vgl. oben Kap. 4, Anm. 14.

9 Parallel zum Begriff der „Metageschichte“ steht hier der des „Metarechts“.

10 Die von S. Breuer gegründete Jeschiwa war an der Friedberger Anlage 4 beheimatet (vgl. https://www.lagis-hessen.de/de/subjects/browse/page/89/sn/jgv) (Zugriff am 9. 11. 2023).

11 Zu Breuers populären wöchentlichen Vorträgen am Sabbatende vgl. Katz, *Own Eyes,* 65f.

12 Gemeint sind wohl die „Acht Kapitel“ des Maimonides mit Ausführungen zur jüdischen Ethik und Gotteserkenntnis. Breuer las dieses Buch wahrscheinlich in der hebräischen Übersetzung von Samuel Ibn Tibbon.

13 Breuer sah in den bildungspolitischen Entscheidungen des Raschba* (des Salomo Adret)

Kusari, und nicht zuletzt mein – „Agudismus“ in geschichtlicher und theoretischer Entwicklung. Diese Veranstaltungen, die mich mit einem Teil der Hörer auch in nahe persönliche Beziehung brachten, waren für mich von hohem Wert. Teile des „Neuen Kusari“ sind von ihnen beeindruckt. Störend empfand ich es nur, dass ich nicht umhinkonnte, zuweilen bereits zu bemerken, dass ich langsam zu einer abstandschaffenden „Respektsperson“ gedieh. Schade – in den letzten Jahren hatte ich auch bereits Veranlassung, über Marxismus und Kommunismus zu sprechen.[14]

An Büchern übte während dieser Jahre wohl den nachhaltigsten Einfluss auf mich aus der „Schloh“[15] und der „Recanati“*. Sie eröffneten mir eine neue Welt, von der ich freilich die Fäden zu der Welt Rabbiner Hirschs s. A. zu meiner größten Genugtuung immer wieder völlig vorbereitet fand und daher mit Leichtigkeit knüpfen konnte. Der „Neue Kusari“[16], vorbereitet durch „Elischa“, ist der literarische Niederschlag dieser Studien. Auch er mündete schließlich in meinem „Messianismus“ oder „Agudismus“, nur heißt er dort, vermutlich der Abwechslung wegen, „Thedaismus“.[17] Aber auch diese Namensänderung brachte ihm, innerhalb der Aguda, keinen durchgreifenden Erfolg.

Gekennzeichnet sind diese Jahre durch die erste Kenessia Gedola[18] und eine Reihe sonstiger agudistischer Tagungen, durch die erfolgreichen Arbeiten zur Schaffung eines orthodoxen Gemeindeverbandes in Deutschland, durch meine erste Fahrt ins Heilige Land, 1926[19], kurz vor dem Heimgang meines Vaters s. A., sowie durch den grauenhaften Rabbinerwahl-Skandal.[20] Dann kam die deutsche Verbrecherrevolution.

---

offenbar eine Art Vorwegnahme der *Tora im Derez Erez*-Devise S. R. Hirschs.

14 Vgl. die Ausführungen zu Marx und zum „Torasozialismus“ in *Judenproblem* (IBWA 1, 294f) und Morgenstern, *Von Frankfurt,* 277–297.

15 Hebr. של"ה, Akronym für *Shne Luchot ha-Berit* („Die zwei Bundestafeln“), das Hauptwerk des Frankfurter Kabbalisten Jesaja Horovitz*. Das Akronym steht für den Autor selbst.

16 Vgl. oben Kap. 1, Anm. 2.

17 Akronym der Wendung *Tora im Derech Erez Israel* in *Der Neue Kusari.* Mordechai Breuer vermutete, sein Vater sei von orthodoxen Persönlichkeiten unter Druck gesetzt worden, den religiös aufgeladenen Begriff „Messianismus“ durch einen anderen zu ersetzen (M. Breuer, *Orthodoxie,* 348).

18 Vgl. oben Kap. 8, Anm. 30.

19 Zu Breuers erster Palästinareise: IBWA 2, 1, 55–73, 96, 228, 268 und 343.

20 Nach dem Ableben Rabbiner S. Breuers (1926) kam es zum Streit zwischen der „Breuer-Partei“, die den ältesten Sohn des Verstorbenen, Raphael Breuer, zum Nachfolger wählen wollte, und der von Rosenheim angeführten Gegenpartei. Die „Breuer-Partei“ unterlag – vielleicht auch deshalb, weil Raphael Breuer nach der heftigen Diskussion um seinen Kommentar zum Hohenlied (vgl. oben

Die Konferenz in Zürich, die unmittelbar nach dem Kriege stattfand[21], stand noch ganz unter seinem Eindruck, sowie unter dem Eindruck des großen Erfolges, den er dem Zionismus gebracht hatte. Deutlich machten sich auf dieser Konferenz nationalistische Strömungen bemerkbar, aber sie liefen keineswegs in den Bahnen meiner „Messiasspuren", beruhten vielmehr durchaus auf einer Anleihe beim geistigen und seelischen Gut des – Zionismus. So konnten sie keinerlei nachhaltige Wirkung [entfalten[22]]. „Orthodoxer Zionismus" ist die Quadratur des Kreises. Die Konferenz beschloss unter anderem die Gründung einer Kolonie in Erez Jisrael, und sie gab der Kolonie auch bereits einen Namen: „Schoschanath Jakob" zu Ehren von Jakob Rosenheim*. Offenbar hielt man diese Namensgebung für eine hinreichende Ehrung, denn bei der Namensgebung ist es geblieben. [23] Man beschloss auch die Gründung einer Bank, und man hat sie späterhin wiederholt beschlossen. In traurigem Gegensatz zu „Schoschanath Jakob" ist es bei der Bank nicht einmal bis zur – Namensgebung gekommen. Vermutlich hatte man kein geeignetes Opfer für die Ehrung.

Zwischen der Konferenz in Zürich und den folgenden agudistischen Tagungen bestand kein einziger innerer Zusammenhang mehr. Man hatte sich inzwischen auf den „Frieden" eingestellt. Offenbar glaubte man an den „Frieden". Das fürchterliche Erlebnis des Krieges sank schnell unter die Schwelle des Bewusstseins. Menschen wie „Falk Neft"[24], die ihr ganzes weiteres Dasein an diesem Erlebnis orientierten, gehörten wohl auch der – Literatur an. Der große Fortschritt der Aguda – das Verdienst von Pinchas Kohn s. A.* – bestand in dem Eintritt der polnischen Massen. Sie mussten den faktischen Verlust der organisierten ungarischen Orthodoxie ersetzen, die seit der Empörung Rosenheims gegen seinen Rabbiner das Vertrauen zu ihm verloren hatte und sich seitdem, kurzsichtig genug, der Bewegung als solcher völlig fernhielt und alles auf den „Frieden" setzte. Immerhin hörte nunmehr die Aguda auf, eine wesentlich deutsch-jüdische Angelegenheit zu sein. Damit trat der von Rosenheim vor und nach Kattowitz mit der Aguda verknüpfte Versuch der völligen Emanzipation der deutschen Reformgemeinde-Orthodoxie von selbst in den Hintergrund, zumal deren Führer inzwischen rapid sich in der Richtung

---

Kap. 8, Anm. 7) als diskreditiert galt. Zu dieser Auseinandersetzung vgl. I. Breuer, *Raphael Breuer und die deutsche Orthodoxie.*

21 Zu dieser Konferenz in der neutralen Schweiz vgl. Morgenstern, *Von Frankfurt*, 81.

22 In der Vorlage fehlt ein Wort, das hier sinngemäß ergänzt wurde.

23 Die Siedlung wurde nie gegründet.

24 Zu Breuers Roman *Falk Nefts Heimkehr* vgl. Morgenstern, *Von Frankfurt*, 210, 221f, 270 und 285. Franz Rosenzweig schrieb Breuer, die Lektüre seiner Romane habe ihn „sehr bewegt" (Rosenzweig, *Briefe*, 496).

zum Misrachi entwickelt hatten.[25] Die Gründung der „Achdut", die die deutschen Gesetzestreuen rings um diese Führer sammeln sollte[26] – „Fritz Menzer" widmete ihr, umtost vom Wutgeheul aller Philister, eine fröhliche, aus den tiefsten Tiefen Kantischer Philosophie schöpfende Schrift: „Von Mendelssohn bis Loeb"[27] – erwies sich schnell als totgeborenes Kind.

Der Eintritt der polnischen Massen wandelte die deutsche Aguda, deren Jugend dem Programm der „Messiasspuren" und ihrem Nationalismus durchaus erschlossen war und ihm auch die notwendige historisch-politische Schulung entgegenbrachte, in eine entschiedene Minorität um. Dagegen befand sich die Leitung der Welt-Aguda noch durchaus in deutsch-jüdischen Händen. Der Einfluss der deutsch-jüdischen Führung auf die gesamte Aguda war außerordentlich groß.[28] Sie genoss in ihr fast unbegrenztes Vertrauen. Einheitlich und zielbewusst und mutig und energisch und jederzeit bereit, die Vertrauensfrage zu stellen, hätte sie die Weltaguda mit all ihren Rabbinen dorthin bringen können, wohin ihr eigenes glühendes Pathos sie wies. Das aber war das große Unglück: Die Führung war weder einheitlich und zielbewusst, noch mutig und energisch, und sie war gar nicht bereit, die Vertrauensfrage zu stellen, und sie besaß vor allen Dingen überhaupt kein eigenes Pathos, das irgendwie hätte glühen können. Nie ist ein fast unbegrenztes Vertrauen ungelohnter geblieben.

Pinchas Kohn s. A.*, mein unvergesslicher Freund, war ein ausgesprochener Gegner meines Programms; ein ungemein sympathischer Gegner, aber zugleich ein völlig unwiderlegbarer Gegner. Unwiderlegbar nicht etwa wegen Schärfe und Stichhaltigkeit seiner Argumente, sondern weil er letzten Endes – überhaupt keine Argumente hatte. Unzählige Male habe ich in unseren privaten Unterhaltungen, die mir heute so fehlen, die Gründe, die er für seine Gegnerschaft vorgab, widerlegt, und

---

25 Nehemia Anton Nobel (1871–1922), der Rabbiner der Frankfurter Gemeindeorthodoxie, wurde 1904 zum Vizepräsidenten der Misrachi-Bewegung gewählt; sein Nachfolger Jacob Horovitz (ab 1922), Mitglied des Vorstands des Achdut-Vereins (s. die folgende Anmerkung), blieb der zionistischen Bewegung aber fern. Auf der anderen Seite unterstützte Louis Feist, der langjährige Vorsitzende der Frankfurter IRG eine Misrachi-Schule in Jaffa; die gemeindepolitische Frontbildung (Separatorthodoxie auf Seiten der AI; Gemeindeorthodoxie auf Seiten des Zionismus) war also nicht ganz eindeutig. Vgl. dazu Morgenstern, *Von Frankfurt*, 19 mit Anm. 37.

26 Der vom Mannheimer Rabbiner Isak Unna (1872–1948) gegründete Verein *Achdut – Vereinigung gesetzestreuer Juden Deutschlands* wollte Orthodoxe aller gemeindepolitischen Richtungen zusammenfassen; vgl. Morgenstern, *Von Frankfurt*, 86–89; Kraft, *Aschkenas*, 200–202.

27 Breuer veröffentlichte seine satirische Attacke *Achduss oder Von Mendelssohn bis Loeb* (1924) unter dem Pseudonym Fritz Mänzer. Dabei verspottete er vor allem den Berliner *Achduth*-Mitbegründer Moritz Loeb.

28 Zum Unterschied zwischen der deutsch-jüdischen und der osteuropäisch-jüdischen Perspektive auf die *Aguda* vgl. Mittleman, *Politics of Torah*.

auch in Sitzungen ist er mir stets die letzte Antwort schuldig geblieben. Es half gar nichts. Denn seine Gegnerschaft wurzelte im Geheimnis seiner Persönlichkeit, das nicht einmal ich, der ihm nahestand wie kein anderer, restlos zu lösen vermochte. Wenn er in dem großen Sessel meines Studierzimmers lagerte und wir starken Kaffee tranken und um die Wette Zigaretten rauchten, und viele Stunden, oft bis kurz vor Morgengrauen, oft bis, dass er auf meinem Sofa den Rest der Nacht vertat, über „die Lage" sprachen, über die Entwicklung der Aguda, über die Fäden, die er mit kluger Hand hierhin und dorthin zart gesponnen, die Intrigen, die er geschickt durchkreuzt, die menschlichen Eitelkeiten die er, erprobter Menschenkenner, zum Guten benutzt, die Jugend, die er entwaffnet; wenn wir in launig-herzhafter Art unsere Kollegen Revue passieren ließen und uns in wechselseitigen Charakteristiken übertrafen; und schließlich doch immer wieder unser Beisammensein in meinem „Agudismus", in meinem Programm mündete, und ich ihm zum hundertsten Male die Grenze zog zwischen dem jüdischen und dem zionistischen Nationalismus, und ich voll Ungeduld im Zimmer umherlief: „Wo bleibt die große Wende? Soll es uns denn gehen, wie es unseren Großvätern im Zeitalter der sozialen Emanzipation ergangen ist?" – da strich er sich den Bart und kniff die Augen zusammen, schaute dann zur Decke und sah wieder auf mich, nachdenklich, gütig, vielleicht sogar etwas mitleidig: „Ja, die alten Rabbonim von damals – Sie haben sie nicht mehr gekannt – versunkene Zeit – deutsche Chassidim – enfin – vielleicht bin ich der letzte Mohikaner – Gute Nacht –"…

Vielleicht war er es wirklich. Dieser seinem geistigen Habitus nach durchaus moderne Mensch, von feinster Bildung, prachtvoller Causeur, ohne den leisesten Zug eines Philisters, beinahe Bohemien, seinen Wandel mit Gott hinter einem wahren Dickicht scheinbar widerspruchsvoller Lebensäußerungen ängstlich versteckend, ein wahrer Hohn auf jedes würdeatmende und respektheischende Rabbinertum –: vielleicht weilte wirklich seine Seele in einem ganz anderen, längst vergangenen Jahrhundert, indes sein Geist die Gegenwart mit allen Flammen ergriff –: vielleicht hierin der letzte Grund zu der so ungemein fesselnden Paradoxie seiner ganzen Erscheinung –: der letzte Grund auch seines Versagens, das Volk der Tora durch die Aguda ins Zeitalter der nationalen Emanzipation, vorwärts schauend und nicht nur rückwärts schauend, zu leiten. – Aus seiner Ablehnung meines metahistorischen Nationalismus und des aus ihm sich ergebenden Aktionsprogramms hat er niemals, auch öffentlich, ein Hehl gemacht. Wenn ich nicht irre, ist er, mit Beziehung auf mich, Schöpfer des Schlagwortes „palästinozentrisch"[29], hinter das sich alsdann alle meine agudistischen Gegner offener und behutsamer Art geschickt versteckten.

Wie oft sagte ich ihm: Mit aller Entschiedenheit leugne ich, „palästinozentrisch" zu sein. Ich kenne kein anderes Zentrum als Gott und Gottes Tora. Darum ist die

29 Zu diesem Begriff vgl. Morgenstern, *Von Frankfurt*, 220.

Jeschiwa in Tels[30] und in Mir[31] und in Frankfurt mir so wichtig wie das Schulwerk in Palästina, liegt mir das Gedeihen der Gola am Herzen wie die Entwicklung der Orthodoxie im Nationalheim. Nicht um die leiseste Umwertung der Werte handelt es sich, sondern lediglich um die geschichtliche Einsicht in das Wesen unserer Zeit und die in ihr uns gestellte Aufgabe. Vorbedingung hierfür ist allerdings die Anerkenntnis, dass unser Volk auch im währenden Golus eine lebendige, wenn auch schwer leidende, Nation ist[32], und die Tora ihr geltendes, konstitutives, wenn auch schwer leidendes, Recht, und Erez Jisrael das ihr immerwährend gehörige, für ewig zugeschworene, wenn auch schwer leidende, Land, und dass schließlich dieses dreifache schwere Leid ein Leid der Trennung ist. Ohne diese Prämisse spricht die Geschichte uns nicht an. Mit dieser Prämisse sprechen der Ausbruch der sozialen Emanzipation und der Ausbruch des ohne sie gar nicht möglichen Zionismus, sprechen der Ausbruch des Völkerkrieges und Verkündung der ohne ihn gar nicht möglichen Balfour-Deklaration, sprechen der Völkerbund und das ohne ihn gar nicht denkbare Mandat, spricht schließlich der Ausbruch des „Weltfriedens" mit all seinen unsäglichen Gefahren eine so beredte Sprache, dass nur ein taubes Ohr sie nicht vernimmt. Gott ruft uns! Wir haben zu antworten! Die Nation des Gotteslandes ruft uns! Wir haben zu antworten! Das Gottesland der Tora ruft uns! Wir haben zu antworten! Was ist hier „palästinozentrisch"? Bereit sein ist alles! Unserem Volk will ich die Wende zum Land geben, und dem Land die Wende zum Volk, und beiden die Wende zum Gott des Volkes und des Landes! Durften unsere Ahnen „palästinozentrisch" sein, als sie noch, die Glücklichen, in „ihrem" Lande saßen?

---

30 Die in den 1870er Jahren in Telschen (litauisch: *Telšiai*; jiddisch: *Tels*) gegründete Talmudhochschule (das genaue Gründungsdatum ist unbekannt) gehörte zu den bekanntesten Institutionen des litauischen Judentums. Zu den bekanntesten Absolventen der Jeschiwa gehörten der spätere israelische Journalist und Gründer der Tageszeitung *Ma'ariv* Ezriel Carlebach (1908–1956), der spätere britische Soziologe Morris Ginsberg (1889–1970) und der Talmudgelehrte Jerocham Warhaftig (1875–1965), der Vater des späteren israelischen Juristen und Politikers Zerach Warhaftig (1906–2002). Methodisch konzentrierte sich das Studium an der Telser Jeschiwa auf die logische Textanalyse.

31 Die 1815 in der heute weißrussischen Stadt Mir gegründete Jeschiwa zog 1914, nach Ausbruch des Ersten Weltkrieges, nach Poltava (Ukraine) um, kehrte 1921 aber nach Mir zurück. 1939 suchten das Lehrpersonal und viele Studenten Schutz in Litauen, wo die Lehre zeitweise wieder aufgenommen wurde. Nach der Besetzung Litauens durch die Sowjetunion flohen die Lehrer und Studenten in verschiedene Richtungen. Einige von ihnen gelangten mit der transsibirischen Eisenbahn nach Schanghai und über Wladiwostok nach Japan und gründeten die Jeschiwa 1941 in Kobe neu. 1944 wurde die in der Tradition der alten Lehranstalt stehende neue Mir-Jeschiwa im Jerusalemer Stadtviertel Bet Jisrael (nördlich von Mea She'arim) gegründet. Sie zählt heute zu den größten Talmudhochschulen der Welt.

32 In *Der Neue Kusari* ist es der säkulare Zionist Grün (eine Karikatur David Ben Gurions?), der so argumentiert (IBWA 4, 39). An anderer Stelle spricht Breuer von der „leidenden Metageschichte", z.B. IBWA 4, 179–182.

Sind wir es, weil wir, Gottes Ruf folgend, uns und das Land zur Wiedervereinigung „bereitstellen“?[33] Und schließt nicht die Bereitstellung der Nation die tätigste Förderung der Jeschiwa in Tels und in Mir und in Frankfurt in sich? Können wir unser Volk „bereitstellen“ ohne – Jeschiwot? Nicht „palästinozentrisch“, sondern „torazentrisch“ bin ich. Nur dass ich die Tora auch ins Zentrum der – Geschichte stelle.

Die Antwort, schließlich: Möglich, dass Sie recht haben. Dann bin ich eben – der letzte Mohikaner.

Vielleicht war er wirklich der – letzte. Der letzte, der Geschichte verstand – und er verstand sie wirklich – und bewusst Nein sagte. Und vielleicht war sein bewusstes Nein so kühn, wie mein bewusstes Ja. – Nur dass das unbewusste Beharrungsstreben unserer Massen und die rabbinische Scheu vor dem – Neuen nicht auf meiner, sondern auf seiner Seite standen...

Die Verbrecherrevolution trieb ihn, spät genug, aus dem Lande, dessen Erde ihm einstweilen durch die Gräber so vieler Großen in Israel seit Jahrhunderten geweiht schien. Er ging nach London. Wie er mir sagte, wäre er wohl dort auch geblieben, wenn er dort neben Rosenheim* Betätigungsmöglichkeit gefunden hätte. So kam er nach Jeruschalajim. Nicht das erste Mal. Auch nicht, um, wie Rosenheim mir schrieb, sein Leben in „Lernen und Gebet“ beschaulich zu beenden. Beschaulichkeit war nicht seine Sache. Aber die Verlegung des Allweltlichen Waad Hapoel der Aguda nach Jeruschalajim[34] entsprang seiner Initiative. Also doch schließlich „palästinozentrisch“. Aber keine eigentliche Sinnesänderung. Aber tiefes, nie ausgesprochenes Weh. Dann noch unermüdliche, unverdrossene Arbeit, in Jeruschalajim die einander näher zu bringen, die sich nahe sein sollten.[35] Echte Friedensarbeit meines Pinchas Hakohen. – Dann ging er selber in den Frieden des himmlischen Jeruschalajim ein, das ihm wohl allzeit die wahre Realität bedeutet hat. – Und ich – ich bleibe meinem Freund und Gegner treu...

Salomon Ehrmann* war wohl der Einzige in der Leitung, der sich rückhaltlos zu meinem „Agudismus“ bekannte.[36] Er ist mir zum Glück noch nicht Geschichte geworden, sodass ich mich ihm gegenüber, dem Freund meiner Jugend, keineswegs zu distanzieren vermag. Und indem ich diese Zeilen schreibe, fällt es mir nicht

---

33 Zum Begriff der „Wiedervereinigung“ vgl. oben Kap. 6, Anm. 27.

34 Gemeint ist der *Geschäftsführende Ausschuss* der *Agudat Israel*, gelegentlich auch Exekutive genannt; vgl. Morgenstern, *Von Frankfurt*, 85 (Anm. 400).

35 Gemeint sind die verschiedenen Gruppen innerhalb der *Agudat Israel* und der vom radikal antizionistischen *Waad Ha'ir Haaschkenasi* beherrschten orthodoxen Gemeinde in Jerusalem.

36 Ehrmann übernahm 1924 die Leitung der in Frankfurt gegründeten *Palästina-Zentrale* der AI; vgl. Gebel, *Workers Movement,* 35.

leicht, ernst zu bleiben, denke ich an das Gesicht, das er wohl machen würde, ahnte er, dass ich mich hier mit ihm befasse. Und dennoch muss es, mit allem Vorbehalt, geschehen. Weder aus der Entwicklungsgeschichte der Aguda noch aus meiner eigenen ist er hinwegzudenken. Und vielleicht wird die erste ihm einmal ebenso gerecht werden, wie es ihm die letzte heute schon, und seit langem, ist. –

Einen beträchtlichen Teil meiner Jeschiwazeit habe ich gemeinsam mit ihm verbracht. Eine Zeit lang haben wir auch zusammen gelernt. Ich rühmte mich ihm gegenüber stets, er habe es von mir abgesehen, wie man den Maharscha* zu behandeln habe, und nahm dafür zuweilen von ihm gewisse Ehrungen in Anspruch, wie man sie sonst nur seinem „Rebben“ zubilligt. Er hat beides stets mit Hohngelächter bestritten. In Wahrheit fasste er schneller auf als ich, während ich vielleicht größere Neigung zur methodischen Gründlichkeit hatte. Der Gegensatz artete zuweilen in Prügelei aus, wofür ich ihn nachträglich, soweit ich der aggressivere Teil war, was zu befürchten ich einigen Anlass sehe, um Verzeihung bitte, da ich wenigstens diese Schuld keineswegs auf mir sitzen lassen möchte. An ihrer Gewährung zweifele ich keinen Augenblick. Möglich nur, dass er es für zu weit gehend halten wird, dass ich seine Verzeihung öffentlich erflehe, indes doch der Kasus ohne Zeugen geschah.[37] Aber wenn wirklich ich einmal der Tugend obliege, kenne ich keine Grenzen. So viel über die Prügelei. Seinem wirklichen „Rebben“ jedenfalls hat Salomon Ehrmann* allzeit Dankbarkeit und Treue und Liebe in geradezu vorbildlicher Art entgegengebracht und hat sie stets auch durch die Tat bewiesen, indem er unentwegt sich in den Prinzipien seines Rebben bewegte, und indem er unentwegt „fleißig lernte“. Er hat ein sehr bedeutendes talmudisches Wissen. Natürliche Begabung hat es ihm ermöglicht, die Prinzipien seines Rebben in die Formen gütiger Milde zu gießen, ohne damit ihren Inhalt irgendwie zu beeinträchtigen. – Studiert haben wir nie zusammen, was vielleicht ein Glück war, weil ich nicht weiß, was wir nicht alles gemeinsam auf der Universität angestellt hätten. Er war Mitbegründer der V.J.A. München und Mitbegründer des B.J.A. Seiner Frau, die mir stets gut gesinnt war, fiel die schwere Aufgabe zu, ihn wenigstens einigermaßen ins „Bürgerliche“ zu transponieren. Meines Erachtens hat sie sie mit relativ gutem Erfolg gelöst.

Es gibt keinen größeren Kitt als eine gemeinsam verbrachte Jugend. Und im Grunde kennt man niemand, den man nicht schon in seiner Jugend gekannt hat. Ohne Zweifel verbindet mich auch manches naturhaft Gemeinsame mit Salomon Ehrmann. So mag es kommen, dass meine Ideen, wie ich sie in allmählicher Folge entwickelte, ihm wohl niemals als etwas eigentlich Neues erschienen sind. Eher mag

---

37 Zur halachischen Diskussion über den Fall, dass jemand „das Angesicht seines Nächsten *öffentlich* beschämt“ und wie im Nachhinein damit umzugehen ist, vgl. Hirsch, *Gebete*, 406f (Kommentar zu *Sprüche der Väter* [Pirqe Avot] 3, 15) und die Auslegung des Gebotes Lev 25, 17 in bBM 58b.

es der Fall sein, dass er immer wieder den Eindruck hatte, als bringe ich lediglich das, mehr oder weniger treffend, zum Ausdruck, was er selber bereits zuvor, mit mir und auch ohne mich, gedacht und gefühlt habe. Er hatte daher, in vollendetem Gegensatz zu Pinchas Kohn, niemals ein eigentliches Organ für das gewissermaßen Revolutionäre meines Agudismus, meines Nationalismus, der den aktiven Eintritt der Nation in die Geschichte unter voller Behauptung ihres metageschichtlichen Charakters forderte. Pinchas Kohn dachte und fühlte durchaus geschichtlich. Dies war das geistig-seelische Fundament unserer Freundschaft. Aber über eine lebhafte Kontrastierung seiner Zeitgeschichte zur Geschichte vergangener Jahrhunderte ist er nicht hinausgekommen. Paradox gesagt, diente ihm die Gegenwart zum vertieften Verständnis der Vergangenheit. Die von der Vergangenheit erzeugte Gegenwart aus ihrer Beziehung zu unserer geweissagten nationalen Zukunft zu verstehen, lehnte er beharrlich ab. Salomon Ehrmann denkt letzten Endes überhaupt nicht geschichtlich. Dieser urgescheite Mensch hat eine ganz ursprüngliche Kraft der Einfühlung in die Gegenwart. Blitzartig erfasst er ihre Notwendigkeiten und fühlt durch sie seine große Aktivität auf das mächtigste angesprochen. Was mir das Ergebnis einer innerlich unter Zuhilfenahme von Geschichte und Recht erkämpften Ideologie ist, dürfte bei ihm, wenigstens primär, einem durchaus praktisch eingestellten *bon sens* entspringen, und nur weil die Forderungen meiner Ideologie durchaus den Forderungen seines *bon sens* gleichen, bekennt er sich auch zu meiner Ideologie, ja findet er in ihr geradezu die Sprache seiner eigenen Gedanken und Gefühle. Meiner Beziehung zu ihm konnte diese Gegensätzlichkeit keinerlei Abbruch tun; ich fühlte mich im Gegenteil durch diesen Menschen der Realität aufs angenehmste ergänzt und bestätigt. Dagegen musste notwendig zwischen ihm und Pinchas Kohn, bei allem herzlichen Streben, sich wechselseitig zu verstehen, der Unterschied zwischen historischer, bis zur Testamentstimmung utrierter Besinnlichkeit und bis zum Wagemut gesteigertem Drang zu frischer Tat stets spürbar bleiben.

Seine Selbsterfahrung übertrug aber Ehrmann ohne Schwanken auf die gesamte Aguda. Während ich der Meinung war, dass ohne Hinaustragung des seelischen Prozesses, wie er in meiner Ideologie seinen Niederschlag gefunden hatte, in die toratreuen Massen, ohne deren geistig-seelische Umformung entsprechend dem Zeitalter der nationalen Emanzipation, die welthistorische Tat der „Bereitstellung von Nation und Land“ nicht gelingen und die für den Erfolg erforderlichen unerhörten Opfer nicht erzielt werden könnten, fing Ehrmann, dem inneren Gebot seiner ganzen Natur folgend, einfach mit der praktischen Arbeit an, in der Erwartung, dass sich allmählich der *bon sens*, wie er selber ihn besaß, auch bei den Massen durchsetzen und das mutig Begonnene auch ohne den Schwung vollendet werde, den letzten Endes doch nur ein geschichtliches Gesicht zu verleihen vermag.

So gründete er die „Palästina-Zentrale“[38], in die sich alles flüchtete, was innerhalb der Aguda „monomanisch“ an Palästina hing; so verausgabte er an ihr seine ganze unerhörte Tatkraft und seinen ganzen gesegneten Optimismus; so setzte er sich den riesigen Gefahren der Konjunktur aus, von denen eine innerlich unerfasste Masse stets abhängig bleibt; so duldete er, dass die offizielle Aguda doch eigentlich die Palästina-Zentrale nur gewähren ließ, indes sie selber eine ganze Weile ihre Nutznießerin war; so trieb er eine gewaltige Propaganda unter Aufbietung seines nicht gewöhnlichen Talents, während die Massen doch immer wieder herausspürten, dass die Beziehung der Aguda zu Palästina mindestens – ungeklärt sei; so musste er schließlich seinen eigenen Optimismus, an sich gesegnet, bis zum Übermaß aufstacheln, um überhaupt noch weiter arbeiten zu können; und so ward er schließlich zum – Sündenbock einer agudistischen Gesamtleitung, wie sie, am Maßstab der Geschichte gemessen, verhängnisvoller nicht gedacht werden kann – und duldete – und litt – und – schwieg. – Die Geschichte der Aguda wird ihm Gerechtigkeit widerfahren lassen. Er selber ist unverwüstlich.

Bei Jakob Rosenheim lag der Stichentscheid. Hätte er sich meinem „Agudismus“ voll und ganz, mit Herz und Seele, anzuschließen vermocht, so hätten wir, trotz Pinchas Kohns unbesiegbarer Gegnerschaft, eine durchaus einheitliche und zielbewusste Leitung gehabt. Ich war mir stets bewusst, dass mein Weg keineswegs ein gefahrloser sei, nur dass ich geschichtliche Ziellosigkeit in unserer Epoche für weit, weit gefährlicher hielt. Sabotage hätte Pinchas Kohn auf keinen Fall getrieben, und ein steter Mahner und Warner hätte uns nur willkommen sein können, ja war vielleicht sogar notwendig. Keine nach Neuland strebende Leitung kann des Zwanges zu prüfender Auseinandersetzung entbehren, wie ihn eine ehrliche, der Wahrheit sich beugende Opposition bietet. Pinchas Kohn wäre eine geradezu ideale Opposition gewesen.

Aber der inmitten der Leitung ausgebrochene Gegensatz zwischen Pinchas Kohn und mir vertrug keinen Kompromiss. Zur „Bereitstellung“ konnte man sich nur zustimmend oder ablehnend verhalten. Es war auch völlig unmöglich, etwa innerhalb der Aguda eine – Kommission für „Bereitstellung“ zu schaffen oder gar sie der – Palästina-Zentrale zu überlassen. Nur die geschlossene Kraft der obersten Leitung war imstande, die Rabbinen zu gewinnen und mit ihnen und durch sie die Massen zu Höchstleistungen für die Dauer zu entflammen. Bei Jakob Rosenheim lag der Stichentscheid.

Niemand wird bezweifeln können, dass Rosenheim viele Qualitäten besitzt, die ihn zum Führer der jungen Aguda geeignet machten. Mit der Enge eines rein privaten Daseins hat er sich wohl niemals befreunden können. Der Drang zu Beeinflussung

38 Zu dieser Gründung im Jahre 1918, bei der I. Breuer und Siegfried Oppenheimer mitwirkten, vgl. oben Anm. 36 und Morgenstern, *Von Frankfurt,* 220; Kraft, *Aschkenas*, 137 und 203.

von Menschen ist ihm angeboren. Er ist eine Herrschernatur in gewissem Sinne und hat auch eine wichtige Voraussetzung für ihre Betätigung: Selbstbeherrschung. Sie wird ihm freilich nicht unwesentlich dadurch erleichtert, dass er den Versuchungen von Witz und Humor, die so leicht in Ironie ausarten, nicht ausgesetzt ist, weil beide ihm kaum zur Verfügung stehen. Was im Besonderen den Humor betrifft, so kann er sich nur aus einem früh und tief empfundenen Widerstreit entwickeln, sei es zwischen dem gemutmaßten Ernst der Dinge und der häufigen Lächerlichkeit ihrer Erscheinungsformen, sei es zwischen dem gemutmaßten Ernst der eigenen Lebensbestimmung und der Unzulänglichkeit der tatsächlichen Lebensführung. Ein solcher Widerstreit aber hat bei Rosenheim kaum je stattgefunden. Er hat wohl von Anbeginn sich und die Welt, die Welt und – sich ungemein ernst genommen. Ich glaube daher auch nicht, dass er, von der Kindheit abgesehen, je wirklich jung gewesen ist. Seiner Persönlichkeit nach war er früh ein Fertiger.[39] Ich selber habe ihn anders überhaupt nicht gekannt. Solche Naturen haben nicht selten die starke Tendenz, sich an anderen Menschen auszuleben. Im Literaturverein, im Nachalat-Zwi-Verein[40], in der „Freien Vereinigung“ und in der Gemeinde erlangte Rosenheim allmählich eine wahre Virtuosität in der Leitung von Versammlungen, in der Konzeption von Anträgen und der Formulierung von Beschlüssen, der Abhaltung von Eröffnungsansprachen und Schlussreden, dem wirkungsvollen Debattieren und dem ausgleichenden und versöhnenden Zusammenfassen, dem Ermuntern der Minderbegabten und dem väterlichen Zügeln von Heißspornen, dem Herausspüren des richtigen Moments, wo man beim Widerspruch zwischen zwei Versen als dritter Vers auftauchen muss[41], um die Entscheidung zu bringen: alles Mittel, um Menschen in demokratischem Sinne zu beherrschen. Unterstützt wurde er hierbei durch eine in der Tat ganz ungewöhnliche rednerische Begabung, die sich in jahrelanger Trainierung bis zur Meisterschaft entwickelte.

Er brauchte Menschen, um sich an ihnen auszuleben. So zog er immer weitere Menschenkreise um sich: vom lokalen Verein über Gemeinde und Landesverein bis zum Weltverein. Weiter freilich ging es nicht. Er brauchte Menschen, aber er dankte es auch ihnen. In selbstloser Weise hat er sich all diesen Kreisen zur Verfügung gestellt und dabei niemals an die eigene Versorgung gedacht; auch dann nicht, als er längst kein wohlhabender Mann mehr war.

---

39 Das ist nicht als Kompliment gemeint; in seinem Kommentar zu Gen 25, 25 bringt S. R. Hirsch den hebräischen Namen Esaus (עשו) mit der Wurzel עשה („machen“) in Verbindung und kennzeichnet Esau als „schon fertigen, gemachten Mann“.

40 Vgl. oben Kap. 3, Anm. 27.

41 Siehe Ende der *Baraita deRabbi Jischmael* (im täglichen Morgengebet vor ברוך שאמר) עד שיבוא הכתוב השלישי ויכריע ביניהם („bis der dritte Schriftvers kommt und zwischen beiden entscheidet“).

Rosenheim hat einen scharfen Kopf und eine selbsterworbene allgemeine Bildung von beträchtlichem Maß. Das jeschiwamäßige Lernen blieb ihm fremd, aber namentlich in der aggadischen Literatur ist er wohlbewandert, und er vermag hier manches, auch einem östlichen Ohr wohlgefällige „Wort"[42] von sich zu geben. Er ist ein guter Kenner des Schrifttums von Rabbiner Hirsch, und er hat in zahlreichen Artikeln, die schließlich in zwei stattlichen Bänden, leider ohne kritische Sichtung, gesammelt erschienen[43], die Tagesereignisse anhand dieses Schrifttums gewertet und hierbei auch eine sehr erhebliche journalistische Begabung dargetan. Manche Artikel sind kleine Meisterstücke.

Rosenheim ist ein Mann streng geregelter Lebenseinteilung und von unermüdlichem Tätigkeitsdrang. Er liebt Akten. Im Lauf der Jahre hat sich bei ihm ein stark bürokratischer Zug entwickelt. Auch ist ein Hang, alles selbst machen zu wollen, unverkennbar. „Tue nur das, was kein anderer außer dir tun kann": Dieser Satz hat bei ihm nie gegolten. Zu einer durchgreifenden Arbeitsteilung hat er sich nie verstehen können.

Die Welt hält ihn für bescheiden, und so mag er es wohl auch sein. Tatsache ist, dass er sich gern zu jedermann neigt, ihn anhört und mit ihm spricht, und dass er nicht leicht einen an ihn gerichteten Brief unbeantwortet lassen wird. Immerhin ist Bescheidenheit sowohl eine gesellschaftliche wie eine rein persönliche Tugend. Die erste betrifft die Beziehung zu den Mitmenschen und hat gewisse typische Erscheinungsformen, deren sich nicht nur die Bescheidenheit, sondern auch die Klugheit einer aufs Herrschen angelegten Natur bedienen kann. Die letzte ist überaus schwer feststellbar, wie sie auch überaus schwer definierbar ist. Ist sie Unkenntnis des eigenen Wertes? Rosenheim hat sich selbst stets viel zu ernst genommen, als dass er in diesem Sinn bescheiden genannt werden könnte. Ist sie das bereitwillige Sich-Beugen vor dem Werte anderer? Aber worin äußert es sich? Und worin unterscheidet es sich von nachgiebiger Schwäche? Ist es das völlige Zurücktreten lassen der Person hinter der Sache? Soweit Eigennutz in Frage kommt, ist Rosenheim in diesem Sinn gewiss von äußerster Bescheidenheit. Im Übrigen aber hat Rosenheim Trennung seiner Person von der Sache schon deshalb nicht vorzunehmen vermocht, weil er sich mit der Sache völlig identifizierte, wobei denn freilich auch das Gegenteil meist unvermeidlich ist. Ist es schließlich der innere Verzicht auf das fordernde Drängen dem „Klall"* gegenüber im Hinblick auf ein persönlich als richtig erkanntes Ziel, oder gar der innere Verzicht auf das Streben nach Erkenntnis eines solchen Ziels überhaupt? Das bedeutet Verzicht auf wirkliches

42 D.h. ein kurzer Gedanke aus der Traditionsliteratur (Jiddisch „ווארט", Hebräisch „דבר תורה"). Das Kompliment an Rosenheim ist wohlberechnet, denn Breuer setzt natürlich voraus, dass die Kenntnis der Halacha schwerer wiegt als die der Aggada.

43 Vgl. Rosenheim, *Oholei Jaakov*.

Führertum, bedeutet Rückzug in reine Führertechnik, und kann unter Umständen eine verantwortungsschwere Schuld darstellen. Und wer möchte die Grenze ziehen zwischen der „Bescheidenheit" des Verzichts und der Unbescheidenheit des Unvermögens? Am Ende ist doch wohl Bescheidenheit als rein persönliche Tugend ein Geheimnis zwischen dem Schöpfer und seinem Geschöpf. Und fern sei es von mir, auch nur versuchen zu wollen, dieses Geheimnis zu lüften.

Über meine persönlichen Beziehungen zu Rosenheim hatte ich bereits wiederholt Anlass zu sprechen. In früheren Jahren machte sich der zwischen uns bestehende Altersunterschied natürlich sehr stark bemerkbar. Er hatte schon längst sein Haus gegründet, als ich noch auf der Jeschiwa war. Ich glaube, dass er mir von vorneherein Interesse, und keineswegs unsympathisches, entgegenbrachte. Vielleicht mag auch meine Art ihn zuweilen an meinen Onkel, seinen von ihm damals noch hoch verehrten Lehrer Mendel Hirsch*, erinnert haben. Meinen ersten Arbeiten brachte er starkes und aufmunterndes Verständnis entgegen. Meine ersten juristischen Bücher bezog ich durch ihn – er hatte damals noch einen Verlag – zu ermäßigten Preisen. Als Leiter des „Israelit" hat er meine Artikel begehrt und geschätzt und bevorzugt honoriert. Über die Reorganisation der „Freien Vereinigung"[44], über die Abwehr der von unseren Gegnern stets erstrebten Einheits-Organisation, über die Gründung der Aguda haben wir ungezählte und mehrstündige Unterhaltungen geführt, die mir zumeist in angenehmer Erinnerung sind. Zuweilen beklagte er seufzend an mir einen gewissen Mangel an innerem Interesse an diesen organisatorischen Fragen, vielleicht sogar einen gewissen Mangel an Ernst überhaupt. Ich war jedenfalls meist besser aufgelegt als er; es war meine Vorbereitungszeit. Meine Schrift „Lehre, Gesetz und Nation"[45] machte auf ihn einen außerordentlichen Eindruck, und so neu ihr Inhalt ihm war, so rückhaltlos erklärte er sich mit ihm einverstanden. Trotz aller Wesensunterschiede wäre ich, da wechselseitige Achtung und wechselseitiges Verständnis hinreichend vorhanden war, wäre ich wohl zu ihm in ein dauerndes freundschaftliches Verhältnis gekommen, soweit bei Herrschernaturen seiner Art, die meist innerlich ungemein einsam sind, eine nicht auf gegenseitige – Verehrung gründende Freundschaft überhaupt möglich ist, hätte nicht zwischen ihm und mir – mein Vater s. A. gestanden. Ich darf für mich in Anspruch nehmen, in Jahren, da ich bereits im gesinnungsgenössischen Lager verschrien zu werden begann – vergleiche Kommerzienrat Fraenkel* – unermüdlich und mit nicht geringem Aufgebot von Verstand und Mäßigung an der Aufrechterhaltung und Förderung des Friedens zwischen dem Frankfurter Gaon s. A. und seinem bedeutenden – „Baal Habajit"[46]

44 Vgl. oben Kap. 3, Anm. 5.

45 Vgl. oben Kap. 6, Anm. 48.

46 Hebr. בעל הבית, „Hausherr"; der Ausdruck bezeichnet berufstätige Juden, die nebenher Zeit finden, an jedem Tag ein gewisses Pensum Tora zu studieren.

gearbeitet zu haben. Schließlich konnte ich dennoch nicht verhindern, was ohne mich schon weit früher eingetreten wäre: die offene Empörung Rosenheims* gegen seine Rabbinen, die ihn nicht einmal veranlasste, sein Amt in der Gemeindeverwaltung niederzulegen, und seinen unbegreiflichen Versuch, innerhalb der Weltaguda die deutsche Orthodoxie im Gegensatz zu ihrem führenden Gaon zu organisieren. Pinchas Kohn s. A.* war es, der damals meinem Vater s. A. in vorbildlicher Treue zur Seite stand; unter den Rabbinen Deutschlands, klar und offen, der Einzige. (Von den auswärtigen Rabbinen identifizierten sich mit meinem Vater namentlich der Gaon R. Chaim Brisker s. A.* und der Gaon R. Chaim Sonnenfeld s. A.* und der Gaon Ridbas* in Safed, s. A.) Diese Empörung und die Jahre schwersten Kummers und tiefster Sorge, die Jakob Rosenheim* meinem Vater s. A. bereitete, brachten eine Entfremdung zwischen uns, die nicht mehr behebbar war; auch nicht auf seiner Seite. Der Kränkende vergisst noch weit schwerer als der Gekränkte. In den entscheidenden Jahren jedenfalls, da mein „Agudismus" sich formte und Gestalt annahm, da meine ersten Bücher erschienen und ich mein Programm veröffentlichte, waren meine Beziehungen zu Rosenheim* auf das Notwendige beschränkt, und wir waren beide froh, wenn sie korrekt waren. Eine persönliche und vertrauensvolle Auseinandersetzung zwischen uns über meinen Agudismus hat niemals stattgefunden. Auf der Tagesordnung des Waad Hapoel hat mein Agudismus niemals gestanden. Es hätte auch wohl keinen Zweck gehabt.

Dieser hochbegabte Mann ist der geborene Führer einer Zweckorganisation, sei sie lokaler, territorialer oder selbst weltlicher Art. Er war die Seele des Literatur spendenden Jungmänner-Vereins und des jüdische Welt- und Lebensanschauung pflegenden Nachalat-Zwi-Vereins, und er war die Triebkraft der im Wesentlichen die gegnerischen Organisationsbestrebungen abwehrenden „Freien Vereinigung". Alles Vereine mit klar umrissenem Zweck. Dann kam der – Weltverein. Was ist sein Zweck? Von der richtigen Beantwortung dieser Frage hing seine ganze Entwicklung ab.

In der ersten Gründungszeit der Aguda sah Rosenheim ein klares, scharf umrissenes Ziel: die Wegräumung der Hindernisse, die dem „Weltbund der Gesetzestreuen" nach seiner Überzeugung im Wege standen. Der Weltbund als solcher erschien ihm durch die Bezeichnung „Klall Jisroel*" hinreichend charakterisiert. Er wog nicht, sondern er zählte. Im zeitunbezogenen „Klall Jisroel" musste Platz sein auch für die Reformgemeinde-Orthodoxie, auch wenn sie sich der Gemeinde der Tora ihres Ortes bewusst fernhielt, sie bewusst ablehnte. Mit einer Energie ohnegleichen, wie er sie nur einmal noch, in der Rabbinerwahlzeit[47] bejammernswerten Angedenkens, entfaltet hat, stürzte er sich in diesen Kampf um ein konkretes Ziel, und spricht

47 Siehe oben Anm. 20.

und schreibt und reist und wirbt, und am Ende verliert er.[48] Er verliert und findet sich ab. Ein neues konkretes Ziel, so heiß geliebt, so innig begehrt, so kraftvoll umkämpft, wird ihm in der Aguda nicht mehr zuteil.

Aus dem zeitunbezogenen „Klall Jisroel" lässt sich ein konkreter Zweck, der seinem Weltverein konkreten Inhalt geben könnte, schlechterdings nicht entnehmen. So bleibt nur übrig, die Organisierung von „Klall Jisroel" als – Selbstzweck zu deklarieren und ihm die zeitunbezogene Formel anzufügen, dass er die jeweiligen Gesamtheitsaufgaben im Geiste der Tora zu lösen habe. Das ist der Weltverein ohne – Weltzweck. Das ist der Weltverein, der sich sofort in eine sporadische Buntheit von territorialen und lokalen Einzelzwecken auflöst und aufspaltet. Das ist der Weltverein, der seine begabtesten rabbinischen Führer niemals hindert, ihre beste Kraft der jeweiligen Lösung der Gesamtheitsaufgaben nach ihrer Art zu widmen und den Weltverein Weltverein sein zu lassen, da schließlich auch die Gründung einer „Weltjeschiwa" in Lublin[49] zur Lösung jeweiliger Gesamtheitsaufgaben ohne Zweifel beiträgt. Das ist der Weltverein, der letzten Endes – Gelegenheitsarbeit leistet und bürokratisch, vom Schreibtisch aus, „technisch richtig" dirigiert werden kann.

Versteht man unter Genie die geheimnisvolle Kraft, all die Elektrizität, die sich im Zeitengewölk immer wieder ansammelt, blitzartig zur Entladung zu bringen, so hat dieser so hochbegabte Mann nicht einen Funken davon. Er entlädt nicht das Zeitengewölk, sondern versucht ihm in die Zeitlosigkeit zu entfliehen oder in vom Zeitengewölk bedeckte und von ihm verdunkelte Einzel- und Gelegenheitsaufgaben, deren letzte Bedeutung im Zeitengeschehen darum nicht erkannt wird. Denn ihm fehlt der geschichtliche Sinn.

Seine Jugend entbehrte des lebendigen Zusammenhangs mit der jüdischen Volks- und Galutgeschichte. Das Menschheitspriestertum Mendel Hirschs allein konnte sie ihm nicht näherbringen. Der Osten war fern. Die Jeschiwa kannte er nicht. Einen „Rebben tat"[50] er sich nicht. Eine wirklich talmudische Atmosphäre umfächelte ihn nicht. In der Ausbalancierung zwischen dem jüdischen und dem deutschen Element fehlte am Anfang der entscheidende Ausschlag. Erstaunlich genug, was dieser Self-made-man schließlich aus sich gemacht hat. Der geschichtliche Sinn blieb unentwickelt.

Durchaus ungeschichtlich ist er seinem Rabbiner gegenübergetreten. Blitzartig erfasste Rabbi Meir Schapiro s. A.* bei seiner ersten Begegnung mit Rabbiner

---

48 Zu diesem Streit in den Anfangsjahren der *Agudat Israel* (Streit um die „ungarische Forderung") vgl. Morgenstern, *Von Frankfurt*, 60–64.

49 Die Jeschiwa *Chachme Lublin* wurde 1930 von Rabbi Meir Schapira* gegründet.

50 Vgl. *Sprüche der Väter* (Pirqe Avot) 1, 6. 16): „Schaffe dir („tue dir"/עשה לך) einen Rabbiner."

Breuer s. A. dessen geschichtliche Bedeutung, da er ihn danach den „Kotel Maaravi“[51] des jüdischen Volkes nannte. Von einer solchen Erkenntnis ist Rosenheim völlig ferngeblieben, solange sein Rabbiner lebte. Wie hätte er sonst sich gegen ihn empören können, statt sich an diese Mauer zu lehnen, um selber einen festen Standort zu gewinnen? Wie hätte er sonst an den Erfolg seines Kampfes auch nur einen Augenblick geglaubt? Wie hätte er sich, bei Würdigung der lebendigen geschichtlichen Kräfte, eine von Deutschland ausgehende Aguda ohne oder gar gegen seinen Rabbiner überhaupt nur zu denken vermocht? Nicht einmal maßlos unbescheidene Selbstüberschätzung könnte hier hinreichende Erklärung geben, sondern allein – Ungeschichtlichkeit.

Pinchas Kohn wertete die zeitgeschichtliche Gegenwart lediglich aus der geschichtlichen Vergangenheit, und aus der tiefen Erkenntnis der hierbei hervortretenden Gegensätzlichkeit gelangte er zu der tragischen Grundstimmung des „letzten Mohikaners“, der mit erstaunlichem Heroismus auf seinem Posten ausharrt und seine Pflicht erfüllt, bis der Moment der Abberufung kommt. Ich selber wertete die vergangenheitsgeborene zeitgeschichtliche Gegenwart aus ihren in die verheißene Zukunft weisenden Symptomen und forderte ihre bewusste aktive Bereitstellung für diese Zukunft. Salomon Ehrmanns Sinn für Realität erblickte in dem Versuch der Durchführung dieser Forderung die einzige Möglichkeit zur wirklichen Verlebendigung der jungen Weltorganisation. Der Stichentscheid lag bei Jakob Rosenheim. Er aber suchte für die Gegenwart nicht den einheitlich zusammenfassenden Begriff, wie nur der geschichtliche Sinn ihn aus einer Gesamtschau nach rückwärts und vorwärts knüpfen kann, und er hatte für die Gegenwart nur eine logisch erdachte, zeitlose und darum auch inhaltlose Verlegenheitsformel, die über die Gegenwart als Ganzes überhaupt nichts aussagte, und um überhaupt zu Aktivität gelangen zu können, zerstückelte er die Gegenwart in lauter einzelne Teile und versuchte ihnen allen die jeweiligen Aufgaben abzulauschen: Gelegenheitsarbeit.

Es ist ungemein charakteristisch, dass der Rosenheimsche Stichentscheid weder für Pinchas Kohn noch für mich ausfiel. Bei diesem Entscheid sprachen weder Vergangenheit noch Zukunft, sondern atomisierte Gegenwart. Es war der Versuch eines saft- und kraftlosen Kompromisses, wo nur mutige und eindeutige Stellungnahme hätte vorwärtstreiben können.

---

51 Die „Westmauer“; der Ausdruck, eine Anspielung auf die „Westmauer“ des ehemaligen Jerusalemer Tempels, will sagen, dass Salomon Breuer das orthodoxe Judentum von seiner westeuropäischen Seite aus abstützte. Zum Bild der Toraweisen, die die jüdische Gemeinschaft durch ihre Gelehrsamkeit schützen und gewissermaßen selbst eine „Mauer“ sind (sie müssen deshalb sonst nichts für Stadtbefestigung beitragen: *rabbanan la zeriche netiruta*, vgl. Babylonischer Talmud, Traktat Bava Batra 8a.

Es war vielleicht im letzten Grunde doch nicht nur Mangel an geschichtlichem Sinn, sondern auch Mangel an – Mut. Und wer will, mag diesen Mangel an Mut auf – Bescheidenheit zurückführen.

Ich habe keinen Zweifel, dass Rosenheim von den „Messiasspuren" und dem ihm folgenden „Agudismus" stark beeindruckt war. Ich habe keinen Zweifel, dass Rosenheim das „Revolutionäre" dieses Agudismus weit klarer erkannte als etwa Ehrmann. Aber gerade „Revolutionär" wollte und konnte er letzten Endes nicht sein. Denn seiner ganzen Art nach ist er durch und durch ein „Bourgeois". Und vielleicht ist auch hieran sein Mangel an geschichtlichem Sinn schuld. Der Bourgeois ist meist ungeschichtlich. Er ist viel zu stark mit seiner Gegenwart verknüpft, an deren Fortdauer er unbewusst glaubt. Von uns drei anderen glich ihm darin keiner, ganz gewiss nicht Pinchas Kohn. Ich möchte meinen, dass ein gutes Stück der „Beliebtheit", die er in deutschen Kreisen und später auch weit über sie hinaus genoss, auf dieses sein Bourgeoistum zurückzuführen ist. Im Besonderen im jüdischen Deutschland hatte der Bourgeois die überwältigende Majorität. Von vorneherein fühlte er sich von Rosenheim irgendwie angeheimelt. Er erkannte in ihm – sich selbst wieder, nur in herrlicher Vollendung. So fühlte er in der Ehrung Rosenheims gewissermaßen sich selbst geehrt, und er liebte sich, wenn er Rosenheim liebte.

Mein Agudismus ruft ganz und gar in die Geschichte, indem er die Wurzellosigkeit der Gegenwart aufweist und betont. Ihm ist Galut an sich nur Weg von Zions Eden zu Zions Eden. In der heutigen Gegenwart aber verlangt er, dass dieser Weg bewusst gegangen, Volk und Land dem Wegesziel bewusst bereitgestellt werden, und dass diesem zentralen Verlangen alle Einzelbestrebungen bewusst einzuordnen sind. Kein Bourgeois wird sich so leicht einer solchen Beziehung zu seiner Gegenwart mit Herz und Hand, mit Geist und Seele, rückhaltlos verschreiben.

Wer garantiert überhaupt, dass Breuer die Zeit richtig sieht? Wie kann man es verantworten, mit einer vielleicht richtigen, aber mindestens ebenso vielleicht unrichtigen, Zeitdeutung vor das Volk zu treten und es zur Gefolgschaft aufzurufen? Zwar hat man keine andere, wahrscheinlichere Deutung: aber wozu überhaupt Deutung? Ist sie nicht – Gottes, und ist es nicht unser, in jedem Stück der Zeit, jedem Stück der Gegenwart, unsere Pflicht zu tun?

Und Rosenheim beginnt zu – rechnen: 613 Ge- und Verbote machen unsere Pflichten aus. Wieviel Prozent hiervon macht „Mizwat Jischuw Erez Jisrael"[52] aus? Und ist nicht Breuers Agudismus letzten Endes ein Ruf zur Erfüllung von „Mizwat Jischuw Erez Jisrael"? Und wie kommt Breuer dazu, ganz „Klall Jisrael" auf die Erfüllung einer einzigen von 613 Mizwot festzulegen? Ist es nicht das Höchste, was auf Breuers Ruf gesagt werden kann, dass dieser Ruf eine Mizwa beinhaltet, und ist

---

52 Vgl. oben Kap. 3, Anm. 31.

es daher nicht alles, was Breuer erwarten kann, dass sein „Agudismus“ einen sehr wichtigen Punkt – aber doch eben nur einen Punkt – im echten Agudaprogramm bilde, das sich auf alle Mizwot zu erstrecken hat, ohne dass auch nur eine in ihm fehle?

Da habt ihr ihn denn nun wieder, unseren prozentrechnenden Rosenheim! Wie er ehedem, auf der Höhe seiner Leistungsfähigkeit, für die Aufhebung des Boykotts innerhalb der deutschen Aguda, für die völlige Gleichberechtigung der individuell Gesetzestreuen, mit Rücksicht auf die große Zahl der von ihnen individuell geübten, auf das Individuum bezogenen Mizwot sich eingesetzt, so spricht er sich nun, freilich nicht mehr mit derselben Leidenschaftlichkeit, freilich schon mit leise beginnender Müdigkeit – die erlittene Niederlage klingt dauernd in ihm mit – für die Gleichberechtigung der Mizwot selber und damit für die Rezeption meines „Agudismus“ in den Gesamtkatalog der Mizwot aus, ohne hier wie dort den Unterschied zwischen Individuum und Nation, zwischen der Beziehung der Tora zum Individuum und ihrer Beziehung zur Nation, zwischen dem Privatleben der Einzelnen und dem geschichtlichen Leben der Nation, zwischen dem Erez Jisrael der Einzelnen und dem Erez Jisrael der Nation, ohne hier wie dort den Unterschied zwischen einem zeitenthobenen Pflichtsystem und einem geschichtlichen Prozess wirklich lebendig in sich aufzunehmen und von ihm sich orientieren zu lassen.

An dieser „Mizwat Jischuw Erez Jisrael“ hält nunmehr Rosenheim mit imponierender Zähigkeit fest. Sie ist das letzte Wort, das er über uns und unser Land zu sagen hat.

Nun wird der praktische Unterschied zwischen ihm und Pinchas Kohn ein rein quantitativer. Auch ersterer spricht sich natürlich nicht gegen diese Mizwa aus. Sie sind also in Hinsicht auf Erez Jisrael grundsätzlich einig. Allerdings gehört diese Mizwa zu denen, die ein vorgeschriebenes Maß nicht haben.[53] Und Rosenheim gibt gerne zu, dass dieses Maß von den Möglichkeiten und Notwendigkeiten der jeweiligen Zeitumstände abhängt, und dass es im Zeitalter des Mandats – höfliche Verbeugung an meine und Ehrmanns Adresse – jedenfalls um ein ganz bedeutendes zu vergrößern ist, soweit natürlich unsere finanziellen Kräfte, die man nicht überschätzen möge, es gestatten. Und so übergibt man am tunlichsten die „Mizwat Jischuw Erez Jisrael-Angelegenheit“ einer mit Rücksicht auf das Zeitalter des Mandats einzusetzenden – Sonderkommission, eben der „Palästina Zentrale“.

53 Der Talmud unterscheidet zwischen Geboten, die ein vorgeschriebenes Maß haben (יש להן שיעור: vgl. Mischna Pea 1, 1) und solchen, bei denen dies nicht gilt; zu den Geboten mit vorgeschriebenem Mindestumfang gehört das „Lassen einer Ackerecke“ bei der Ernte durch den Besitzer eines landwirtschaftlichen Feldes zur Nachlese für die Armen (mindestens ein Sechzigstel des Feldes muss ungeerntet bleiben, damit das Gebot als erfüllt gilt); das Gebot zur Barmherzigkeit, das zum Lernen der Tora und das der Besiedlung des Landes Israel kennen ein solches „Maß“ nicht.

Hierbei ist es in der Zeit zwischen Krieg und Krieg geblieben. Als Weltbewegung war damit die Aguda noch vor ihrer ersten Kenessia Gedola[54] gerichtet. Seltsam, wie Rosenheim auch nur einen Augenblick glauben und hoffen konnte, es werde die „Idee", Klall Jisrael mit Golusorganen zu versehen und damit handlungsfähig zu machen, es werde diese „Idee", die in Wahrheit doch nur ein technisch organisatorischer Plan ist, im mit furchtbarer Elektrizität geladenen Wolkendüster der Zeit zwischen Krieg und Krieg, die Gemüter aufrütteln und hinreißen können. Über diese „Idee" kann man, begnadeter Redner, hinreißend – reden. Aber die Rede reißt nur hin zum – Redner. Denn hinter dem Redner steht sachlich nur eine – Organisationshülse. Oft hat Rosenheim, wenn die Hülse sich nicht recht entwickeln wollte, geseufzt: „Die Zeit ist für die ‚Idee' der Aguda noch nicht reif." Ich fürchte, er irrte sich. Er war für die Zeit nicht reif.

So also sah die deutsch-jüdische Führung der Aguda aus, als sie sich anschickte, der im wesentlichen östlichen Masse der Aguda die Wege zu weisen. Schon vor der ersten Kenessia Gedola hatten die vier Herren ihre Positionen bezogen. Schon vor der ersten Kenessia Gedola war ich mir über die – einstweilige – völlige Aussichtslosigkeit eines Versuches, meinen Agudismus zu offizieller Anerkennung zu bringen und damit gewissermaßen eine „nationale" Revolution herbeizuführen, schmerzhaft klar. Wären wir vier – Pinchas Kohn als Warner hätte nur genützt! – vor die Großen der Tora getreten und hätten ihnen – ich nenne nur den Chofez Chajim s. A.*, R. Chajim Oser s. A. *, den Chortkower Rebben s. A.* und den Gerer Rebben* – unser „nationales" Programm vorgetragen und auseinandergelegt, und es als nach unserer gewissenhaften Überzeugung einzigen Weg zur Lebendigmachung des Volks der Tora und zu seiner Verteidigung und Förderung in dieser historischen Zeit, auf Grund unserer Erkenntnis der in ihr wirkenden Kräfte, bezeichnet, einen Weg, mit dem zum mindesten wir drei stehen und fallen: sie hätten wohl nicht sofort zugestimmt, aber ganz gewiss hätten sie auch nicht sofort abgelehnt, sondern mit „schwerem Kopf"[55] hätten sie sich dem Plane zugewandt, hätten ihn in die Schatzkammer ihrer Tora geführt, und dort gewogen und gemessen, gesonnen und gekämpft, und wissend, dass die Ablehnung ihnen allein die volle Verantwortung für alles Weitere auflud, hätten sie sich mit uns auseinandergesetzt, und wir wären, ich zweifle nicht einen Augenblick, zu einem Ergebnis gekommen, würdig der Großen, vertretbar von uns, und die Massen, zur Tat aufgerufen nicht nur von uns, sondern vor allem von ihren über alles geliebten Meistern, zusammenschließend und zu Höchstopfern entflammend.

Und wenn dieses Ergebnis, vielleicht, nicht gleich beim ersten Versuch in Vollkommenheit zu erzielen war, so wäre doch unter allen Umständen einer

---

54 Zur ersten *Kenessia Gedola* vgl. oben Kap. 8, Anm. 30.

55 Vgl. den hebräischen Ausdruck בכובד ראש (*be-choved rosch*).

Entwicklung innerhalb des Volkes der Tora die Bahn gebrochen worden, für die gemeinsam weiterzuarbeiten und zu kämpfen Wonne gewesen wäre. Gibt es Größeres als für ein klar erschautes „nationales" Ziel sich einsetzen zu dürfen? Und im Mittelpunkt der – zweiten Kenessia Gedola hätte dann wahrlich nicht Paragraf 4[56] gestanden, sondern Tora und Volk und Land... Und wer weiß – – –

Muss ich es erst betonen, dass ich nicht einen Augenblick daran zweifle, dass Rosenheims Gegnerschaft in Beziehung auf meinen „Agudismus" genau so ehrlich war wie die Gegnerschaft meines heimgegangenen Freundes Pinchas Kohn? Aber mindert ein ehrlicher Irrtum die sachliche Verantwortung?

Mit leeren Händen ist die deutsch-jüdische Leitung als solche vor den ersten agudistischen Kongress getreten. Den ungeheuren Massen des Volks der Tora hatte sie nichts zu bieten, als ein von mir auftragsgemäß entworfenes – Formalstatut.[57] Hatte von ihnen nichts zu fordern als das Inhaltsleere: Organisiert euch!

So begeisterte man sich an der für die Orthodoxie, vor allem für die östliche, völlig neuartige „Zusammenfuhr" als solcher, an dem hinreißenden Anblick der „Großen der Tora", an dem augenblicklichen Kraftzuwachs, den eine solch imponierende Veranstaltung jedem Teilnehmer verleiht. Dabei ist es geblieben. Die zweite Kenessia Gedola, an der ich mich überhaupt nicht beteiligte, soll eine einigermaßen gelungene Kopie der ersten gewesen sein. Die dritte war sicher eine völlig misslungene Kopie.[58]

In dem Formalstatut hatte ich im deutschen Text mich bewusst des Wortes „jüdische Nation" statt „Klall Jisrael" bedient: eine leise Anfrage an den Kongress.[59] Dieses Wort gab zu äußerst lebhaften Diskussionen Anlass. Ich hatte große Mühe, seine Streichung zu verhindern. Hätte ich mein – Programm vorlegen sollen? Ich hätte wirklich nur die „Festesfreude" gestört. Nie habe ich mich einsamer gefühlt als inmitten dieser Massen meines Volkes. Nie ist mir das Herz schwerer gewesen. Als am Schluss die frenetischen Tänze kamen, schlich ich mich fort. Sie haben noch beim Schluss des 3. Kongresses getanzt, als der Vernichter schon vor der Türe stand... Und auch damals habe ich mich fortgeschlichen.

---

56 Nach § 4 der AI-Satzung von 1923 waren AI-Mitglieder, die Körperschaften angehörten, deren Prinzipien denen der AI widersprachen, nicht in oberste AI-Instanzen wählbar: vgl. oben Kap. 8, Anm. 28.

57 Vgl. Morgenstern, *Von Frankfurt*, 84–86.

58 Die zweite *Kenessia Gedola* fand vom 10.–17. September (5.–12. Elul) 1929 in Wien, die dritte *Kenessia Gedola* vom 17.–25. August (10.–18. Elul) 1937 in Marienbad (Tschechoslowakei) statt.

59 In der im *Israelit* (s. oben Anm. 56 und Kap. 8, Anm. 28) publizierten Fassung der Satzung ist diese Formulierung nicht zu finden.

Wie ich sie liebe, die toratreuen Massen meines Volkes, in all ihrer Naivität und Weichheit, und in all ihrem Heroenkult! Eine etwas scheue Liebe freilich, die leider nicht schnell zu Annäherung führt. Auch spürten diese Massen irgendwie schnell heraus, dass ich mit ihrem gegenwärtigen seelischen Habitus nicht recht einverstanden sei, dass ich Forderungen an sie hätte, und dass ich – „Opposition" sei. (Opposition bin ich in der Tat von der Gründung der Aguda bis zum heutigen Tag geblieben. Ein „Regierungswechsel" ist in der Aguda in all den Jahren niemals erfolgt.) So ist es meist bei einer beiderseits distanzierten Liebe geblieben. Mein innerer Gegensatz zu Rosenheim blieb natürlich auch kein Geheimnis, wenn ich auch nicht glaube, dass sein sachlicher Inhalt wirklich verstanden wurde. Umso mehr musste er als persönlich empfunden werden, was erneut dazu beitrug, die Distanz zu vergrößern.

Während ich eine dynamische Aguda erstrebte, war die Rosenheimsche, zumal seitdem er im Kampf um die Reformgemeinde-Orthodoxie Deutschlands unterlegen war, ausgesprochen statisch. Er hatte keinerlei Forderung an die Massen, außer dass sie sich statisch organisierten. In seinen Ursprüngen ein echter „Daatsch", trat er jetzt erst zum „Osten" in nähere Beziehung. In gewisser Hinsicht hat ihn diese Beziehung – überwältigt. Der seelische Einfluss des Ostens auf ihn, den Adepten Mendel Hirschs, war unvergleichlich größer als umgekehrt. Dies zeigte sich bis in die Gestaltung der eigenen äußeren Erscheinung. Pinchas Kohn und ich haben uns oft besinnlich darüber unterhalten, wie im Lauf der Zeit sein – Bart immer länger wurde – Es ging bis ins Weltanschauliche und erschütterte selbst seine Überzeugung von der zeitlosen Wahrheit des „Tora im Derech Erez"-Prinzips, wie Rabbiner Hirsch s. A. es verstanden und gelehrt und zu verwirklichen versucht hatte; und diese seine eigene Unsicherheit, die sich schließlich dazu verstieg, Rabbiner Hirsch dahin zu interpretieren, als habe er sich zu jenem Prinzip nur aus einer Art von „Horaath Schaah" bekannt[60], übertrug sich auch auf einen beträchtlichen Teil der deutschen Orthodoxie und bildete eine Vorbedingung des höchst seltsamen Ausgangs des Frankfurter Rabbinerwahlkampfes.[61]

Diesen seelischen Prozess Rosenheims empfanden die Massen des Ostens instinktiv und wurden davon aufs äußerste gerührt. Seine meisterhafte Technik der Versammlungs- und Tagungsleitung und seine hochdeutsche machtvolle Beredsamkeit war ihnen etwas völlig Neues, etwas nicht genug zu Bewunderndes – und siehe, dieser große „Daatsch", aus dem sagenumwobenen Frankfurt des – Baron Rothschild*, in seinen runden und wohlklingenden und ach! so „modern" anmutenden Sätzen, soweit wir sie verstehen – und allmählich verstehen wir sie

60 Zur Diskussion um die *Tora im Derech Erez*-Devise (nur eine zeitlich begrenzte Not-Maßnahme [הוראת שעה/*hora'at scha'ah*] oder zeitloses Prinzip?) vgl. Morgenstern, *Von Frankfurt*, 166f.

61 Vgl. oben Anm. 20.

immer besser – spricht voll Gottesfurcht und voll Weisheit, spricht inhaltlich fast genau wie – wir, denkt wie wir, fühlt wie wir, seufzt wie wir, hofft wie wir, und er versteht uns, und er ehrt uns, und er liebt uns, und er ist zufrieden mit uns, und er „kritisiert" uns nicht, und er wünscht nichts sehnlicher, als dass wir, im Großen und Ganzen, bleiben wie wir sind – da schwollen die Herzen der Massen in Liebe, in Vertrauen, in Verehrung – und dieser unvergleichliche Schatz ist Jakob Rosenheim bei allen Misserfolgen, bei allen Enttäuschungen, inmitten der Donnersprache der gegen ihn sich entfaltenden Zeit, in wahrhaft ergreifender Weise erhalten geblieben.

Ein seltsames Volk, dieses Volk der Tora. Wo es liebt, ist es bereit, alle etwaigen Erfolge dem Geliebten zuzuschreiben, und die Schuld an allen weithin sichtbaren Rückschritten, ja Katastrophen, demütig auf sich selbst zu nehmen. Ja, es macht den Geliebten zum Symbol seiner selbst, und wenn es an all den Rückschritten, an all den Katastrophen unendlich leidet, so empfindet es dies Leid zugleich als – Mitleid mit dem Geliebten, das die Liebe nur noch vertieft... Erschien Rosenheim vor den Versammlungen und legte Bekenntnis ab: „Wir konnten wenig tun, wir haben noch weniger erreicht, und wir können nichts versprechen", so traten Tränen der Liebe in die Augen Vieler.

Aber diese Liebe war teuer erkauft; zu teuer. Die vollkommene Statik der Aguda war der Preis. Er wurde nicht bewusst bezahlt, beileibe nicht. Das Schlimme ist, dass Rosenheim tatsächlich an die Aguda als solche keine Forderung hatte, mit der er stand und fiel. Mag ich es hier klar aussprechen: Der Präsident einer demokratischen Organisation, der ihr Jahrzehnte vorsteht und niemals, aber auch niemals, eine Präsidentenkrise erlebte, eine Präsidentenkrise heraufbeschwor, mag ein technisch äußerst geschickter und beherrschter Mann sein, aber ein wirklicher Wegweiser ist er mitnichten. Eine Forderung an die Aguda als solche –: nur aus geschichtlicher Gesamtschau hätte sie sich nehmen lassen. Wer die „jeweiligen" Gesamtheitsaufgaben lösen will, erhebt sich nicht zum wertenden Überblick über seine Zeit, sondern bleibt an den Zeitteilen haften.

Es ist klar, dass in einer statischen Aguda auch der rabbinische Weltrat[62] sich nicht entwickeln konnte. Nur der harte Zwang eines unabweisbaren Bedürfnisses hätte ihn zu aktualisieren vermocht. Nur wirkliche und ernsthafte Krisen hätten ihn endgültig wachgerufen. Wie die Dinge nun einmal liegen, musste von vorneherein damit gerechnet werden, dass der rabbinische Weltrat nicht das vorwärtstreibende Element in der agudistischen Weltorganisation bilden werde. Darin liegt nicht das leiseste Werturteil über seine einzelnen Mitglieder. Das dynamische Element konnte nur die Exekutive bilden. Die lebendige, selbst ausgesprochene Krise nicht vermeidende Auseinandersetzung zwischen den beiden Organen hätte der Bewegung Tempo und Richtung vorgeschrieben. Unter Rosenheims Führung

62 Zu diesem obersten Organ der *Agudat Israel* vgl. Morgenstern, *Von Frankfurt*, 57f.

wurde aber die Exekutive selber statisch. Diese Statik der Exekutive trägt meines Erachtens die wesentliche Verantwortung dafür, dass der rabbinische Weltrat bis zum heutigen Tag ein Torso geblieben ist.

Die erste K.G.* war nach außen ein großer Erfolg. An ihrer Vorbereitung hatte vor allem Pinchas Kohn hingebungsvoll und unermüdlich gearbeitet. Als in unmittelbarem Anschluss an sie die erste Sitzung der neu gewählten Exekutive stattfand, sagte ich ahnungsvoll zu den Kollegen: „Möchte an uns sich nicht das Wort bewahrheiten, das einst Maharbal an Hannibal nach der Schlacht bei Cannae richtete: Zu siegen verstehst du, o Hannibal, den Sieg auszunutzen verstehst du nicht.“[63]

Verpflichtende Direktiven und anfeuernde Impulse gingen von der ersten K.G. nicht aus. Alles ging nach Hause, um die jeweiligen Aufgaben im Geiste der Tora zu lösen. Das hatte man schließlich auch schon vorher versucht. Und da die jeweiligen Aufgaben in den jeweiligen Ländern durchaus verschieden sind, zerfiel die Weltaguda alsbald wieder in ihre jeweiligen Länder. In ihnen ist manches Ersprießliche geschehen, dessen Darstellung nicht hierhergehört. „Daf Jomi“[64] als einziges zentrales Bindemittel war doch wohl nicht ausreichend.

Und was tat die Weltexekutive, die ihren Sitz in Frankfurt hatte?[65] Begnügte sie sich damit, „Daf Jomi“ zu exekutieren? Oder was sonst gab ihr die Jeweiligkeit der Gesamtheitsaufgaben zu schaffen?

Woche für Woche traten wir zusammen, und bis in die tiefe Nacht fesselten uns stets die Beratungen. Anschwollen die Akten bei Jakob Rosenheim, und zur Weltweite gedieh seine meist in eigenem Namen geführte Korrespondenz. Zu grundsätzlichen Aussprachen über Sinn und Ziel des Ganzen kamen wir freilich

---

63 Der Numidierfürst Maharbal diente im zweiten Punischen Krieg Hannibal, dem Fürsten der Karthager. Den zitierten Satz sprach er der Überlieferung zufolge, als Hannibal es ablehnte, seinen Sieg auszunutzen und sofort Rom anzugreifen. Der Satz ist bei Livius überliefert: „Vincere scis, Hannibal, victoria uti nescis“ (Ab urbe condita, 22, 51, 2).

64 Die Idee eines täglichen Studienprogramms aus dem Talmud, bei dem die Seiten des Babylonischen Talmuds fortlaufend gelernt werden (*Daf Jomi* – „eine tägliche Seite“), stellte der Lubliner Rabbiner Meir Schapira 1923 auf der *Kenessia Gedola* in Wien vor. Einige orthodoxe Gelehrte – vor allem aus Ungarn (wie Rabbiner Joel Teitelbaum*), aber auch die Chabad-Chassidim – lehnten diese Lernmethode anfangs ab, da das Talmudstudium ihrer Meinung nach systematisch (unterteilt nach *Sugiot*, Sinnabschnitten) vorgehen muss. Breuer schloss sich offenbar dieser Meinung an.

65 Gemeint ist das in der Satzung „Geschäftsausschuss“ genannte Gremium, das aus mindestens sieben, höchstens 25 Personen bestehen sollte. Satzungsgemäß war vorgesehen, dass mindestens sieben Personen an einem Ort wohnen sollten – offenbar um die laufenden Geschäfte zu führen. In Frankfurt waren dies Jacob Rosenheim, Jacob Strauß, Leo Wreschner, Isaac Breuer, Salomon Ehrmann, Julius Holländer und Heinrich Eisenmann. Vgl. *Der Israelit* 64 (1923), Nr. 35 (30. 8.), 5f.

niemals. „Er erstickt uns in Gegenständen des täglichen Bedarfs", bemerkte ich oft seufzend zu Ehrmann, wenn wir gemeinsam nach Hause gingen. Worum aber handelte es sich zumeist? Was stand in – erzwungenem und nicht erkorenem – Mittelpunkt all unserer Sitzungen?

Erez Jisrael! – – – – –

Erez Jisrael? Also dennoch – „palästinozentrisch"? Dennoch – Bereitstellung?

Nein! Nein! Erez Jisrael als – Gelegenheitsarbeit, als – Jeweiligkeit, als – Gegenstand des täglichen Bedarfs!

Wie deutlich sprach doch die Stimme der Zeit. Immer drohender, immer – warnender. Immer erschreckender enthüllte der Kriegsfrieden sein Medusenantlitz. Immer zwingender drängte sich Erez Jisrael selbst denen auf, die in ihm kaum ein einziges Prozent der dem jüdischen Volk in der Gegenwart gestellten Aufgaben erblicken möchten – aber die Stimme der Zeit wird dennoch nicht vernommen, dennoch nicht verstanden, und zu geschichtlicher Einsicht kommt es auch jetzt nicht.

Mindestens neunzig Prozent ihrer Arbeitszeit widmet die Exekutive unter Rosenheims Leitung Erez Jisrael. Aber das ist nicht Erez Jisrael, das dem Volk der Tora bereitgestellt, das ist nicht Erez Jisrael, dem das Volk der Tora bereitgestellt; das ist Erez Jisrael, das, rein negatorisch, vor zionistischen Übergriffen geschützt werden soll. Die Exekutive kennt die Bereitstellung nicht. Sie gehört nicht zur – Jeweiligkeit. Mag – Ehrmann sich mit ihr befassen – ohne Volksbewegung – ohne Volksaufruf – ohne Ideenfundament – ohne Geschichte – hoffnungslos... Kampf R. Chaim Sonnenfelds s. A.*[66] gegen zionistische Zwangsorganisationen – gegen zionistisch monopolisierte Schechita – gegen zionistisch monopolisierte Mazzotbäckerei[67] – gegen zionistisch monopolisierte Eheschließung und Ehescheidung[68] – gegen zionistisch monopolisiertes Mandat – gegen zionistisch monopolisierte Einwanderung – gegen die Entrechtung des Waad Ha'ir Haaschkenasi*[69] – Kampf

---

66 Vgl. oben Kap. 8, Anm. 42.

67 In seiner Schrift *Das jüdische Nationalheim* spricht Breuer von „Osterbrotbäckereien" (IBWA 2, 171)

68 Nach dem Massenaustritt aus *Kenesset Jisrael* bekam der *Waad Ha'ir Haaschkenasi* das Recht zugesprochen, rituelle Schlächtereien und Mazzotbäckereien zu betreiben, ohne dass diese durch die zionistisch dominierte Organisation besteuert wurden. Auch konnten die ausgetretenen Orthodoxen rechtswirksam Ehen schließen und Ehescheidungen durchführen. Breuer berichtet von den rechtlichen und politischen Auseinandersetzungen in seiner Schrift *Judaism and National Home* (IBWA 2, 421–571).

69 Zu diesem „aschkenasischen Stadtkomitee" vgl. IBWA 2, 184, 186, 194, 238, 242ff, 251 und 269f. sowie Morgenstern, *Von Frankfurt*, 89–91.

gegen die Art der Konstitution der Jewish Agency*[70] – gegen Keren Kajemet[71] – gegen Keren Hajessod [72]– gegen den Zionismus überhaupt – gegen Misrachi im besonderen –: alles wichtig, alles notwendig, alles begreiflich –: aber alles in geschichtlichem Sinn hoffnungsvoll und darum berechtigt doch nur dann, wenn es von dem nur aus geschichtlicher Schau zu gewinnenden felsenfesten Entschluss getragen ist, selber der Tora ein Nationalheim zu errichten, durch Bereitstellung von Volk und Land, und die einheitliche Energie der ganzen Bewegung für diesen Entschluss zu entflammen.

Dazu aber kommt es nie. „Gegenwartsaufgabe" ist der Kampf gegen den Zionismus. Aber die Errichtung des Nationalheims der Tora ist keine „Gegenwartsaufgabe", sondern eine geschichtliche Aufgabe, und für diese hat man kein Organ.

Mein „Nationalheim"[73] erscheint, das den auf heiligem Boden zum Austrag kommenden Kampf gegen den Zionismus aus einer „Gegenwartsaufgabe" in eine geschichtliche und darum positive Aufgabe umwandeln will: es findet bei Zionisten und bei allgemeinen Politikern weit mehr Beachtung als bei Agudisten, und zumal bei der offiziellen Aguda. In Eingaben an die Regierung lässt man mich ungehindert meine Ideologie darlegen, bedient sich wohl auch selber den Regierungen gegenüber ihrer Terminologie und ihres Gehalts –: Zu einer Umstellung der Aguda tritt man nicht im Entferntesten, und die Jeweiligkeit regiert nach wie vor die Stunde.

Dabei wird es immer deutlicher, dass die ganze „Weltgeltung" der Aguda ausschließlich auf der von ihr betriebenen Palästinapolitik beruht. Diese Politik, und nur sie, bringt sie auf die geschichtliche Tribüne: vor die Regierung in Jerusalem und in London, und vor allem vor den Völkerbund. Aber gerade dieses ihr fortgesetztes Erscheinen auf der geschichtlichen Tribüne entblößt jedem Kundigen ihr ganzes geschichtliches Defizit: Es ist wirklich nur die „jeweilige" Aufgabe, die sie dorthin führt, die jeweilige Gegenwart: Schutz ihrer Freunde vom „alten Jischuw" vor Entrechtung und Kränkung, und es ist wirklich nur – Tagespolitik, was sie mit Palästina ernstlich verknüpft. Wären die Zionisten klug genug gewesen, unsere Freunde vom alten Jischuw restlos in Ruhe zu lassen, so wäre die Weltexekutive der Aguda im Wesentlichen – arbeitslos gewesen und hätte sich mit besonderer Hingebung dem – Daf Jomi zuwenden können, und die große Welt hätte von der Weltaguda als solcher kaum etwas erfahren.

---

70 Ebd., 96f.

71 Der *Keren Kajemet LeJisrael* (קרן קיימת לישראל, „Beständiger Fonds für Israel") wurde 1901 auf dem fünften Zionistenkongress gegründet.

72 Der Gründungsfonds (hebr. קרן היסוד, *Keren Hajesod*) wurde 1920 auf dem Zionistischen Weltkongress in London ins Leben gerufen.

73 IBWA 2, 131–230.

Immer deutlicher spricht die Stimme der Zeit. Sie verlangt dynamisch geschichtliche Bereitstellung, und nicht statisch gegenwärtige Vielgeschäftigkeit. Ihr dröhnender Klang verschlingt den schwächlichen Ruf nach anonymer Gegenwartsorganisation. Diesem zeitfremden Ruf gegenüber bleibt das Volk der Tora völlig unangeregt. Die Gesamtleistung bleibt im wesentlichen Palästina-"Politik", und nicht einmal der völlig konkurrenzlose „Keren Hatora"[74] kann zu einem irgendwie beachtlichen Erfolg führen. Die finanzielle „Armut" der Weltaguda wird geradezu sprichwörtlich. „Die Zeit ist nicht reif", seufzt Jakob Rosenheim. Nein, mein Lieber, deine Aguda ist nicht reif. Denn immer wieder stellt es sich heraus, dass selbst das bisschen Geld, das in die agudistische Kasse fließt, nur unter der Flagge von – Erez Jisrael zu erzielen ist. Ich stellte einmal die Frage: was ist der Unterschied zwischen dem zionistischen und agudistischen Palästina? Die Antwort lautete: Bei den Zionisten lebt Palästina von der Gola, während bei uns die Gola von Palästina lebt...

Warum ich nicht aus der Aguda austrat? Der Gedanke lag mir in diesen Jahren nahe genug. Ich konnte mich nie dazu entschließen. Diese Aguda, in all ihrer statischen Unzugänglichkeit, oder vielleicht eben deshalb, war ein genaues organisatorisches Abbild des Volkes der Tora selber, und nicht nur die Aguda als solche, sondern das Volk der Tora selber war geschichtsfern, kannte nur Gegenwartsaufgaben und war letzten Endes unangeregt von der völlig neuartigen Konfrontation von Nation und Land, wie sie das Zeitalter der nationalen Emanzipation als geschichtliche Aufgabe hervorgebracht hatte. Diese Aguda – sie war für mich nicht ein Rosenheimscher Verein. Die Großen Israels hatten an ihrer Wiege gestanden und sich zu ihr bekannt, und sie gesegnet. Von ihnen, und damit vom Volk der Tora, mochte ich mich nicht trennen. Mein Platz konnte nur in dieser statischen Aguda sein, als Opposition freilich, mahnend und warnend, treibend und drängend, und den Erfolg der Vorsehung anheimstellend. – Es war nicht leicht auszuharren. Es war nicht leicht, den immer größer werdenden Gegensatz zwischen meinem Agudismus und der wirklichen Aguda zu tragen. Aber es musste sein.

In diesen Jahren zwischen Krieg und Krieg fand ich Zuflucht in meinem Hause und im „Lernen", und am Schreibtisch. Wenn ich auch die Aguda nicht in die organisierte Nation umwandeln konnte, die ihr Angesicht dem nationalen Land zukehrt und um diese zentrale Beziehung den Kreis ihrer gesamten Aufgaben zieht, so trieb es mich doch immer wieder, meinen nationalen Agudismus zu überprüfen und zu vertiefen und ihn an die Grundlagen des Judentums heranzuführen, begierig, wie sie wohl unter solchem Aspekt sich ausnähmen. So entstand, gewissermaßen aus

74 Aufgabe des Torafonds (hebr. קרן התורה, *Keren Hatora*, auf der ersten AI-Konferenz 1923 in Wien gegründet) war es, die Tora-Institutionen im Heiligen Land zu unterstützen, vgl. Fund, *Movement in Ruins*, 270.

innerem Bedürfnis, eine Reihe von Büchern, die ich füglich wohl als „agudistisch“ in dem angegebenen Sinne bezeichnen möchte. Welche Wirkung von ihnen auf die Einzelnen ausgegangen ist, vermag ich schlechterdings nicht zu sagen. Mir jedenfalls haben sie jeweils wohlgetan. Auf die offizielle Aguda haben sie meines Erachtens nicht den leisesten Einfluss ausgeübt.

Mächtig entwickelte sich in diesen Jahren die junge Wirtschaft Palästinas.[75] Die offizielle Aguda nahm davon keine Kenntnis. Sie war sozusagen aus dieser Wirtschaft ausgetreten! Aber selbst ihren Freunden im alten Jischuw konnte sie, wiewohl nur durch sie in die Lage versetzt, „Weltpolitik“ zu treiben, durchgreifende finanzielle Hilfe nicht leisten. Man hatte eben kein Geld. Der Gegenwartsaufgaben waren zu Viele.

Die allgemeine politische Situation verschlimmerte sich immer mehr. Eine Wirtschaftskrise nach der anderen. Das furchtbare Gespenst der Arbeitslosigkeit ging von Land zu Land.[76] Die Proletarisierung der westlichen Orthodoxie machte reißende Fortschritte. Immer drohender erhob überall der Antisemitismus sein Haupt.

Aber die offizielle Weltaguda blieb unberührt. Sie ließ die Palästina-Zentrale walten, oder sie beschränkte sich darauf, in Zeitabständen zur – Vorsicht zu mahnen. Eine konjunkturgetragene Palästina-Aktivität in Polen nahm ein ungutes Ende.

Dann kam für den Präsidenten der Weltaguda eine Gegenwartsaufgabe besonderer Art: die Frankfurter Rabbinerwahl. Schwer zu sagen, wieviel Prozent aller – Mizwot sie darstellte. Auf jeden Fall nahm sie die letzte Kraft des Präsidenten auf Jahre in Anspruch und konsumierte sie. Mein Vorschlag, dass wir uns beide von der Lösung dieser Gegenwartsaufgabe absentieren möchten, fand kein Gehör. Pinchas Kohns, des Getreuen, Bitten und Mahnungen und Warnungen blieben fruchtlos. Am Ende siegte der Präsident der Weltaguda.[77] Aber die Weltaguda siegte wahrlich nicht mit ihm. Und auch die Gemeinde Rabbiner Hirschs siegte nicht mit ihm. Im Gegenteil: er hat auch sie besiegt. – Dann kam die deutsche Verbrecherrevolution.

Und mit ihr der offene Krieg.

Der offene Krieg, zunächst – wie unendlich bezeichnend für das Zeitalter der nationalen Emanzipation – gegen die jüdische Nation...

Dann der zweite Weltkrieg.

---

75 In seinen *Erez Jisroel-Briefen* (1935/36) diskutierte Breuer dieses Phänomen unter dem Stichwort „prosperity“ (IBWA 2, 306–310).

76 Vgl. Morgenstern, *Von Frankfurt*, 294.

77 Als Nachfolger des verstorbenen Rabbiners S. Breuer wurde 1929 Josef Jona Horowitz (1892–1970), der „Hunsdorfer Raw“ (aus Huncovce, ungarisch Hunfalva in der Ostslowakei) gewählt.

Zehntes Kapitel

Zu Hause

Heute gerade, da ich diese Zeilen schreibe, sind zehn Jahre vergangen, seit ich mich mit meiner lieben Frau und meinen Kindern im heiligen Lande, in Jeruschalajim, der heiligen Stadt, niederließ.[1]

Vor zwanzig Jahren, 1926, hatte mich der Hilferuf unserer Freunde vom alten Jischuw plötzlich genötigt, alles stehen und liegen zu lassen und für vierzehn Tage nach Jeruschalajim zu kommen, um mit der Regierung zu verhandeln. Diese kurze Zeit hatte immerhin ausgereicht, um mich das Elend von „Machane Jisrael" und das Elend einer agudistischen Poalim-Organisation von etwa 800 Mitgliedern kennen zu lehren, die keine innere Beziehung zu unseren Freunden in Jerusalem hatte.[2] Bei meiner Rückkehr überreichte ich der Weltexekutive ein vielseitiges Memorandum, das im Trubel der – Rabbinerwahl[3] lautlos unterging. Die Poalim-Organisation löste sich auf, und ihre Mitglieder, beste Kräfte, zerstreuten sich über den Erdkreis.[4]

Im Jahre 1933, schon nach dem Ausbruch der Verbrecherrevolution, hatte ich, dieses Mal mit meiner lieben Frau, wieder im Lande geweilt, und zwar drei Monate. Wir hatten das Land bereist nach seiner Länge und nach seiner Breite. Wir hatten in Haifa gewohnt und in Tiberias und in Tel Aviv und in Jerusalem. Wir hatten die palästinensische Landschaft erlebt, und die palästinensische Wirtschaft, und die palästinensischen Kibbuzim, und die palästinensische „jüdische Stadt", und den palästinensischen Arbeiter, und die palästinensischen Großen der Tora, und den palästinensischen Regen, und die palästinensische Aguda. Die Zeit hatte genügt, um mich in scharfen Konflikt mit unseren Freunden vom alten Jischuw zu bringen. Sie hatte genügt, um meiner lieben Frau, als das Rückfahrtsschiff sich in Bewegung setzte, Tränen sehnsuchtsvollen Abschieds zu entlocken.

---

1 Die Familie Breuer traf 1936 in Palästina ein; sie bewarben sich am 18. Juli 1939 um die Staatsbürgerschaft des Mandatsgebiets, vgl. https://www.archives.gov.il/archives/Archive/0b07170680034dc1/File/0b0717068094fa25 (Zugriff am 6. 9. 2023).

2 1925 kaufte die *Agudat Israel* Land von palästinischen Arabern in der Jizreel-Ebene bei Afula, um dort eine Gruppe orthodoxer Einwanderer aus Polen (mehrheitlich aus Łódź) anzusiedeln, die dort Landwirtschaft treiben wollten. Die Gemeinschaftssiedlung unter dem Namen *Machane Jisrael* („Lager Israels") wurde nach kurzer Zeit aufgrund wirtschaftlicher Schwierigkeiten (auf sie spielt Breuer hier an) wieder aufgelöst. Auch ein zweiter Siedlungsversuch, der bis 1938 dauerte (vgl. dazu unten Kap. 13, Anm. 35) misslang. Zu dieser Siedlung vgl. Marcus, *Bebauen und Bewahren*, 16 und Gebel, *Workers Movement*, 117–122. Der Moschav *Machane Jisrael* ist nicht zu verwechseln mit dem gleichnamigen jüdischen Viertel, das nach 1865 außerhalb der Mauern der Jerusalemer Altstadt für nordafrikanische (hauptsächlich marokkanische) Juden gebaut wurde.

3 Zur Frankfurter Rabbinerwahl vgl oben Kap. 9, Anm. 20.

4 Vgl. dazu unten Kapitel 13.

Damals ist es gewesen; am ersten Sabbat, den wir in Tel Aviv verbrachten. Ich sah, wie die Schwingen des heiligen Tages sich über die geräuschvolle Stadt senkten und Lärm und Unrast langsam erstickten; sah es deutlicher als ich es je zuvor in der Gola gesehen. Ich sah den alten Juden von Straße zu Straße mit der Trompete eilen, die er angeblich noch vom ersten Völkerkrieg besaß; sah ihn an jeder Straßenecke halten und der Trompete wohlgemeinte Töne entlocken. Ich sah den Himmel unseres Landes, den niemand vergessen kann, der je begnadet war, ihn zu sehen, und sein ahnungserweckendes dunkles Blau war über die Stadt gekuppelt. Menschen sah ich, jüdische Menschen, zum großen Bau sich bewegen, und ich schloss mich ihnen an, hin zur „großen Synagoge".[5] Sie füllte sich schnell. Welch seltsames, welch sonderbares Publikum! Festlichkeit des Gewandes stach nirgends ins Auge. Von Einheitlichkeit des Typs keine Rede. Von erwartungsvoller Feierlichkeit nicht eine Spur. Aber Volk, Volk, Volk! Zusammengewürfeltes, von allen Enden der Erde aufgehobenes und mit Macht in die längst verlorene Heimat getragenes Volk, noch mit allen Brandmalen der Fremde, und schon auch mit allen Malen schwerer, aufbauender Arbeit – und nun durch geheimnisvoll seelische Kraft in diesen Bau getrieben, der Israels Gott errichtet ist – ich schaue mich um in diesem Volkshaus des Gottes Israels – stehn dort die Tore nicht offen? – bleiben sie nicht offen?[6] – dass sich die Volksmenge des Gotteshauses bis hinaus vor die Tore, bis hinaus auf die Straßen, hinaus zum ganzen Volk erstreckt? Das Bild der großen Synagoge in Frankfurt[7] steigt vor mir auf, und mit qualvoller Deutlichkeit erlebe ich die ganze Ungeheuerlichkeit des Gegensatzes – nicht zum Nachteil von Frankfurt – wahrhaftig nicht! – nicht zum Nachteil von Tel Aviv – wahrhaftig nicht! In Tel Aviv: eine erst im Entstehen begriffene, erdverknüpfte Volksgemeinschaft, noch zusammengewürfelt, noch chaotisch sogar – und dennoch irgendwie hingezogen zum Volkshaus des Gottes Israels – und in Frankfurt: Israels torabeherrschte Gemeinde, in Galut erzwungener Zweckbeschränkung zwar, aber in sich geschlossen, kampferprobt, sieggekrönt, den Torafeinden mit Gewalt erpresst und ertrotzt – „Rechowoth sei ihr Name", sprach Rabbiner Breuer, einst bei der Einweihung, „denn geweitet hat nun Gott für uns" nach den Leiden des „Hasses" und nach den Leiden des „Streites"[8] – ; in Tel Aviv: Volk ohne Gemeinde -- in

5 Der Grundstein zur „großen Synagoge" von Tel Aviv an der Ecke Allenby-Straße zur Achad HaAm-Straße wurde 1924 gelegt; 1925 wurde der Bau der Synagoge vollendet. Zur Interpretation dieses Abschnitts von Breuers Text vgl. Mayer, *Philosophie des Judentums*, 173.

6 Vielleicht Anspielung auf Ps 24, 7–9.

7 Die IRG-Synagoge an der Friedberger Anlage in Frankfurt, die 1907 eingeweiht wordem war, wurde im Novemberpogrom des Jahres 1938 zerstört. Vgl. den Erinnerungsband an diese Synagoge mit ausführlichem Bildmaterial (zusammengestellt von Marc Gellert), hg. von der Initiative 9. November, *Erinnerung braucht Zukunft*.

8 Vgl. Gen 26, 22; *Der Israelit* 48 (1907), Nr. 36, 5. September, 9. Vgl. *Frankfurter Israelit.*

Frankfurt: Gemeinde ohne Volk –: mit qualvoller Deutlichkeit erlebe ich die ganze Ungeheuerlichkeit des Gegensatzes – und dieses mächtige Erlebnis wird mich nicht mehr verlassen! –

Aber horch!, schon beginnt da vorn der betagte Chasan den Gruß an die göttliche Braut[9], nicht ohne Mühe setzt seine Stimme im brausenden Raum sich durch, gleich Perlen quillen die vertrauten Worte aus seinem Mund, und es ist – unser alter Chasan in Frankfurt, an den mich die Anmut und die Würde seines Vortrags erinnert und die innige Herzlichkeit seiner Weisen, und wie er alsdann, in selbstverfasster, höchst ergreifender Art die heraufziehende Nacht des Sabbat besingt und den Allmächtigen segnet, der Seinem Volk die Liebe nimmer entzieht, da sehe ich neben mir – einen Arbeiter aus dem Volk – noch im Arbeitskleid – noch mit Arbeitskappe – rau und verwittert –: und er schluchzt und er weint ohne Hemmung... Hat ein jüdisches Kind zu Israels liebendem Gott den Weg zurückgefunden? Nie wird mich fürder dieses mächtige Erlebnis verlassen – – Gemeinde ohne Volk – was meine ich darunter?

Aus dem Nebeneinander der Menschen, als bedürftiger und deshalb aufeinander angewiesener Lebewesen, entsteht, naturhaft kausal und naturhaft zweckmäßig (Jhering*!), Gesellschaft, Gemeinschaft. Aus dem Nebeneinander jüdischer Menschen entsteht naturhaft kausale und naturhaft zweckmäßige jüdische Gesellschaft, jüdische Gemeinschaft. Die jüdische Gesellschaft in der unendlichen Vielfalt ihrer naturhaften Äußerungen und Erscheinungen will die Tora entsprechend dem geoffenbarten Willen Gottes formen und gestalten und nach dem Ideal der Gemeinschaft „freier“ und nicht bloß naturhafter Menschen ausrichten. Darum bedarf die Tora der Nation und des Landes und des Staates. Die Gemeinde der Tora ist der Staat der Tora in lokaler Umgrenzung. Darum ja gerade ist die der Treulosigkeit wie der Treue in gleicher Weise sich zuneigende jüdische Gemeinde nichts anderes als nationaler Verrat.

In Frankfurt aber deckt gewissermaßen die Form nicht den ganzen Inhalt. Mit unendlicher Gewissenhaftigkeit ist die nationale Form in vollendeter Reinheit errichtet, eben die Rechtsform der Toragemeinde. Aber die von ihr zu formende jüdische Gemeinschaft in der Naturhaftigkeit ihres Daseins ist mangelhaft, ist geradezu verstümmelt. Die Menschen dieser Gemeinschaft, ob sie wollen oder nicht, leben innerhalb einer größeren, innerhalb einer nichtjüdischen, innerhalb einer von der Rechtsform der Gemeinde der Tora völlig unerfassten, völlig unfassbaren Gemeinschaft, und nicht innerhalb der Gemeinde der Tora, sondern innerhalb jener Gemeinschaft vollzieht sich praktisch ihr Leben und wirkt sich der größte Teil ihrer

---

Familienblatt, 30. August 1907 (in aschkenasischer Aussprache „Rechaubauth“).

9 Der Sabbat heißt im Talmud (bShab 119a) „Braut“; darauf spielt die Hymne Schlomo Alkabetz′ (*Lecha Dodi*) am Sabbateingang an (Hirsch, *Gebete*, 248).

auf das Nebeneinander gerichteten Kräfte aus. So muss in Frankfurt notwendig die Gemeinde der Tora sich darauf beschränken, die für das jüdische Individualleben erforderlichen Institutionen, soweit sie die Kräfte der Einzelnen übersteigen, zu errichten und sich, neben einer eng umrissenen sozialen Betätigung, ganz auf Erziehung zu verlegen, Erziehung des Kindes und Erziehung der Erwachsenen, glücklich, wenn wenigstens ein jüdisches „Milieu“[10] in ihrem Umkreis sich bilden und sich erhalten kann: nationale Rechtsgemeinde mit höchst verstümmeltem nationalen Leben, das sie doch zu formen berufen ist: Gemeinde ohne Volk.

Volk ohne Gemeinde – was meine ich darunter?

In Tel Aviv ist, wie überhaupt im größten Teil des Jischuw, rein jüdisches Nebeneinander, und aus ihm entsteht, allmählich wachsend, naturhaft kausale und naturhaft zweckmäßige jüdische Gemeinschaft, jüdische Gesellschaft. Der palästinensische „Staat“ freilich ist nicht jüdisch, aber sein Einfluss auf die jüdische Gesellschaft ist trotz seiner gesetzgebenden Gewalt nicht groß, und das Mandat macht ihm weitgehende Förderung lokaler und sachlicher Autonomie der jüdischen Gesellschaft zur Pflicht. Zum ersten Mal seit zweitausend Jahren vermag sich, auf heiligem Boden zumal, naturhaft zunächst, ein rein jüdisches Nebeneinander zu entfalten, das weder die Symptome ghettohafter Verkümmerung noch die Symptome parasitärer Anlehnung oder parasitärer Angewiesenheit an ein umfassenderes und nichtjüdisches Nebeneinander aufweist, vielmehr auf die ganze Fülle menschlicher Betätigungsmöglichkeit gerichtet sein darf und somit einen ausgesprochen volkhaften, ja nationalen Charakter, wieder im zunächst naturhaften Sinn des Begriffs, an sich trägt. Zum ersten Male seit zweitausend Jahren, im Zeitalter der nationalen Emanzipation[11], erhebt sich die riesengroße, wahrhaft metageschichtliche Aufgabe, und zwar in akutester Dringlichkeit, die formende, die gestaltende Kraft der Tora unmittelbar an einem volkhaften jüdischen Nebeneinander zu betätigen und dessen Naturhaftigkeit zum Range einer nach dem Ideal der Gemeinschaft durch die Tora befreiter und darum frei wollender Menschen hinstrebenden Landesgemeinde und Ortsgemeinde zu erhöhen. Das Volkshaus Gottes, das, geöffneten Tores, das Volk da drinnen mit dem Volk da draußen unmittelbar verbindet, ist ein Teil, ein einziger Teil nur, dieser formenden und gestaltenden Macht. Schon ist das Volk vorhanden, in gärender und brausender, naturhaft kausaler und naturhaft zweckmäßiger

---

10 Zum Milieubegriff Breuers vgl. ders., *Die Lage des deutschen Judentums*, 324 („das nichtjüdische Milieu“) und ders., *100 Jahre 19 Briefe*, 4 (das voremanzipatorische „Milieu“ und die „rabbinische Autorität“); vgl. dazu: Morgenstern, *Von Frankfurt*, 170 und 311.

11 Zum Thema „nationale Emanzipation“ der Juden vgl. Breuer, *Die zwei Hirtenstäbe* (IBWA 2, 67–71), *Idee des Agudismus* (IBWA 2, 117–118), *Das jüdische Nationalheim* (IBWA 2, 144ff.) und *Weltwende*, 170f.

Entwicklung: wo ist die Volksgemeinde der Tora? Gemeinde des Landes und Gemeinde des Orts?

In Frankfurt wie in Tel Aviv geht es letzten Endes um die Idee der jüdischen Gemeinschaft, die Idee der jüdischen Nation. In Frankfurt gelingt es, nach unsäglichen Leiden des „Hasses" und des „Streites", diese Idee nicht nur, theoretisch, in Reinheit herauszuarbeiten, sondern ihr auch einen galutmäßig ach! nur allzu begrenzten gesellschaftlichen Raum zu „weiten"[12], innerhalb dessen sie sich, formend und gestaltend, betätigen mag; und der furchtbare Boykott trifft jeden, der es wagt, die Reinheit der Idee anzutasten oder ihr den ohnedies allzu begrenzten gesellschaftlichen Raum zu missgönnen. Aber gerade die inhaltliche Armut des gesellschaftlichen Raumes erleichtert nicht unwesentlich die relativ glückliche Darstellung der Idee in Institutionen für das jüdische Individualleben, in sozialer Betätigung und im Erziehungswesen. Aber weiteste Teile der gesellschaftlichen Erscheinungen bleiben unerfasst, weil unerfassbar. An der faktischen Unfassbarkeit dieser Erscheinungen liegt die, letzten Endes unlösbare, Problematik von Frankfurt, wie auch zugleich die unerreichte Konsequenz von Frankfurt – jenseits dieser Problematik. Frankfurt hat in der Tat die nationale Alleinherrschaft der Tora mindestens auf institutionellem und erzieherischem Gebiet durchgeführt. Viel mehr an gesellschaftlich betätigtem jüdischem Leben konnte Frankfurt der Tora nicht zu Füßen legen. Die Schwäche Frankfurts war zugleich seine Stärke.

Die Schwäche Frankfurts ist die Stärke Tel Avivs, und die Stärke Frankfurts ist die Schwäche Tel Avivs. In Tel Aviv gibt es keine erzwungene Unfassbarkeit eines ganzen jüdischen Volkslebens: das ist die Stärke Tel Avivs. Fast unbegrenzt ist hier der inhaltliche Reichtum des gesellschaftlichen Raumes, auf den die Herrschaft der Tora erstreckt werden kann. Kann? Schließt nicht die Möglichkeit bereits die – Pflicht ein? Fordert nicht die Idee der jüdischen Gemeinschaft, die Idee der jüdischen Nation, die Ausweitung der jüdischen Ortsgemeinde und der jüdischen Landesgemeinde zu einer von der Tora beherrschten nationalen Einheit der gesamten Wirtschaft und der gesamten Kultur[13]? Lässt sich aber zum mindesten die Wirtschaft – teilen? Lässt sich aus ihr – „austreten"? Ist nicht die Herrschaft der Tora über moderne Wirtschaft wie über moderne Kulturfermente nur auf dem Wege eines langwierigen Prozesses, nur auf dem Wege zähester Arbeit und höchst ausdauernden Kampfes zu erreichen? Sind denn die berufenen Vertreter der Tora

12 Vgl. oben Anm. 8; vielleicht denkt Breuer auch an eine Art hebräische Etymologie des Namens des Jerusalemer Stadtviertels (*Rechavia* – „Gott hat weit gemacht"), in dem seine Familie sich niederließ. In *Erinnerung an das deutsche Judentum*, 192f, bezeichnet Breuer die Frankfurter Austrittsgemeinde als „Torso"; vgl. auch IBWA 2, 315 (*Erez Jisroel-Briefe*) und IBWA 2, 478 (*Judaism and National Home*). Was dort ein Torso war, sollte in Jerusalem vollständig werden.

13 Zu Breuers Begriff der „Torakultur" vgl. IBWA 2, 266 (*Erez Jisroel-Probleme*).

selber schon genügend vorbereitet, ja selbst nur gewillt, in diese Arbeit einzutreten, in diesem Kampf – Führer zu sein? Gilt es hier nicht, eine fast zweitausendjährige Lücke auszufüllen, einen seit fast zweitausend Jahren abgerissenen Zusammenhang aufs Neue zu knüpfen? In Frankfurt aber ist von all dem kaum die Rede, und kann auch nicht die Rede sein. Für das Maß von Herrschaft, das die Tora in Frankfurt auszuüben vermag, steht die tradierte Form bereit. Frankfurts Stärke drum ist die Schwäche Tel Avivs.

Mein „Erlebnis" in Tel Aviv war ja nicht plötzlich über mich gekommen. Wenn auch in Frankfurt die praktische Herrschaft der Tora fast ganz auf ein Gebiet beschränkt war, das man gewohnt ist, als „religiös" im engen Sinn des Worts zu bezeichnen, so hatte ich dennoch längst die Tora als das geoffenbarte und darum ewig geltende nationale Recht des jüdischen Volks erkannt, berufen und bestimmt, die jüdische Gemeinschaft zur nationalen Rechtseinheit des Gottesrechts zu erhöhen und das gesamte nationale Leben in all seinen Erscheinungen zu gestalten.[14] Meine Gemeinde, in all ihrer Galutschranke, war mir wahrlich keine „Religionsgesellschaft", wie ihr amtlicher Name lautete, sondern sie war mir der bescheidene und dennoch hoch bedeutsame Rest unserer einstigen nationalen Staatlichkeit, und wer selbst an sie die Axt zu legen, selbst in ihr der Tora die Alleinherrschaft streitig zu machen wagte, war mir nichts als Vollender des Zerstörungswerks des – Nebukadnezar und des Titus.[15] Die Unabhängigkeit meiner Gemeinde war mir keine „religiöse" Angelegenheit allein, sondern auch ein nationales Postulat der Tora. Auch Frankfurt bereits war mir, wenigstens theoretisch, gleich Tel Aviv.

Vom Recht der Tora kam ich zur Nation der Tora. Denn nicht der Einzelne und auch nicht die Einzelnen sind die Träger des Rechts, sondern die Nation hat es empfangen und hat es bewahrt. Und von der Nation des Rechts kam ich zum Land des Rechts, und ich fand zwischen Recht und Nation und Land eine metageschichtliche Beziehung von solch grundlegender Art, wie sie in einer Aufzählung der Mizwot nicht zu adäquatem Ausdruck gelangen kann. In einer Aufzählung der den Raum füllenden Gegenstände ist für den Raum selber kein Platz. Der Völkerkrieg und das Mandat verliehen dieser Beziehung nach meiner tiefen und unerschütterlichen Überzeugung die denkbar höchste Aktivität, und aus ihr entsprang mein Bereitstellungsprogramm, für das ich die Aguda gewinnen wollte. Es bezog sich naturgemäß auf das ganze jüdische Volk auf der einen Seite, das jüdische Land auf der anderen Seite, beide durch Gottes Fügung in unseren Tagen konfrontiert und beide nach Gottes Verheißung bestimmt, unter Seiner Tora

14 Zu ähnlichen Ausführungen in *Der Neue Kusari* vgl. IBWA 4, 434.

15 Zur Interpretation der geschichtlichen Rolle Nebukadnezars und des römischen Feldherrn Titus vgl. oben Kap. 5, Anm. 16.

wieder zu nationaler Einheit zu kommen, wenn die Reife, sachlich oder zeitlich, erreicht war.

Mit diesem Bereitstellungsprogramm im sorgenden und völlig unbefriedigten Herzen war ich nach Tel Aviv gekommen. In jenem mir fortdauernd denkwürdigen Erlebnis drängte sich mir gewissermaßen Volk und Land zusammen – das Land: durch werktätige Arbeit neu aufblühend in unvergleichlicher Schöne, und in sich tragend die ewige Weihe göttlicher Bestimmung –; das Volk: zusammengelaufen von den vier Enden der Welt, in naturhaft brausender und schäumender Entwicklung, und in sich, vielleicht oft tief verborgen, zuweilen vielleicht plötzlich hervorbrechend, die zerstobenen Funken der Gottesnähe –: wo ist die Kuppel des Gottesrechts, die beide überwölbt, die beide, gleich den Kuppelbergen der Heimat, zur Gottesnähe[16] emporträgt? Wo sind, zum mindesten, die Bauherren, die da beflissen sind, die Kuppel des Gottesrechts zu richten?

Und mit diesem Erlebnis war ich damals von Tel Aviv nach Jeruschalajim gekommen. War es ein Wunder, dass ich nach kurzer Frist mit unseren Freunden vom alten Jischuw in scharfen Konflikt geriet? Schon die Tatsache, dass ich mich vermaß, Raw Kook s. A.* zu besuchen[17] – R. Chajim Sonnenfeld s. A.* hatte die persönlichen Beziehungen zu ihm nie abgebrochen! – trug mir einen öffentlichen Angriff des „Kol Jisrael"[18] ein, dessen Leiter[19] offenbar der Meinung war, dass ein

16 Zum Stichwort *qeruw schechina* („Annäherung der Gottesgegenwart") vgl. oben Kap. 4, Anm. 36 und Kap. 8, Anm. 24.

17 Zu diesem Besuch, der im Winter 1933/1934 (Kislew 5694) anlässlich von Breuers zweiter Palästinareise stattfand, vgl. Gebel, *Workers Movement*, 55 und 86–70. Diese Reise war als Privatunternehmen – nicht als offizielle Reise im Auftrag der *Agudat Israel* – deklariert; Breuer wurde bei seiner Ankunft am Haifaer Hafen auch nicht offiziell von der palästinischen Aguda-Führung, sondern nur von seinen engeren Mitarbeitern Benjamin Minz und Jakob Landau begrüßt. Er nahm sich daher die Freiheit, einen persönlichen Kontakt zu Kook herzustellen, der gerade in Haifa weilte. Inhalt des Gesprächs war die sogenannte „Austrittsfrage". Im Februar 1934 trafen sich Breuer und Kook erneut in Jerusalem.

18 Vgl. Gebel, *Workers Movement,* 67. *Kol Jisrael* („Stimme Israels") hieß eine *Agudat Israel*-Zeitschrift, die während der Mandatszeit erschien und die politische Linie des *Alten Jischuw* vertrat. Die im Herbst 1921 gegründete Zeitung kam zunächst monatlich, 1922–1948 wöchentlich heraus. 1942 begann Isaac Breuer mit der Publikation einer Beilage zur genannten Wochenzeitung, die unter dem Titel *Ha-Derech* („Der Weg") erschien.

19 Bis 1925 war Raphael Katzenellenbogen* Chefredakteur; danach ging das Amt auf Amram Blau* über, bevor es 1933 dessen Bruder Moshe Blau* übernahm. Nach Caplan, *Neturei Karta's Leader*, 121, musste Amram Blau seine Tätigkeit für *Kol Jisrael* einstellen, weil seine Polemik gegen Rabbiner Kook den AI-Verantwortlichen zu weit ging. Zu den Angriffen in *Kol Jisrael* gegen Rabbiner Kook vgl. auch IBWA 2, 251. Aus den 1940er Jahren gibt es Berichte, nach denen Talmudstudenten, die auf der von A. Katzenellenbogen geleiteten Jeschiwa studierten, der Ausschluss vom Studium drohe, wenn sie bei der Lektüre von *Kol Jisrael* erwischt wurden (Caplan, *Neturei Karta's Leader*,79). Diese Zeitung war, anders als man bei der Lektüre von Breuers Text

solcher Besuch nicht ohne sein vorheriges Plazet zu erfolgen habe. Ich habe das Land ohne Schlichtung des Konflikts verlassen.

Und dann waren wir nochmals, vorübergehend, nach Deutschland zurückgekehrt, um abzuwickeln, um aufzulösen, um Abschied zu nehmen. Schon vor Ausbruch der Verbrecherrevolution hatte ich keine Hoffnung mehr für die weitere Entwicklung der deutschen Orthodoxie. Ich sah sie führerlos den umwälzenden Ereignissen, die längst ihre Schatten vorauswarfen, entgegengehen. Ich sah sie irre geworden an einer weltanschaulichen Einstellung zur Wirklichkeit, von deren weiterem Aufbau gerade im Hinblick auf Erez Jisrael – „Thedaismus*" – mir unsere ganze nächste nationale Zukunft in entscheidendem Maße abhängig zu sein schien. Ich sah sie treulos und müde und schlaff sich Auseinandersetzungen entziehen, denen unter der Flagge „Tora im Derech Erez", 75 Jahre lang ihre beiden großen Rabbinen s. A. ihre besten Kräfte geweiht hatten.[20] Ich sah sie diese ruhmbedeckte Flagge nicht ohne Verlegenheit herunterholen, und als ich an ihrer Stelle die Flagge „Tora uMussar"[21] sich matt im Winde schaukelnd erblickte, da wusste ich Bescheid. Noch Jahre vor Ausbruch der Verbrecherrevolution sang ich der deutschen Orthodoxie Rabbiner Hirschs s. A. in „Programm oder Testament"[22] meinen wehmutsvollen Gedenksang.

Und nun galt es in der Tat zu scheiden. Ich wusste, ich fühlte deutlich, dass ich die deutsche Orthodoxie nicht mehr sehen werde. Ich wusste, ich fühlte deutlich,

---

vermuten mag, nicht am äußersten „rechten Rand" angesiedelt, sondern wurde ihrerseits „von rechts" angegriffen.

20 Spielt Breuer hier auf den von ihm sonst nicht erwähnten Berliner Rabbiner Esriel Hildesheimer* (1820–1899) an, der wie S. R. Hirsch* für *Tora im Derech Erez** eintrat und neben Hirsch die wichtigste Gründungsgestalt der deutsch-jüdischen Neoorthodoxie im 19. Jahrhundert war? Da aber unten von den (offenbar Frankfurter) Gräbern „der beiden großen Rabbinen" die Rede ist, ist neben Hirsch wahrscheinlich Breuers Vater Salomon Breuer* gemeint.

21 Hebr. „Tora und Moral". Anspielung auf die am 9. Mai 1939 in der Jerusalemer Privatwohnung von I. Breuers Freund Falk Schlesinger* gegründete Jeschiwa *Kol Tora* („Stimme der Tora"). Diese Jeschiwa, die ihren Sitz im Jerusalemer Stadtviertel *Bajit we-Gan* hatte und an der in hebräischer (nicht jiddischer) Sprache unterrichtet wurde, war für aus Deutschland eingewanderte Talmudschüler bestimmt. Die Jeschiwa verband „litauisches" Lernen mit der Tradition S. R. Hirschs (*Tora im Derech Erez**). Zu den Prinzipien der Jeschiwa gehörte, dass die Bibel Teil des Lehrstoffs war und die Schüler sich parallel auf einen schulischen Abschluss vorbereiten konnten. Die Vertreter des „Alten Jischuw" in Jerusalem lehnten diese Form einer „modernen" Jeschiwa zunächst ab. In einer der ersten Kuratoriumssitzungen der neu gegründeten Lehranstalt machte Breuer selbst den Vorschlag, dass Rabbiner Jechiel Michel Schlesinger*, ein Bruder Falk Schlesingers (zu ihm vgl. oben Kap. 4, Anm. 22), den Vorsitz der Jeschiwa übernehmen sollte (vgl. Kraft, *Aschkenas,* 171); vgl. dazu oben. Unter Schlesingers Führung orientierte sich die Jeschiwa offenbar teilweise am Ideal *Tora u-Mussar**, was Breuer zu missbilligen scheint. Baruch Kunstadt (1885–1949) trat Schlesinger in der Führung der Jeschiwa zur Seite.

22 Vgl. IBWA 2, 3–88.

dass nicht Frankfurt, sondern – Tel Aviv berufen ist, die Ideen Rabbiner Hirschs in Tat umzusetzen, so fern dies auch heute noch zu liegen scheint. Aber an den Gräbern der beiden großen Rabbinen gelobte ich ihnen Schülertreue fürs Leben.

Doch nicht wortlos wollte ich scheiden. Die Jugend der deutschen Orthodoxie hätte es um mich nicht verdient. An sie wandte ich mich nochmals, und in Reden und in Aufsätzen[23], alle getragen von meinem „Erlebnis", brachte ich ihnen die Kunde von dem mächtigen Aufschwung der Wirtschaft unseres Landes, der wachsenden Blüte seines Bodens, der wogenden Vielgestaltigkeit seiner naturhaft sich entwickelnden Volksgesellschaft und ihrer aufrecht-stolzen Arbeiter – und alles erst Anfang, bei weitem nicht fertig, bei weitem nicht entschieden – unerlässlich die Auseinandersetzung zwischen Geschichte und Metageschichte – und schwach und gering an Zahl noch all die, entschlossen und gewillt und begabt, allmählich die Kuppel des Gottesrechts über Volk und Land zu wölben; brachte ihnen die Kunde von Rabbiner Hirsch, nicht als Größe vergangener Jahrzehnte, sondern als „Wegweiser in die Geschichte"[24], als Weiser des Wegs, der in unser Land führt, und als Weiser des Wegs, den wir in unserem Land zu nehmen haben, wo Tora und „Derech Erez", ganz anders noch, als es je in Rabbiner Hirschs Frankfurt möglich war, weit umfassender, weit unmittelbarer, einander gegenüberstehen und zueinander in Beziehung gesetzt werden müssen; und in meiner letzten Rede, vom Lautsprecher über zwei dichtgefüllte Säle bis in die von Verbrechern gefüllte Straße getragen, sprach ich ihnen über „100 Jahre Neunzehn Briefe"[25], über Rabbiner Hirschs „selbstbewusstes Judentum", selbstbewusst inmitten naturhafter und darum immer erst, immer aufs Neue, für die Tora zu erobernder „Wirklichkeit", und mein letzter Gruß galt der Jugend der deutschen Orthodoxie, heimkehrend in die heilige Heimat und den Kampf Rabbiner Hirschs um die torabeherrschte Wirklichkeit auskämpfend in den Reihen der – Poalej Agudat Jisrael.

Am letzten Kol Nidrej[26], schon gegen Mitternacht – wir hatten, knapp zehn Mann, noch das ganze Buch der Psalmen, Vers um Vers, gesagt – schritt ich mit meinem Freund Ehrmann* durch den hallenden Raum der hell erleuchteten, ganz in weiß gehüllten herrlichen Synagoge. „Warum so traurig?" fragte er mich, „Es ist doch Jomtow!" Ich drehte mich nochmals zu all der heiligen Pracht: „Nie wieder werde ich das sehn." Nie wieder...

---

23 Vgl. *Erez Jisroel und die Orthodoxie*. Zwei Referate gehaltenen von Isaac Breuer und Jacob Rosenheim.

24 Vgl. Breuer, *Rabbiner Hirsch als Wegweiser in die jüdische Geschichte*.

25 Vgl. Breuer, *100 Jahre „19 Briefe"*.

26 Das *Kol Nidrei* („alle Gelübde") ist ein feierliches Gebet, das am Abend des Jom Kippur gesprochen wird; Breuer berichtet von seinem letzten Versöhnungstag in Frankfurt (1935).

Und nun war ich, am 8. Adar des Jahres 5696[27], das dritte Mal ans Land gestiegen, dieses Mal mit ganzer Familie; dieses Mal, endlich, für immer; dieses Mal, endlich, im Leben wie im Tod, zu Hause.

Jawohl, zu Hause. Wir hatten in Frankfurt, mitten in den Schrecknissen des Völkerkriegs, unser Haus gegründet, ich darf wohl sagen: ein schönes Haus, und oft sagt es mir meine liebe Frau, nie habe sie sich, gleich hier in Jeruschalajim, dort wirklich zu Hause gefühlt. Dabei haben wir hier kaum einen „normalen“ Tag gehabt. Ganz kurz nach unserer Niederlassung brach die arabische „Revolte“ aus[28], und sie dauerte bis zum Ausbruch des zweiten Völkerkriegs, und selbst jetzt, zehn Monate nach Niederwerfung der Verbrechermacht, ist immer wieder – Curfew.[29]

Zu Hause. Wir hatten in Frankfurt, während der „guten“ Jahre, das Bild der relativ sieghaften Orthodoxie vor Augen, der der Allmächtige „Raum geweitet“[30] hatte, indem er die gewaltigen Opfer an Geist und an Gut segnete, und wir sehen hier die Tora, mitten in ihrem Volke, mühsam und oft genug in kläglicher Armut, ringend um Licht und um Luft –: aber ist denn nicht auch die Tora, dennoch und trotz allem, hier und nur hier zu Hause? Die Tora kann wandern und muss wohl wandern, bis unser Gesalbter erscheint, und auf ihrer Wanderschaft mag sie Paläste finden und fruchtbare Gefilde – nur hier ist sie zu Hause. Was ist ihr heute Babel, was Nehardea, was Pumbaditha?[31] Aber Jeruschalajim, die heilige, in all ihrer „Zerstörung“, siehe, sie steht ihr auch heute, weil in ihr nur, morgen, ihr das Königtum erwächst.[32]

In all ihrer „Zerstörung“. Liegt nicht auf dem Berg des Gotteshauses Trümmer und Graus, solange fremde Pracht ihn nach Gottes Willen beherrschen darf? Ist nicht auch Jeruschalajim, in all der Herrlichkeit ihrer Wiedererstehung, in all der Ausweitung ihrer umfassenden Arme, immer noch „zerstört“, solange nicht Gottes Recht frei in ihr walten, das höchste Gericht dieses Rechts nicht frei ihre Gesellschaft ordnen, und solange noch ein einziger Rechtsbrecher sich ungestraft in ihr bewegen kann?

---

27 2. März 1936. Vor seiner Abreise hatte Breuer am 26. Februar 1936 in Basel eine Abschiedsrede gehalten, von der *Der Israelit* am 12. März berichtete (Mayer, *Philosophie des Judentums,* 171). Bei seiner Ankunft am Haifaer Hafen wurde die Familie Breuer von einer offiziellen *Agudat Israel*-Delegation – Moshe Blau* und Moshe Glickman-Porush – begrüßt. Gebel, *Workers Movement,* 70.

28 Zum arabischen Aufstand vom April 1936 vgl. Croitoru, *Al-Aqsa oder Tempelberg*, 148–155.

29 Engl. „Ausgangssperre“.

30 Vgl. oben Anm 7.

31 An diesen Orten standen die beiden legendarischen Talmudhochschulen in Babylonien.

32 Vgl. Jes 52, 2 und GenR 2, 5 (zum „wiedererbauten Jerusalem“) sowie die Segensprüche zum messianischen Wiederaufbau Jerusalems (Selig-Bär, *Siddur Schema Kolenu*, 154–157).

Zehntes Kapitel — Zu Hause

Zu Hause in dem „zerstörten“ Jeruschalajim. Wehe all denen, die die „Zerstörung“ nicht mehr sehen und nicht mehr fühlen. Es ist leichter, sich in Frankfurt nach Jeruschalajim zu sehnen, als in Jeruschalajim sich nach – Jeruschalajim zu sehnen. Gesegnet Gott, der mir die Kraft gegeben hat, mich in Jeruschalajim nach Jeruschalajim zu sehnen.[33]

Zu Hause in dem „zerstörten“ Jeruschalajim. Man sehnt sich in der Fremde nach dem Vaterhaus, auch wenn es längst zerstört ist. Doch kehrt man zurück ins Vaterhaus und sehnt sich auch dort, und dort erst recht, nach dem Vaterhaus: diese Sehnsucht ist die größere, ist die reinere. Denn sie gilt dem – Vater.

Wie schön bist du, „zerstörtes“ Jeruschalajim! Schön, wenn die Sonne aufgeht des Morgens, schön, wenn sie niedergeht des Abends. Und wenn sie am Tag über dir leuchtet, so ist es stets wie Festbeleuchtung. Schön, herrlich schön, sind deine Nächte, du „zerstörtes“ Jeruschalajim, wenn dein liebender Mond dich badet, wenn deine Sterne dir sehnsüchtig blinken. Schön ist deine Himmelskuppel, du „zerstörtes“ Jeruschalajim, die dich umschließt und bewahrt für den kommenden Gottesglanz, schön deine Berge, verjüngte Himmelskuppeln, die rings dich umgeben, wie Gott Sein Volk umgibt.[34] Schön sind deine Straßen, du „zerstörtes“ Jeruschalajim, in denen sich heute schon, Gleichnis des morgen, Menschen aus der ganzen Welt, und nicht nur jüdische Menschen, ein Stelldichein geben und sie mit brausendem Leben füllen; schön sind deine Gärten, die wiederum blühen – wie einst – vor zweitausend Jahren – schön die Stimme deiner Vögel, die in deinen Lüften wiederum schallt – wie einst – vor zweitausend Jahren – – alles regt sich – alles richtet sich – kommt nicht auch Er bald? Der Vater?

Schön, überirdisch schön, sind deine Sabbate, du zerstörtes Jeruschalajim, Woche für Woche. Groß ist ihre Macht über deine Straßen, auch heute, in der „Zerstörung“. Treusorgende Menschen achten darauf, dass diese Macht sich nicht mindere. Und ist es nicht, Woche für Woche, ist es nicht wirklich, als höbest du dich, du heilige Königsstadt, an jedem deiner Sabbate aus dem Graus der „Zerstörung“ – „hast genug geweilt in Weinens Tal – und es erbarmt sich dein der Erbarmer“[35]? Fühle ich mich nicht, Woche um Woche, an deinen Sabbaten, von

---

33 Im Talmud heißt es (bTaan 30b): „Die Weisen sagten: Wer am Neunten Ab arbeitet und nicht über Jerusalem trauert, wird auch ihre Freude nicht sehen, denn es heißt: *Freut euch mit Jerusalem und jubelt mit ihr alle, die ihr sie liebt; frohlockt mit ihr alle, die ihr über sie trauert.* Hieraus folgerten sie: Wer über Jerusalem trauert, dem ist beschieden, auch ihre Freude zu sehen, und wer über Jerusalem nicht trauert, dem ist es auch nicht beschieden, ihre Freude zu sehen.“

34 Siehe Ps 125, 2.

35 Freie Übertragung der dritten Strophe der Sabbathymne *Lecha Dodi* (hebr. רב לך שבת בעמק הבכה והוא יחמול עליך חמלה); vgl. oben Anm. 9 und Kap. 8, Anm. 22 und die Anspielung in *Der Neue Kusari* (IBWA 4, 174f).

seinen Flügeln erhoben, inmitten deiner „Erbautheit", umfächelt und umweht vom Hauch der Ruhe des ewigen Lebens? Lausche ich nicht an deinen Freitagabenden so oft dem innigen Schöpfungslied deiner Sterne?[36] An deinem Sabbatmorgen nicht dem Schöpfungsjubel deiner Sonne? Am Tag deiner Sabbate, in das Festeslicht deiner Sonne getaucht, deine sabbatlichen Hügel da draußen mir vor Augen, dem Wort deines Gottes lauschen – dem tiefen Sinn deines Sohar[37] nachgehn – oder den lieblichen Enkelinnen, es sind schon deine Töchter, du liebes „zerstörtes" Jeruschalajim, deine sabbatlichen Herrlichkeiten am Himmel droben und auf Erden in der heiligen Sprache zu weisen – und ihr Herz quillt auf in Liebe zu dir und in Liebe zu deinem Gott –: ist es nicht wirklich, Woche um Woche, ein ahnungsvoller Vorgeschmack der Wonnen des Tages, der kommt und er ist „ganz Sabbat"[38]? Und warum es schließlich verschweigen? Ist es mir nicht, Woche um Woche, als ob deine Sabbate, du „zerstörtes" Jeruschalajim, köstlicheren Duft in ihre – „gesetzten" Speisen legen, als ich seiner je in der Gola teilhaftig war? – –

Schön, überirdisch schön, sind Jahr um Jahr deine Festtage, du „zerstörtes" Jeruschalajim. Bist du nicht, in all deiner „Zerstörung", lebendig geblieben, höchst lebendige Metageschichte? Sind es nicht ganz ausschließlich deine Festtage, die Gott seinem Volk geschenkt, Festtage der Metageschichte, in der Stadt der Metageschichte zu verbringen? Wohl sind auch deine Festtage „zerstört", gleichwie du selbst „zerstört" bist, und nicht mehr, und noch nicht, haben wir hier die Freude, dass man zu uns spricht: „Gehen wir zum Hause Gottes".[39] Doch wie du, in aller „Zerstörung", dennoch – du bist, so sind auch deine Festtage, in aller „Zerstörung", deine wirklichen Festtage, und die nationale Freiheit durch Gott, das nationale Gesetz durch Gott, den nationalen Schutz durch Gott: tiefer, inniger, erschütternder, in engerer metageschichtlicher Verbundenheit erleben wir alles, und in herzlicherer Freude erleben sie an ihnen, an diesen „einzigen" Tagen, denen kein Galutzweifel den zweiten Tag anhing, und die gerade in ihrer „Einzigkeit" zu doppelter und darum aufs höchste gesteigerter Konzentration von Geist und Herz und Seele laden[40]. Und

36 Vgl. Hiob 38, 7.

37 Hebr. זוהר („Glanz").

38 Vgl. mTam 7, 4: „Am Sabbat sangen sie [die Leviten im Tempel]: *Ein Psalmlied für den Sabbat* (Ps 92). Ein Psalmlied für die kommende Zeit, für den Tag, der ganz Sabbat ist."

39 Ps 122, 1.

40 In der Diaspora werden alle Festtage (außer dem Versöhnungstag) an zwei Tagen statt (wie biblisch vorgesehen) an einem Tag gefeiert (hebr. *jomtov scheni schel galujot*), weil man in der Zeit, als es noch keine feste Kalenderberechnung gab, von der Meldung ausgesandter Boten abhängig war, die den Beginn eines neuen Mondes verkündeten. Um sicher zu sein, nicht den tatsächlichen Feiertag zu entweihen, begann man, an zwei Tagen zu feiern.

deine „Wochentage des Festes“[41]: siehe, so groß ist deine Kraft, du „zerstörtes“ Jeruschalajim, dass mir eigentlich erst in dir der göttliche Glanz dieser ganz in Heiligkeit getauchten „Wochentage“ aufging – Wochentagsfeste, auch vom Wort der Weisen nur wenig umhegt – wesentlich der eigenen gestaltenden Künstlerschaft ausgeantwortet – wie soll ich sie dir danken, diese herrlichen Tage, du mein geliebtes „zerstörtes“ Jeruschalajim? – Und gar dein „Fest der Hütten“[42], dein eigentliches Fest „zerstörter“ und doch so lebendiger, so unverwüstlicher Freude! Ist nicht dieses Fest nun wirklich ganz und gar dein? Ach, in der Gola war die Sorge gering, es werde der Sonne mehr sein als des Schattens[43], denn herbstliche Nebel und herbstliche Wolken stellten oft genug sich ein, und nie verließ uns die Sorge, es möchte der Unwille unseres Herrn uns aus der Hütte treiben.[44] Aber hier – aber hier – nie strahlt deine Sonne herrlicher als an diesen wahrhaft messianischen Tagen, und kein Dach des vorsorgenden Pessimismus findet sich an deinen Hütten nichts als die „Decke“[45] hingebungsvollen Vertrauens, wie das Gesetz sie zulässt und verlangt – und durch die Spalten deiner Decke spielen die Strahlen deiner Sonne und füllen deine Hütte mit überirdischem Glanz,[46] und blinken des Nachts die liebenden Grüße deines Monds und deiner Sterne – und in deiner Hütte, eingehüllt wie mit einem Talith, sitze ich die Woche und wanke nicht, und Gottes Buch der Tora weicht nicht von meinem Munde – und in deine Hütte eingehüllt wie mit einem Talith träume ich die Nächte, zusammen mit deinem Mond und mit deinen Sternen, deiner verheißenen Zukunft entgegen...

Was aber soll ich sagen zu deinem „Tag der Geschichte“[47], zu deinem „Tag der Versöhnungen“[48], mein „zerstörtes“ Jeruschalajim? Das Mussafgebet, in dir gesprochen, begleitet vom Schrei deiner Steine, wie kann es nur Lippenwort sein? Wie steht es nicht auf, von Zauber berührt, in grausamster Zerstörung und in lebendigster Wirklichkeit zugleich? Im Morgengrauen stehe ich auf der Altane und schaue hinüber, wo, tief unten, das Geheimnis brütet. Schon rötet sich das Firmament in atemlos schweigender Erwartung des Alls. Und siehe, blinkt nicht

---

41 Hebr. חול המועד (*chol ha-mo'ed*), die „Halbfeiertage“ des Pessach- und Laubhüttenfestes.

42 Hebr. חג הסוכות (*chag ha-sukkot*).

43 Nach der Halacha muss in der Sukka mehr Schatten sein als Sonne; vgl. mSuk 1, 1.

44 Vgl. mSuk 2, 9.

45 Das Dach der Sukka darf nur aus Laub, Stroh- und Holzbündeln bestehen (mSuk 1, 5f).

46 Vgl. Selig-Bär, *Siddur Schema Kolenu,* 242f: „Gelobt seist Du, Ewiger, der das Zelt des Friedens über uns und über Sein ganzes Volk Jisrael und über Jeruschalajim ausbreitet.“

47 D.h. der Neujahrstag, den Breuer auch יום הזיכרון (Jom ha-Sikkaron, „Tag des Gedenkens“) nennt; vgl. Lev 23, 24) und in *Der Neue Kusari* (IBWA 4, 181).

48 Wörtliche Übersetzung aus dem Hebräischen: יום הכיפורים – *Jom ha-Kippurim.*

selbst dort, genau wo das Geheimnis brütet, der erste Sonnenfunken deines „Tags der Versöhnung“? Kommst du von Hebron[49] Sonnenfunke, und trägst du von Hebron der Väter Verdienst zu Jeruschalajims harrenden Söhnen? Füllen sie nicht wieder die weite Halle und harren des Enkels Aharons, dass er sie heimführe, Volk und Glieder, zum liebenden Vater der Väter? Und wie die Sonne langsam steigt – höre ich nicht deutlich dein leises Weinen, du mein „zerstörtes“ Jeruschalajim, Weinen unendlicher Sehnsucht, Weinen unendlichen Wehs, Weinen des hingegebenen Hoffens, Weinen lebendigster Erwartung, und bin ich nicht glücklich, gewürdigt zu sein, im Mussaf meine Stimme mit der deinen mischen zu können[50] – in weinender Sehnsucht, in weinendem Weh, in weinendem Hoffen und in weinender Erwartung?

Aber dein „neunter Aw“, du „zerstörtes“ Jeruschalajim, kennt kein Mussaf. Nicht in der Metageschichte gründet er, sondern in der Geschichte. Er ist der Triumph der Geschichte über die Metageschichte. Lasset uns weinen, Jeruschalajim, du und dein Volk, zusammen mit unserem – Gott. Weinen über unser dreier Katastrophe, die eine Weltkatastrophe, die eine Menschheitskatastrophe! Und schau ich hinüber, die Nacht und auch am Tag – steigt nicht dort – sieh nur, sieh! – mitten aus der fremden Pracht die schwarze Säule gen Himmel, die Säule des ewig brennenden Hauses, das das Feuer der Geschichte verzehrt und das Feuer der Geschichte wieder erbaut?[51] Noch trennt die Mauer der Klage Geschichte und Metageschichte. Und stehe ich an dieser deiner Mauer am neunten Aw, so packt mich der Jammer deines ganzen Volks, der Jammer deiner ganzen Menschheit, und eins bin ich mit deinem ganzen Volk, eins mit deiner ganzen Menschheit.[52] Und dennoch liegt Trost auch in deinem neunten Aw, du „zerstörtes“ Jeruschalajim! Triumph der Geschichte? Wo ist Babel? Wo Rom? Du aber – bist – und mit dir dein Volk. Auch Weinen ist glühendes Leben. – Und schön ist selbst dein Alltag, du „zerstörtes“ Jeruschalajim! Alltag? Gibt es überhaupt deinen Alltag? Ist nicht dein Himmel über deiner Landschaft ein dauerndes Fest, wenn ihn und sie nicht die Wolken schwärzen? Und ist nicht dein Regen, wenn der „Weher des Winds“[53] ihn zustande kommen lässt, immer aufs Neue ein wahres

49 Nach mJom 3, 1 war im Tempel die „Zeit des Schlachtens“ gekommen, wenn der „Schimmer“ (aram. *burqi*) des Morgenlichts die ganze Ostseite bis in Richtung Hebron erleuchtete. Der Talmud (bJom 3, 1 – 40b, 29) erläutert, dass diese Bestimmung an das „Verdienst der Väter“ erinnert, da in Hebron die Erzväter begraben sind (Gen 49, 29–32).

50 Breuer war an den Hohen Feiertagen Vorbeter in der von ihm mitgegründeten Horeb-Synagoge in Jerusalem; als *pars pro toto* für den Gottesdient dieser Tage erwähnt er das Zusatzgebet (*Mussaf*). Zur Horeb-Synagoge vgl. Kraft, *Aschkenas*, 52–58.

51 Siehe Ende der Einschaltung im Achtzehn-Gebet am 9. Aw.

52 Zur Wahrnehmung der Westmauer in der Mandatszeit vgl. Croitoru, *Al-Aqsa oder Tempelberg*, 124–155.

53 Vgl. die Einschaltung משיב הרוח ומוריד הגשם im Achtzehngebet in der kalten Jahreszeit.

Naturereignis? Bleibe ich nicht oft, mitten im „Alltag“, auf der längst vertrauten Straße des Königs Georg wie gebannt stehen[54], hingerissen, wie am ersten Tag, von der Anmut und der Schöne deines Anblicks? Zu Hause bin ich, und dennoch dein – Gast, du „zerstörtes“ Jeruschalajim, glücklich und dankbar für jeden Tag, den du mich länger duldest! – Nach den ersten Jahren, die ich, in ständiger Unrast des Reisens, immer wieder dir entführt wurde, um zu retten, was vielleicht noch zu retten[55], ließ ich mich, mitten im zweiten Völkerkrieg, als „palästinensischer“ Anwalt nieder und übe nun in dir meinen „Beruf“ aus. „Palästinensisches“ Recht in der Stadt des Rechtes Gottes? Ein höchst seltsames Gemisch von arabischen und türkischen und französischen und deutschen und englischen und – jüdischen Bestandteilen. Bist du nicht wirklich immer noch „zerstört“, mein geliebtes, mein armes Jeruschalajim? Ist nicht auch mit dir mein „Beruf“ – „zerstört“? Und dennoch! Und dennoch! Mein „zerstörter“ Beruf gibt mir, bei allem Misslichen, Freuden, die ich in Frankfurt nicht kannte. Nicht in fremde, sondern in jüdische Gesellschaft ist er hineingestellt, und nicht so sehr bei den Gerichten als vielmehr von Mensch zu Mensch, von Jude zu Jude, darf ich und kann ich, beratend und anregend, hemmend und fördernd, ausgleichend und versöhnend, selbst im „Beruf“ produktiv an deiner Zukunft, Jeruschalajim, meines privaten Teils mitarbeiten, und selbst mein „Beruf“, selbst dein „Alltag“, führt mich nicht heraus aus deiner metageschichtlichen Sphäre!

Und nun gar die Feierstunden des „Alltags“, die Stunden des „Lernens“, in dir, du „zerstörtes“ Jeruschalajim! Nach den ersten Jahren der Unrast, denen ich, dem Himmel sei es geklagt, selbst die mir unentbehrliche Art des „Lernens“ zum Opfer brachte, habe ich nun wieder, dem Himmel sei es gedankt, meinen öffentlichen Schiur[56], in – Jeruschalajim! Und nun erst bin ich wirklich – zu Hause. Rede ich es mir nur ein? Mir ist, als bewähre sich mir das Wort, dass deine Luft weiser

54 Breuer wohnte in der *Rechov Balfour* am Rande des Stadtteils Rechavia (heute der Sitz des israelischen Ministerpräsidenten) unweit der *King George Straße* in Jerusalem (Kraft, *Aschkenas*, 53); Mordechai Breuer beantwortet in einem Interview die Frage, warum seine Eltern gerade diesen Stadtteil als Wohnort wählten, obwohl Rechavia keine orthodoxe Gegend war, in der Nähe eine orthodoxe Neighborhood wie *Scha'are Chesed* zur Verfügung gestanden hätte: „Das sagt etwas über die Besonderheit der Neuorthodoxie. Man ging nicht einfach zurück über die Reform nach dem 18. Jahrhundert zur Orthodoxie. Das war vorbei. Das Ghettojudentum war nicht das Ideal der Neo- oder Neoorthodoxie“ (zitiert in: Sparr, *Grunewald*, 65).

55 Gemeint ist die weiter unten geschilderte aussichtslose Lage des selbständigen agudistischen Siedlungswerks.

56 Hebr. שיעור; in seinen *Schiurim* (Tora-Unterrichtsstunden) behandelte Breuer den Traktat Qiddushin, vgl. Balog, *Persönlichkeit*, 18. Seine Aufzeichnungen wurden von seiner Familie in einem privaten Erinnerungsheft veröffentlicht: *Savenu* „Unser Großvater“, 11f (Einführung in den Traktat), 12–14 (zu bQid 2a–b), 15 (zu bQid 4b), 15–16 (zu bQid 21b–22a), 16 (zu bQid 24a–b, 25b).

macht, Jeruschalajim[57]! Warum es verschweigen? Ich glaube, dass ich in dir besser, klarer, gründlicher, wahrer lerne, als ich früher je gelernt habe. Nicht dass ich die Methode meines Rebben s. A. verlassen oder auch nur geändert hätte. Ganz im Gegenteil! Hier erst habe ich sie ganz erfasst, und hier erst gibt sie mir, gestützt und gefördert von meinem treuen Bruder Samson, der den gleichen Rebben s. A. hatte, eine merkwürdig gesteigerte Gabe, meinen „Teil an der Tora“[58] in Empfang zu nehmen, nach herrlicher Mühsal, nach freudig aufreibender Arbeit. Gewiss ist auch dies Lernen „zerstört“, gleich dir. Denn ist es auch das geltende nationale Gottesrecht, das ich unentwegt lerne, so ist doch seine Geltung noch tausendfach gehemmt, gleich dir, mein gehemmtes Jeruschalajim! Und dennoch ist es nicht das Lernen „alter Quellen“, sondern das Lernen des Gottesrechts, das ewig ist – wie du! Dich lerne ich, Jeruschalajim, lerne den Grundriss deines Zukunftsbaus, lerne deine Gegenwart sogar, weil sie deine Zukunft in ihrem Schoße birgt, und tausendfach vergiltst du es mir, du armes, du reiches Jeruschalajim...

Und die Stunden an deinem – Schreibtisch! Auch in der Ferne hatten meine Gedanken sich immer nur um dich bewegt. Du aber schenktest mir deine heilige Sprache und gabst mir die Wonne, alles was ich je gedacht, nun an ihr zu erproben.[59] Lenktest, in all deiner „Zerstörung“, den Blick, den forschenden Sinn, auf das unzerstörbare Ganze, auf seine unhemmbare Aktualität, auf die grandiose Einheit seiner Teile. Sporntest zu nochmaliger Überprüfung froh empfangenen Erbguts, und spendetest Mut und Kraft zur Ergänzung, zur Weiterentwicklung. „Moriah“ – „Nachaliel“[60] –: über ihren Wert kann ich und darf ich nicht urteilen. Aber eines ist mir sicher: An keinem anderen Schreibtisch als dem deinen, hätte ich sie, auch inhaltlich, schreiben können, du Stadt des Metavolks, du Stadt des Metamenschen!

Sorgen gibt es auch in dir, du „zerstörtes“ Jeruschalajim. Ohne die weise waltende Hand meiner lieben Frau, ohne ihre hingebungsvollen persönlichen Opfer, wären sie mir am Ende über den Kopf gewachsen. Und nicht nur Sorgen, sondern auch Leid und Kummer. Auch unendliches Weh. Auch nimmer endende Trauer. Europa – – – Aber wie lautet der alte Spruch? „Der Allgegenwärtige tröste dich inmitten all derer, die um Zion und Jeruschalajim trauern“[61]. Das ist es! In die Trauer um dich, mein „zerstörtes“ Jeruschalajim, mündet, muss münden, jede „private“ Trauer, jede

---

57 In bBB 158b heißt es „אוירא דארץ ישראל מחכים“, „die Luft von Erez Jisrael macht weise“.

58 Vgl. die Zeile „und gib uns Anteil an Deiner Tora“ in der Sabbatliturgie am Freitagabend (Selig-Bär, *Siddur Schema Kolenu,* 248f).

59 Breuer pflegte sich beim Lesen der hebräischen Übersetzung des *Don Quijote* zu amüsieren (Mitteilung seiner Tochter Zippi Meir; Balog: *Interview*, Jerusalem, April 2012).

60 Zu Breuers beiden hebräischen Veröffentlichungen *Moriah* (1944) und *Nachaliel* (postum, 1951) vgl. oben Kap. 7, Anm. 10 und unten Kap. 14, Anm. 1.

61 Dieser Satz (המקום ינחם אותך בתוך שאר אבלי ציון וירושלים) wird bei Kondolenzbesuchen

nationale Trauer, und wie kein Glück ein echtes Glück ist, das nicht auch irgendwie dein Glück begreift, so ist auch kein Weh ein echtes Weh, Leid und Kummer und Sorgen nicht echt, wenn sie nicht, letzten Endes, dich mit einzubeziehen vermögen. Sie alle nimmst du auf, wenn sie wirklich auch vor dir bestehen können, und indem du sie aufnimmst, lehrst du zugleich, ihre wahre Bedeutung erkennen, ihr richtiges Maß zu messen, und spendest damit von deinem Trost, mit dem dein Gott dich immerwährend tröstet, von deiner ausharrenden Kraft, mit der dein Gott dich immerwährend versieht, von deinem metahistorischen Ausblick, den dein Gott dir niemals entzogen hat. Sorgen und Leid und Kummer und Weh, und nimmer endende Trauer – wie anders, wie inniger, wie – größer lebt sich all das in dir, mein sorgendes und leidendes, mein bekümmertes und wehes und immer noch trauerndes – mein – „zerstörtes" Jeruschalajim – – – Furchtbar waren die Geschehnisse der letzten Jahre, und heute noch wankt die Welt, als hätte sie den Taumeltrank bis zur Hefe geleert. Zweimal stand das Verbrecherheer an deinen Toren, Jeruschalajim, und zweimal hielt der Allmächtige schützend seine Hand über dich, indes da draußen Millionen deiner Söhne und Töchter hinsanken. Die Welt ist „zerstört", weil und solange du „zerstört" bist.[62] Wer diesen Zusammenhang nicht tiefstens fühlt und begreift, ist den grauenvollen Stößen einer sinnlosen „Gegenwart" wehrlos ausgeliefert. Wem der Tod das katastrophal endgültige Ende bedeutet, dem kann fürder kein Lächeln mehr, schüchtern genug, die Lippen schürzen, kein Tropfen Freude mehr, auch noch so kurz, das Herz befreien: zwischen ihm und dem Lächeln, zwischen ihm und der Freude steht millionenfacher Tod. – Du aber, „zerstörtes" Jeruschalajim, lehrst mich Tag für Tag den Tod im Leben, und das Leben im Tod. Das Leben in dir ist „zerstörtes" Leben, und der Tod in dir ist erst recht „zerstörtes" – Leben, aber immer nur, aber immerfort – Leben. Nahe ist uns allen dein – Har Hasethim[63], und nahe, gar nahe, ist dein Har Hasethim deinem – Har Habajith[64]. Denn ein Gott des Lebens ist dein Gott, des ganzen Lebens und des „zerstörten" Lebens und des auferbauten Lebens –: wo ist dein Schrecken, Tod? Auch auf dem Har Hasethim ist man hier – zu Hause.

Im Leben wie im Tod – zu Hause...

---

gesagt (Hirsch, *Gebete*, 742). In Breuers Roman *Falk Nefts Heimkehr* (117ff) motivieren diese Worte die Rückkehr der Hauptperson zur religiösen Lebensweise.

62 Das Motiv der Zerstörung des Tempels als universale Weltkatastrophe wird in den Trauergesängen (*Kinnot*) des 9. Av aufgegriffen.

63 Hebr. הר הזיתים („Ölberg").

64 Hebr. הר הבית („Tempelberg").

Elftes Kapitel

Unrast

Selbst die rein statische Auffassung der Aguda, wie sie in der ersten Kenessia Gedola obsiegte, stellte die Leitung vor eine Aufgabe, die, wenn wirklich ernst genommen, die volle Arbeitskraft einiger hauptamtlich tätiger führender Persönlichkeiten unweigerlich forderte: die zielbewusste und gewissenhafte Durchorganisierung des ganzen, über die Welt zerstreuten jüdischen Volks, soweit es für die „Idee" überhaupt zu gewinnen war, da nur eine Weltorganisation die jeweiligen Gesamtaufgaben im Geiste der Tora zu lösen vermöge. Je geschichtsferner, je zeitabgewandter, je formalistischer ein solches Programm war, umso klarer musste man sich darüber sein, dass die jüdischen Weltmassen keineswegs lawinenartig sich in die neue Weltorganisation stürzen und keineswegs von selber in einen Wetteifer eintreten würden, ihr opfervoll die erforderlichen Mittel zur Verfügung zu stellen, die die Jeweiligkeit beanspruchte. Einem großen Teil der Massen waren Wesen und Bedeutung einer Organisation, und nun gar noch einer Weltorganisation, durchaus fremd, und sie mussten ihnen offensichtlich erst nahegebracht werden, wollte man sie zu namhaften und regelmäßigen Leistungen bewegen. Hier konnte nur unausgesetzte Aufklärungs- und Werbearbeit helfen, nur eine ungeheure Fülle organisatorischer Maßnahmen allmählich Ordnung schaffen.

Unglücklicherweise traf es sich aber, dass geeignete führende Persönlichkeiten nicht vorhanden waren, deren wirtschaftliche Verhältnisse es ihnen gestattet hätten, ihre volle Arbeitskraft hauptamtlich der Aguda zur Verfügung zu stellen und ihren Lebensunterhalt aus eigener Tasche zu bestreiten. Hauptamt und Ehrenamt sind keine Gegensätze. Zum mindesten ist die Verantwortung bei beiden die gleiche. Der Ehrenbeamte, der des Glaubens ist, er trage nicht die volle Verantwortung für die gewissenhafte Erfüllung der Pflichten seines Amtes mag wissen, dass ihm sein Ehrenamt durchaus keine – Ehre einbringt. Dagegen gelten Ehrenamt und besoldetes Amt allerdings als Gegensätze. Für die Aguda war es daher eine geradezu entscheidende Lebensfrage – und für die statische Aguda erst recht – für ihre führenden Persönlichkeiten besoldete Ämter zu schaffen. Im „Nebenamt" lässt sich keine Weltorganisation errichten. – Ein zweites Unglück: es standen bei der Geburt der Aguda keine Feen, ihr die erforderlichen Mittel für ihren Lebensweg, oder auch nur für den ersten Abschnitt ihres Lebenswegs, in die Wiege zu legen. (Die Kosten der „großen" Tagungen der Aguda wurden im Allgemeinen durch „Gönner" gedeckt.) Demnach zwei Probleme: Waren die führenden Persönlichkeiten gezwungenermaßen bereit, besoldete Ämter zu übernehmen, und wie war die junge Aguda imstande, ihre führenden Persönlichkeiten zu besolden?

Alte Frage: Schaffen die Persönlichkeiten das Geld, oder schafft das Geld die Persönlichkeiten? Ich zaudere nicht einen Augenblick, mich mit aller Bestimmtheit für die erste Alternative zu entscheiden, ohne deshalb die akzessorische Möglichkeit der zweiten zu verneinen. Das Doppelproblem der Aguda war daher in Wahrheit nur ein einziges: Hatte sie führende Männer in genügender Zahl, die von der Größe der Aufgabe dermaßen erfüllt waren, dass sie sich dazu bringen konnten, ihr das schwerste Opfer zu bringen und Besoldung anzunehmen, um sich ihr ganz widmen zu können; die zugleich einen so starken Glauben an die siegende Kraft ihrer „Idee“ in sich trugen, dass sie nicht einen Augenblick zweifelten, ihrer „Bewegung“ ein Vielfaches dessen einzubringen, was sie als „Gehalt“ von ihr in Empfang zu nehmen sich durch ihre Lebensverhältnisse gezwungen sahen.

Nun war ohne Zweifel gerade bei den orthodoxen Massen ein starkes Vorurteil gegen das besoldete Amt vorhanden. Zum Teil geht dieses Vorurteil auf die gesetzliche Vorschrift zurück, wonach das Lehren der Tora unentgeltlich zu geschehen habe[1]; zum Teil mag es, vielleicht, auf der Erinnerung an die verdienstvollen „Schtadlanim“[2] der Vergangenheit beruhen, die meines Wissens, vom Allmächtigen mit Glücksgütern gesegnet, meist ihre „jeweilige“ segensreiche Tätigkeit unentgeltlich ausübten. Da nun keine der führenden Persönlichkeiten der Aguda sich solcher Glücksgüter zu erfreuen hatte, kam alles darauf an, dass sie sich gleichmäßig entschließen konnten, Gehalt anzunehmen, weil sonst die Autorität derer unter ihnen, die das Opfer eines solchen Entschlusses brachten, in den Augen der Massen zwangsläufig zugunsten der Autorität derer unter ihnen, die es nicht brachten, Einbuße in gefährlichem Grade erfahren müsste.

War bereits die statische Auffassung der Aguda ein wahres Verhängnis für sie, so hat vollends Rosenheims beharrliche Weigerung, sich ganz in den Dienst seiner Sache zu stellen, die Tatsache, dass er darauf bestand, in dem entscheidenden Jahrzehnt nach der ersten Kenessia Gedola seinen Lebensunterhalt anderweitig zu suchen und die Geschäfte der Aguda nicht nur ehrenamtlich, sondern auch – nebenamtlich zu führen, geradezu verursacht, dass die Aguda auch organisatorisch ein Torso blieb, und ein wirklich ernsthafter Versuch zur Durchorganisation der Weltorthodoxie als solcher, zielbewusst, zäh, konsequent, unermüdlich, planmäßig, überhaupt nie gemacht worden ist. Im „Nebenamt“ lässt sich nun einmal keine Weltorganisation errichten. Auch nicht vom Schreibtisch, durch bürokratische Anhäufung von Akten. Auch nicht durch gewissenhafte Teilnahme an allen

---

1 Vgl. S. R. Hirsch zu *Sprüche der Väter* (Pirqe Avot) 4, 7: „Erniedrige die Wissenschaft der Gotteslehre nicht zu einem Werkzeuge deines Ruhmes und deiner Bereicherung“ (Hirsch, *Gebete*, 481).

2 Die Tätigkeit eines *Schtadlans*, des ehrenamtlichen Fürsprechers jüdischer Gemeinden vor nichtjüdischen Obrigkeiten in der Diaspora, zeichnet sich, wie Breuer im Folgenden kritisiert, durch seine unprofessionelle und unsystematische Arbeitsweise und zugleich durch die wenig selbstbewusste (insofern galutmäßige) Art und Weise des Vorgehens aus.

sämtlichen Sitzungen des Zentralrats[3] und der Kongresse. Man kann auch nicht „ehrenamtlich" Chef der Aguda sein – nebenamtlich – und es den „Kollegen" überlassen, „bezahlte Angestellte" der Aguda zu werden. Man stärkt damit nur die eigene Autorität auf Kosten der Autorität der – „Kollegen".

Ich habe vor der dritten K.G.* die ganze Frage in ausführlicher Darlegung zu öffentlicher Diskussion gestellt. Aber in einer Vorbesprechung der allweltlichen Exekutive, unmittelbar vor Eröffnung der K.G., erklärte Rosenheim in höchster Erregung und tränenden Auges, dass die Annahme eines Gehaltes seitens der Aguda seinen – Tod bedeuten würde. Ich erwiderte: „Und so bedeutet es den Tod der – Aguda". Dabei blieb es.

Woher dieser beharrliche Widerstand Rosenheims, der selbst die immer deutlicher werdende organisatorische Unzulänglichkeit der Aguda, die doch gerade ihn am meisten bedrücken müsste, ohne weiteres in Kauf nahm? Der Widerstand wäre in der Tat völlig rätselhaft, wenn er nicht aufs tiefste mit der ganzen Persönlichkeit Rosenheims verknüpft und in ihr geradezu verwurzelt wäre.

Rosenheim ist eine ausgesprochene Bourgeois-Natur. Er zieht es in den entscheidenden Jahren nach der ersten K.G. vor, Redakteur des „Israelit" zu bleiben und einen sehr bedeutenden Teil seiner Zeit und seiner Arbeitskraft Dingen zu widmen, die ein Dutzend anderer Menschen ganz genauso gut hätten erledigen können, statt sich ganz in den Dienst des Aufbaus der Organisation zu stellen, die ihm sein eigentliches Lebenswerk bedeutete. Als Redakteur des „Israelit" – und selbst als solcher tritt man niemals offiziell hervor – kann man in Philisters Augen immer noch als einigermaßen „gesettelt" gelten. Aber „bezahlter" Leiter einer überhaupt erst im Entstehen begriffenen mehr oder weniger in der Luft schwebenden Weltorganisation –: von jedem Weltorganisierten gewissermaßen als von seiner Tasche lebend angesehen: ausgeschlossen! Und entspricht nicht zudem dem unentwegt hochgehaltenen „Jeweiligkeitsprogramm" am besten das – Schtadlan-Ideal, das sich der jeweiligen Aufgabe jeweilig zur Verfügung stellt, im Übrigen aber keineswegs außer der Bourgeois-Reihe zu tanzen verpflichtet. In der Tat hat Rosenheim an diesem Schtadlan-Ideal für seine Person unbeirrbar festgehalten. Gleichwie er, entsprechend der ausgesprochenen Statik seines Programms, von der toratreuen Masse im Grunde nichts fordert und nichts zu fordern hat, so kann auch die Masse an ihn keine eigentlichen Ansprüche stellen. Aus der Fülle seines Liebeshorns spendet der Schtadlan, und was er spendet, ist freies Opfer, und was er – nicht spendet, gibt wahrlich zu Vorwurf keinen Anlass. Man kann es selbstverständlich Rosenheim nicht verdenken, dass er, bei aller Opferbereitschaft, das letzte Opfer stets verweigert hat. Kein Mensch hat das Recht, von ihm das

3 Dieses Gremium, das satzungsgemäß jährlich (außer in Jahren, in denen die *Kenessia Gedola* einberufen wurde) tagen sollte, umfasste nach § 10 der AI-Satzung von 1923 hundert Mitglieder.

letzte Opfer zu verlangen. Aber auch er selber hat es niemals von sich verlangt. Er war niemals ein „Besessener“ seiner „Idee“. So musste ein großes Kapital von Vertrauen und Liebe zinslos bleiben.

Was mich betrifft, so stand ich vom Tage der Gründung der Aguda, und erst recht seit der ersten K.G., in Opposition. Die erste K.G. hatte mich völlig davon überzeugt, dass meine Zeit noch nicht gekommen sei. (Ob sie je kommen wird? –) Gegen meinen Freund Pinchas Kohn s. A. und gegen Rosenheim mich im Osten durchzusetzen war völlig aussichtslos. Der Osten aber entschied. Nicht einen Augenblick kam mir der Gedanke, mein Leben künftighin dem Rosenheimschen Jeweiligkeitsprogramm und der dazugehörigen rein organisatorischen Arbeit zu weihen. Ich wäre auch ohne Zweifel nicht der hierzu geeignete Mann gewesen. Auch hat man es wohl von mir niemals erwartet. Ein „Besessener“ des Rosenheimschen Programms war ich wahrhaftig nicht.

So tat ich, was jede legale Opposition zu tun hat. Ich arbeitete mit, soweit ich es verantworten konnte; ich wurde nicht müde, zu warnen und zu tadeln (bis zum Überdruss Mancher); ich hörte nicht auf, in Wort und vor allem in Schrift für meine Idee Verständnis zu gewinnen, sie zu klären, sie zu vertiefen. Im Übrigen hatte ich zu warten.

Aber als nun das lang Gefürchtete geschah, als all der grauenhaft angesammelte Weltzündstoff sich in Deutschland entlud, und der entfesselte Brand sich zunächst gegen das ganze jüdische Volk richtete; als ich, Deutschland in den Händen von Verbrechern sehend, die an eine loyale Lösung der Judenfrage nicht im entferntesten dachten, meinen langgehegten Plan, in die Heimat zurückzukehren, endlich auszuführen beschloss – Rosenheim war schon vor mir nach London übersiedelt –, nahm ich das mir von meinem Freund Ehrmann übermittelte Angebot der „Palästina-Zentrale“ an, als damals einziges Mitglied der allweltlichen Exekutive, das seinen Wohnsitz in Palästina hatte[4], die Leitung des „Keren Hajischuw*“, hauptamtlich und gegen Gehalt, zu übernehmen und mich zugleich an der Leitung der übrigen agudistischen Angelegenheiten in Palästina zu beteiligen.[5] Nie in meinem Leben habe ich einen verfehlteren Schritt getan als diesen. Und dennoch bereue ich ihn nicht.

---

4 Gemeint ist der geschäftsführende Ausschuss nach § 13 der AI-Satzung von 1923, dem Breuer seit 1923 angehörte.

5 Breuer übernahm die Leitung des Siedlungsfonds im Herbst 1937, legte sein Amt aber 1940 wieder nieder. Seine Ausführungen im ersten Teil des Kapitels über den Ansehensverlust, den die Annahme eines bezahlten Amtes in der jüdischen Welt mit sich bringt, tragen dazu bei, sein Scheitern zu erklären: Während Breuer das Opfer des bezahlten Amtes auf sich genommen hatte und trotz aller Mühe das Scheitern nicht vermeiden konnte, hatte Rosenheim – so seine Darstellung – sowohl Opfer als auch Mühe gescheut.

Mein nationales Bereitstellungsprogramm in der ganzen Weltaguda zur Annahme und Inangriffnahme zu bringen, war mir nicht im Entferntesten gelungen. Von der Tätigkeit der Palästina-Zentrale, hinter der eine von den Toragrößen getragene nationale Bewegung überhaupt nicht stand, hatte ich mir von Anfang an keinen wirklichen Erfolg im Sinne dessen versprechen können, was mir die Forderung der Stunde schien: die Rechte, die das Mandat dem jüdischen Volk gewährt hatte, zur Errichtung eines Nationalheims der Tora zu benützen. So wollte ich wenigstens mich der weit bescheideneren Aufgabe zur Verfügung stellen, an der Entwicklung der Aguda im Lande selber mitzuarbeiten, die seit dem Jahre 1933 in immer noch wachsender Zahl ins Land strömenden Agudisten möglichst zu erfassen, und überhaupt, wie mein Freund Ehrmann nicht ohne Schmunzeln bemerkte, im Lande ein wenig nach dem Rechten zu sehen. Ohnedies konnte ich mir damals kaum vorstellen, in einer solchen Zeit ins Land zu kommen, um dort meinen Beruf auszuüben. Es war keineswegs nur das Erfordernis der nochmaligen Ablegung eines Staatsexamens, so peinlich und lästig dies auch in immerhin einigermaßen vorgerücktem Alter sein mag, das mich davon abhielt[6], sondern die beinahe fixe Idee, dass ich mich unter den obwaltenden Umständen im Lande ganz in den Dienst unseres Volkes zu stellen hätte. Ehrmann begleitete uns bis Basel, und dort war es, am Badischen Bahnhof, wo wir beide uns, Abschied nehmend, zum ersten und bis heute letzten Male – küssten. Meinen Kindern, auch den jüngsten von ihnen, ist dieser Kuss unvergesslich geblieben.[7]

Und so kam ich denn ins Land, und ich begann alsbald, nach dem Rechten zu sehen. Was ich aber schon nach den allerersten Tagen sehen konnte, war keineswegs das Rechte: dass nämlich kein Geld da war, um selbst nur die dringendsten Anforderungen der nicht gerade zahlreichen agudistischen Institutionen zu decken. Seit vielen Jahren hatte ich, getreu meiner ganzen Einstellung, der Palästina-Zentrale nicht mehr angehört. Von dem wirklichen Ausmaß des Geldmangels hatte ich daher keine zutreffende Vorstellung gehabt. Und vielleicht war eine zutreffende Vorstellung überhaupt nur an Ort und Stelle zu gewinnen. Ich gewann sie außerordentlich schnell.

Die Weltaguda hatte das Land in die außerordentliche Reichhaltigkeit ihres Jeweiligkeitsbouquets eingereiht. Dass man auf diese Weise kein – Nationalheim der Tora[8] errichten konnte, war mir natürlich klar. Was mir aber erst im Lande,

---

6 Im Oktober 1942 legte Breuer das erforderliche Examen dennoch ab.

7 Die Freundschaft, die auch zu einem ausführlichen Briefwechsel führte, fand von Seiten Ehrmanns Ausdruck in einem Aufsatz über Breuer, den er 1958 zu einem von dem New Yorker Rabbiner Leo Jung veröffentlichten Sammelband beisteuerte: Ehrmann, *Isaac Breuer*, in: Jung (Hg.), *Guardians of Our Heritage* (dort 619–646).

8 Die Wendung „Nationalheim der Tora" knüpft an die Formulierung der Balfour Erklärung von

allerdings außerordentlich schnell, klar wurde, war die geradezu unglaubliche Tatsache, dass die Kräfte der Weltaguda noch nicht einmal ausreichten, um die Existenz eines relativ winzigen Schulwerks sicherzustellen oder seinen weiteren Aufbau zu ermöglichen, um die Gehälter der notwendigen Beamten regelmäßig zu zahlen, geschweige denn der agudistischen Arbeiterorganisation[9] oder den beiden agudistischen Kibbuzim[10] eine wirklich wirksame Hilfe zu leisten. Ein geradezu ans Mystische grenzender höchst naiver Glaube verband bei all diesen Stellen mit meiner Person die seltsame Vorstellung, dass sie sich irgendwie als reichhaltige – Goldquelle erweisen werde, und dieser Glaube wurde rückhaltlos auch von den im Lande weilenden – Gläubigern der Palästina-Zentrale geteilt, mit denen ich sehr bald überraschende Bekanntschaft machte. So fand ich mich nach ganz kurzer Zeit zwischen der Scylla dieser Gläubiger und der Charybdis unserer agudistischen Stellen, und ich hatte den deutlichen Eindruck, dass der Glaube beider jeden Augenblick in höchst ungläubiges – Misstrauen umschlagen konnte, wenn nicht bereits umgeschlagen war. Gar schnell verflog mein Traum, an der Entwicklung der Aguda im Lande zu arbeiten. Hierfür allein hatte ich mich hauptamtlich zur Verfügung gestellt. Ich hätte daher alsbald mein Amt niederlegen sollen. Auch soweit die Leitung des „Keren Hajischuw" in Betracht kam, hatte mein Amt nur die Verwaltung der in diesen „Fonds" aus der Gola „einfließenden" Gelder zum Gegenstand. Ich hätte es wirklich alsbald niederlegen sollen. Ich beschloss stattdessen, mich in den Dienst der Aufbringung der erforderlichen Gelder zu stellen. Nie in meinem Leben habe ich einen verfehlteren Schritt getan als diesen. Und dennoch bereue ich ihn nicht.

Um einen unmittelbaren Zusammenbruch zu vermeiden, verschaffte ich zunächst dem Keren Hajischuw einen Überbrückungskredit. Dann begab ich mich auf Reisen. Vom Jahre 1936 bis zum Jahre 1940, vier volle Jahre, hat es keinen Sommer gegeben und keinen Winter gegeben, in denen ich nicht auf Wochen mich auf der Unrast der Wanderschaft befunden hätte. Sie führte mich nach Polen, Litauen, Lettland, Tschechoslowakei, Österreich, Schweiz, Belgien, Holland, Amerika; zum größeren

---

1917 an (vgl. oben Kap. 8, Anm. 20), die ein „national home" für das jüdische Volk in Palästina befürwortet hatte, und gibt ihr eine jüdisch-orthodoxe Interpretation.

9 Zur AI-Arbeiterorganisation, die 1923 in Łódź gegründet worden war und deren Präsident Breuer in den 1930er Jahren wurde, vgl. Morgenstern, *Von Frankfurt*, 74 und 228.

10 Der erste agudistische Kibbuz, der sich später den Namen *Chafez Chajim* gab – zu Ehren des kurz zuvor verstorbenen Rabbiners Israel Meir Kagan*, 1838–1933, der (nach dem Titel seines wichtigsten Buches) selbst ebenfalls *Chafez Chajim* (vgl. Ps 34, 13) genannt wurde –, wurde im Sommer 1933 gegründet; im November 1933 entstand der Kibbuz *Noar Agudati* („Agudistische Jugend"). Zu diesen Kibbuzim, die sich schließlich zusammenschlossen und als vereinigter Kibbuz unter dem Namen *Chafez Chajim* bis heute bestehen, vgl. IBWA 2, 355, Anm. 8.

Teil in wiederholten Besuchen. Meiner Gesundheit war sie nicht allzu förderlich.[11] Der Sache hat sie nicht nachhaltig nützen können. Subjektiv brachte sie mir das „erhebende" Gefühl, der „Bewegung" immerhin erheblich mehr eingebracht zu haben, als ich ihr „gekostet" habe. Aber ich bin wohl nicht – Philister genug, um dieses Fazit allzu sehr zu schätzen. Und dennoch bereue ich nicht.

Warum bereue ich nicht?

Ich bereue nicht, weil ich ohne diesen völlig misslungenen Versuch mir wohl immer Vorwürfe gemacht hätte, warum ich es nicht, einmal wenigstens, versuchte! Mein Verstand und mein Gefühl hatten mir zwar immer gesagt, dass ohne eine wirkliche geistig-seelische Umstellung der Weltorthodoxie im Sinne meines Programmes und meiner Schriften weder dem Ruf Gottes in der Geschichte entsprochen noch auch eine wirklich handlungsfähige Weltorganisation aufgebaut werden könne und dass das Jeweiligkeitsprogramm nur Gelegenheitsarbeit und Gelegenheitsarbeiter erzeugen werde. Aber besonders letzteres war mir stets bestritten worden. Eine harte und schwere Erfahrung von vier vollen Jahren hat den unumstößlichen praktischen Beweis der Richtigkeit beider Behauptungen erbracht. Unschilderbar ist der torsohafte organisatorische Zustand der Weltaguda, der sich mir in diesen Jahren auftat. Unschilderbar auch ihr mir in diesen Jahren immer wieder dargetanes Unvermögen, auch nur im Entferntesten praktisch dem geschichtlichen Gebot der Stunde zu genügen.

Ich hatte mir von Anbeginn bewusst kein weites Ziel gesteckt. Ich wollte zunächst nur in die Beziehungen zwischen den Ländern und Erez Jisrael – Ordnung bringen. Ich war überzeugt, dass die Ordnung allein schon genügen werde, um mindestens unseren mageren Bestand in Erez Jisrael sicher zu stellen. Auf diese Weise wollte ich wenigstens eine Basis schaffen, auf der man alsdann weiter bauen konnte. Zu diesem Zweck bildete ich in Jeruschalajim ein Generaldirektorium des Keren Hajischuw, dem ich sämtliche Palästina-Abteilungen in den Ländern unmittelbar unterstellen wollte. Bei jeder Palästina-Abteilung sollte ein vom Generaldirektorium ernannter und nur von ihm ressortierender, von den Landesorganisationen völlig unabhängiger Beamter tätig sein, um die ganze Finanzgebarung der Palästina-Abteilungen in steter Fühlung mit dem Generaldirektorium zu überwachen und die völlige Trennung der Palästina-Abteilungen von den Landesorganisationen in allen finanziellen Angelegenheiten durchzuführen. Zwischen den Landesorganisationen und ihren Palästina-Abteilungen sollten mit Zustimmung des Generaldirektoriums

11 Breuer war Kettenraucher; während einer Litauenreise kam er einmal wegen einer Rauchvergiftung ins Krankenhaus (Privatmitteilung seiner Tochter Zippi Meir an Yeshaya Balog; vgl. Balog, *Persönlichkeit*, 343 [Interview, Jerusalem, April 2012]). Einige während dieser Reisen gehaltene Reden und dazugehörige Dokumente wurden veröffentlicht, vgl. Balog, *Persönlichkeit*, 288–316.

Verträge abgeschlossen werden, die den prozentualen Anteil der Länder an den für Erez Jisrael einfließenden Geldern festsetzen sollten, wohingegen die Landesorganisationen unter Aufsicht des Kommissars des Generaldirektoriums die Propaganda für Erez Jisrael mit übernehmen sollten. Die Gelder sollten zunächst unverkürzt in die Hand des Kommissars kommen, der Anteil der Landesorganisation von ihm aus verantwortet[12] werden. Regelmäßige und öffentliche Rechnungslegung sollte sowohl seitens des Generaldirektoriums wie auch seitens seiner Kommissare erfolgen. Auf diese Weise hoffte ich auf schnellstem Wege das allenthalben schwer erschütterte Vertrauen der Spender wiederherzustellen und die bestimmungsgemäße Verwendung der Gelder zu sichern.

Man sollte meinen, dass es nichts Einfacheres, nichts Selbstverständlicheres gäbe, als diesen Plan durchgängiger Zentralisierung der agudistischen Palästina-Arbeit. Aber gerade dieser Plan hat sich als völlig unrealisierbar erwiesen. Bald genug stellte es sich heraus, dass ich mit ihm geradezu in ein Wespennest gestochen hatte! Gerade die größeren Landesorganisationen des Ostens, aber auch beispielsweise die englische, waren in finanzieller Hinsicht durchaus – „palästinozentrisch". Sie lebten wesentlich von den Eingängen für Palästina! Es entspann sich ein wütender Kampf zwischen dem Generaldirektorium und den Landesorganisationen, in welchem das erste schmählich unterlag, weil die Landesorganisationen als solche ihm nicht unterstanden und weil die allweltliche Exekutive ihm in völlig ungenügendem Maß Unterstützung zuteilwerden ließ. Die meisten Landesorganisationen lehnten die Ernennung von Kommissaren mit hitziger Entrüstung ab. Selbst nur regelmäßige Abrechnungen von ihnen zu bekommen, erwies sich als schwierig, und diese unkontrollierten Abrechnungen hatten naturgemäß einen recht zweifelhaften Wert. Ich hatte einmal die Absicht, die Ländereingänge aus den Keren-Hajischuw-Büchsensammlungen durch ihre Beleihung bei einer palästinensischen Bank zu mobilisieren, die sich grundsätzlich dazu bereit erklärt hatte und Jahresaufstellungen von mir verlangte. Die meisten Länder konnten solche Aufstellungen nicht liefern. Von einem der westeuropäischen Länder waren uns Erträgnisse aus diesen Sammlungen niemals zugegangen. Als ich energisch mahnte, reagierte man mit Gekränktheit und schwerster Empfindlichkeit. Und dies unter den Augen des Weltpräsidenten, der sich außer Stande erklärte, tatkräftig einzugreifen.

Dazu kam aber noch, dass in Palästina selber heftiger Widerstand gegen die Zentralisation ausbrach. Die sogenannte Landeszentrale, hinter der eine wirkliche Landesorganisation gar nicht stand; die Leitung der agudistischen Arbeiterorganisation; die beiden Kibbuzim: sie alle sahen argwöhnisch und misstrauisch auf das neue Generaldirektorium, und sie alle überschütteten die Gola mit Briefen, die nur allzu sehr geeignet waren, die Organisationen der Gola in

12 Im Original: geantwortet.

ihrer Haltung zu bestärken und sie zu ermuntern, sich gewissermaßen als Richter zwischen „hadernden“ Parteien aufzuspielen. Es führt zu weit, die einzelnen Stadien dieses höchst erbaulichen Kampfs aller gegen alle darzustellen. Die Geister grauenvoller Armut balgten sich um – Groschen; in Palästina wie in der Gola. Einig waren sie nur gegen das Generaldirektorium. Die allweltliche Exekutive sah interessiert zu. Da war kein Fortschritt zu erzielen. Ich hätte allererst daran gehen müssen, eine wirkliche Weltorganisation neu aufzubauen und sie an die Stelle der vorhandenen organisatorischen Vogelscheuche zu setzen. Aber mit dem Programm der Jeweiligkeit lässt sich eine wirkliche Weltorganisation nicht schaffen.

Allmählich hatte das Generaldirektorium nur noch Gegner. In diesen schwersten Zeiten standen mir die beiden Kassenwarte des Direktoriums, mein lieber Freund Dr. Falk Schlesinger* und Elieser Sirkis*, in nie versagender Treue zur Seite. Sie teilten vollen Herzens meine Sorgen und Kümmernisse, sie litten mit mir unter der Flut von Verleumdungen und Hetzen, sie hofften meine Hoffnungen, und sie trugen mit mir an der Verantwortung, und wir sind einig geblieben im Ausharren, wie wir auch einig blieben in der – Liquidation.

Und dennoch bereue ich nicht.

Der genaueste Einblick, den ich in diesen vier Jahren in die organisatorische Realität der Weltaguda gewann, ist mir wertvoll genug. Ein Vierteljahrhundert hat nicht ausgereicht, um die Weltaguda selbst nur aus den organisatorischen Kinderschuhen herauszubringen. Dabei ließ doch das Jeweiligkeitsprogramm keine andere wirklich dauernde akute Gesamtaufgabe übrig als eben die Aufgabe der Errichtung der Gesamtheitsorganisation. Wo keine Ideen am Werk sind, die um ihre Verwirklichung in einem geschichtlichen Prozess ringen, tritt ganz von selbst die Statik der Organisation in den allbeherrschenden Vordergrund. Die Leitung der Weltaguda aber hat es sowohl mit der Dynamik wie auch mit der Statik heillos verschüttet: ein wahrhaft vernichtendes Urteil, zu dessen Fällung mich ein vierjähriger grauenvoller Kampf gegen die agudistische Welt-Batlanut[13] voll und ganz legitimiert.

Ich bereue nicht. Denn wenn auch mein Kampf gegen die agudistische Welt-Batlanut wohl von vorneherein aussichtslos war, so hat er mich doch in vierjähriger Unrast mit den agudistischen Massen und den agudistischen Persönlichkeiten Europas in nahe Verbindung gebracht, und er hat mir namentlich, fast unmittelbar vor der furchtbaren Katastrophe, ein lebendiges Bild des europäischen Ostjudentums

---

13 Mit dem Begriff des *Batlan* (בטלן), des Langeweilers, Nichtskönners, kritisiert Breuer Müßiggang, Trägheit und Zeitverschwendung.

gegeben, das mir unvergesslich ist. Wien, Preßburg, Komorn[14], Topolcsany[15], Neutra[16], Muncacs[17], Krakau, Warschau, Łódź, Wilna, Tels[18], Kowno, Riga, – aber auch Luzern, Zürich, Basel, Straßburg, Paris, Antwerpen, Haag, Amsterdam, – und schließlich New York, Baltimore, Detroit, Boston – um nur die wichtigsten Plätze zu nennen, die mir gerade einfallen –: welch unermessliche Fülle und Vielfarbigkeit der Aguda durchaus nahestehender Menschen, welch große Zahl beachtlicher Talente, welcher Schatz begeisterungsfähiger Jugend, und wie groß die Leichtigkeit, eine gemeinsame Sprache zu finden, bei aller Verschiedenheit der Denk- und Redeweise, der Ausdrucksform für Fühlen und Hoffen –: was hätte eine einheitliche, entschlossene, ihres geschichtlichen Zieles völlig klare, was hätte eine fordernde und drängende und treibende Leitung aus all diesem köstlichen Menschenmaterial zu gestalten vermocht! Wo immer ich erschien, war ich genötigt, in öffentlichen Versammlungen aufzutreten, und ausnahmslos überall fand ich ein voll besetztes Haus. Bis tief in die Reihen ausgesprochener Gegner kamen sie, und wie stolz und wie dankbar waren unsere Freunde, wenn sie feststellen konnten, dass selbst Gegner stutzig wurden, selbst sie Verständnis oder mindestens Achtung bekundeten. Es war freilich nicht die Jeweiligkeitsaguda, die ich in diesen Versammlungen feilbot, sondern – meine Aguda, die Aguda der Bereitstellung von Volk und Land für ihr metageschichtliches Ziel, die nationale Aguda, die sich verstümmelt fühlt ohne das nationale Land, weil ihre nationale Tora verstümmelt ist, und die im Mandat die unerhörte, durch Gottes Gnade geschaffene Gelegenheit sieht, der Tora ein nationales Heim zu errichten, die unerhört schwere, durch Gottes

---

14 Die auf beiden Seiten der Donau liegende Doppelstadt Komárom (deutsch: *Komorn*), die bis zum Ende des Ersten Weltkriegs zu Ungarn gehörte, wurde 1919 geteilt. Der nördlich der Donau liegende Teil (slowakisch: *Komárno*) wurde slowakisch. Die slowakische Teilstadt wurde 1938 von Ungarn zurückerobert. 1945 wurde die Stadt erneut geteilt. Die meisten der knapp 2000 Juden der Stadt gehörten am Ende des 19. Jahrhunderts zur neologen Gemeinde. Daneben bestand eine kleine Austrittsgemeinde, eine Jeschiwa, eine Talmud Tora-Schule sowie eine *Beth-Jakov*-Mädchenschule.

15 D.h. die ehemals ungarische, heute in der Westslowakei liegende Stadt *Groß-Topoltschan,* in der in der Zwischenkriegszeit etwa 3200 Juden lebten, die zuletzt von Oberrabbiner Abraham Elieser Weiss (1871–1944) betreut wurden. In der Stadt existierte eine *Beth-Jakov*-Einrichtung für Mädchen; neben verschiedenen zionistischen Gruppen bestand auch eine *Agudat Israel*-Ortgruppe.

16 D.h. die slowakische Stadt Nitra (ungarisch: *Nyitra*), die vor 1918 zu Ungarn gehörte und bis zum Zweiten Weltkrieg eine große (deutschsprachige) jüdische Gemeinde zählte. Der Ort liegt etwa 150 km nördlich von Pápa, der ungarischen Geburtsstadt Breuers.

17 Die heute in der Ukraine liegende Stadt Mukatschewo (slowakisch: *Mukačevo*; ungarisch: *Munkács*; deutsch, hebräisch und jiddisch: *Munkatsch*) ist in der jüdischen Welt durch den seit 1882 bestehenden *Munkatscher Chassidismus* bekannt geworden. Der Enkel des Gründers der Bewegung, Rabbi Chajim Elasar Schapira*, war ein radikale Gegner sowohl des Zionismus als auch der *Agudat Israel*, die er beschuldigte, dem Zionismus gegenüber zu viele Kompromisse zu machen.

18 Zur Jeschiwa in Tels vgl. oben Kap. 9, Anm. 30.

Willen uns auferlegte Aufgabe, in freierer Entfaltung als es je seit zweitausend Jahren möglich war, nationale Wirtschaft und nationale Kultur ans Feuergesetz der Tora[19] heranzubringen, dass sie zu Gottes Wohlgefallen emporglühe. Also sprach ich, also mahnte ich, also forderte ich, und die Hörer hingen an meinen Lippen, und es schlug ihnen das Herz, und sie fühlten sich tief bewegt. Und sie alle gingen mit dem erhebenden Bewusstsein nach Hause, eine „schöne Rede" gehört zu haben.

Es war keineswegs nur die völlige Desorganisiertheit der Weltaguda, die diesen Reden jeden nachhaltigen Erfolg versagte. Immer wieder musste ich feststellen, dass die Hörer selber sich durchaus klar darüber waren, dass ich innerhalb der leitenden Kreise der Weltaguda ein „Einspänner" sei; dass die offizielle Weltaguda nicht hinter mir geschlossen und einheitlich stehe; dass die Großen der Tora ihre Meinung über das Mandat keineswegs kundgetan hätten; dass die agudistische Praxis nicht im Entferntesten dem von mir vertretenen Programm entspreche. Der Unterschied zwischen dem von mir entwickelten Sollen der Aguda und ihrem allen sichtbaren Sein war geradezu ins Auge springend. Einem Sollen bekundet man allenfalls – Respekt. Nur dem Sein bringt man wirkliche Opfer. Zwischen der Begeisterung für eine Rede und einer Unterhaltung im Kontor oder im privaten Salon ist ein gewaltiger Unterschied. Die Begeisterung gilt dem Sollen, die Unterhaltung dem Sein. Aus dem Gegensatz zwischen Sollen und Sein ergibt sich als willkommene Lösung der – Respektsbeitrag.

Und beim Respektsbeitrag, dem völlig unzureichenden, blieb es. Längst war ja auch der plötzliche Ausgang des einzigen kolonisatorischen Versuchs der Aguda kein Geheimnis mehr. Und dieser Ausgang kontrastierte höchst seltsam mit dem immer mehr wachsenden Erfolg des zionistischen Werks. Der Kontrast war bereits dermaßen ins Auge springend, dass man den agudistischen Anspruch, mit ihm in Wettbewerb zu treten, einfach nicht mehr ernst nahm, und zwar vornehmlich in den Kreisen, die ein wirkliches, tiefer gehendes und praktisches Interesse für das Palästina des Mandats hegten, zumal hinter diesem Anspruch offensichtlich kein einheitlicher und tatkräftiger Wille zu seiner Verwirklichung stand. Wie oft begegnete ich gerade bei den „Begeisterten" einem gewissen von Verlegenheit nicht freien Lächeln, das Sympathie, ja geradezu Mitleid ausdrückte und gar nicht selten sich in offenen Fragen äußerte: Denkt denn wirklich die Aguda wie Sie? Denken Sie wirklich daran, mit Keren Kajemet* und Keren Hajessod* zu konkurrieren? Ist nicht in Wirklichkeit die Aguda wesentlich eine politische Organisation zur Bekämpfung des Zionismus? Ein Verein zur Propagierung des „Austritts" in Palästina?

Hierin lag der Schwerpunkt. Die Welt lässt sich nicht täuschen. Sie hatte das sichere Gefühl, dass hinter der agudistischen „Politik" weit mehr Geschlossenheit und Energie stand als hinter der agudistischen Tat. War nicht in Wahrheit die

19 So übersetzt Breuer den Ausdruck אשדת (eschdat) in Dtn 33, 2.

agudistische Politik betreffend Palästina die wichtigste Angelegenheit der allweltlichen Exekutive, indes die agudistische Tat, vom Weltpräsidenten völlig unbefruchtet, in der – Palästina-Zentrale Unterschlupf suchen musste? Es ist eine bekannte Tatsache, dass im Allgemeinen keine Bereitschaft besteht, für reine Organisationsspesen größere Beiträge zur Verfügung zu stellen. Eine vorwiegend politische Organisation wird aber immer im Verdacht stehen, in erster Reihe ihre Generalunkosten im Auge zu haben. Auch der Umstand, dass der Keren Hajischuw sozusagen ein Mädchen für alles war, wirkte keineswegs vertrauenerweckend. Aus diesem „Fonds" waren zu speisen: das Schulwerk, die Kibbuzim, die Arbeiterorganisation, die Landesorganisation. Jeder erfahrene Kaufmann konnte da nur den Kopf schütteln. Eine Änderung war nicht möglich. Jede rationelle Arbeitsteilung setzt eine gewisse ökonomische Entwicklung voraus. Von einer solchen Entwicklung aber konnte bei uns auch nicht die leiseste Rede sein. All die genannten Schützlinge des Keren Hajischuw standen fortgesetzt dicht vor der Gefahr des Zusammenbruchs, und jeder von ihnen bedurfte jederzeit einer Einspritzung, um überhaupt am Leben erhalten zu werden. Sie alle waren durchaus mittellos, durchaus planlos in die Welt gesetzt worden, ohne dass die Frage der Balancierung von notwendigsten Ausgaben und mutmaßlichen Einnahmen überhaupt zuvor Erörterung gefunden hätte. Es fehlte auch der natürliche Auftrieb, den ein gewisser Anfangserfolg jeder werbenden Tätigkeit verleiht. Der gellende Ruf nach Rettung mag erschüttern; aber nur selten ermuntert er, und wird er häufiger erhoben, so stößt er schließlich geradezu ab.

Man war durchaus bereit, der Aguda einen gewissen geistigen Kredit einzuräumen. Einen Kredit für praktische Leistungen versagte man ihr bereits. Allzu lange war ihre Praxis, Palästina betreffend, in den Kinderschuhen stecken geblieben. Allzu sehr hatte sich, gerade Palästina betreffend, die Politik in den Vordergrund gestellt.

Ich bin der letzte, die Politik zu missachten; der letzte, es tadelnswert zu finden, dass die Aguda politisch wurde, politische Stellung nahm, statt ein Weltverband all derer zu werden und zu bleiben, die alltäglich Tefillin legen. Ganz im Gegenteil behaupte ich mit aller Entschiedenheit, dass die Politik ein wesentlicher Bestandteil des ganzen jüdischen Systems ist. Das Königtum Gottes, die Tora als geoffenbartes nationales Recht, die jüdische Nation als die Gemeinschaft dieses Rechts: das alles sind rein politische Begriffe, ohne die das Judentum unverstanden bleibt. Die Frage der freiwilligen Zugehörigkeit zur neutralen „Gemeinde", der freiwilligen Zugehörigkeit zur zionistischen Organisation mag man politische Fragen nennen, aber diese Fragen sind genauso aus Wort und Geist der Tora zu entscheiden, wie alle den individuellen Lebenswandel betreffenden Fragen. Zwischen unserem Vater im Himmel und unserem König im Himmel ist kein Unterschied. Gerade das Bereitstellungsprogramm, viel mehr noch als das Jeweiligkeitsprogramm, verlangt unweigerlich die „Politisierung“ der Aguda, die letzten Endes nichts anderes bedeutet als ihren bewussten Eintritt in Geschichte und Metageschichte.

Aber die Welt der Politik ist die Welt der Tat. Jüdische Politik wird stets eine Politik sein müssen, die die Gesetze ihres Handelns aus der Tora, aus dem Sollen der Tora zu schöpfen hat.[20] Eine Politik aber, die sich wesentlich darauf beschränkt, dieses Sollen der Tora zu entwickeln, ohne sich voll und ganz, mit höchster Energie und vollkommener Zielbewusstheit, für seine Verwirklichung einzusetzen, ist im Grunde überhaupt keine Politik, sondern – Kritik. Ich behaupte, dass die Weltaguda die toratreue Politik geradezu diskreditiert hat, indem sie zwar, von Anfang an, sich, Palästina betreffend, zum wahren Mundstück des Sollens der Tora machte, vor dem jüdischen Volk sowohl wie vor den Regierungen der Welt, die von diesem Sollen jedoch gebieterisch geforderte Tat der Tora nicht im Entferntesten mit der gleichen Überzeugungskraft, mit dem gleichen Glauben an endlichen Sieg, mit der gleichen Ernsthaftigkeit erkannter Pflicht wahrnahm, vielmehr Sollen und Tat schied und damit die „agudistische Politik“, an einem inneren Widerspruch krankend, in den Augen vieler herabsetzte, ja nicht selten verhasst machte. In der Bekämpfung des Zionismus hat die Weltaguda stets eine der wichtigsten, vielleicht die wichtigste, ihrer jeweiligen Gesamtheitsaufgaben erblickt, und man kann wohl sagen, dass sie die Lösung dieser Aufgabe geradezu in den Mittelpunkt ihrer Bestrebungen stellte. Da nun aber der Zionismus ohne Zweifel – „palästinozentrisch“ ist – nicht wahr? – so folgt daraus mit allbezwingender Logik, dass insofern auch die Weltaguda selber „palästinozentrisch“ war. Aber die Weltaguda war nicht geschichtlich; sie war nur dogmatisch. Sie erkannte die dogmatische Gefahr des Zionismus und bekämpfte ihn dogmatisch. Sie erkannte nicht die geschichtliche Bedeutung des Zionismus und erkannte darum auch nicht seine geschichtliche Gefahr. Darum war sie „palästinozentrisch“ nur in der Theorie, aber sie war nichts weniger als „palästinozentrisch“ in der Praxis. An diesem Widerspruch ist letzten Endes alles gescheitert. Die Differenz zwischen Theorie und Praxis war so offensichtlich, dass sie nicht selten selbst die Theorie kompromittierte, unter allen Umständen aber der Praxis jedes Vertrauen entzog. „Die Aguda treibt ja nur Politik mit Erez Jisroel!“ „Nur Politik“ – gemeint ist Politik ohne Tat. Es hätte richtiger geheißen: Dogmatik. Denn die Welt der Politik ist die Welt der Tat.

Im Grunde ist es bis zum heutigen Tag so geblieben. Es gibt keine Politik der Aguda in ihrer Beziehung zu Erez Jisrael; es gibt nur eine weltagudistische Dogmatik. Dogmatik bejaht man oder verneint man. Aber man zückt keinen Scheck für Dogmatik. Viele Agudisten glauben ihrer agudistischen Pflicht gegenüber Palästina vollauf genügt zu haben, wenn sie sich dem Zionismus fernhalten. Dogmatisch haben sie nicht einmal Unrecht.

---

20 In *Der Neue Kusari* (IBWA 4, 408) spricht Breuer von der „politischen Richtung Jaakobs“.

Und wenn sie gar den immer dringender werdenden Ansprüchen von Keren Kajemet und Keren Hajessod mannhaft widerstehen, so glauben sie gar, der Aguda ein Opfer gebracht zu haben. In diesem Widerstand bestand bis jetzt der größte praktische Erfolg des dogmatischen Palästina-Zentralismus der Weltaguda...

Und mehr und mehr zeigt es sich gerade heute, dass man innerhalb der Orthodoxie gerne der Aguda die Hut der Dogmatik überlässt; indes man die realen Notwendigkeiten jenseits der Aguda und oft genug auch – jenseits ihrer Dogmatik zu befriedigen sucht, in dem beruhigenden Bewusstsein, dass ja die Aguda schon über die Dogmatik wache –.

Inzwischen entwickelte sich das Weltverhängnis mit Windeseile. Ich befand mich in Kopenhagen, als der Weltkrieg aufs Neue ausbrach. Ich hatte noch die Möglichkeit, nach Den Haag zurückzufliegen, von dort aber konnte ich nicht mehr in die Heimat zurück, und ich musste dort Monate, auch über die Feiertage, mich gedulden, bis ich anfangs Dezember 1939 von Paris nach Rom und von Rom mit dem Flugzeug nach Palästina gelangen konnte. Die unfreiwillige Muße in Holland wollte ich für eine Aktion zugunsten unserer Institutionen in Palästina, die ich alle in furchtbarer Not wusste, benutzen. Ich beschloss, eine besondere Kriegskampagne innerhalb der holländischen Aguda einzuleiten. Unsere agudistischen Freunde in Holland erklärten mir jedoch, dass sie nicht glaubten, dass eine solche spezifisch agudistische Kampagne mehr als 500 Gulden – in Worten: fünfhundert – im günstigsten Falle einbringen werde. Interessant? Man wies mich darauf hin, dass auch der Keren Hajessod* einen großen Emergency Drive einzuleiten gedenke, und dass neben ihm ein gesonderter agudistischer Drive kaum aufkommen könne. Was tun? Ich setzte mich mit führenden Herren des Keren Hajessod in Verbindung und schlug ihnen eine allgemeine Rettungsaktion zugunsten von Erez Jisrael unter neutralem Namen vor, an der sich Keren Hajischuw* und Keren Hajessod* gemeinsam beteiligten und das Ergebnis nach einem im Voraus zu bestimmenden Schlüssel unter sich verteilen sollten. Ich fand bei den Herren überraschendes Verständnis und große Bereitwilligkeit, wie ich bei ihnen auch tiefen Respekt vor der von mir vertretenen Idee feststellen konnte. Ich berief darauf den rabbinischen Rat der holländischen Aguda und erlangte nach gewissenhafter Erörterung seine Zustimmung. Die gemeinsame Aktion wurde alsbald mit großer Energie in Angriff genommen, und das ganze Land wurde planmäßig bearbeitet. Im Haag und in Amsterdam fanden, gleichwie in den übrigen holländischen Städten, große Versammlungen statt, die allen Teilnehmern, soweit sie am Leben geblieben sind, sicher unvergesslich in der Erinnerung haften. Der Drive litt allerdings unter der immer mehr wachsenden Angst vor einem deutschen Einfall. Ich selber musste noch vor seinem Abschluss das Land verlassen. Immerhin hat er der palästinensischen Aguda ein Vielfaches von – 500 Gulden, der holländischen Aguda eine außerordentliche Stärkung ihres Ansehens im ganzen Lande eingebracht.

Im Dezember 1939, nach mehr als fünfmonatiger Abwesenheit, traf ich wieder in Jeruschalajim ein. Ich traf dort die agudistische Leitung mitten in Verhandlungen mit der Jewish Agency* wegen – finanzieller Subventionierung der palästinensischen Aguda an. Bereits hatte man der Agency den Etat der verschiedenen agudistischen Institutionen überreicht. Nun hat die Agency als solche bekanntlich kein Geld. Ihr Finanzinstitut ist der – Keren Hajessod. Richtig ist, dass die Jewish Agency nach dem Mandat keineswegs mit der zionistischen Organisation identisch, vielmehr die Vertreterin des ganzen jüdischen Volks sein soll, soweit es am Aufbau des Nationalheims interessiert ist.[21] Richtig ist daher, dass auch der Keren Hajessod als Finanzinstrument der Agency keineswegs lediglich zionistischen Zwecken dienen darf. Noch richtiger ist, dass die Sammlungen des Keren Hajessod, eigene sowohl wie innerhalb des sogenannten United Appeal[22], durchaus nicht für ausgesprochen zionistische Zwecke, vielmehr zugunsten des ganzen jüdischen Jischuw erfolgen. In der Tat hatte sich auch die Aguda-Leitung grundsätzlich bereit erklärt, einstweilen jede ausdrückliche Propaganda gegen den Keren Hajessod zu unterlassen. Aus der ganzen Sache ist aber schließlich nichts geworden. Immerhin ist sie des Verzeichnens nicht unwert.

Im Januar 1940 gab ich dem Drängen der agudistischen Leitung in Jeruschalajim nach und beteiligte mich, trotz meines ausgesprochenen Skeptizismus, an einer Delegation nach den Vereinigten Staaten. Der immer drohender werdende Eintritt Italiens in den Weltkrieg[23] trieb uns nach 3 Wochen wieder zurück. Der „Erfolg" der Reise rechtfertigte durchaus meinen Skeptizismus.

Bei Antritt der Reise stand die agudistische Leitung in Jeruschalajim in einem ausgesprochenen Konflikt mit der Leitung unserer Arbeiterorganisation. In diesem Konflikt stand ich durchaus auf Seiten der agudistischen Leitung. Der Konflikt war noch während meines Aufenthalts in Holland ausgebrochen. Gegen den Willen der agudistischen Leitung schickte auch die Arbeiterorganisation gleichzeitig

---

21 Das Mandat des Völkerbundes, das Großbritannien 1922 für die Verwaltung Palästinas erhielt, sah in Artikel 4 vor, dass „eine geeignete jüdische Agentur als öffentliche Körperschaft" tätig werden sollte mit dem Ziel, „die palästinensische Verwaltung zu beraten und mit ihr zusammenzuarbeiten in solchen wirtschaftlichen, sozialen und anderen Angelegenheiten, die die Errichtung des jüdisch-nationalen Heimes und die Interessen der jüdischen Bevölkerung in Palästina berühren." Vgl. Morgenstern, *Von Frankfurt*, 96.

22 Die von der zionistischen Organisation in den USA 1925–1929 für Aufgaben in Palästina initiierten finanziellen Transaktionen wurden unter dem Namen *United Palestine Appeal* zusammengefasst. Nach der Gründung der *Jewish Agency* (1929), die nach ihren Statuten nicht nur zionistischen Zwecken dienen, sondern dem ganzen jüdischen Volk zur Verfügung stehen sollte, wurde der *United Palestine Appeal* mit dem *Joint Distribution Committee* unter der Bezeichnung *Allied Jewish Campaign* zusammengelegt (Weltsch, *United Palestine Appeal*, 1113).

23 Das faschistische Italien trat am 10. Juni 1940 in den Zweiten Weltkrieg ein.

eine Delegation nach den Staaten. Rosenheim, hinter dem ganzen Konflikt fälschlicherweise – mich als treibende Kraft witternd, schickte von London hinter meinem Rücken Briefe an unsere Freunde in New York, wahre Uriasbriefe[24], in denen er vor mir warnte und der Meinung Ausdruck lieh, dass wenn man zwischen der Arbeiterorganisation und mir zu wählen habe, er sich für erstere entscheiden würde. Diese Briefe wurden mir gezeigt. Ich habe Rosenheim das Erforderliche eröffnet.

Seit die spanischen Entdecker, von Goldgier getrieben, nach Amerika kamen, ist noch jede Delegation aufs Schiff gestiegen, um das Goldene Amerika erneut zu entdecken. Und Amerika weiß das, und Amerika befindet sich daher gegenüber jeder Entdecker-Delegation von vorneherein in Abwehrstellung. Bis jetzt hat noch keine Delegation, am wenigsten eine agudistische, das amerikanische Judentum entdeckt. So kommt es, dass in ideologischer Hinsicht, und nicht nur in dieser, Amerika weit hinter Europa zurückblieb. Ich hatte den Eindruck, dass es in den Staaten keineswegs viele wirklich überzeugte Zionisten gibt; eher noch überzeugte Zionistinnen. Gar noch den Unterschied zwischen Aguda und Misrachi in Amerika vertraut zu machen, ist ein tollkühnes Unterfangen. Und dass die Gesamtsituation des agudistischen Palästina den äußerst praktischen Sinn des Amerikaners ungemein abstößt, versteht sich von selbst. Solange daher die Aguda nicht das amerikanische Judentum entdeckt, wird sie wohl auch das amerikanische Geld nicht finden.

Als mehr oder weniger verunglückte Entdecker fuhren wir zurück. Drei Wochen befanden wir uns auf See. Ich benutzte die Zeit, um auch innerlich mit vier Jahren agudistischen Hauptamts abzuschließen. Ich hatte das Gefühl, in diesen Jahren das Meine voll und ganz getan zu haben. Ich hatte die Überzeugung, dass der Weltaguda mit ihrem umfassenden Jeweiligkeitsprogramm nicht zu helfen sei, dass von ihr, solange sie bei diesem Programme beharrte, eine wirkliche Palästinapolitik nicht ausgehen, ein wirkliches agudistisches Palästina nicht entwickelt werden könne. Keineswegs unterschätzte ich ihren Wert als Hüterin palästinensischer Dogmatik. Aber ich war mir klarer als je, dass damit allein dem geschichtlichen Ruf der Vorsehung wahrhaftig nicht entsprochen wurde. Nur von Erez Jisrael selber konnte noch die Wendung kommen. Aber so hoch mir das Herz klopfte, wenn ich an die Heimkehr dachte, so schwer drückte mich die Sorge, schwebte mir das Bild der palästinensischen Aguda vor Augen. Zu meiner eigenen Erleichterung schrieb ich noch auf dem Schiff ein längeres Memorandum über die palästinensische Aguda und über die Wege, die sie meines Erachtens nunmehr einzuschlagen hätte.[25] Während draußen in der Welt die Wolken sich immer finsterer um unsere Brüder

---

24 Vgl. 2. Sam 11, 14–15.

25 Zu dieser Reise, auf der Breuer den New Yorker Rabbiner Leo Jung traf, vgl. Balog, *Persönlichkeit*, 53 und 56 sowie Gebel, *Workers Movement,* 79f. Gemeint ist wohl der Artikel

zusammenzogen, sollte die Aguda in Erez Jisrael die nationale Standarte des ewigen Volkes der Tora hissen und um diese Standarte alle sammeln, die im Lande wie draußen sich zu ihr bekennen mochten. Ist nicht zum mindesten in Erez Jisrael das Bereitstellungsprogramm schier eine Selbstverständlichkeit? Aber freilich es darf nicht Lippenwort bleiben, es muss Tat werden. Bin ich müde? Bin ich gar hoffnungslos? Noch habe ich kein Recht dazu! Einem doppelten Examen fahre ich entgegen. Zurück in den – Beruf. Zurück in die – Aguda.

Erez Jisrael, wie bist du so schön!

Judaism and the World of Tomorrow, den Breuer auf Jungs Bitte schrieb. Der Text erschien in: Jung, *Israel of Tomorrow*, 87–97.

Zwölftes Kapitel[1]

In der Enge

Um die palästinensische Aguda begreifen zu können, muss man sich ihre Entstehungsgeschichte vor Augen halten. Ich habe diese Geschichte in meinem Buch über das „Nationalheim" in allen wesentlichen Punkten geschildert.[2] Die zionistischen Herren wollten die Juden des Landes organisieren. Ein höchst begreiflicher Wunsch, denn die Loslösung des Landes vom türkischen Reich hatte selbst den leisen Ansatz einer Organisation, wie er während der Türkenzeit bestanden hatte, zerstört. Eigentliche Gemeinden hatte es auch während der Türkenzeit nicht gegeben, aber immerhin war damals wenigstens ein anerkanntes Oberrabbinat vorhanden.[3] Da aber dieses Oberrabbinat gesetzlich ganz vom Oberrabbinat in Konstantinopel ressortierte, trafen die zionistischen Herren nunmehr ein wahres Vakuum an. Auch die neue Regierung konnte diesen anarchischen Zustand nicht dulden, da die neue palästinensische Verfassung der jüdischen Gemeinschaft wichtige Prärogative zumaß. Von den palästinensischen Juden selber, die in ihrer Majorität, zunächst noch, mindestens „konservativ" waren, ging eine entscheidende Initiative nicht aus. Die Initiative lag vielmehr in den Händen der zionistischen Herren, die mit den Regierungsdezernenten zusammenarbeiteten. Ihr Ziel war die organisatorische Zusammenfassung der Judenheit Palästinas, damit sie nach außen wie nach innen Trägerin des Nationalheims werde. Der Regierung lag zunächst am meisten die Regelung des Rabbinats am Herzen, da dieses auf dem Gebiete des Eherechts und des Erbrechts sehr bedeutsame Funktionen auszuüben hatte. Auch die zionistischen Herren waren durchaus gewillt, an die Tradition anzuknüpfen, zumal es nicht sehr aussichtsvoll erschien, mit direkten Steuern zu beginnen, und die Schechita sowie die Mazzot, eventuell auch das Begräbniswesen, sich als dankbare Objekte für indirekte Steuern darboten.[4] Von einer Reform im europäischen Sinne

---

1 Der Titel des Kapitels lehnt sich an Klagelieder 1, 3 an: „Alle ihre Verfolger holten sie ein mitten in der Enge" (בין המצרים); im jüdischen Jahreskreis werden mit diesem Ausdruck (merazim), der auch an das hebräische Wort für Ägypten („Mizrajim") erinnert, auch die drei Trauerwochen zwischen dem 17. Tammus und dem 9. Av im Sommer bezeichnet, in denen es u.a. verboten ist, sich die Haare zu schneiden, zu heiraten oder ein neues Haus zu beziehen. Die Prophetenlesungen in dieser Zeit betreffen die Verfolgungen, die das jüdische Volk in seiner Geschichte erleiden musste. Im messianischen Zeitalter, so die Überlieferung, wird die drei Trauerwochen in eine Zeit der Freude verwandeln.

2 Breuer, *Das jüdische Nationalheim* (IBWA 2, 131–227).

3 Nach der Eroberung Konstantinopels (1453) durch Sultan Mehmet II. (1432–1481) ernannte dieser einen Oberrabbiner (genannt *Chacham Baschi*) für das gesamte osmanische Reich. Dieses Institut bestand bis zum Ende des osmanischen Reiches fort.

4 Zu den Steuern, die auf koschere Schlachtung (*Schechita*) und die Herstellung von *Mazzot* (in

war natürlich keine Rede. Es kamen natürlich nur orthodoxe Rabbiner in Frage, auch wenn man es nicht ausdrücklich festlegte. Sie sollten ja nach den objektiven Bestimmungen des jüdischen Rechts entscheiden. Die Reform aber kannte kein solches Recht. Das Erziehungswesen war freilich ein heikler Punkt. Am besten sprach man davon überhaupt nicht. Wozu im Grunde viel Worte? Am vorsichtigsten war es, sich mit einem Formalstatut zu begnügen. Alles weitere wird sich finden. Kannte man nicht seit je in Israel Rabbinat und Vorstand, also geistliches und Laien-Element? Man wird gut daran tun, diese Unterscheidung dem Statut zu Grunde zu legen. Auf das Wahlrecht der Frauen wird man allerdings nicht verzichten können.[5] Das mag Lärm geben, aber man wird sich schon langsam gewöhnen.

Es war in der Tat ein Formalstatut, in welchem das Rabbinat als Organ der Gerichtsbarkeit und die Schechita als wichtige Einnahmequelle einen erheblichen Raum einnahmen. Die gesetzlichen Kompetenzen des Rabbinats waren genau angegeben, die Kompetenzen der weltlichen Organe, vor allem der Delegiertenversammlung des Waad Le'umi*[6], im Grunde nur in Bezug auf das Besteuerungsrecht. Und nur in diesem Zusammenhang war im ganzen Statut auch von Erziehung die Rede, nämlich vom Recht, Erziehungssteuern zu erheben.

Unter Führung von R. Chajim Sonnenfeld s. A.* lehnte ein großer Teil des „alten Jischuw" und der größte Teil der damals führenden Rabbinen das Statut und mit ihm die Organisation selber ab. Das Frauenwahlrecht, die Wählbarkeit torauntreuer Juden in die Ämter, die völlige Freiheit des Erziehungswesens, die mangelnde Unterstellung der ganzen Organisation unter die Herrschaft der Tora: dies waren die Gründe der Ablehnung. Und da das Statut nach langen Kämpfen schließlich die Möglichkeit des „Austritts" aus der Organisation offenließ, erachteten R. Chajim Sonnenfeld s. A. und seine Gefährten es als religiöse Pflicht, von dieser Möglichkeit Gebrauch zu machen und forderten öffentlich dazu auf.[7]

In Jeruschalajim wurde eine „Austrittsgemeinde" gegründet, die sich ein Rabbinat und eine Schechita gab. Versuche, ihr die Schechita zu verwehren, sowie

---

Das jüdische Nationalheim spricht Breuer von „Osterbroten") erhoben wurden, vgl. IBWA 2, 185, 193, 198 u.a.

5 Breuers Bruder Raphael war ein besonders engagierter Gegner des Frauenwahlrechts, da Frauen nach einhelliger Überzeugung aller Talmudgelehrten „alle Voraussetzungen zur Bekleidung jüdischer Ämter fehlten" (R. Breuer, *Frauenwahlrecht*, 276); vgl. dazu Morgenstern, *Von Frankfurt*, 83, 90 und 271; Gebel, *Workers Movement*, 35.

6 Der „Jewish National Council", die nationale jüdische Exekutivbehörde in der Mandatszeit; vgl. IBWA 2, 72.

7 Vgl. dazu Morgenstern, *Von Frankfurt*, 91f und 273; die erste Zählung ergab 11.000 Ausgetretene (Gebel, *Workers Movement*, 35). Breuers Vorstellungen zur rechtlichen Einordnung und Klärung des Austritts finden sich in seinem „Entwurf eines Gesetzes betr. die jüdische Volksgemeinschaft in Erez Jissrael, § 13" in seiner Schrift *Das jüdische Nationalheim* (IBWA 2, 219–227).

das Backen und den Vertrieb von Mazzot, scheiterten an der Rechtsprechung. Die noch aus der Türkenzeit stammenden Rabbinate in Tiberias und Safed schlossen sich der Organisation nicht an.

Die Austrittsgemeinde in Jeruschalajim – Waad Ha'ir Haaschkenasi* – erstrebte die Anerkennung seitens der Regierung. Sie wandte sich hilfesuchend an die Weltaguda. Die Weltaguda machte die Sache zu ihrer eigenen. Auf diese Weise wurde die Austrittsgemeinde „agudistisch". Formell ist sie allerdings niemals in die agudistische Organisation eingetreten. Es bildete sich neben ihr ein „Merkas Agudat Jisrael"[8], der teilweise durch Personalunion mit dem Gemeindevorstand verbunden war. Eine wirkliche Landesorganisation bestand hinter diesem Merkas nicht. Er nahm eine Art von Schlüsselstellung ein: er vertrat gegenüber der Weltaguda das „agudistische" Palästina, und gegenüber diesem die Weltaguda. Er diente wesentlich dazu, der Regierung klarzumachen, dass hinter der Austrittsgemeinde die Weltaguda stehe. Er bestand, als ich im Jahre 1933 zum zweiten Mal ins Land kam, aus 13 Herren. In ihnen konzentrierte sich damals die ganze palästinensische Aguda.

Über die Satzung der neuen Organisation – Kenesset Jisrael[9] – sowie über die rechtliche Stellung der ihr nicht angehörenden Juden – der „Ausgetretenen"[10] – will ich hier nicht sprechen. Ich verweise nochmals auf mein „Nationalheim". Auch habe ich, sofort nachdem ich palästinensischer Anwalt wurde, ein Buch über „Das Nationalheim und das Judentum"[11] geschrieben, das eine eingehende Darstellung aller in Betracht kommenden rechtlichen und ideologischen Fragen enthält. Vielleicht wird es auch einmal veröffentlicht werden.

Wer mein „Nationalheim" liest, wird daraus die Stimmung ersehen, in der ich den Kampf R. Chajim Sonnenfelds* begrüßte und erlebte.[12] Längst hatte ich den Kampf Rabbiner Hirschs s. A. für seine Gemeinde und gegen den Verband der Reformer,

---

8 Vgl. Morgenstern, *Von Frankfurt*, 91. Gemeint ist offenbar das in Tel Aviv ansässige Gremium, das unter dem Einfluss Breuers stand und teilweise auch von ihm geleitet wurde; vgl. Gebel, *Workers Movement,* 67. Der *Merkas Tel Aviv* sah sich nicht der Jerusalemer Aguda-Leitung unter Moshe Blau*, sondern direkt der Welt-Aguda unterstellt.

9 Unter diesem Namen wurde 1928 die ganze palästinensische Judenheit im britischen Mandatsgebiet zu einer öffentlich-rechtlichen Körperschaft zusammengefasst; vgl. IBWA 2, 178, Anm. 96; Gebel, *Workers Movement,* 34f.

10 Nach den vorliegenden Angaben traten im Jahre 1927/28 etwa 13.000 orthodoxe Juden (davon 10.000 aus Jerusalem) aus *Kenesset Jisrael* aus; vgl. Kraft, *Aschkenas*, 204f

11 Englische Übersetzung von Jacob Baror (Breuer) – *Judaism and National Home* – hektographiert, Jerusalem, März 1946 (IBWA 2, 421–575).

12 Vgl. Breuer, *Das jüdische Nationalheim*, IBWA 2, 134, 140 und 174–176, 185, 196, 206 und 211.

der sich durch Anfügung toragemäßer Institutionen zum Rang einer Gemeinde in Israel erheben wollte, den Beginn des Zeitalters der nationalen Emanzipation – noch vor dem Zionismus – erkannt, worin das Wesen der jüdischen Nation in ihrer Beziehung zum geoffenbarten nationalen Recht der Tora zur Diskussion steht und als Vorbedingung für unsere Erlösungswürdigkeit eindeutig geklärt werden muss. In vollem Bewusstsein der auf ihm lastenden geschichtlichen Verantwortungsschwere hatte Rabbiner Hirsch, als man es wagte, gegenüber seiner die Herrschaft der Tora bedingungslos anerkennenden Gemeinde die Reformgemeinschaft mit ihrem Zubehör als „die" Gemeinde in Israel zu bezeichnen, mit dem Boykott geantwortet. Und nun schien es mir, als sei durch die wunderbare Fügung des Allmächtigen der Schauplatz des Kampfes ins Heilige Land verlegt, als sei dort erst das innerste Wesen dieses Kampfes völlig offenbar – Nation der Tora gegen souveräne Nation –, als seien R. Chajim Sonnenfeld s. A. und seine Gefährten berufen, zu Ende zu führen, was Rabbiner Hirsch s. A. und seine Gefährten in der Gola begonnen. Und es schien mir nun, als sei dieser Kampf im Heiligen Land wie ein Signal für den Kampf um die – Bereitstellung des Volkes der Tora und des Landes der Tora für ihre Wiedervereinigung unter der Herrschaft der Tora, und dass die Hineinziehung der Weltaguda in diesen Kampf ganz von selbst das Bereitstellungsprogramm an die Stelle des Jeweiligkeitsprogramms setzen und dermaßen die Weltaguda in die Geschichte führen werde. In dieser Stimmung schrieb ich mein „Nationalheim". In dieser Stimmung reiste ich im Jahre 1926 zum ersten Male nach Erez Jisrael, um namens unserer dortigen Freunde mit der Regierung zu verhandeln.

Gleich in den ersten Tagen nach meiner Ankunft erklärte ich unseren Freunden, dass ich nicht bereit sei, mich lediglich für die rechtliche Anerkennung des Waad Ha'ir Haaschkenasi einzusetzen. Für mich komme nur in Frage eine einheitliche, unter der Alleinherrschaft der Tora stehende Landesorganisation, innerhalb derer die in der Orthodoxie des Landes vorhandenen verschiedenen Strömungen sich einzuordnen hätten. Wir müssten die einigende Kraft der angeblich einigenden Kraft des absoluten Nationalismus entgegenstellen.

Unsere Freunde hatten hiergegen erhebliche Bedenken. Ich hatte die Genugtuung, dass R. Chajim Sonnenfeld s. A. sich meiner Ansicht anschloss und dementsprechend entschied.[13]

Auf dieser Basis verhandelte ich mit dem Regierungsvertreter.[14] Das Ergebnis dieser Verhandlungen war, dass die Austrittsgemeinde in der Ausübung der Schechita und in Bezug auf Mazzot, in Eheschließungen und, wenigstens für die

---

13 Vgl. IBWA 2, 214.

14 Da er nicht Englisch sprach, verhandelte Breuer mit dem Generalstaatsanwalt (Attorney General, hebr. היועץ המשפטי של ממשלת ארץ ישראל) der Mandatsregierung, dem britischen Juden Norman Bentwich (1883–1971), in französischer Sprache; vgl. Morgenstern, *Von Frankfurt,* 92.

nächsten Jahre, auch in Ehescheidungen unbehelligt blieb. Weiterhin aber wurde mir in Aussicht gestellt, dass wenn unsere Freunde den Nachweis erbringen könnten, eine Landesorganisation von 25–30000 Seelen zu haben, die Regierung dieser Organisation die Anerkennung nicht versagen werde.

Als ich mich von unseren Freunden verabschiedete, sprach ich folgende ahnungsvollen Worte: ich wünsche euch, dass ihr entweder von der Regierung verfolgt werdet oder dass ihr die Organisation von 25000 hinstellt.

Keiner dieser alternativen Wünsche ist in Erfüllung gegangen.

Die Regierung verfolgte nicht, sondern bagatellisierte.

Die Organisation der 25000 steht noch heute nicht.

Nicht ohne eine gewisse Enttäuschung war ich damals heimgekehrt. Vom aufbauenden Geist Rabbiner Hirschs hatte ich wenig wahrgenommen. Alles schien mir auf die behördliche Anerkennung abgestellt. Alles auf die Feindschaft gegen den Waad Le'umi. Rabbiner Hirsch hat die behördliche Anerkennung niemals erlebt. Sie ist erst unter seinem Nachfolger errungen worden[15], nachdem eine große und leistungsfähige Gemeinde längst erbaut war. Nicht die behördliche Anerkennung schafft die Gemeinde, sondern die Gemeinde schafft die behördliche Anerkennung. Rabbiner Hirsch hatte keine Feindschaft zum Vorstand des Reformverbandes, solange man ihn in seiner Aufbauarbeit nicht störte; er hatte keine Zeit hierfür. Erst als man das Fundament seines mächtigen Baus zu gefährden unternahm, antwortete er mit dem Boykott. Auch fand ich bei unseren Freunden nicht gerade so etwas wie – historische Ergriffenheit. Der Ruf Gottes zur Errichtung eines Nationalheims der Tora war offenbar noch nicht recht an ihr Ohr gelangt. Die Rede war eigentlich ausschließlich vom Waad Ha'ir Haaschkenazi und seinem Rabbinat und seiner Schechita und seinen Mazzot und seinen Eheschließungen und seinen Ehescheidungen, und die Rede war eigentlich ausschließlich vom – „Austritt". Ich sah keine Synagoge des Waad Ha'ir Haaschkenasi und keine Jeschiwa und keine Schule und keine Mikwe. Ich sah eigentlich nur die Persönlichkeit von R. Chajim Sonnenfeld s. A.* Die freilich genügte mir. Ich sah freilich auch, dass man, als ich mich verabschieden wollte – damals noch, heute längst nicht mehr! –, binnen einer halben Stunde mir zu Ehren ins Haus meines unvergesslichen Freundes R. Jonathan Horovitz s. A.* mehr Talmidej Chachamim[16] von wirklichem Rang, alle ausgetreten, einberufen konnte, als dies irgendwo auf der Welt wohl möglich gewesen wäre. Ich sehe sie noch alle um den langen Tisch im großen Zimmer

---

15 Erst das *Gesetz vom 21. März 1899 betreffend die Synagogengemeindeverhältnisse in Frankfurt a.M.* bewirkte die rechtliche Gleichstellung beider Frankfurter jüdischen Gemeinden; seit diesem Zeitpunkt mussten orthodoxe Juden nicht mehr aus der liberal geführten Großgemeinde „austreten"; vgl. Hirsch, *Geisteswerkstätte*, 122.

16 Hebr. תלמידי חכמים, „Schüler von Weisen", d.h. hervorragende Toragelehrte.

sitzen, trotz der Hitze in wallenden Mänteln, an ihrer Spitze R. Elijahu Klatzkin s. A.* und R. Chajim Sonnenfeld s. A.*, und ihr Mund voll Segenswünschen und ihr Herz voll Dankbarkeit – fast alle sind inzwischen längst heimgegangen – fast keiner von ihnen ersetzt worden – – .

Meine Enttäuschung mehrte sich, als ich 1933 wiederkehrte. Diesmal lernte ich die wirtschaftliche Entwicklung des Landes wirklich kennen. Diesmal hatte ich mein Erlebnis in Tel Aviv. Immer mehr rückte mir das Nationalheim vor die Seele. Immer klarer wurde mir das Problem des Aufbaus einer jüdisch nationalen Gesellschaft. Immer deutlicher sah ich, dass der Waad Ha'ir Haaschkenasi zu diesem Problem überhaupt keine Beziehung hatte. Fortschritte irgendwelcher Art konnte ich bei ihm überhaupt nicht feststellen. Man sagte mir, dass er eine beträchtliche Zahl potenter Mitglieder habe, beträchtlicher als meine damals bereits sehr verarmte Frankfurter Gemeinde. Während aber, dank der wunderbaren Opferfreudigkeit ihrer Mitglieder, die Frankfurter Gemeinde noch alle ihre kostspieligen Institutionen unterhielt, war es nicht möglich, selbst die höchst leistungsfähigen Mitglieder des Waad Ha'ir Haaschkenasi zu Leistungen zu bewegen. Als einziges Novum stellte ich den „Merkas der 13“ fest, der ein Zentrum ohne – Peripherie war. Als ich es ablehnte, in ihm die – agudistische Landesorganisation zu erblicken, geriet ich mit ihm in Konflikt. Als ich Raw Kook s. A.* besuchte, zog ich mir die lebhafte Missbilligung der Herren vom Waad Ha'ir Haaschkenasi zu, die in „Israels Stimme“[17] gebührenden und angemessenen Ausdruck fand. So hatte ich es hier wie da verschüttet. Mit diesem Resultat fuhr ich zurück.

Aber ich fand keine innere Ruhe mehr. Ich wusste damals bereits, dass ich wiederkommen, dass ich in Jeruschalajim wohnen würde.

Wo aber stand ich? Wo war mein Platz? Wie vertrug sich alles, was ich gesehen, mit allem, was ich von meinen Lehrern gelernt, was ich selber jahrelang gelehrt und verbreitet hatte? War mein Erlebnis nur ein Trugbild? War es eine aufrüttelnde Mahnung? Und was mahnte es mich?

Wenn ich wollte, konnte ich es mir recht bequem machen. Ich konnte mir sagen: was willst du eigentlich? Was geht denn eigentlich vor? In Frankfurt war dein Platz in der „Austrittsgemeinde“; warum nicht auch in Jeruschalajim? Warum nicht in Jeruschalajim erst recht? Und wenn die Gemeinde in Jeruschalajim noch schwach ist: ist das nicht erst recht ein Grund, ihr zu helfen, mit Rat und Tat zu helfen, dass sie allmählich erstarke?

So konnte ich mir sagen, wenn ich es mir bequem machen wollte. Aber ich wollte nicht.

17 Vgl. oben Kap. 10, Anm. 18.

Ich habe niemals unsere Gemeinde in Frankfurt als „Austrittsgemeinde" erachtet. Ich habe mich niemals als „Austrittler", als „Separatist" gefühlt. Mir war unsere Gemeinde in Frankfurt die nationale Gemeinde in Israel, die ihre nationalen Funktionen in dem Umfang ausübte, wie dies in der deutschen Gola möglich war. Als nationale Gemeinde erschien sie mir grundsätzlich verantwortlich für alle in Frankfurt wohnenden Juden, soweit sie als zur Nation gehörig zu erachten waren. Damit stand völlig im Einklang der von Rabbiner Hirsch selber formulierte, zu den grundlegenden Bestimmungen gehörende Paragraph, wonach Mitglieder der Gemeinde alle Juden sein konnten, an denen, wenn männlich, die Beschneidung vollzogen, und die an ihren Kindern die Beschneidung vollzogen, und die in keiner Ehe lebten, die nach dem Gesetz Moses und Israel verboten war.[18] Die Gemeinde erachtete sich als unmittelbare Fortträgerin der alten historischen Frankfurter Einheitsgemeinde, und sie verwehrte sich mit höchster Entschiedenheit dagegen, etwa den Charakter als Einheitsgemeinde deshalb eingebüßt zu haben, weil Empörer sich zu einem Sonderverband zusammenschlossen und sich späterhin etliche toragemäße Institutionen angefügt hätten. Sie hatte zum „Austritt" überhaupt keine Beziehung. Sie hatte die alte Frankfurter Nationalgemeinde aktualisiert, als es überhaupt keinen „Austritt" gab, als die staatsgesetzliche Möglichkeit zum „Austritt" überhaupt noch nicht bestand. Als dann schließlich, nach Jahrzehnten, diese staatsgesetzliche Möglichkeit geschaffen wurde, betraf sie den nationalen Charakter der Gemeinde überhaupt nicht, bezog sich vielmehr nur auf die jüdischen Einzelnen, die nach der Entscheidung Rabbiner Hirschs die Pflicht hatten, von ihr Gebrauch zu machen, um nicht durch freiwilliges Verbleiben im Verband der Empörer ihm eine Anerkennung zu gewähren, die ihm die Tora versagte.[19] Es ist schlechterdings nicht einzusehen, wie diese auf den Einzelnen nunmehr liegende Pflicht zum „Austritt" die Gemeinde selber in eine „Austrittsgemeinde" hätte umwandeln können. Der Anspruch des Verbandes allerdings nach Anfügung etlicher toragemäßer Institutionen, nunmehr die „Frankfurter Gemeinde" zu sein, dieser naturgemäß gerade von den konservativen Rabbinen[20], denen diese Institutionen unterstellt wurden, vertretene Anspruch kehrte sich allerdings unmittelbar gegen das Wesen der jüdischen Nationalgemeinde, und damit gegen die ganze Basis der Gemeinde Rabbiner Hirschs, und auf diesen Anspruch reagierte allerdings Rabbiner Hirsch mit dem Boykott dieser konservativen Rabbinen. Sein Boykott, weit

18 Die orthodoxe Lebensführung war also *nicht* Voraussetzung für die IRG-Mitgliedschaft; vgl. den Abdruck der IRG-Statuten vom 15. 1. 1922, in: Morgenstern, *Von Frankfurt*, 335 (Art. 4).

19 Zur Austrittspflicht, wie Hirsch sie verstand, vgl. Morgenstern, *Von Frankfurt,* 148–150.

20 Breuer meint die Rabbiner der Frankfurter Gemeindeorthodoxie: Markus Horovitz (1844–1910), Nehemia Anton Nobel (1871–1922), Jacob Horovitz (Amtsdaten: 1922–1938) und Jacob Jehuda Hoffmann (Amtsdaten: 1922–1937).

entfernt, seine Gemeinde zu einer „Austrittsgemeinde" zu machen, sollte ihr gerade umgekehrt den nationalen, den universalen, den einheitlichen Charakter dauernd sichern. Selbstverständlich konnten auch „Nichtausgetretene" voll berechtigte Mitglieder der Gemeinde bleiben und auch weiterhin werden.

Aber selbst bei der Entscheidung Rabbiner Hirschs betreffend die Pflicht zum Austritt, diese Pflicht der Einzelnen, war die Tatsache von größter Bedeutung, dass die Einzelnen in einem Ort wohnten, wo eine Nationalgemeinde sich befand, die alle in der Gola in Betracht kommenden nationalen Anliegen übernommen hatte und nach besten Kräften zu erfüllen trachtete. Gerade diese Tatsache war es, die dem Verbleiben im Empörerverband nach Schaffung der Austrittsmöglichkeit den Charakter völliger Freiwilligkeit und damit erst den Charakter einer torawidrigen Anerkennung verlieh.

Gleich als Rosenheim* bei Gründung der Aguda gegen den Frankfurter Boykott ankämpfte und dadurch in schärfsten Konflikt mit Rabbiner Breuer s. A. geriet, handelte es sich keineswegs etwa darum, dass „Nichtausgetretene" in der Aguda keine Aufnahme finden sollten. Eine solche Forderung hatte Rabbiner Breuer niemals erhoben. Ganz im Gegenteil setzte er sich bei der ersten K.G.[21] mit höchster Energie dafür ein, dass nicht nur „Nichtausgetretene" – das verstand sich für ihn von selbst – sondern alle Juden in denselben umfassenden Rahmen aufzunehmen seien, der auch für seine eigene Gemeinde galt. (Gerade bei östlichen Gaonim hat er hierin Widerspruch gefunden.[22] Man einigte sich schließlich dahin, dass die Landesorganisationen, falls die Notwendigkeit vorliegen sollte, einschränkende Bestimmungen in Bezug auf die Aufnahmefähigkeit erlassen dürften.) Die Forderung Rabbiner Breuers, ganz im Einklang mit dem Standpunkt seines Vorgängers, hatte mit dem „Austritt" überhaupt nichts zu tun. Sie bezog sich auf die Mitgliedschaft zur nationalen Gemeinde. Diese war ihm die lokale Vertretung des nationalen Gesamtverbands. Wer ihr bewusst und freiwillig fernblieb, verging sich nicht nur an ihr, sondern an der ganzen nationalen Gesamtorganisation. Die Aguda durfte der nationalen Gemeinde gegenüber sich nicht – wie Rosenheim* dies beabsichtigte – „neutral" verhalten. Sie hatte sich vielmehr zu ihr frei und offen und rückhaltlos zu bekennen, wollte sie nicht ihr ganzes Wesen verleugnen. Um dies ging es damals. Und nichts anderes.

Muss ich es nochmals sagen? Für mich war und ist das „Frankfurter Prinzip" der Ausdruck des Gefühls höchster Verantwortung für die ganze jüdische Nation, das glühende Bekenntnis zur unzerstörbaren, weil von Gott geschaffenen Einheit

---

21 Zur ersten *Kenessia Gedola* 1923 in Wien vgl. oben Kap. 8, Anm. 30.

22 In Osteuropa galt die gesetzestreue Lebensführung im Grunde unausgesprochen als Voraussetzung für die Mitgliedschaft in einer orthodoxen Gemeinde – eine Regel, die die dortigen Rabbiner auch auf die AI-Mitgliedschaft anwenden wollten; vgl. oben Anm. 17.

der jüdischen Nation, der flammende Weckruf zur aufbauenden Tat, die der Nation alles zu geben trachtet, was der Nation gebührt, und die jedwede parasitäre Nutznießung fremder Tat mit aller Entschlossenheit ablehnt. Muss ich es nochmals sagen? Für mich bedeutet dieses Prinzip keine „Flucht in den Winkel", wie für den ersten konservativen Rabbiner des Reformverbandes, der offenbar diesen Verband als „Palast" ansah, denn die Gemeinde Rabbiner Hirschs war wahrlich kein „Winkel". Sie blühte bereits, als der Reformverband überhaupt noch nicht daran dachte, in seinen Palast einen konservativen Rabbiner hineinzusetzen, und sollte man schon architektonische Vergleiche heranziehen, könnte man mit weit größerem Recht sagen, dass es ein „Winkel" im Palast der – Reform war, der dem konservativen Rabbinen angewiesen wurde, in dem er sich freilich offenbar wohl genug fühlte. Für mich bedeutete dieses Prinzip auch keine Flucht aus der Wirklichkeit, keine Verengung des Gesichtskreises, keine Nörgelei am Gegner, keine gesteigerte Selbstgerechtigkeit, keine Pflege persönlicher Feindschaft, kein Klüngelwesen – sondern höchste Selbstkritik, sondern vollkommene Sachlichkeit, die sich selbst nur an der eigenen Leistung wertet und daher gar nicht dazu kommt, sich im Leistungsmangel der Gegner zu spiegeln; sondern beherztes und mutiges Aufgreifen aller Tagesprobleme und aller Probleme der Epoche, um sie im Geiste der Tora der Lösung näher zu bringen. Tiefstens war ich mir bewusst, was ich persönlich diesem Prinzip zu danken hatte: an ihm war ich zum Nationaljuden, zum Juden der Nation der Tora geworden.[23]

Wäre ich als „Austrittler" nach Jeruschalajim gekommen, hätte ich nicht viel zu überlegen brauchen. Maßgebende Rabbinen hatten den Austritt als geboten erachtet. Es war nicht schwer, ihnen zu folgen.

Ich bin aber als Nationaljude, als Jude der Nation der Tora, nach Jeruschalajim gekommen. Was fand ich vor? Ein „getrenntes" Rabbinat, eine „getrennte" Schechita, und – „getrennte" Menschen.

Im Anfang war der „Austritt". Als die Rabbinen dazu aufforderten, vergaßen sie – mit allem schuldigen Respekt sei es gesagt – den „Eintritt". Sie verwarfen „Kenesset Jisrael" und den Waad Le'umi, aber es lag ihnen fern, die Glieder der Nation zu verpflichten, zur wahren „Kenesset Jisrael" zusammenzutreten. sich einen wahren Waad Le'umi zu setzen. Im Anfang war der „Austritt". Und auch im Ende.

Wie war dies möglich?

Nur psychologisch lässt es sich meines Erachtens erklären.

---

23 In *Judenproblem* (IBWA 1, 273 und 299ff) bezeichnet Breuer Herzl als „ersten Nationaljuden" und nennt den Seder-Abend die „Nationalnacht des Judentums".

Der alte Jischuw hatte gegenüber der andrängenden neuen Zeit nur einen einzigen Wunsch: in Ruhe gelassen zu werden. Unwillkürlich drängt sich einem die Parallele auf mit dem Ausbruch der sozialen Emanzipation in Deutschland. Damals gab es in Deutschland einen – „Alten Jischuw". Und auch er hatte den Wunsch: lasst wenigstens uns in Ruhe! Auch der deutsche „alte Jischuw" wollte nichts als „austreten". Austreten woraus? Aus der neuen Zeit. Aber aus der Zeit kann man nicht austreten. Rabbiner Hirsch wusste es, und er handelte danach.

In Ruhe wollte man gelassen sein, unbeherrscht wollte man bleiben von den „Freien". Hierfür genügte völlig der Austritt. Natürlich brauchte man dann noch eine Schechita, und wohl auch ein Rabbinat.

Um diese Schechita kämpft man wie ein Löwe. Aber sie war kein Symbol, sondern sie war – alles. Und da das Gesetz den anerkannten Rabbinaten gewisse ehe- und erbrechtliche Befugnisse gab, kämpfte man auch für die Anerkennung.

Man kann ruhig sagen: Ohne die Herrschgelüste des Waad Le'umi wäre es in Jeruschalajim überhaupt nicht zur „Gründung" von Schechita und Rabbinat gekommen. Es sind wirklich echte Austrittsgründungen. Ohne Waad Le'umi kein Waad Ha'ir Haaschkenasi. Lebt aber die Nationalgemeinde der Tora nur von ihren Feinden?

Welche Paradoxie! Der schlimmste Vorwurf, den man dem Waad Le'umi machen kann, besteht doch wohl darin, dass er den frevlen Versuch unternahm, das universale Recht der Tora und seine Kompetenz auf Schechita und Rabbinat zu beschränken. Was aber tun die „Ausgetretenen"? Genau das Gleiche! Sie setzen Schechita gegen Schechita, setzen Rabbinat gegen Rabbinat, und nun hat das universale Recht der Tora seine – Schechita, hat sein Rabbinat. Hat sie doppelt: einmal in Kenesset Jisrael und noch einmal im Waad Ha'ir Haaschkenasi. Welche Armut in solchem Überfluss! Denn machen wirklich Schechita und Eheschließungen und Ehescheidungen und Nachlassregulierungen den Inhalt der nationalen Toragemeinde im nationalen Heim aus?

Aber die „Ausgetretenen" haben einen völlig anderen Gesichtspunkt, einen höchst individuellen Gesichtspunkt. Sie wollen in Ruhe gelassen sein! Was fehlt ihnen, wenn sie Kenesset Jisrael verlassen? Was ihnen alsdann fehlt? Nun: Schechita und allenfalls Rabbinat. Beides schaffen sie sich, so gut es geht. Mehr ist nicht nötig!

Welche Paradoxie! Rabbinat und Schechita sind diejenigen Institutionen in Kenesset Jisrael, die unter der Herrschaft der Tora stehen. Über sie könnte man sich am ehesten einigen. Noch denken die „Freien" nicht an – Reformrabbinate. Sie brauchen faktisch überhaupt keine Rabbinate. Gerne und willig überlassen sie auch die Schechita den – Gläubigen. Und gerade Rabbinat und Schechita, und nur Rabbinat und Schechita, schaffen sich die „Ausgetretenen" aufs Neue. Als ob Rabbinat und Schechita die Grundprobleme des Landes bildeten.

Aber in Wahrheit sollen das getrennte Rabbinat und die getrennte Schechita überhaupt keine Probleme lösen, mit Ausnahme des einzigen Problems, das als brennend empfunden wird: Wie kann man nach alter Weise leben, ohne mit dem Waad Le'umi in Berührung zu kommen? Hierfür ist freilich ein getrenntes Rabbinat und eine getrennte Schechita wie erforderlich so ausreichend. So schuf man sie und nannte beide zusammen: Gemeinde.

Welche Paradoxie! Die Frankfurter Reform fügte sich Rabbinat und Schechita an und hält sich nunmehr als eine echte Gemeinde in Israel. Kenesset Jisrael tut genau das Gleiche und reklamiert die gleiche Wirkung. Waad Ha'ir Haaschkenasi hat dieselbe Meinung von Rabbinat und Schechita, vielleicht sogar noch eine weit höhere. Ihm sind Rabbinat und Schechita an sich das Wesen der Gemeinde. Was brauchen die „Ausgetretenen" mehr?

Siehe, da ist Tel Aviv, die lärmende, die brodelnde jüdische Volksgesellschaft, die um Gestalt ringt; die fast Tag für Tag ihr Antlitz wechselt.

Was tun die „Ausgetretenen" Jeruschalajims, um Tel Avivs jüdische Volksgesellschaft der Tora nahe zu bringen? Sie versuchen, in Tel Aviv eine – Schechita zu schaffen! Was tun sie noch? Sie bemühen sich um einen Rabbiner, der in Tel Aviv – ausgetretene Eheschließungen und ausgetretene Ehescheidungen vornehmen kann. Gelingt beides, so kann man schließlich selbst in Tel Aviv, der lärmenden, der brodelnden, der um Gestalt ringenden Volksgesellschaft – in Ruhe gelassen werden. Es gibt freilich nicht viele in Tel Aviv, der Stadt des „neuen Jischuw", die Jeruschalajims „ausgetretenes" Ruhebedürfnis teilen.

Was tun die „Ausgetretenen" Jeruschalajims, um in Tel Aviv, dem jüdischen Stadtstaat, die Herrschaft der Tora zu mehren? Nichts. Nicht einmal das Problem ist für sie vorhanden. Ihnen ist Tel Aviv ein – Schächtproblem!

Was tun die „Ausgetretenen" Jeruschalajims für die Kolonien? Soll auch dort eine getrennte Schechita, ein getrenntes Rabbinat eingerichtet werden? Aber das ist doch eine – meist offenkundige Unmöglichkeit. Was tun sie? Nichts! Vermutlich hat man bei Verkündung der Pflicht zum Austritt an die Kolonien zunächst gar nicht gedacht. Vielleicht empfiehlt sich auch folgender Weg: man tritt aus, auch wenn kein ausgetretenes Rabbinat und keine ausgetretene Schechita vorhanden sind; auch wenn man Ortsrabbinat und Ortsschechita von – Kenesset Jisrael in Anspruch nimmt. Ein ebenso scharfsinniger wie praktischer Weg. Scharfsinnig für das „Prinzip". Praktisch für den Geldbeutel –.

Was tun die „Ausgetretenen" Jeruschalajims fürs – Land, fürs – Nationalheim, für die – nationale Herrschaft der Tora?[24]

Hier liegt der Schwerpunkt!

---

24 Vgl. Breuer, *Erez Jisroel-Probleme* (IBWA 2, 261–268).

Warum es verschweigen? An das angebliche Trennungsprinzip des Chatam Sofer s. A.* in Ungarn und des Rabbiner Hirsch s. A. lehnen sich die „Ausgetretenen“ Jeruschalajims, selber zum Teil aus Ungarn stammend, bewusst an. Aber sie missverstehen dieses Prinzip, indem sie nur seine negativen Konsequenzen akzeptieren und keinen Sinn dafür haben, dass es eine unerhört große positive Leistung ist, die dieser negativen Konsequenz vorangeht. Weder in Ungarn noch in Frankfurt war im Anfang die Trennung, sondern im Anfang war die Leistung. Chatam Sofer* rettet mit seinem Prinzip große blühende Nationalgemeinden der Tora, und Rabbiner Hirsch baute mit seinem Prinzip die alte Frankfurter Nationalgemeinde der Tora wieder auf. Beiden sind „Austritt“ und – Eintritt im Grunde identisch, ja beiden hat der Eintritt die unbedingte Priorität vor dem „Austritt“. Denn beide haben zunächst gar nicht die Einzelnen im Auge, sondern die Nation, die nationale Gemeinde und das in ihr, und nur in ihr, sich entfaltende nationale Leben, das von der Tora geformt werden soll. Über diese von der Tora beherrschte nationale Gemeinde, und damit über die Nation der Tora selber, halten sie ihre starke und mächtige, ihre schützende und abwehrende Hand, und indem dieser Gemeinde der Tora der gleiche Totalitätsanspruch zusteht wie der Tora selber, und indem dieser Totalitätsanspruch auch, innerhalb der Grenzen der Galutmöglichkeit, verwirklicht wird durch entsprechende Leistung, ergibt sich von selbst, als natürliche Konsequenz, an die Einzelnen die Forderung, der Tora und der Nation der Tora und der Gemeinde der Tora „ganz“ anzugehören – „Ganz sei mit Gott, deinem Gotte!“[25] –:„Austritt“. „Austritt“ ist die negative Seite der „Ganzheit“.

Aber die „Ausgetretenen“ Jeruschalajims, zumal nach dem Heimgang ihres großen Führers, nahmen eine Entwicklung, die, sicherlich ungewollt, eine wahre Karikatur des Prinzips des Chatam Sofer s. A.* und des Rabbiner Hirsch s. A. bedeutet. Mehr und mehr erachten sie den „Austritt“ als die eigentliche – Leistung. Sie bemächtigen sich der Konsequenz, ohne sich ihre Voraussetzung zu eigen zu machen.

Den seelischen Hintergrund dieser Haltung habe ich bereits geschildert: „Lasst uns in Ruhe!“ Aber weder Chatam Sofer s. A.* noch Rabbiner Hirsch s. A. hatten Ruhebedürfnis.

Die „Ausgetretenen“ Jeruschalajims nehmen eine doppelte Trennung vor. Sie trennen sich selbst vom Waad Le'umi, und sie trennen – dies ist das eigentlich Neue – sie trennen den „Austritt“ vom – Eintritt. Der „Austritt“ wird ihnen zum Selbstzweck. Dies mag er halachisch sein, wie die Erfüllung jeder religiösen Pflicht. Aber ist nicht auch der Eintritt religiöse Pflicht? Zumal im allmählich sich entwickelnden Nationalheim? Zumal angesichts des Waad Le'umi und seiner Kenesset Jisrael? Glaubt man nicht mit dem „Austritt“ allein Kenesset Jisrael

25 Dtn 18, 13.

gewachsen zu sein? Ist nicht Kenesset Jisrael – Landesorganisation? Ist nicht der „Austritt“ aus Kenesset Jisrael eine Angelegenheit, die die Beziehung zum ganzen Land betrifft? Und der völlig lokale Waad Ha'ir Haaschkenasi soll Kenesset Jisrael ein Paroli bieten?

Für den „Austritt“ genügen in der Tat ein Trennungsrabbinat und eine Trennungsschechita. Sie dienen im Grunde dem „Austritt“. Durch sie ist man „religiös“ nicht mehr auf den Waad Le'umi angewiesen. Und darauf allein kommt es an. Aber selbst Trennungsrabbinat und Trennungsschechita gelingen nur in – Jeruschalajim. Was geschieht mit dem Land?

Hier liegt der Schwerpunkt!

Chatam Sofer* und Rabbiner Hirsch kennen ihre Zeit und handeln aus historischer Schau. So gelingt es ihnen, dem Verderben Einhalt zu gebieten und zu retten, was zu retten ist, und aufzubauen, was immer sich noch einfügen lässt.

Man mag es verstehen, dass man in Jeruschalajim anfangs, nach Väterweise, einen „Issur“[26] gegen Kenesset Jisrael für ausreichend hielt. Aber allmählich, schon wenige Jahre nach der englischen Okkupation, hätten die Augen aufgehen müssen, dass es mit einem „Issur“ nicht geschehen sei, dass nicht Rabbinat und Schechita das eigentliche Problem seien, dass das eigentliche Problem vielmehr das – Nationalheim selber bilde. Ist etwa das Nationalheim mit getrennter Schechita und getrenntem Rabbinat zu bekämpfen?

Ich glaube nicht, dass man sich über das Nationalheim überhaupt viel Gedanken machte. Man war wohl geneigt, das ganze Nationalheim als eine rein – zionistische Angelegenheit zu erachten und mit dem Zionismus selber einfach abzulehnen. Aus dem Nationalheim braucht man daher erst gar nicht „auszutreten“, denn man war niemals – eingetreten. So blieb nur übrig, sich, wenigstens in Jeruschalajim, eine eigene Schechita und ein eigenes Rabbinat zu sichern, um ruhig abwarten zu können, bis der Zionismus und sein Heim sich von selbst in Rauch auflösen würden. Was also war die Forderung der Stunde? Die Schechita zu schützen und um die behördliche Anerkennung des Rabbinats zu kämpfen. Die Schechita in – Jeruschalajim. Die Anerkennung des Rabbinats in – Jeruschalajim.

Aber der Zionismus löste sich keineswegs in Rauch auf. Und das Nationalheim entwickelte sich.

Gegen die Pflicht des „Jischuw Erez Jisrael“[27], eine von vielen Pflichten, hatte man in Jeruschalajim gewiss nichts einzuwenden. Was hatte diese zeitlose Pflicht mit dem – Nationalheim zu tun!

---

26 D.h. ein religionsgesetzliches Verbot, der *Kenesset Jisrael* anzugehören; vgl. dazu Gebel, *Workers Movement,* 35.

27 D.h. der Pflicht der Besiedlung des Landes Israel.

Keine Spur von geschichtlicher Ergriffenheit. Keine Spur von geschichtlicher Schau. Die metageschichtliche Wende, die das Mandat bedeutet, ruft in Jeruschalajim als Reaktion die Trennungsschechita und das Trennungsrabbinat hervor. Und siehe, die Rosenheimsche Jeweiligkeitsaguda erkennt in gleicher Geschichtsferne die Trennungsschechita in Jeruschalajim und das Trennungsrabbinat in Jeruschalajim als „die" Jeweiligkeit der Stunde, wie notwendig so ausreichend, und auch ihr werden beide zum eigentlichen Problem, hinter dem das Nationalheim selber durchaus verschwindet. Nicht dem Nationalheim, sondern der Schechita und dem Rabbinat des Waad Ha'ir Haaschkenasi widmet die oberste Leitung der Weltaguda ihre volle Aufmerksamkeit und ihre ganze Tätigkeit, und Rosenheim* wird nicht aufhören, für und für an dieser Jeweiligkeit festzuhalten. Das Nationalheim ist freilich keine Jeweiligkeit. Nimmt man das Nationalheim ernst, so verlangt es – Bereitstellung von Volk und Land für ihre Wiedervereinigung unter der Herrschaft der Tora. Nicht mehr und nicht weniger.

Es mag sein, dass der „alte Jischuw" in Jeruschalajim, soweit er „ausgetreten" war, zunächst auch vom Nationalheim nichts wissen wollte.

Ich aber wollte vom Nationalheim wohl wissen. Und mit mir der überwältigende Teil des „neuen Jischuw", den die geschichtliche Entwicklung in immer stärkerer Zahl ins Land trieb.

Als Nationaljude, als Sohn der Nation der Tora, war ich ins Land gekommen.

Es war aber die „palästinensische Aguda" zunächst lediglich ein anderer Name für den Waad Ha'ir Haaschkenasi.

Was erwartet sie von jedem ins Land kommenden Agudisten?

Den „Austritt".

Was gab sie jedem ins Land kommenden Agudisten?

Eine Austritt-Schechita und ein Austritt-Rabbinat. Beides auch nur in – Jeruschalajim.

Und das Nationalheim?

Und das nationale Leben?

Und die nationale Zukunft?

Und die nationale Organisation?

Die nationale Organisation der Tora?

Wo ist der Platz meiner Kinder im Nationalheim?

Etwa im – Schlachthaus?

Etwa im Sprechzimmer des – Rabbinats?

Und wie, wenn sie außerhalb Jeruschalajims wohnen, wo es weder Schlachthaus noch Rabbinat gibt?

Der „Austritt" ist nicht schwer in Jeruschalajim. Aber was dann?

Wo ist das organisierte Volk der Tora[28] im Lande der Tora, gewillt und entschlossen, der Tora ein Nationalheim zu errichten, worin sie nicht nur Schlachthaus und Rabbinat, sondern das ganze wirtschaftliche und kulturelle Leben beherrscht und gestaltet, wie sie dies in der Gola niemals vermocht hat und niemals wird vermögen können?[29]

Hätten Chatam Sofer* und Rabbiner Hirsch sich mit einer lokalen Trennungsschechita und einem lokalen Trennungsrabbinat begnügt, statt das Volk der Tora im Lande der Tora zu organisieren und dieser nationalen Organisation die ganze Fülle des nationalen Lebens als Aufgabe zuzuweisen? Kann man der Tora mit Rabbinat und Schechita Genüge tun? Ist dies nicht gerade der Standpunkt von – Kenesset Jisrael? Und worin unterscheidet sich alsdann letzten Endes der Waad Ha'ir Haaschkenasi von Kenesset Jisrael?

Eine jüdische Volksgesellschaft ist es, die im Nationalheim sich entwickelt: ein Ereignis ohne Vorgang in der 2000jährigen Galutgeschichte. Kann man aus ihr – „austreten"? Soll auch der neue Jischuw aus ihr austreten? Wie macht man das eigentlich? Ohne zugleich aus dem – Leben auszutreten? Spannt sie nicht naturhaft ihre Fäden um alle Volksgenossen und wandelt ihr Nebeneinander in Wechselseitigkeit? Und ist es nicht gerade diese jüdische Volksgesellschaft, an der die Tora aufs höchste interessiert ist, unendlich mehr interessiert ist als an – getrennter Schechita und getrenntem Rabbinat? Geht nicht der ganze Kampf zwischen Judentum und Zionismus eben um diese Volksgesellschaft, die sich weder in Gebilde von der Art des Waad Ha'ir Haaschkenasi noch überhaupt in Gemeinden europäischer Prägung einfangen lässt?

Auch Kenesset Jisrael ist wahrhaftig nicht die Organisation dieser Volksgemeinschaft. Ihr Puls ist weit eher spürbar in den städtischen und dörfischen Verwaltungen, namentlich in den rein jüdischen Siedlungen. In ihnen gilt es der Tora Macht und Einfluss zu erstreiten und ihr die Gemüter der jüdischen Menschen zu gewinnen. Diese Volksgesellschaft, in ihrer brausenden Gärung, entzieht sich einstweilen überhaupt jeder Organisierung, und sie ist daher überhaupt kein Objekt des – „Austritts", sondern ein Objekt allmählicher Beeinflussung und Gestaltung.

Wer kann bestreiten, dass diese jüdische Volksgesellschaft einstweilen aufs stärkste mit – torafeindlichen Elementen durchsetzt ist? Wen kann es Wunder

---

28 Kurz vor der Abfassung seiner Autobiografie hatte Breuer eine Schrift unter dem hebräischen Titel עם התורה המאורגן (*Das organisierte Volk der Tora*, Tel Aviv 5704 [1943/44], IBWA 3, 263, Nr. 244) veröffentlicht.

29 Breuer trat dafür ein, dass der Schulchan Aruch den in Palästina lebenden Juden als „Grundlage ihres Gemeinschaftslebens" anzuerkennen war (*Das jüdische Nationalheim*, IBWA 2, 219). Dies ging über die Regelung der Bedürfniss von Schechita und Mazzo weit hinaus.

nehmen? Wissen wir nicht alle, dass seit 150 Jahren der Geist des Ungehorsams, der fremde Geist der Völker im jüdischen Volk umgeht? Hat man gehofft, es werde alsbald Sein Boden Seinem Volke Sühne erwirken[30] und alle Verirrten heimführen? Alsbald? Geduld! Geduld! Noch ist Elijahu nicht erschienen! Noch ist das jüdische Volk in Erez Jisrael ein getreues Spiegelbild des jüdischen Volks in der ganzen Welt!

Aber draußen geht es um – „Religion". Wirtschaft und Kultur, Gesellschaft, kann draußen in Selbständigkeit nicht entwickelt, nicht dargestellt werden. „Tora im Derech Erez" kann nur im Nationalheim der Verwirklichung entgegenreifen: „Thedaismus!" Draußen mag es genügen, „Religionsgemeinden" zu unterhalten, und getrost mag man hierbei – Schechita und Rabbinat nach Gebühr betonen.

Aber im Nationalheim ist nicht nur die „Religion", im Nationalheim ist alles jüdisch, und alles muss daher toragemäß, muss von der Tora gestaltet werden. Im Nationalheim kann die Tora auf ihren Totalitätsanspruch nicht verzichten, denn im Nationalheim, und nur im Nationalheim, ist seine Verwirklichung möglich. Dieser Totalitätsanspruch verknüpft unauflösbar die Tora mit der Gesellschaft und ihren wirksamen Kräften, mit denen sie sich auseinanderzusetzen hat, bis ihr der Sieg zuteilwird. Aber dieser Sieg, so sicher er ihr ist, so wenig wird er ihr – geschenkt. Sie wird schwer zu kämpfen haben. Aber nicht um – Schechita. Sondern um die ganze Nation.

Ich möchte nicht missverstanden sein. Kenesset Jisrael ist fürs erste eine höchst jämmerliche Organisation. Ihre Verfassung ist unsäglich töricht, dumm geradezu. Sie ist wahrhaftig nicht die organisierte Nation oder die organisierte Gesellschaft. Die organisierte Stadt Tel Aviv ist wichtiger als die ganze Kenesset Jisrael. Wo der „Austritt" aus ihr in Ehrlichkeit möglich ist, hat man der Entscheidung der Rabbinen Folge zu leisten. Sie verlangt weder das Unmögliche noch das Unehrliche. Austreten und parasitärer Nutznießer bleiben, ist unehrlich.

Aber weder daher „Austritt" noch auch die Unterhaltung einer getrennten Schechita und eines getrennten Rabbinats in Jeruschalajim ist selbst nur der Anfang einer Lösung der Problematik des Nationalheims. Wer sich für die jüdische Nation im heiligen Lande verantwortlich weiß, muss andere Wege einschlagen.

Der Waad Ha'ir Haaschkenasi, und mit ihm die offizielle palästinensische Aguda, gestützt von der Rosenheimschen Weltaguda, hatten keine Beziehung zum Nationalheim. Es war zunächst hoffnungslos, eine Änderung dieser ganzen Einstellung herbeizuführen. Ich selber konnte in dieser Enge nicht atmen. Von „Bereitstellung" war nicht die leiseste Rede. Höchstens von Bereitstellung des Schlachthauses. Der Begriff „Nationalismus" löste Schauder aus.

30 Vgl. Dtn 32, 43.

Agudisten und Misrachisten sah ich sich um den „Austritt" balgen. Bei beiden stand Kenesset Jisrael im allbeherrschenden Mittelpunkt. Aber die toratreuen Massen im Lande hatten an der Balgerei längst alles Interesse verloren. Sie sahen den Einfluss und das Ansehen der Tora Jahr um Jahr im öffentlichen Leben des Jischuw geringer werden, und sie verstanden nicht. Allmählich gewöhnten sie sich, die Balgerei der feindlichen Brüder, deren Formen niemals anmutig waren, als unabwendbares Verhängnis hinzunehmen, und sie seufzten, und sie resignierten. „Aguda" erschien ihnen längst als das Prinzip unfruchtbarer Negation, und sie schüttelten den Kopf, wenn sie sich erinnerten oder wenn sie hörten, dass die „europäische Aguda" immerhin auch manches Praktische geleistet habe. Was hatte eigentlich die polnische Aguda mit dem „Austritt" zu tun? War ihr nicht der „Eintritt" in die Aguda und die Tätigkeit innerhalb der Aguda das Entscheidende? Und warum ist hier alles anders? Hier kommandiert – Jeruschalajim. Jeruschalajim lässt niemand sonst aufkommen. Jeruschalajim denkt nur an – Austritt. Man kann nichts machen.

Es fehlte Jeruschalajim nicht an Talenten. Aber es wiederholte sich in Jeruschalajim, was ich in der Weltaguda oft genug erlebt hatte: Begabung allein schafft es nicht. Begabung bleibt unfruchtbar, wenn sie ohne historischen Nährboden ist. Ohne historische Ergriffenheit verdorrt selbst die beste Begabung und artet schließlich in dürren Schematismus aus. Das Leben aber schreitet über diesen Schematismus hinweg.

Mir kam es darauf an, einen gesellschaftlichen Faktor zu schaffen, der alle toranahen Kräfte im Lande konzentrieren sollte, um ihren Einfluss auf die Entwicklung der Gesellschaft zu stärken und den Geist der Resignation zu verscheuchen, der unter ihnen längst Platz gegriffen hatte. Ich beschloss, einen „Brit Emunim"[31] zu gründen. Schon der Name weist auf die gesellschaftliche Beziehung hin. Aguda und Misrachi als solche sollten bestehen bleiben. Aber der Bund sollte alles tun, was weder Aguda noch Misrachi taten: die toratreuen Menschen gesellschaftlich miteinander verbinden, durch die Verbindung ihnen Macht verleihen, sie wirtschaftlich stärken, ihr Selbstbewusstsein entwickeln; bei kommunalen Wahlen das toratreue Element durchsetzen; und vor allem auch den geistigen Kampf mit den „Freien" bewusst aufnehmen und im ganzen Land die stärkste Propaganda für das Erbgut der Tora systematisch durchführen; Errichtung von Mikwaot, verbunden mit der längst erforderlichen Aufklärung über Wesen und Bedeutung der jüdischen Familienreinheit[32]; Gründung von Synagogen und Lehrhäusern; Hebung des Kaschrut im ganzen Lande; Gründung

31 Hebr. ברית אמונים (brit emunim), „Treuebund", „Freundschaftsbund".

32 Zum Thema des korrekten Gebrauchs der jüdischen Ritualbäder (*Mikwaot*) vgl. die Schrift von I. Breuers Bruder Joseph Breuer, *Am Heiligtumsquell des jüdischen Ehelebens.*

von Volkshochschulen zur Verbreitung jüdischen Wissens und jüdischer Welt- und Lebensanschauung, sowie systematische Heranbildung von Kräften, die wirklich geeignet und in der Lage wären, eine gemeinsame Sprache mit den Verirrten zu finden und mit ihnen in Auseinandersetzung zu treten; Schaffung geeigneter Literatur, volkstümlich, belehrend, aufklärend; Konfrontation des Rechts der Tora mit den wirtschaftlichen Erscheinungen im Nationalheim; bewusster Kampf gegen jede Unredlichkeit in der Beziehung von Mensch zu Mensch und Ausmerzung all derer, die da glauben, Orthodoxie mit bürgerlicher Unredlichkeit verbinden zu können; bewusster Kampf gegen wirtschaftliche Ausbeutung; umfassende Propaganda für die Hut des Schabbat als zentrales Nationalheiligtum des jüdischen Volks – es gab wahrlich, jenseits von Aguda und Misrachi, genug zu tun.

Ich nahm mit geeigneten Herren sowohl von der Aguda wie auch vom Misrachi Fühlung und fand zunächst gute Aufnahme. Eine größere Versammlung, beschickt von beiden Kreisen, verlief ermunternd. Ein Gründungsdokument wurde von führenden Persönlichkeiten aus beiden Lagern unterzeichnet.

Aber dann erhielt ich von R. Meir Berlin* einen sehr langen Brief. Er vernichtete jede Hoffnung. Der Verfasser erklärte, nachgerade den Eindruck bekommen zu haben, dass zwischen ihm und mir ein grundlegendes Missverständnis bestehe. Ich hätte es offenbar auf eine große Volksbewegung abgesehen. Dem aber könne er nicht zustimmen. Es seien die Kräfte nicht vorhanden, um neben dem Misrachi noch eine zweite Volksbewegung zu speisen. Für ihn komme daher neben dem Misrachi eine zweite wirkliche Volksbewegung nicht in Frage. Es könne sich bei Brit Emunim allenfalls nur um einen esoterischen Klub von etwa 50 Menschen handeln, die zusammenkämen, um sich auszusprechen. Ein solcher Klub sei wertvoll, weil er gewiss dazu beitragen werde, die vorhandenen Gegensätze zu mildern und die Menschen näher zu bringen. Mehr aber dürfe Brit Emunim nicht sein.

Ich aber hatte mehr, hatte viel mehr gewollt. An nichts anderes hatte ich gedacht als an eine große Volksbewegung. Sie im Kampf gegen den Misrachi zu schaffen, war zwecklos. Ein solcher Kampf hätte nicht zur ersehnten Konzentration, sondern nur zu größerer Zersplitterung geführt. So gab ich es auf. Sehr zur Genugtuung gewisser agudistischer Kreise.

Mitten in der Zeit meiner Unrast, gewissermaßen zwischen Reise und Reise, hatte ich mich mit Brit Emunim befasst. Die Erfahrung, die ich dabei gemacht hatte, war mir überaus wertvoll. Mit dem Misrachi ging es offenbar nicht. Auf der Rückreise von Amerika wurde ich mir über den nunmehr einzuschlagenden Weg klar: die palästinensische Aguda aufzubauen!

Ich kannte von vornherein die großen Schwierigkeiten, die auch diesem Weg entgegenstanden. Es galt zunächst, die Aguda aus der lebensraubenden Umklammerung des Waad Ha'ir Haaschkenasi zu lösen. Keineswegs wollte ich etwa den Waad Ha'ir Haaschkenasi aus der Aguda stoßen. Aber die Identität beider musste aufhören. Die Aguda durfte nicht länger – ein Verein der „Ausgetretenen" sein. Ihre Ideologie durfte sich nicht mehr im – „Austritt" erschöpfen. Sie musste sich zum Nationalheim bekennen. Sie musste sich zur Nation bekennen. In ihr musste Platz sein für alle, die kommen wollten; auch für solche, die nicht ausgetreten waren. Nicht auf den Austritt sollte es ankommen, sondern auf den Eintritt. Denn ihm allein kommt der Primat zu. Und der Zweck der Aguda sollte sein, die Herrschaft der Tora über das jüdische Volk in Erez Jisrael zu errichten, und zwar sowohl über das private wie über das wirtschaftliche, kulturelle und politische Leben.

Ich kannte von vorneherein die großen Schwierigkeiten. Es ist bei weitem leichter, eine Neugründung vorzunehmen, als eine völlig verschuldete Firma zu sanieren. Am schwersten ist die Wiederherstellung des völlig verloren gegangenen Vertrauens. Allzu lange hatte man sich daran gewöhnt, in der Aguda lediglich den Ausdruck der Negation, des „Austritts" als Selbstzweck zu erblicken. Nur ein weithin hörbares und ein weithin sichtbares Abrücken von der Vergangenheit konnte eine Massenbewegung in die Aguda hervorrufen.

Ich arbeitete eine entsprechende Satzung aus. Sie enthielt die oben erwähnte Zweckbestimmung. Sie befreite das Recht zur Mitgliedschaft von der Pflicht zu vorherigem „Austritt". Sie gab eine klare Kompetenzabgrenzung zwischen Landesorganisation, Arbeiterorganisation und allweltlicher Exekutive, welch letztere nach der Übersiedelung von Pinchas Kohn s. A.* und J. M. Lewin* ihren Sitz in Jeruschalajm hatte.[33] Sie führte einen Landeszentralrat[34] als Organ der Kontrolle der Landesexekutive ein, und sie machte die Einsetzung von etwa zehn ständigen Kommissionen obligatorisch, unter die, bei gleichzeitiger Hinzuziehung von Mitarbeitern, die ganze höchst umfassende Tätigkeit der neuen Organisation aufgeteilt werden sollte. Ortsgruppen sollten im ganzen Land erstehen, und es sollte zu den wichtigsten Obliegenheiten der Landesexekutive gehören, sie zu aktivieren und aktiv zu erhalten. Jeruschalajims „Ausgetretene" nebst ihrer Führung leisteten von Anfang an mindestens passive Opposition. Aber sie konnten nicht verhindern, dass allgemeine Wahlen für die konstituierende Versammlung ausgeschrieben wurden. Im Mai 1941 fand sie in Petach Tikwa statt.[35]

---

33 Pinchas Kohn floh 1939 über Basel und London nach Palästina.

34 Die Einsetzung eines Landeszentralrats für Palästina entsprach den Vorgaben von § 5 der AI-Weltsatzung aus dem Jahre 1923 (*Der Israelit* vom 30. 8. 1923, 9).

35 An dieser Versammlung – nach § 5 der AI-Satzung von 1923 war es die konstituierende Sitzung des Delegiertentags der palästinensischen AI-Landesorganisation – nahmen etwa 800, unter ihnen auch 100 weibliche Delegierte und Vertreter des Arbeiterflügels der Organisation (PAI) teil; vgl. *Ha-Maschqif*, 3. Juni 1941. In der Gewerkschaftszeitung *Davar* vom 6. Juli 1941 hieß es, mit dieser Versammlung sei die AI an einem Scheideweg angekommen.

Ich legte dieser Versammlung meinen Satzungsentwurf vor. Es kam zu heftigsten öffentlichen Zusammenstößen zwischen den „Eiferern"[36] Jeruschalajims und mir. In einer Abendrede verabschiedete ich mich von ihnen. Es kam mir nicht ganz leicht an. Ich hatte diese Menschen einst – aus der Ferne – heiß geliebt. Ich hatte – einst – von Frankfurt aus eine Organisation auswärtiger zahlender Mitglieder des Waad Ha'ir Haaschkenasi geschaffen. (Ich wusste damals nicht, wieviel höchst potente inwärtige nichtzahlende Mitglieder der Waad Ha'ir Haaschkenasi hatte!) Ich hatte in ihnen Helden der Nation der Tora gesehen, denen die Schechita nur ein Symbol sei, und die in Wahrheit die Fahne unseres Gott-Königs über die Königstadt hissten, um die ganze Weltaguda in den Kampf um das Nationalheim unseres Gott Königs hineinzuziehen. Als sie ein „Lied dem Ausgetretenen" nebst Melodie in ihrer Zeitung veröffentlichten, ließ ich meine kleinen Kinder in Frankfurt Text und Melodie lernen, und ich konnte das Lied nicht oft genug von ihnen singen hören. (Mein Sohn Jacob[37] kann es noch heute!) Und nun waren wir offene Gegner. Ich schilderte ihnen die ganze Zeitentwicklung. Ich schrieb ihnen das dauernde Verdienst zu, sich dem Zionismus nicht gebeugt zu haben, auf die Reinheit des jüdischen Nationalheims bedacht gewesen zu sein. Aber ich ließ auch keinen Zweifel darüber, dass mit dem „Austritt" allein das Nationalheim nicht zu retten, die getrennte Schechita keine Leistung sei, auf deren Lorbeeren man zwei Jahrzehnte ausruhen könne, und dass nicht ich mich geändert, sondern sie selber das Prinzip Rabbiner Hirschs s. A. völlig missverstanden hätten, das ein Prinzip höchster Leistung, ein Prinzip nationaler Kräftekonzentration, aber kein Prinzip der Negation und der Flucht aus der Wirklichkeit sei. Ahnungsvoll bat ich sie am Schluss, unserer Freundschaft eingedenk zu bleiben und als Gegner Anstand und Sachlichkeit nicht missen zu lassen.

Meine Satzung wurde mit bedeutender Majorität, gegen die Stimmen der Eiferer, unter furchtbarem Gebrüll angenommen. Eine einzige Änderung: Getreu der Lehre meines Vaters s. A. hatte ich „religiösen Lebenswandel" nicht zur Bedingung der Mitgliedschaft, sondern nur zur Bedingung der Bekleidung von Ämtern gemacht.[38] Hierfür aber fand ich fast nirgends Verständnis.

---

36 Der Begriff verweist auf die in Num 25, 11 gelobte Gewalttat des Pinchas ben Elasar; „Eiferer" (griech. „Zeloten") werden auch die jüdischen Widerstandskämpfer gegen die Römer im Jüdischen Krieg genannt. Da dieser Kampf zur Zerstörung Jerusalems und des Tempels führte, wird der zelotische Eifer im Talmud negativ beurteilt.

37 Jacob Baror.

38 Vgl. die Satzung der IRG vom 15. 1. 1922, § 4 (Morgenstern, *Von Frankfurt*, 335). Diese Bestimmung entsprach den (von I. Breuer entworfenen) AI-Statuten aus dem Jahre 1923, §§ 3f, denen zufolge jeder Jude AI-Mitglied werden konnte; zu dieser Satzung: Morgenstern, *Von Frankfurt*, 85, 333 und oben Kap. 9, Anm. 56.

Immerhin war nunmehr die agudistische Landesorganisation in aller Form gegründet. In aller Form hatte sie sich zum Nationalheim bekannt und hatte die Nabelschnur des „Austritts" abgeschnitten. Die Arbeit konnte beginnen.

Aber weit gefehlt! Ich hatte die Rechnung ohne den Wirt gemacht!

Die konstituierende Versammlung hatte die Wahl der engsten Exekutive, der naturgemäß der bestimmende Einfluss bei der Durchführung der neuen Satzung zukam, dem Gesamtvorstand überlassen. Die maßgebende Sitzung des Gesamtvorstands sollte etwa zwei Wochen nach der konstituierenden Versammlung, in der ich gesiegt hatte, stattfinden. Die Zwischenzeit benutzten die „Eiferer" hinter meinem Rücken und ohne, dass ich die leiseste Ahnung hatte, zu einem wilden Intrigenspiel, dessen Fäden mir heute noch unbekannt sind. Anscheinend gelang es ihnen, sogar „Gerer"* Kreise für sich zu gewinnen. Offenbar hatte mein Freund Pinchas Kohn s. A.* von dem ganzen Treiben Wind bekommen, denn er warnte mich davor, in die Sitzung des Gesamtvorstands zu gehen. Ich bin seinem Rat nicht gefolgt. Ich reiste mit ihm nach Tel Aviv, wo die Sitzung stattfand. Er war während der Fahrt seltsam still, merkwürdig verstimmt. Er eröffnete die Sitzung, aber schon nach kurzer Zeit bekam er einen Herzanfall und musste aus dem Saal getragen werden. Nach kurzer Unterbrechung wurde die Sitzung in seiner Abwesenheit wieder aufgenommen. Es kam zur Wahl der neuen Landesexekutive. Sie ergab ein mich vollkommen überraschendes Resultat. Eine sehr große Majorität schloss mich von der Exekutive aus und bekundete damit in nichts zu wünschen übrig lassender Deutlichkeit, dass sie nicht gewillt sei, mir die Durchführung der Neuorientierung anzuvertrauen, deren Beschluss ich in Petach Tikwa erreicht hatte. An meiner Stelle wurde mein – Gegner[39] in die Exekutive gewählt, von dem man annehmen musste, er werde die Neuorientierung auf dem Papier stehen lassen. Ich erklärte darauf sofort meinen Austritt aus dem Gesamtvorstand, verließ die Sitzung und kehrte mit Pinchas Kohn* nach Jeruschalajim zurück. Es war seine letzte Sitzung. Er hat sich vom Krankenlager nicht mehr erhoben. Seine letzte agudistische Sorge hat mir gegolten.[40]

Die Sorge war nicht ohne Grund. Die ganze geradezu tragikomische Situation offenbarte blitzartig das gräuliche Missverhältnis, in dem ich seit Jahrzehnten zur Aguda stand. Eine wirkliche Gefolgschaft habe ich wohl nie besessen. Man hat mich letzten Endes immer allein gelassen. Sicher lag die Schuld auch an mir. Aber gewiss nicht nur an mir. Es mag viel Verstrickung, viel Verhängnis dabei sein. Ich bin nie dahintergekommen.

---

39 Gemeint ist offenbar Moshe Blau.

40 Pinchas Kohn starb am 2. Juli 1941 in Jerusalem.

Es war mir in aller Öffentlichkeit gelungen, den entscheidenden Schritt zu tun und die palästinensische Aguda aus der tödlichen Umklammerung des Waad Ha'ir Haaschkenasi zu befreien und die Grundlage zu einer volkstümlichen Organisation zu legen. Nun aber, da alles darauf ankam, die öffentliche Meinung davon zu überzeugen, dass die Aguda in der Tat einen völlig neuen Anfang nehmen und den „Eintritt" an Stelle des „Austritts", die gesellschaftliche Aktivität an Stelle der dogmatischen Negation setzen werde, wird geradezu demonstrativ eine Leitung bestellt, die jedem Kinde beweisen musste, dass alles nur Schein war, dass nichts sich geändert hatte.

Meinen Rücktritt aus der agudistischen Landesleitung vollzog ich öffentlich. In einem Artikel im „Hajessod" gab ich auch die Gründe an. Beides aber hatte nicht das leiseste Echo. Nicht einen einzigen Brief habe ich erhalten, der mir etwa Sympathie bekundet hätte –. Niemand hat sich mir angeboten, sich zu mir zu stellen, um mir zu helfen. Es war wirklich nicht anders, als hätte eine Katze durch die offene Tür das Zimmer verlassen. So weit kann man es nach Arbeit von 30 Jahren bringen. Ich brauchte immerhin 2–3 Wochen, um darüber hinwegzukommen. Es ist nicht so ganz einfach. Dann benutzte ich die durch meine Demission gewonnene Zeit, um ein Buch über „Kenesset Jisrael" zu schreiben, das bis jetzt noch nicht veröffentlicht ist.[41] Da sich ferner der „Noar Agudati"[42] an mich wegen eines Plans für agudistische Erziehung wandte, verfasste ich einen Grundriss, den ich alsdann auf Anregung meines Sohnes Mordechai* zu einem Buch verarbeitete: „Moriah". Das Buch sollte eine Art von Handbuch für agudistische Erziehung darstellen. Ich habe allerdings bis jetzt nicht den Eindruck, dass es als solches benutzt wird. Nicht eine einzige taugliche Besprechung ist mir bis jetzt zu Gesicht gekommen. Der Absatz, den das Buch bis jetzt gefunden hat, ist ein äußerst mäßiger. –

Schließlich schrieb ich noch ein Buch der Erinnerung an das deutsche Judentum „Scha'ali Serufa"[43] in deutscher Sprache; es ist noch nicht veröffentlicht. Im Übrigen wartete ich. Meine Vermutung, dass für den Aufbau einer wirklich lebendigen Landesorganisation nichts geschehen werde, dass die Loslösung der palästinensischen Aguda von der lediglich den Einzelnen obliegenden Pflicht zum „Austritt" unter der neu gewählten Exekutive Folgen nicht zeitigen könne,

41 Im Nachlass des Verfassers war dieser Text nicht zu finden; vermutlich handelt es sich um die in Kap. 9, Anm. 68 erwähnte Schrift.

42 Zur AI-Jugendorganisation *Noar Agudati* (נוער אגודתי) vgl. oben Kap. 11, Anm. 10 und unten Kap. 13, Anm. 33.

43 Der Titel (deutsch: „Frage, durchs Feuer Verbrannte, nach dem Frieden der um dich Trauernden") spielt an auf eine Elegie, die Rabbi Meir von Rothenburg (ca. 1220–1293), nachdem er 1242 Zeuge der großen Talmudverbrennung von Paris geworden war. Breuers Text שאלי סרופה. *Zur Erinnerung an das deutsche Judentum* wurde veröffentlicht in: Breuer, *Weltwende*, 121–281.

bestätigte sich vollkommen. Es blieb alles beim Alten. Der Zentralrat[44] führte ein Scheindasein. Ortsgruppen existierten nicht. Eine Propaganda fand überhaupt nicht statt.

Allmählich rückte die Zeit heran, in der man an die Einberufung einer neuen Landesversammlung denken musste. Ich beschloss, trotz aller bisherigen Erfahrung, nochmals einen Versuch zu machen, mich volkstümlich durchzusetzen. Die Gelegenheit schien günstig. Die alte Leitung hatte völlig versagt. Mit leeren Händen musste sie vor die Versammlung treten. Es sollten Listenwahlen stattfinden, und es war mit einer lebhaften Beteiligung zu rechnen. Hatte ich das vorige Mal die Satzung in den Vordergrund gestellt und die Abkehr von der Negation als beherrschendem Prinzip der Aguda gefordert, so veröffentlichte ich jetzt eine Artikelserie über „Am Hatorah"[45], in der ich, wie ich glaubte, in allgemein verständlicher Weise den jüdischen Nationalismus darlegte, ein klares und offenes Bekenntnis zu diesem Nationalismus als unbedingte Notwendigkeit erklärte, den Nachweis erbrachte, dass wir als „Datijim" rettungslos dem religiösen Subjektivismus verfallen seien und vom Misrachi uns grundsätzlich gar nicht unterscheiden, und schließlich die agudistische Organisation als die organisierte Nation der Tora definierte, deren zentrales Anliegen naturgemäß das Land der Tora sei, und die im Mandat den Ruf Gottes zu erkennen habe, der Nation der Tora im Lande der Tora ihr Nationalheim zu errichten. In eingehender Darlegung verwarf ich das völlig unhistorische Jeweiligkeitsprogramm und wies nach, dass letzten Endes die ins Auge springende Unklarheit der agudistischen Beziehung zu Erez Jisrael in all den vergangenen Jahren die Ursache für das Versagen der agudistischen Leistung gebildet habe. Es sei Sache der palästinensischen Aguda, eine urwüchsige nationale Bewegung in der ganzen Welt zu entfachen, und sie müssen in Erez Jisrael selber damit beginnen. Ohne eine solche Bewegung sei die faktische Selbständigkeit und Unabhängigkeit des Volkes der Tora nicht zu halten. –

Die Artikelserie wurde in einer Broschüre gesammelt und in vielen Exemplaren verbreitet. Ich sagte mich zugleich für einige Wochen von Berufsgeschäften los und bereiste das ganze Land. In allen geeigneten Orten sprach ich in öffentlichen Versammlungen, die durchweg gut besucht waren (ausgenommen eine Versammlung in der „Horeb-Synagoge" in Jeruschalajim, die wohl die kläglichste war, die ich

---

44 Zu diesem Gremium vgl. oben Kap. 11, Anm. 3; offenbar war es aus organisatorischen, politischen und auch wirtschaftlichen Gründen schwer, dieses Gremium, das aus 100 Mitgliedern bestand, überhaupt einzuberufen.

45 Hebr. עם התורה, „das Toravolk"; die Artikel erschienen unter dem Titel *Das organisierte Volk der Tora* 1944 in Tel Aviv.

erlebte).[46] Die Liste „Am Hatorah“ sollte allen meinen Freunden Gelegenheit geben, sich bei den Wahlen zu meinen Bestrebungen zu bekennen.

Im Mai 1944 fand die zweite Landesversammlung statt. Ihr war eine recht lebhafte Wahlbewegung vorausgegangen.[47] Die Liste „Am Hatorah“ war keineswegs die einzige. Sie stand im Wettbewerb mit einer ganz unverhältnismäßig großen Zahl anderer Listen, worin an sich schon ein deutliches Zeichen sehr weit gehender politischer Unreife zu erblicken war. Vielfach konzentrierte sich die ganze Wahlbewegung um Personenfragen. Die innerhalb der agudistischen Arbeiterschaft vorhandenen Reibungen traten mit großer Deutlichkeit hervor. Auch Jeruschalajims „Eiferer“ machten sich bemerkbar. Man konnte wirklich nicht behaupten, dass etwa das Für und Wider in Beziehung auf „Am Hatora“ irgendwie im Mittelpunkt des Interesses der Wähler gestanden hätte.

Immerhin hatte die oberste Landesleitung mich beauftragt, den feierlichen Eröffnungsabend nicht vorübergehen zu lassen, ohne ein Referat über „Am Hatora“ zu halten. Sie wollte damit bewusst zum Ausdruck bringen, dass sie die von mir geplante Neuorientierung der Aguda keineswegs bekämpfe, vielmehr grundsätzlich bereit sei, sich hinter sie zu stellen, falls die Delegiertenversammlung sie genehmigen werde. Mehr konnte ich schließlich von der Leitung nicht erwarten, und ich war daher entschlossen, ihr nicht öffentlich die Rechnung für ihre Untätigkeit in den vergangenen drei Jahren vorzulegen.

Dies nun hat sich an diesem feierlichen Eröffnungsabend zugetragen: der große Saal in Petach Tikwa war bis auf den letzten Platz dicht angefüllt mit Menschen. Entsprechend der tatsächlichen Zusammensetzung der palästinensischen Toratreuen überwog bei weitem das polnische Element. Immerhin war auch der „alte Jischuw“ stark vertreten. Von anerkannten Toragrößen waren nur wenige erschienen. Die ganze Versammlung stand unter dem Eindruck der furchtbaren Nachrichten aus Europa. Dies kam auch in den Begrüßungsreden zum Ausdruck, die, wie immer, eine äußerst programmwidrige Länge entwickelten. Aber diese Reden entsprechen durchaus dem Aufnahmebedürfnis der Hörer. Sie wurden mit Aufmerksamkeit und sichtlicher innerer Anteilnahme entgegengenommen. Dann kam meine große Stunde, auf die ich Jahrzehnte gewartet hatte. Sie brachte einen fürchterlichen Fehlschlag. Sie ließ mich den Saal in hoffnungsloser Zerschlagenheit verlassen. Es war aus...

Vom ersten Moment, da ich begann, ja noch ehe ich begann, hatte ich den klaren und deutlichen Eindruck, dass die Masse mich gar nicht hören wollte; dass ihr schlechterdings nichts gleichgültiger sei als mein „Am Hatora“; dass sie Midraschim

46 Vgl. אגודת ישראל תארגן את עם התורה׳. נאום ד"ר יצחק ברייער (*Die Agudat Israel wird das Toravolk organisieren*. Rede Dr. Isaac Breuers).

47 Vgl. den Bericht in der Tageszeitung *Ha-Boqer*, 6. Juni 1944.

in zündender Volksrede gedeutet hören wollte, die mit dem europäischen Unglück in kunstvollen Zusammenhang zu bringen waren, und die ans Herz griffen, und die Wonnen leidvoller Tränen erzeugten; dass sie aber beileibe nicht mit dem objektiven Agudaproblem befasst zu werden wünschte oder gar die Entwicklung eines sachlichen Programms zu genehmigen bereit sei. Dumpf brausend grollte mir die Masse in steter immer wachsender – teilweise offenbar sogar organisierter und wohlgeleiteter – Unruhe entgegen, und unter seelischen Höllenqualen redete ich das heiligste Anliegen meines ganzen Ichs hinaus ins feindselig aufschluckende Leere. Dieses mein Anliegen vertrug keine Phrase, keinen Effekt, keine Rührseligkeit und keinen – Midrasch. Die Sache wollte ich; nichts sonst. Und gerade die Sache wollte die Masse – nicht. Nie habe ich mich der Masse, mit der ich mich im Grunde seit Jahrzehnten beschäftigte, fremder gefühlt, nie hat wohl auch die Masse sich mir fremder gefühlt als in den wahrhaft grauenvollen Minuten dieser Rede. Immer wieder wollte ich, während ich sprach, ein Ende machen und aufhören, aber eine innere Gewalt zwang mich, die Qualen dieser unvergesslichen Rede bis zur Hefe auszukosten, jedes Wort, das ich hinausrief, wie einen Pfeil auf mich selbst zurückschnellen zu lassen, bis ich, halb tot, schließen konnte, fliehen konnte, in die Einsamkeit der Nacht, in die Nacht der Einsamkeit – abgelehnt – verworfen – mein Gott, mein Gott, warum hast du mich verlassen...[48]

Die Tagung hat dann noch zwei volle Tage gedauert. Ich habe mich an ihr nicht mehr beteiligt. Am Mittag des letzten Tages erinnerte man sich, dass ich ein sorgfältig ausgearbeitetes praktisches Programm mit allen Einzelheiten vorgelegt hätte. Im Plenum war davon, wie man mir sagte, fast überhaupt nicht die Rede gewesen. Man rief in Eile eine Kommission zusammen. Es kam zu einer immerhin ernsthaften Debatte. Es kam auch zu einer gewissen Verständigung. Man ging ins Plenum. Dort fanden endlose Wahlen statt. Ich freilich, mit zwei Kollegen, wurde mit stürmischer Akklamation zu „Nessi'im"[49] bestellt. Dann wird mein Programm vorgelegt. Natürlich nicht zur ernsthaften Debatte – dazu ist nicht mehr Zelt – es ist schon weit über Mitternacht – aber zur akklamativen Annahme – was tut man nicht alles, wenn es weit über Mitternacht ist? – da, im letzten Augenblick, erhebt sich Raw Karelitz*[50] – er hat nie mit mir darüber gesprochen! – und fordert die Genehmigung des – rabbinischen Rats, der noch nie wirklich existiert hat, der auch weiterhin nicht existieren wird, solange eine wirklich lebendig gewordene Aguda ihn nicht erzeugen wird, der in einer noch unlebendigen Aguda nichts ist als ein –

48 Ps 22, 2.

49 Hebr. נשיאים, „Präsidenten".

50 Rabbiner Avraham Jeschaja Karelitz war 1933 aus Litauen in das britische Mandatsgebiet gekommen und hatte sich in Bne Berak niedergelassen. Er gehörte dem Rabbinischen Rat nicht an, obwohl sein Lehrer, der Rabbiner Chajim Oser Grodzinski*, ihn als Mitglied vorgeschlagen hatte.

Begräbnis, von dem man nicht einmal weiß, ob es ein solches erster Klasse ist –: und mit dieser vernichtenden Bedingung wird mein Programm mit „Akklamation", unter stürmischem Händeklatschen – es klatschten Freunde wie wütendste Gegner! – kurz vor Morgengrauen angenommen. Dann noch der kindisch plötzliche Ausbruch einer völlig unmotivierten Hochstimmung, die sich bis zu völlig unmotivierter Begeisterung steigert, wie ich sie noch bei jeder Agudatagung erlebte und die mir in tiefster Seele verhasst ist – dann noch sinnenberaubende Tänze, die ich gar nicht genug fliehen kann – bin ich denn ein Tanzbär? – und dann ist es – aus...

Vom rabbinischen Rat habe ich nie wieder etwas gehört.

Von Raw Karelitz* auch nicht.

Und von meinem detaillierten Programm auch nicht.

Es ist alles beim Alten geblieben.

Die agudistische Landesorganisation existiert bis zum heutigen Tage nicht.

Und dennoch ist es nicht mehr das Alte. Denn inzwischen hat sich der formelle Bruch zwischen Aguda und – Waad Ha'ir Haaschkenasi vollzogen.

Ich habe bereits berichtet, dass die erste agudistische Landestagung meine Satzungen annahm, die innerhalb der Aguda in aller Form Raum auch für „Nichtausgetretene" schuf und damit die Identität von Aguda und Waad Ha'ir Haaschkenasi aufhob.[51] Die „Eiferer" haben dies nie verwunden, wiewohl es zu einer ernsthaften Durchführung der Satzung überhaupt nicht gekommen ist. Mehr und mehr galt ihnen die Aguda als suspekt, als zu weit „links". Schon das Wort „Nationalheim" war ihnen verhasst. Dem „neuen Jischuw" standen sie mit wachsendem Unbehagen gegenüber. Den inneren Zwang der Dinge, der die Aguda immer wieder nötigte, zur Jewish Agency, ja selbst zum Waad Le'umi in Beziehung zu treten, anerkannten sie nicht. Verhandlungen mit dem Misrachi, die sich hie und da gleichfalls nicht vermeiden ließen, waren ihnen ein Gräuel. Sie mussten es erleben, dass die beiden agudistischen Kibbuzim auf Keren Kajemet*-Boden gingen[52] und vom Keren Hajessod* Unterstützungen empfingen, ohne dass sie deshalb aus der Aguda ausgestoßen wurden. Eine Verketzerung des Oberrabbiners der Kenesset Jisrael konnte auch nicht mehr gut in früherer Art stattfinden, seit er

51 Zur Diskussion um die Satzung der *Poalei Agudat Israel*, in der es ebenfalls um den Austritt ging, vgl. Gebel, *Workers Movement*, 58–63. Gebel weist darauf hin, dass der „Rat der Großen in der Tora" als oberste religiöse Autorität der Organisation erst in § 21 erwähnt wird. Die Unterstellung unter den Torarat war nach Gebel für die agudistischen Arbeiter nur eine organisatorische, keine ideologische Frage.

52 Sie bildeten den Kibbuz *Chafez Chajim*. Jakob Rosenheim wollte die Zusammenarbeit mit dem Keren Kajemet verhindern und wandte sich mit einer Bitte um eine halachische Entscheidung an Rabbiner Karelitz, der aber nicht bereit war, sich zu dieser Sache zu äußern. Vgl. Gebel, *Workers Movement*, 164f.

an der Spitze des „Waad Hajeschiwoth“ stand[53], in welchem anerkannte agudistische Führer saßen. Schließlich fehlte dem Waad Ha'ir Haaschkenasi auch eine starke, autoritäre, zielbewusste rabbinische Führung, die die widerstreitenden Elemente hätte zusammenhalten können, und die vor allen Dingen selber, aus eigener Überzeugung, mit der Aguda verwachsen gewesen wäre.

Es kam zu höchst unliebsamen Zwischenfällen. Als die ganze fürchterliche Größe der europäischen Katastrophe im Land bekannt wurde und die öffentliche Meinung nach Fasttagen schrie, erwies es sich als unmöglich, zu einheitlichen Fasttagen fürs ganze Land zu kommen. Jeder Fasttag wurde zu einem Tag des Streits. Die Isolation der „Eiferer“ Jeruschalajims wuchs immer mehr. Ihr Rabbinat, ehedem das „agudistische Oberrabbinat“ – wohl eine Folge der Identität zwischen Aguda und Waad Ha'ir Haaschkenasi – verlor mehr und mehr den Zusammenhang mit der Aguda.

Es gab auch rabbinische Entscheidungen, die leider oftmals ihre – Vorzeichen änderten, und die mindestens eine weitgehende innere Unsicherheit erkennen ließen. Besonders deutlich trat dies bei der „Frage“ hervor, ob man kommunale Gelder für die Unterstützung von Schulen annehmen dürfe. Das Gleiche galt bei der Regelung der sozialen Fürsorge in Jeruschalajim, wobei die Regierung eine gewisse Zusammenarbeit zwischen Waad Le'umi und Aguda verlangte.

Am Ende riss der nur mühsam gewahrte Zusammenhang auch äußerlich. Im Waad Ha'ir Haaschkenasi erlangte bei Neuwahlen – wie es bei ihnen zuging, bedürfte noch sehr der Aufklärung[54] – die agudafeindliche Strömung die Oberhand, und die von ihr eingesetzte neue Leitung sagte sich in aller Form von der Aguda los.

Ein wirklich agudistisches Rabbinat hätte freilich alles verhindern können. Ein solches Rabbinat ist aber nicht vorhanden. Die Dinge wären nicht besser, auch

53 Nach dem Vorbild eines gleichnamigen Verbandes, der 1924 in Vilnius für die polnischen und litauischen Jeschiwot gegründet worden war, gründeten der aschkenasische Oberrabbiner von Palästina Jitzchak Isaak Halevy Herzog (1888–1959) und Rabbiner Zalman Sorotzkin (1880–1966) 1941 den *Waad ha-Jeschivot* (ועד הישיבות) für das Mandatsgebiet Palästina. Herzog, der Vater des späteren israelischen Staatspräsidenten Chaim Herzog (1918–1997) und Großvater des jetzigen (seit 2021) Staatspräsidenten Jitzhaq Herzog, war Nachfolger von Rabbiner Abraham Isaak ha-Kohen Kook (1865–1935) –

54 Diese Wahlen fanden 1945 statt. Bei der Auszählung erklärte Rabbiner Josef Zwi Duschinsky die Stimmen von 250 agudafreundlichen Mitgliedern für ungültig – diese seien zu spät abgegeben worden. Auf diesem Wege erlangte die radikal antizionistische *Neturei Karta*-Fraktion die Mehrheit; die agudistischen Mitglieder schieden aus dem *Waad Ha'ir Haaschkenasi* aus, der sich in *Eda Charedit** umbenannte. Vgl. https://www.hamichlol.org.il/%D7%95%D7%A2%D7%93_%D7%94%D7%A2%D7%99%D7%A8_%D7%94%D7%90%D7%A9%D7%9B%D7%A0%D7%96%D7%99 (16. 11. 2023).

wenn etwa demnächst einmal wieder eine agudafreundliche Strömung Platz greifen würde.

So unentwickelt auch die palästinensische Aguda ist, so kann doch nicht bezweifelt werden, dass sie über den Waad Ha'ir Haaschkenasi hinausgewachsen ist.

Mit „Austritt" allein lässt sich nirgends in der Welt jüdische Aufbauarbeit leisten. Am wenigsten aber hier im Lande. Der „Austritt" allein muss in der ganzen Welt scheitern. Erst recht aber hier im Lande. „Getrennte Schechita" allein und „getrenntes Rabbinat" allein bilden in der ganzen Welt noch keine Nationalgemeinde in Israel. Und ganz gewiss nicht hier im Lande.

Nein, der Waad Ha'ir Haaschkenasi ist keine „Ortsgemeinde" in Israel, und er – will es gar nicht sein. Als vor einiger Zeit ein dem „alten Jischuw" angehörender Toragelehrter[55] im Waad Ha'ir Haaschkenasi sich unliebsam bemerkbar machte, hatte man sofort ein probates Mittel, um sich von ihm Ruhe zu verschaffen. Man schloss ihn einfach aus. Unter Verwünschungen strich man seinen Namen aus der Liste der Mitglieder. Ohne Anhörung, ohne Gerichtsspruch. Gleichwie man ein unliebsames Mitglied aus einem – Kegelverein entfernt. Erinnert ihr euch noch der Bedingungen, unter denen ein Mitglied der – „Austrittsgemeinde" Rabbiner Hirschs gestrichen werden konnte, gestrichen werden musste? Beschneidung – verbotene Ehe – und hier? Nichts einfacher als das! Gemeinde? Nein!

Sollte ich warten, bis es mir genau so ergeht? Wer kann wissen?

Wenn der Waad Ha'ir Haaschkenasi selber nicht den Anspruch erhebt, „die" Gemeinde Jeruschalajims zu sein – vergleiche den ohne viel Federlesen hinausgeworfenen Toragelehrten –, warum soll ich ihm den Anspruch zuerkennen?

Ich habe mich daher dem Waad Ha'ir Haaschkenasi nicht mehr als zugehörig erachtet, selbst bevor mir noch bekannt wurde, dass sein Rabbinat – leider gleichfalls nach wiederholtem Wechsel der Vorzeichen – die Entscheidung erlassen habe, dass man dort nicht wahlberechtigt sei, wenn man seine Kinder in unsere Horeb-Schule[56] schicke.

---

55 Raphael Katzenellenbogen* wurde 1943 aus der Jerusalemer *Eda Charedit** ausgeschlossen, weil er eine Wandzeitung radikal antizionistischer Rabbiner kritisiert hatte, die die Teilnahme an einer Tel Aviver Protestversammlung gegen die Judenmorde in Europa verbieten wollten. Diese Veranstaltung, die am 22. November 1942 stattfand, war die erste ihrer Art und wurde von der *Agudat Israel* initiiert. An ihr nahm neben dem polnischen Generalkonsul und dem tschechoslowakischen Botschafter der Tel Aviver Stadtrabbiner Moshe Avigdor Amiel (1882–1946) teil, ein Misrachi-Mitglied. Zum Streit um Katzenellenbogen vgl. Caplan, *Neturei Karta's Leader*, 63 und 164 und I. Breuers Feuilleton in: *Ha-Derech*, Tel-Aviv, 19. Schewat 5703 (1943), 3.

56 Von orthodoxen Einwanderern aus Deutschland gegründete Schule in Jerusalem, deren Zuschnitt den orthodoxen Schulen in Deutschland nachgebildet ist, vgl. Kraft, *Aschkenas*, 57f.

Heute ist der Waad Ha'ir Haaschkenasi nichts als ein „Verein“ von bestimmt qualifizierten Juden, die aus Kenesset Jisrael ausgetreten sind. Dieser Verein unterhält eine Schechita.

Ist das eine „Gemeinde“ im Sinne der Tora? Nein!

Ich bin aus Kenesset Jisrael ausgetreten.

Aber ich habe andere Qualifikationen als die Vereinsmitglieder des Waad Ha'ir Haaschkenasi.

Darum gehöre ich diesem Verein nicht an.

Die Schechita des Vereins steht allen zur Verfügung, die von ihr Gebrauch machen wollen.

Ist dies ein Wechsel in meinen Anschauungen?

Ich glaube nicht.

Als Bekenner der Nationalgemeinde der Tora bin ich ins Land gekommen.

Wo ist sie?

Kein Wechsel meiner Anschauungen, wie ich sie von meinem Lehrer s. A. empfing.

Aber ein Wechsel aus der Weite in – die Enge.

Ich konnte und ich kann nicht zugeben, dass die großen nationalen Prinzipien des Chatam Sofer s. A.* und des Rabbiner Hirsch s. A. in diesem Lande – ad absurdum geführt wurden.

Dreizehntes Kapitel

In der Not

Bereits in Frankfurt hatte ich die ausschlaggebende Bedeutung der agudistischen Poalim[1] für die Entwicklung der ganzen Bewegung erkannt. Ich sah in der Aguda keine Organisation, die gewissermaßen von oben herab die jeweiligen Gesamtheitsaufgaben lösen sollte. Ich sah in ihr die nach Organisation, d.h. nach Handlungsfähigkeit, strebende Nation der Tora selber, die in geschichtlicher Selbsterkenntnis das ihr geweissagte geschichtliche Ziel bewusst ins Auge fasst und sich, sowie ihr Land, für dieses Ziel bereitzustellen entschlossen ist. Eine solche Aguda duldet nicht den „privaten" Menschen[2], der seine eigentliche Lebensbestimmung in seinem „privaten" Beruf erblickt, der seine besten Kräfte diesem „privaten" Beruf widmet, und der allenfalls bereit ist, den Abhub seines Geistes und seiner Zeit den jeweils zu lösenden Gesamtheitsaufgaben zur Verfügung zu stellen. Dieser „private" Mensch, namentlich wenn er einen hellen Blick mit einer wirklich offenen Hand verbindet – eine leider seltene Kombination – kann der Bewegung ungemein nützliche Dienste leisten, und er ist sogar in gewissem Sinne unentbehrlich. Aber die Bewegung selber kann naturgemäß auf ihm nicht beruhen. Das Fundament jeder nationalen Bewegung ist der Arbeiter.

Seltsame Paradoxie! Gerade der Menschenschlag, der im schwersten Kampf ums Dasein steht, ist am ehesten geneigt, sich seelisch über ihn zu erheben und den wahren Sinn seines Daseins jenseits des Kampfes um sein Dasein zu erblicken. Der echte Arbeiter ist niemals ein „Privatmann". Seine „private" Sphäre bleibt ihm so vieles schuldig, dass er in ihr nicht aufgehen kann. Zwangsläufig erscheint ihm seine „private" Sphäre lediglich als Sonderfall der allgemeinen, historischen, politischen und ökonomischen Situation, und dieser wendet er seine ganze Aufmerksamkeit zu, wenn er auf die Hebung und die Besserung seines eigenen Standes bedacht ist. Der echte Arbeiter ist der geborene „Politiker". Er ist der geborene Zukunftsmensch. Er ist der geborene Gemeinschaftsmensch. Die Organisation ist für ihn kein Zeitvertreib, kein Sport, kein schmückendes Zubehör, sondern eine Angelegenheit seines ganzen Lebensschicksals, seiner ganzen Lebensgestaltung, der ganze Sinn seines Lebens.

Die erste agudistische Arbeiterorganisation ist in Polen entstanden.[3] Hätte die Leitung der Weltaguda nur einigermaßen die Zeichen der Zeit verstanden, so hätte

1 D.h. die im AI-Arbeiterflügel (*Poalei Agudat Israel*) organisierten Arbeiter.

2 Breuer versteht den „privaten Menschen" als „Philister" im Sinne seiner Deutung des Kommentars S. R. Hirschs zu Dtn 4, 25 (Morgenstern, *Von Frankfurt*, 283).

3 Die *Poalei Agudat Jisrael*-Organisation wurde 1923 in Łódź gegründet (vgl. Morgenstern, *Von Frankfurt*, 74).

sie diese Gründung mit stürmischem Jubel begrüßen, so hätte sie alles daransetzen müssen, ihr die Wege der Entwicklung zu ebnen und ihr die tatkräftigste Förderung zuteilwerden zu lassen. Mir ist nicht bekannt, dass solches auch nur im Entferntesten geschah. Es fehlte die Einsicht in die unerhörte Tragweite dieser Gründung; in den unvergleichlichen Idealismus dieser Arbeiter, die sich bereitgefunden hatten, der erst im Werden begriffenen Aguda ihr ganzes wirtschaftliches Dasein und vor allem ihren ganzen Kampf um eine andere, eine bessere und eine schönere Zukunft anzuvertrauen; in ihr herrliches Vertrauen in den Sozialismus der Tora, seit vielen Jahrhunderten unerprobt, den sie bewusst und opferfreudig den Lockrufen des von Sieg zu Sieg eilenden und längst praktisch bewährten Marxismus vorzogen. Nicht einen Augenblick dachte man daran, dass vielleicht eine agudistische Welt-Arbeiterorganisation die wahre und eigentliche Vollenderin des organisatorischen Aufbauwerks der Weltaguda sein könnte, die wahre und eigentliche Nation der Tora, gegründet auf all den jüdischen Massen, denen der Beruf nichts und die Zukunft alles bedeutet, in deren Herzen ewig die Sehnsucht nistet, jene Sehnsucht, die der Marxismus allzu sehr ins Materialistische kehrt, der aber der Agudismus die Wende nach Zions Tora und Jeruschalajims Gotteswort[4] geben müsste, auf dass die agudistische Arbeiterschaft in der durch Bereitstellung zu erstrebenden Wiedervereinigung[5] von Nation und Land unter der Herrschaft von Zions Tora und Jeruschalajims Gotteswort die einzig mögliche Lösung der jüdischen Arbeiterfrage erblicke. Dem Jeweiligkeitsprogramm lagen solche Erwägungen meeresfern. Als ich im Jahre 1934 von Frankfurt eigens nach Łódź eilte, um an der dortigen Tagung der agudistischen Arbeiter Polens teilzunehmen, fand ich eine höchst unerfreuliche Situation vor: Jugendorganisation und Arbeiterorganisation in scharfem Konflikt, die Beziehungen zwischen Arbeiterorganisation und oberster Landesleitung ganz zerrüttet, bittere Kritik jener namentlich auch an der ganzen agudistischen Palästina-Arbeit, die Tagung selber fast ganz ohne die Teilnahme von Rabbinen.

Am gleichen Mangel an Einsicht ging die palästinensische Arbeiterorganisation der Aguda, die ich im Jahre 1926 angetroffen hatte, elend zugrunde.[6] Die Weltaguda hatte ihr überhaupt keine Aufmerksamkeit geschenkt. Die palästinensische Aguda war damals noch ganz identisch mit dem Waad Ha'ir Haaschkenasi, dem der „Austritt" über alles ging. So verhallte der Hilfeschrei der Arbeiterorganisation völlig ungehört. Sie löste sich auf, und ihre Mitglieder, Menschen bester Qualität, zerstreuten sich über den Erdkreis oder verschwanden in anderen Organisationen.

---

4 Vgl. Jes 2, 3.

5 Zum Begriff der „Wiedervereinigung" vgl. oben Kap. 6, Anm. 27.

6 Zu Breuers erster Palästinareise vgl. oben Kap. 10.

Im Jahre 1936, als ich mich im Lande niederließ, traf ich eine zum zweiten Male gegründete agudistische Arbeiterorganisation an.[7] Noch von Frankfurt aus hatte ich ihr eine kleine Schrift gewidmet, die die Grundlage eines „ideologischen und praktischen Programms" enthielt.[8] Mir ging der Ruf voraus, den agudistischen Arbeitern „wohlgesinnt" zu sein, und ohne Zweifel knüpften sich an meine Niederlassung gewisse Erwartungen seitens unserer Arbeiter, die sie auch dadurch zum Ausdruck brachten, dass sie mich alsbald zu ihrem „Nassi" ernannten.[9] Es war aber die Not auch dieser unserer zweiten Arbeiterorganisation bereits so groß, dass man von mir in allererster Reihe das erwartete, was ich am wenigsten bringen konnte: Geld.

Not kann schöpferisch sein. Sie kann aber auch zur Verzweiflung führen. Die Not, die ich bei unserer Arbeiterorganisation antraf, war von der zweiten Art. Und die Verzweiflung, die ich in ihren Reihen antraf, war schon sehr weit fortgeschritten.

Vielleicht war es von Anfang ein Fehler, dass diese zweite Organisation nicht, gleich der ersten, aus den Reihen der Arbeiter selber, gewissermaßen von innen heraus, sondern von außen, durch von Europa eigens entsandte Herren, die an sich keine Arbeiter waren[10], zur Entstehung gekommen ist. Von Anfang an sahen daher unsere Arbeiter in dieser Organisation nicht ihr eigenes Werk, und sie identifizierten sich nicht genügend mit ihr, sie galt ihnen weit eher als ein „Mossad"[11], von dem

---

7 Die erste agudistische Arbeitergruppe, die 1924/25 unter dem Namen *Poalei Emunei Jisrael* im britischen Mandatsgebiet gegründet wurde, stellte ihre Aktivitäten wegen wirtschaftlicher Schwierigkeiten kurz darauf wieder ein. 1933 kam es unter Benjamin Minz und Jakob Landau zur Neugründung unter dem Namen *Poalei Agudat Jisrael*; vgl. Gebel, *Workers Movement,* 51f.

8 Vermutlich ist das *Manifest an die agudistischen Arbeiter in Erez Jisroel* gemeint (vgl. IBWA 3, 251 [Nr. 130]). Die Bedeutung, die Breuer den agudistischen Arbeitern beimaß, hing damit zusammen, dass diese die Voraussetzungen dafür hatten, das Land Israel bearbeiten zu können; fasste man die orthodoxen Arbeiter ins Auge, so bestand nach Breuer deshalb die Möglichkeit, im Verständnis der aktuellen Bedeutung Palästinas über den von Rosenheim allein anerkannten halachischen Aspekt (*Mizwat Jischuw Erez Israel*) hinauszugehen und das Land als Aufgabe für die jüdische Gesamtheit zu begreifen. Zugleich konnte Erez Jisroel auf diese Weise der Not der agudistischen Arbeiter ein Ende setzen.

9 Hebr. נשיא, „Präsident".

10 Benjamin Minz (1903–1961) war Journalist und Redakteur der polnischen AI-Zeitung *Das jiddische Tagblatt.* In Łódź geboren, war er Anhänger des Gerer Chassidismus und wanderte 1925 in das britische Mandatsgebiet ein. Dort verdiente er zunächst als Bauarbeiter sein Geld (*Davar,* 31. 5. 1961), bis er seine journalistische Arbeit wieder aufnahm (u.a. als Mitgründer der Tageszeitung *Jediot Acharonot*). Nach der Staatsgründung Israels wurde er in die Knesset gewählt; vom Juli 1960 bis zu seinem Tode amtierte er für ein knappes Jahr als Postminister in der Regierung David ben Gurions. Jakob Landau kam 1933 als Abgesandter der Frankfurter AI-Zentrale ins Land. Breuer selbst war natürlich ebenfalls kein Arbeiter.

11 Hebr. מוסד, „Institution".

man Leistungen erwartet und den man nach seinen Leistungen kritisiert, ohne sich selbst für ihn verantwortlich zu wissen. (Der gewisse lokale Erfolg, den späterhin „Pagi"[12] in Jeruschalajim erzielte, mag wesentlich darauf zurückzuführen sein, dass „Pagi" in der Tat ein Produkt der Arbeiter selber ist.) Selbstbewusste Arbeiter greifen zunächst zur Selbsthilfe, und sie warten nicht, bis ihnen von außen geholfen werde. Ein solcher Stand selbstbewusster Arbeiter schien mir noch nicht – oder nicht mehr – vorhanden zu sein.

Hier beschloss ich, schon kurz nach meinem Eintreffen, einzusetzen. Ich gab die Parole zur Selbsthilfe aus. Ich forderte die Schaffung eines Betriebskapitals für die Organisation für praktische Zwecke, die unseren Arbeitern lebenswürdige Arbeitsmöglichkeiten geben sollten. Ein solches Betriebskapital hatte die Organisation niemals besessen. Die Gelder, die sie vom Ausland erhielt, deckten nicht einmal die notwendigsten Beamtengehälter. Den Grundstock dieses Betriebskapitals – ich dachte an etwa LP 4000[13] – wollte ich aus dem „Schweiß und Blut" unserer Arbeiter selbst schaffen. Alle unsere beschäftigten Arbeiter sollten einen gewissen Prozentsatz ihres Arbeitseinkommens der Leitung zur Bildung dieses Grundstocks zur Verfügung stellen: ein gewaltiges, aber meines Erachtens unerlässliches Opfer, das mit einem Schlage die Identität zwischen Organisation und Mitgliedern herbeiführen und eine über die ganze agudistische Welt sich zu erstreckende Propaganda höchst wirksam einleiten würde.

Ich erhielt die Zustimmung der Leitung. Ich stellte mich persönlich an die Spitze der Aktion. Nach gewissen Anfangserfolgen stellte sich jedoch bald ihre Undurchführbarkeit heraus. Es fehlte vor allem das erforderliche Vertrauen zur Leitung. Es fehlte die Zuversicht, dass die Gelder wirklich ausschließlich für produktive Zwecke Verwendung finden würden. Es fehlte das „proletarische" Selbstbewusstsein und die „proletarische" Selbstverantwortung. Es fehlte der optimistische Schwung, ohne den solch schwere Opfer niemals gebracht werden. Es fehlte das Gefühl der Verbundenheit mit einer lebendigen und tatkräftigen Weltorganisation, der die wirtschaftliche Entwicklung des Nationalheims in der Richtung zum Sozialismus der Tora eine Angelegenheit zentralen Interesses wäre. Es fehlte die Liebe zur eigenen Organisation. Es fehlte an jeder agudistisch-proletarischen Erziehung, die freilich auch ohne Hilfsgelder vom Ausland hätte bewerkstelligt werden können. Auch war wohl die Enttäuschung zu groß: Statt, dass ich Geld brachte, forderte ich Geld – – –.

12 Abkürzung von *Poalei Agudat Jisrael*.

13 Das palästinensische Pfund (£P) war seit 1927 die offizielle Währung in der Mandatszeit.

Was nun? Die wirtschaftliche Lage unserer Arbeiter war furchtbar. Die Vorstellung, dass ihre Organisation den Kampf gegen die allmächtige „Histadrut“[14] werde aufnehmen und durchführen können, war geradezu absurd. Die wirklich guten Arbeitsstellen waren meist nur durch die Histadrut zu bekommen. Schwarze Arbeit wurde jämmerlich bezahlt. An aufsteigender Konjunktur hatten unsere Arbeiter kaum einen Teil. Sinkende Konjunktur rächte sich allererst an ihnen. So bewundernswert ihre Prinzipientreue war, die sie vom Eintritt in die Histadrut immer wieder abhielt, so war dennoch nicht zu verkennen, dass es mehr ein passiver Heldenmut war, den sie betätigten, dass aber die Not des Alltags ihren ganzen geistigen Habitus höchst ungünstig beeinflusste und eine geistige Bewegung gar nicht aufkommen ließ, ohne die gerade eine Arbeiterorganisation auf die Dauer nicht existieren kann.

Nun hatte auch der Misrachi eine Arbeiterorganisation[15], der es gerade damals nicht wesentlich besser ging. Ihr Versuch, durch ein Agreement mit der Histadrut sich Arbeitsplätze zu sichern, hatte sich nicht bewährt. Auch sie war offenbar viel zu schwach, um sich mit der Histadrut messen zu können. Lag es unter solchen Umständen nicht nahe, die agudistische und die misrachistische Arbeiterorganisation, die beide in der Histadrut einen gemeinsamen Gegner hatten, in einem wirtschaftlichen Bündnis zum Zweck der Aufnahme des gemeinsamen Kampfes gegen die Histadrut zusammenzuschließen?

Ohnedies stand die misrachistische Arbeiterorganisation ideologisch der Aguda näher als der Misrachi selber. Der misrachistischen Praxis hätte es weit mehr entsprochen, wenn der Poel Hamisrachi[16] eine – Fraktion innerhalb der Histadrut gebildet hätte. Mir sind die Gründe nicht bekannt, warum er diesen Weg nicht eingeschlagen hat. (Erst in jüngster Vergangenheit ist, völlig unabhängig vom Misrachi und Poel Hamisrachi, eine religiöse Fraktion innerhalb der Histadrut gegründet worden.[17]) Sieht man in der Histadrut die „allgemeine“ Arbeiterorganisation – und man kann dies mit weit besseren Gründen tun, als etwa

---

14 Der säkuar und zionistisch ausgerichtete jüdische Gewerkschaftsverband in Palästina, abgekürzt *Histadrut* (hebr. הסתדרות, „Allgemeine Selbstorganisation der Arbeiter im Lande Israel“), wurde 1920 gegründet.

15 Die Partei *Poalei Hamisrachi* wurde 1922 unter dem Einfluss von Shmuel Chajim Landau (1892–1928) in Polen gegründet (Morgenstern, *Von Frankfurt*, 94). Landau wanderte 1926 nach Erez Israel ein. Landau hatte 1920 einen Aufsatz veröffentlicht, in dem er die Theologie Rabbiner Hirschs scharf kritisierte; vielleicht wahrte Breuer auch deshalb immer eine gewisse Distanz zu den *Poalei Hamisrachi*.

16 D.h. „der misrachistische Arbeiter“, siehe oben Anm. 12.

17 Die sozialistisch-religiöse Arbeitspartei *Ha-Poel ha-Dati* (der „Religiöse Arbeiter“) wurde 1943 gegründet. Bei den Wahlen zur Repräsentantenversammlung im Mandatsgebiet und bei den ersten Knessetwahlen trat diese Partei an, konnte aber nie Abgeordnetensitze erringen. Eine der

in „Kenesset Jisrael" die „allgemein" jüdische Volksorganisation zu erkennen –, so benahm sich ihr gegenüber der Poel Hamisrachi genauso „separatistisch" wie die Aguda. Es schienen mir daher alle Voraussetzungen gegeben, um ein Bündnis mit dem „separatistischen" Poel Hamisrachi anzubahnen.

Das Bündnis sollte sich ausschließlich auf wirtschaftliche Angelegenheiten beschränken. Keineswegs sollte etwa die agudistische und die misrachistische Arbeiterorganisation in der zu gründenden Organisation des „Poel Hacharedi" aufgehen.[18] Der „Poel Hacharedi" sollte vor allen Dingen den Kampf um die Arbeitsplätze führen, selber Arbeitsmöglichkeiten schaffen und durch eine großzügige Propaganda im Ausland, vornehmlich in Amerika, die erforderlichen Kapitalien aufbringen, um wirtschaftliche Unternehmungen größeren Stiles begründen zu können.

Ich fand bei den Führern des Poel Hamisrachi bereitwilligstes Entgegenkommen. Sie bewilligten alle meine Forderungen, die ich für notwendig hielt. Ohne Rücksicht auf die Zahl der Mitglieder beider Organisationen waren sie in großzügiger Weise damit einverstanden, dass ihre Beteiligung an der neuen Gründung die gleiche sein sollte. Die ganzen Vorbereitungen vollzogen sich durchaus im Geist verständnisvoller Nachgiebigkeit auf Seiten der misrachistischen Arbeiterführer.[19]

Ich setzte mich mit einer im ganzen Lande als Autorität anerkannten rabbinischen Persönlichkeit[20] in Verbindung. Mit wahrhaft bewundernswerter Schnelligkeit erfasste sie die überaus tragische Situation unserer Arbeiter. Sie riet mir, meinen Plan auszuführen, ohne die rabbinischen Instanzen der Weltaguda zu befragen, da sonst sich ihm Schwierigkeiten in den Weg stellen würden.

Ich bin diesem Rat nicht gefolgt, weil unsere agudistischen Arbeiter selber, soweit ihre offizielle Vertretung in Betracht kam, nicht geschlossen hinter mir standen. Die Zustimmung ihres Merkas[21] konnte ich nur dadurch erwirken, dass ich vor der Abstimmung erklärte, dass ich mit diesem Plan stehe und falle.

Ich besprach darauf die Angelegenheit mit dem Oberrabbiner des Waad Ha'ir

---

führenden Vertreter der Partei war der Wissenschaftler und Philosoph Jeschajahu Leibowitz (1903–1994).

18 Auffällig ist, dass Breuer hier und in seinem Aufsatz *Hapoel Hacharëdi* (1935/36) den Begriff *charedi*, der im heutigen Hebräisch für die außerhalb des zionistischen Konsensus stehenden Ultraorthoxen steht, positiv für sich reklamiert.

19 Gemeint sind offenbar Chajim Moshe Shapira (1902–1970), der in den 1950er Jahren u.a. zeitweilig israelischer Innen-, Gesundheits-, Religions- und Einwanderungsminister war, und der spätere Jerusalemer Bürgermeister Shlomo Zalman Shargai (1899–1995). Beide übernahmen nach dem Tod Shmuel Chajim Landaus die Führung der *Poalei Hamisrachi*.

20 Vielleicht ist Rabbiner Avraham Jeschaja Karelitz* gemeint?

21 Hebr. מרכז („Zentrum"); gemeint ist das Entscheidungsgremium der PAI.

Haa.chkenasi.[22] Nach längerer Unterhaltung erklärte er mir, dass er meinem Plan zustimme, falls ich keinen anderen Weg zur Besserung der Lage unserer Arbeiter sehe. Mit gutem Gewissen konnte ich diese Bedingung als gegeben erachten.

Es kam zur Ausarbeitung eines formellen Entwurfs eines Abkommens zwischen den beiden Arbeiterorganisationen. Beide Parteien waren mit dem Entwurf einverstanden. Ich behielt mir noch die Genehmigung seitens der „Kenessia Mechina"[23] vor, die im Herbst 1936 in Marienbad stattfinden sollte. An dieser Genehmigung zweifelte ich nicht mehr, nachdem ich die Zustimmung des Oberrabbiners des Waad Ha'ir Haaschkenasi, der damals noch als Oberrabbiner der ganzen palästinensischen Aguda galt, bereits erzielt hatte.

Aber weit gefehlt! Ich hatte wiederum die Rechnung ohne den Wirt gemacht! Ich kam nach Marienbad, und es wurde mir – „blau"[24] vor den Augen – – –.

Hinter meinem Rücken hatte man von Jeruschalajim Briefe an geeignete Persönlichkeiten in der Gola geschickt, um sie zum Schutz des gefährdeten „Prinzips" zu mobilisieren. Diese Persönlichkeiten hatten von der Lage unserer Arbeiter nicht die leiseste Kenntnis. Auch waren sie weit entfernt, ihnen irgendwie praktisch zur Hilfe zu kommen oder sonstige Vorschläge zur Besserung ihrer Lage zu machen. Dass unsere Arbeiterorganisation aus lauter Not und Elend fast nur noch ein papierenes Dasein hatte, dass sie gar nicht dazu kam, sich geistig zu entwickeln, und dass das Gespenst der Hoffnungslosigkeit längst in ihr umging, verschlug weder bei den Herren in Jeruschalajim noch bei ihrer Gefolgschaft in der Gola. Nur mit tiefer Bitterkeit kann ich an diese jämmerlichen Diskussionen zurückdenken, in denen selbst die Tatsache der Zustimmung des „Oberrabbiners der Aguda" keinerlei Einfluss ausübte. Es war nicht anders, als wenn die ganze Aguda ausschließlich zum Zweck der Bekämpfung des Misrachi vorhanden wäre, und positive Ziele in Erez Jisrael überhaupt nicht zu verfolgen hätte. Es war nicht

---

22 Nach dem Ableben Rabbiner Sonnenfelds* war zunächst versucht worden, den Satmarer Rebben Joel Teitelbaum* (1887–1979) als dessen Nachfolger durchzusetzen, was aber nicht gelang. Stattdessen wurde der in Ungarn gebürtige Rabbiner Josef Zwi Duschinsky* zu Sonnenfelds Nachfolger bestimmt; mit ihm verhandelte Breuer.

23 Die vorbereitende Sitzung im Vorfeld der *Kenessia Gedola* wurde *Kenessia Mechina* genannt.

24 Anspielung auf Rabbiner Moshe Blau*, der Breuers Plan vereitelt hatte. Um Breuers Verhältnis zu den Brüdern Blau richtig einschätzen, muss man in Rechnung stellen, dass Moshe Blau mit seinem Bruder Amram Blau*, dem Anführer der *Neturei Karta*-Bewegung, zerstritten war, da dieser noch radikalere Formen der Ablehnung des Zionismus als Moshe Blau propagierte. Anders als sein Bruder war Moshe Blau bereit, in Fragen des gemeinsamen jüdischen Interesses gegenüber der britischen Mandatsregierung mit Vertretern des Zionismus zu kooperieren. Am 13. März 1946 erschien er zusammen mit Breuer als Vertreter des Geschäftsführenden AI-Ausschusses vor dem *Anglo-American Committee of Inquiry*, das die Voraussetzungen für eine Lösung des Palästinakonflikts untersuchen und Vorschläge unterbreiten sollte (vgl. unten Kap. 14, Anm. 35).

anders, als wenn das „Prinzip“ ein richtiger Moloch geworden sei, dem grausam und ohne Erbarmen das Leben zum Opfer gebracht werden müsse. Es war das Bild eines morgenlosen Epigonentums.[25]

Dieses „Prinzip“, dem ein Chatam Sofer s. A. und ein Rabbiner Hirsch s. A. blühendes Leben zu entlocken gewusst hatten, weil es ihnen eben ein Prinzip des Lebens war, ein Prinzip höchster Aktivität und genialer Produktivität: den Epigonen war es längst zu einer abstrakten Formel erstarrt, die zur Wirklichkeit keinerlei Beziehung hatte und deshalb eine Nachforschung wegen der Art seiner Anwendung überhaupt nicht mehr duldete. Die Länder der Gola freilich hatten die Auseinandersetzung zwischen Prinzip und Leben nie gescheut, und sie hatten stets das Prinzip nur insoweit durchgeführt, als die Wirklichkeit es eben zuließ. Über Erez Jisrael aber schwang man dieses Prinzip wie eine Geißel, und je ferner man innerlich dem Erez Jisrael von heute stand, je fremder und unangeregter man sich dem ungeheuren geschichtlichen Prozess gegenüber verhielt, der sich in unseren Tagen rings um Erez Jisrael vollzog, je geringer, je winziger die Leistungen waren, die man diesem Erez Jisrael von heute entgegenzubringen bereit war, umso schneller, umso bedenkenloser war man entschlossen, von den armen Arbeitern dieses Erez Jisrael einen Grad von ständiger Selbstaufopferung zu verlangen, für den man in der Golah vergebens auch nur ein annähernd ähnliches Vorbild gesucht hätte. Bedarf ein Kranker der Heilung, so erweist sich selbst der Sabbat, diese Basis des ganzen Judentums, als ein „Prinzip“ des – Lebens.[26] Aber diesen Herren war Zion nicht das „Haus unseres Lebens“[27], sondern das „Haus unseres Prinzips“, und dieses Prinzip, weil lebensfern, war – tot.

Mit großer Mühe erreichte ich, dass die Marienbader Konferenz[28] in ihrer Majorität meinen Plan genehmigte. Aber sie knüpfte an ihre Genehmigung

25 Breuer beruft sich auf Moses Schreiber (den *Chatam Sofer*) als Zeugen für den von ihm vorgeschlagenen Weg und kritisiert das „Epigonentum“ der Schüler von Schreibers Enkel (*Schevet Sofer*); offenbleibt, ob er auch Simcha Bunem Sofer* (den *Shevet Sofer*) selbst für einen „Epigonen“ hält. Die Bezeichnung *Moloch* erinnert an den Götzen der Ammoniter (1. Kön 11, 7) und die Abgötterei des judäischen Königs Manasse (2. Kön 23, 10), von dem es heißt, dass er Menschenopfer darbrachte; vgl. auch Lev 18, 21 und 20, 2–5. Will man einen Tadel in biblischer Sprache ausdrücken, so ist wohl kein stärkerer Ausdruck denkbar.

26 Wenn es um die Rettung menschlichen Lebens geht, darf selbst der Sabbat entweiht werden; dieser Grundsatz (vgl. bJom 85ab: פיקוח נפש דוחה שבת) wurde von den ersten religiösen Zionisten geltend gemacht, wenn sie rechtfertigen wollten, dass sie sich der zionistischen Bewegung angeschlossen hatten; vgl. Morgenstern, *Von Frankfurt*, 25–27.

27 Der Segenspruch nach der Haftaravorlesung am Schabbat lautet: „Erbarme Dich über Zijon, denn es ist das Haus unseres Lebens“ (Selig-Bär, *Siddur Schema Kolenu*, 390–391).

28 D.h. die dritte *Kenessia Gedola*, die vom 17.–25. August (10.–18. Elul) 1937 im tschechischen Marienbad (*Mariánské Lázně*) stattfand.

eine Bedingung, deren Bedeutung ich nur zu gut kannte: die Zustimmung des rabbinischen Rats der Weltaguda. Da wusste ich Bescheid. Mir war zwar bekannt, dass R. Chajim Oser [Grodzinski*] in Wilna s. A. meinen Plan billigte. Ich wusste aber auch, dass eine mündliche Verhandlung des Rats gar nicht in Betracht kam, dass die große Mehrzahl seiner Mitglieder die Verhältnisse in Erez Jisrael nicht kannten, dass – Jeruschalajim nicht untätig bleiben und sich der Post zu bedienen wissen werde.

Ich kehrte von Marienbad zurück. Sofort fragte mich die Leitung des Poel Hamisrachi nach dem Resultat. Ich musste ihn vertrösten. Alle 14 Tage rief es bei mir an. Ich musste ihn vertrösten. Inzwischen änderte das „agudistische Oberrabbinat", beeindruckt von höchst aufgeregten Zuschriften aus der Slowakei[29], seine Meinung. Schließlich, nach vielen Monaten, erhielt ich von R. Chajim Oser s. A. einen Brief, worin er mir mitteilte, dass nach dem Abstimmungsergebnis zwar die Mehrheit des rabbinischen Rates meinem Plan zugestimmt habe, die Mehrheit aber nur eine Mehrheit der Zahl, nicht aber eine Mehrheit des Gewichts sei[30]; er müsse mir daher, nicht ohne eigenes Bedauern, den Rat erteilen, die Ausführung meines Planes einstweilen auszusetzen.

Ich habe diesen Rat befolgt. Ohnedies wäre, wie damals, 1936–1937, die Verhältnisse lagen, die Ausführung nach dem Meinungsumschwung des „agudistischen Oberrabbinats" unter seinem Protest noch nicht möglich gewesen.

Die eigentliche Verantwortung für das Scheitern des Plans trifft die „eifervollen" Herren in Jeruschalajim, die freilich nur zwei Jahre später, nach Kriegsausbruch, als die Not erheblich engere Kreise zu ziehen schien, ohne Befragung des „agudistischen Oberrabbinats" und ohne Befragung einer agudistischen Konferenz und ohne Befragung des rabbinischen Rats der Weltaguda[31] und ohne Rücksicht auf den Eindruck in der Slowakei, durchaus bereit waren, sich in die finanzielle

29 Gemeint sind vielleicht Reaktionen aus dem Umkreis des streng antizionistischen *Munkatscher Chassidismus*. Der Munkatscher Rebbe Chaim Elasar Schapira* starb wenige Wochen vor der Marienbader Konferenz. Sein Nachfolger war sein Schwiegersohn Baruch Yehoshua Yerachmiel Rabinowicz (1914–1997), der zu Beginn des Zweiten Weltkrieges nach Polen deportiert wurde, nach seiner Befreiung in Budapest wohnte und von dort mit seiner Familie ein Visum erhielt, das ihm die Einwanderung nach Palästina ermöglichte.

30 Nach einer von dem *Schulchan Aruch*-Kommentator Sabbatai ben Meir HaCohen (*Schach*) aufgestellten Regel kann bei religionsgesetzlichen Entscheidungen die „Ehre" und „Größe" der an der Entscheidung beteiligten Personen den Ausschlag geben (משום כבודו של חכם) – ein Gesichtspunkt, der freilich dem bei solchen Entscheidungen sonst geltenden Mehrheitsprinzip widerspricht. Vgl. dazu Morgenstern, *Von Frankfurt*, 189f.

31 Nach § 15 der AI-Satzung von 1923 entschied dieses Gremium „alle mit den Bestimmungen der Thora in unmittelbarem oder mittelbarem Zusammenhang stehenden Fragen der Gesamtorganisation" (Morgenstern, *Von Frankfurt*, 333).

Abhängigkeit von der Jewish Agency und ihrem Keren Hajessod auch hinsichtlich des Erziehungswesens zu begeben. Es war eben nie sehr schwer, prinzipientreu für – andere zu sein.

Die Verantwortung für das Scheitern dieses Plans halte ich für riesengroß. Es fällt mir außerordentlich schwer, die gegen ihn sprechenden „prinzipiellen Bedenken" überhaupt nur zu verstehen. Von vorneherein stand fest, dass der „Poel Hacharedi" sich ausschließlich auf wirtschaftliche Angelegenheiten zu beschränken hatte, und dass bei etwaigen Zweifelsfragen beiden Parteien genehme rabbinische Autoritäten entscheiden sollten. Von vorneherein stand fest, dass der ideologische Gegensatz zwischen Aguda und Misrachi auch weiterhin durch das Fortbestehen der agudistischen wie der misrachistischen Arbeiterorganisation zu klarem Ausdruck kommen sollte, ja dass die agudistische Arbeiterorganisation, befreit von der geistmordenden furchtbaren Last der täglichen bittersten Sorge, sich ganz anders als bisher den kulturellen und vor allem den erzieherischen Angelegenheiten widmen sollte, um allmählich einen hochstehenden agudistischen Arbeiterstand zu entwickeln. Von vorneherein stand fest, dass der „Poel Hacharedi" eine gegenüber den zionistischen Instanzen, auch gegenüber „Kenesset Jisrael", völlig unabhängige Organisation sein sollte. Der „Poel Hacharedi" als solcher hätte daher vollkommen dem „agudistischen Prinzip", nicht aber dem misrachistischen Weg entsprochen, und zwangsläufig hätte er alle seine Mitglieder allmählich dem Gedanken der lediglich von der Tora beherrschten Organisation nähergebracht.

In praktischer Hinsicht aber habe ich keinen Zweifel, dass dem „Poel Hacharedi" ein durchgreifend großer Erfolg beschieden gewesen wäre. Ich war entschlossen, nach Zustandekommen der neuen Organisation an der Spitze einer Delegation für sie nach Amerika zu reisen. Die Erfahrungen, die ich im Jahre 1940 in Amerika machte, bestätigten mir vollauf, dass eine Aktion zugunsten des nach außen geeinten religiösen Arbeiterstandes in Palästina gerade in Amerika mit der größten Sympathie aufgenommen worden wäre. Allein schon die überraschend neuartige Erscheinung dieses geeinten Auftretens hätte dort den tiefsten Eindruck gemacht und geradezu sensationell gewirkt. Sie hätte die ganze rabbinische Welt geschlossen hinter die Aktion gestellt, hätte ihr alle Synagogen geöffnet und hätte ihr die Möglichkeit gegeben, dort selbst ein Komitee zusammenzubringen, wie es wirkungsvoller gar nicht gedacht werden kann. Die Rückwirkung auf die Dinge in Erez Jisrael selber wäre von gar nicht abzusehender Tragweite gewesen: sie hätte den Weg ins Freie geöffnet.[32]

Noch heute bin ich der Meinung, dass dieser Weg beschritten werden müsste.

32 In seinem Roman *Der Weg ins Freie* (1907) setzte sich der Wiener jüdische Schriftsteller Arthur Schnitzler (1862–1931), ein Zeitgenosse Theodor Herzls, mit dem Antisemitismus auseinander.

Es ist bewundernswert, dass sich unsere Arbeiterorganisation bis zum heutigen Tage erhalten hat. Da eine agudistische Landesorganisation faktisch überhaupt nicht besteht, ist die Arbeiterorganisation im Grunde die Einzige, die die Aguda im Lande besitzt. Die Kriegskonjunktur hat ohne Zweifel die Lage ihrer Mitglieder gebessert. Wie sich die Nachkriegszeit und die allmähliche Rückkehr zu normalen Verhältnissen auswirken wird, bleibt abzuwarten. Es kann nicht behauptet werden, dass man ihnen irgendwie gerüstet entgegengeht. Die öffentliche Meinung nimmt unserer Arbeiterorganisation gegenüber eine wohlwollende Haltung ein. Sie gesteht ihr zu, eine positive Einstellung zum Nationalheim zu haben, und sie liebt es, sie zur jerusalemitischen Aguda zu kontrastieren. Richtig ist, dass der „Austritt" nicht an ihrer Wiege gestanden hat und dass sie Erez Jisrael nicht als eine Schechita-Anstalt ansieht. Richtig ist ferner, dass sie gewisse wirtschaftliche Verbindungen, leider nur in relativ höchst bescheidenem Maß, mit Institutionen unterhält, die der Jewish Agency nahestehen. Schließlich kann auch nicht verkannt werden, dass sie aus naturgemäßer Verknüpftheit mit der Gesellschaft den allgemeinen Stimmungen weit stärker ausgesetzt und zugänglich ist als etwa ein abgeschlossenes Büro, hinter dem im Grunde eine Gemeinschaft überhaupt nicht steht. Bei der Erörterung der Frage des „jüdischen Staats" ist dies deutlich hervorgetreten. Sie deshalb „zionistischer" Tendenzen zu bezichtigen, ist lächerlich. Sie hat ihre Treue zur Aguda durch standhaftes Ausharren in einer ganz unhaltbaren Situation hinreichend dargetan. Diese Unhaltbarkeit spürt niemand mehr als sie. Ihre Aufgabe musste es sein, zu einer wirtschaftlichen Macht im Lande zu werden. Eine solche Macht wäre die denkbar beste Propaganda für die Herrschaft der Tora über die Gesellschaft, gleichwie ihre Ohnmacht der Herrschaft der Tora am meisten Abbruch tut. Wie kann sie aber auch nur im Entferntesten an die Erfüllung dieser Aufgabe denken, wenn ihr keinerlei Mittel zur Erklimmung der Macht zu Verfügung stehen? Die Trinkgelder der Weltaguda decken bei weitem nicht einmal die notwendigen Regiespesen. Die Entwicklung eines starken und mächtigen und unabhängigen Arbeiterstandes hat niemals zu den jeweiligen Gesamtheitsaufgaben gehört, deren Lösung der Leitung der Weltaguda obgelegen hätten.

Hier, wie in allen Dingen, die das neue Erez Jisrael betreffen, hat man nur gespielt. Die Größe der nationalen Aufgabe hat man niemals gesehen und den Entschluss zur Tat niemals gefasst. Aber das „Prinzip" hat man geglaubt, gewahrt zu haben. Es ist ein Prinzip des Absterbens und kein Prinzip der Verlebendigung, der tatenfrohen Rettung. Was war die Praxis dieses vermeintlichen Prinzips? Man hat unseren Arbeitern verboten, sich die Gelder dort zu holen, wo sie zu haben sind, und selber hat man ihnen Gelder nicht zur Verfügung gestellt. Erst hat man sie isoliert, und dann hat man sie ausgehungert. Ich aber halte dies für kein „Prinzip", sondern einfach für eine – Grausamkeit, einfach für eine Dummheit, einfach für eine – grausame Dummheit, einfach für eine – dumme Grausamkeit. Mit allem

Respekt sei es vermeldet. Wie lange noch werden unsere Arbeiter treu und brav den trägen Schnarchtönen dieses greulichen Moloch lauschen?

Von diesem Prinzip des ewig verbietenden Nichtstuns, des ewig nichts tuenden Verbietens, geht eine wahrhaft lähmende Wirkung auf unsere Arbeiter aus. Wäre wirkliches Leben unter ihnen, so hätten sie längst sich der agudistischen Landesorganisation einfach durch die Übermacht ihrer Zahl bemächtigt, hätten ihr die unbedingt positive Wende zum Aufbau einer toratreuen nationalen Gesellschaft im Lande gegeben und hätten durch sie auch die Weltaguda gezwungen, aus der vielgeschäftigen Jeweiligkeit zu erwachen und die Kraft zu geschichtlich verantwortlicher Tat zu finden. All dies wäre freilich nicht gegangen, ohne dass es zu mehr oder minder schmerzlichen Verzichten auf die Mitarbeit dieser oder jener Persönlichkeit gekommen wäre. Aber ist nicht gerade die fürchterliche Dauerhaftigkeit, mit der bei uns die Ämter, einmal eingenommen, immer wieder besetzt bleiben, ein unwiderleglicher Beweis für Entwicklungslosigkeit, für Erstarrnis, für Leblosigkeit?

Ich selber habe in meinen Reformbestrebungen weder bei der ersten noch bei der zweiten Tagung in Petach Tikwa irgendwelche Unterstützung von unseren Arbeitern gefunden. Ich habe mich wiederholt an sie in Artikeln gewandt. Ein nachhaltiges Echo habe ich nicht wahrnehmen können. Ich habe den Eindruck, dass ein sehr großer Teil von ihnen an die Aguda keine Hoffnung mehr knüpft. Als gute Agudisten sind sie ins Land gekommen, und sie sind der Aguda treu geblieben, soweit sie sich heute noch als Mitglied der Arbeiterorganisation fühlen. Es ist eine wehmütig passive Treue. Zu Aufschwung und Tat reicht sie nicht aus. Allmählich ist auch, im Lauf der Jahre, eine fühlbare Überlagerung der Organisation eingetreten. Um den Nachwuchs ist es nicht gut bestellt. Gola-Erinnerungen sind in diesem Lande nur sehr schwer vererbbar. Dabei zeichnen sich noch immer unsere Arbeiter durch gewissenhafte Beobachtung der Mizwot und durch Festsetzung von Zeiten fürs „Lernen“ aus. Eine geistige Bewegung ist jedoch unter ihnen kaum noch wahrnehmbar. Eher scheint es mir zuweilen, dass eine deutliche Abkehr vom Geist festzustellen ist. Er hat sich in der Tat in all den Jahren als wenig nahrhaft erwiesen.

Es gibt auch eine Jugendorganisation im Lande.[33] Hingebungsvolle junge Menschen stehen an ihrer Spitze. Aber selbst das notwendigste Geld fehlt ihnen. Sie fühlen sich verraten und verlassen. Auch ist es nicht gerade leicht, hier im Lande Agudisten zu erziehen. Es gibt kaum Möglichkeiten eines agudistischen – Anschauungsunterrichts. Und die Gasse ist gegen uns. Wie lange werden die Jugendführer noch ausharren?

Man kann auch nicht gerade sagen, dass Klarheit darüber herrscht, was eigentlich unter agudistischer Erziehung zu verstehen sei. Ist es Rosenheims* Agudismus? Ist es der sogenannte Agudismus der „Eiferer" des Waad Ha'ir Haaschkenasi? Ist es der Agudismus der Arbeiterführer? Ist es der meine? Die Jahre haben keine Klärung herbeigeführt, sondern eher die Verwirrung gesteigert. Zur Geldnot ist auch eine ausgesprochene geistige Not getreten.

Im Lande ist kein Mangel an rabbinischen Größen ersten Ranges, aber kaum eine von ihnen identifiziert sich zurzeit mit der Aguda. Sie gehen ihre eigenen Wege. Sie fühlen sich für die Aguda keineswegs verantwortlich. Zur Führung sind sie nicht bereit. Entscheidungen sind von ihnen meist nicht zu erzielen. Vielfach hat man den Eindruck, dass auch sie an die Aguda praktische Hoffnungen nicht mehr knüpfen. Es darf nicht verschwiegen werden, dass diese Beziehung der rabbinischen Größen zur Aguda die Heranbildung einer agudistischen Jugend außerordentlich erschwert.

Zu einer gewissen Explosion hat die agudistische Not in unseren beiden Kibbuzim geführt.[34] Im Vertrauen auf die Hilfe der Weltaguda sind sie, als Vorstadium für endgültige Niederlassung auf agudistischem Boden gegründet worden. Die dritte Kenessia Gedola beschwor ich in den beweglichsten Tönen, ihnen die Niederlassung zu ermöglichen. Mein Ruf verhallte ungehört, gleichwie ich vergebens einen dringenden Appell an die anwesenden Toragrößen richtete, endlich einmal eine eindeutige Stellung zum Nationalheim zu nehmen. Ein Versuch, die Kibbuzim auf dem Boden von Machane Jisrael anzusiedeln, misslang, weil man ihnen mit

33 Die Jugendorganisation *Noar Agudati* wurde 1913 gegründet (*Gemeindeblatt der israelitischen Gemeinde Frankfurt a.M.* 1927/1928, Heft 4/Dezember 1927, 93). Vielleicht meint Breuer auch die 1919 gegründete *Esra*-Jugendorganisation, obwohl die *Esra*-Mitglieder dem Misrachi nahestanden, was die Agudisten kritisierten. 1933 wurde in Palästina als Gegengewicht gegen die *Esra*-Aktivitäten eine Jugendorganisation unter dem Namen „Blumen der Agudat Israel" gegründet – vielleicht hat Breuer auch diese Gruppe im Blick. Unter der Bezeichnung *Noar Agudati* entstand gegen Ende der Mandatszeit (das Gründungsdatum ist nicht bekannt) eine weitere Jugendorganisation, die von Einwanderern unterschiedlicher Aguda-Jugendgruppen in Polen und Litauen – dort unter dem Namen *Ze'ire Israel* („Jugend Israels") – zusammen mit Angehörigen des Alten Jischuw gebildet wurde und eng mit dem *Keren Hajischuw* kooperierte. Einen Überblick über diese Jugendorganisationen bietet der Artikel von Kalman Kahana *Von der Jugendorganisation der Agudat Israel.*

34 In Gedera und Kefar Sava, vor ihrem Zusammenschluss, siehe oben Kap. 11, Anm. 10. Der agudistische Kibbuz *Scha'alvim* in der Nähe von Modi'in wurde 1951 gegründet.

Rücksicht auf die vielen Vorverkäufe keinen festen Pachtvertrag geben zu können glaubte.[35] Im Jahre 1938 führte ich einen förmlichen Beschluss des Direktoriums des Keren Hajischuw* herbei, der ausdrücklich feststellte, dass die Weltaguda sich außerstande sehe, die Kibbuzim auf Boden der Aguda zur Niederlassung zu bringen. Auf meine Veranlassung wandten sich nunmehr die Kibbuzim mit der Anfrage an die Leitung der Weltaguda zu Händen ihres Präsidenten, ob unter solchen Umständen, wo sie vor die Wahl gestellt seien, sich entweder aufzulösen oder sich auf Keren Kajemet-Boden anzusiedeln, die allweltliche Exekutive letzteres guthieße. Der Präsident erwiderte ihnen, er werde eine Entscheidung der Exekutive herbeiführen, möchte ihnen aber einstweilen seine persönliche Meinung mitteilen. Diese ging dahin, dass die Aguda als solche niemals einen solchen „Weg nach Canossa" werde gehen können. Er würde es ungemein bedauern, wenn die Kibbuzim ihn einschlügen, werde aber keine Steine auf sie werfen.

Eine Entscheidung der Exekutive ist nie herbeigeführt worden. Ich wenigstens habe ein entsprechendes Schreiben nie erhalten. Die Kibbuzim aber glaubten, nunmehr hinlänglich ihre Pflicht getan zu haben, zumal sie sich auch durch die Haltung einer anerkannten rabbinischen Autorität gedeckt glaubten. Nicht etwa als private Personenverbindung, sondern als agudistische Kibbuzim begannen sie Verhandlungen mit der Leitung des Keren Kajemet und des Keren Hajessod, die sich stark in die Länge zogen und keineswegs geheim blieben. Von keiner agudistischen Instanz ist gegen diese Verhandlungen Einspruch erhoben worden. Nur nach erheblichen inneren Kämpfen entschlossen sich die Kibbuzim zum Abschluss der Verträge mit beiden Fonds.[36] Bemerkenswert ist hierbei, dass die Kibbuzim den Fonds gegenüber keinen Zweifel darüber ließen, dass sie keineswegs gesonnen seien, sich etwa der zionistischen Organisation oder Bewegung, und wäre es selbst nur in der misrachistischen Ausprägung, anzuschließen, dass sie vielmehr agudistische Kibbuzim bleiben wollten und sich auch fürderhin der agudistischen Organisation zugehörig fühlten, und zwar durch das Medium der agudistischen

35 Zu diesem Land, das sich in der Jizreel-Ebene in Sichtweite des Bergs Tabor befand, vgl. oben Kap. 10, Anm. 2. Zum zweiten Ansiedlungsversuch vgl. Gebel, *Workers Movement,* 69f und 117–122. Die wirtschaftlichen Schwierigkeiten, in denen sich die agudistischen Siedlungen befanden, hingen u.a. mit dem Sabbatjahr (*Schmitta*) zusammen (6. September 1937–25. September 1938), während dessen der Boden nach der Halacha nicht bewirtschaftet werden durfte. Vgl. Shalem, *Shnat ha-Shmita ha-rishona.* I. Breuer richtete im Vorfeld des Schmitta-Jahres einen weltweiten agudistischen Schmitta-Fonds ein, der die nötigen Gelder einsammeln sollte, die während des Ruhejahres für den Lebensunterhalt der Kibbuzim notwendig war; vgl. Gebel, *Workers Movement,* 91f. Das Gedächtnisheft *Savenu* (54f) dokumentiert zwei Briefe, die Breuer an Rabbiner Grodzinski* in dieser Angelegenheit schrieb.

36 Vgl. Morgenstern, *Von Frankfurt*, 298.

Arbeiterorganisation. Dass die beiden Fonds dagegen nichts einzuwenden hatten, ist für die Kenner der Verhältnisse nicht verwunderlich.

So befindet sich nunmehr eine Agudistengruppe auf Keren Kajemet-Boden und genießt die Hilfe des Keren Hajessod. Die Tatsache hat nicht geringes Aufsehen erregt, im Land sowohl als auch auswärts. Es hat nicht an Stimmen gefehlt, die den Ausschluss der „Missetäter" aus der Aguda verlangten. Sie fanden aber, nachdem die Tat geschehen, starken rabbinischen Schutz. Ich selbst dozierte in der Weltexekutive in Jerusalem, ungemein weise, wie folgt: Niemand kann behaupten, dass der Boden, auf dem sich nunmehr die Kibbuzim befinden, agudistischer Boden ist. Niemand kann bezweifeln, dass die Menschen, die auf diesen Boden zogen, sich jahrelang als treue Agudisten bewährt und der agudistischen Idee schwerste Opfer gebracht hatten. Sie aus der Aguda auszuschließen, weil sie diese Opfer nicht mehr bringen konnten, ist unmoralisch. Sie sind daher, auch wenn auf Keren Kajemet-Boden befindlich und vom Keren Hajessod unterstützt, als agudistische Personengemeinschaft, wenn auch nicht als agudistische Gebietskörperschaft anzuerkennen. Und also beschloss die Exekutive in Jeruschalajim. Wie man sieht, ist die Juristerei manchmal ganz nützlich.

Es kam das große Unglück über unser Volk. Es versetzte alle agudistischen Organisationen, soweit sie nicht unmittelbar von ihm betroffen waren, in fieberhafte Tätigkeit. Vieles und Großes haben sie geleistet, zur Rettung und zur Hilfe; wenig, allzu wenig im Verhältnis zu dem unvorstellbaren Ausmaß der Katastrophe. Es ging über Menschenkraft. Über die geistig so zerrissenen Glieder des jüdischen Volks kam die Einheit grenzenlosen Leids, grenzenlosen Wehs. In unserem Lande trat die Aguda in die von der Jewish Agency gebildete „Rettungskommission" ein und nahm durch ihre Vertreter an den Arbeiten tätigsten Anteil. Dann kamen die ersten Flüchtlingskinder ins Land. Vor ihnen zerbarst die Einheit.[37] Ein wahrhaft grausiger Kampf um die Kinderseelen brach aus. Die Aguda gründete ein eigenes Erziehungswerk für die von ihr mühsam eroberten Kinder. Bald aber stellte es sich heraus, dass die Weltaguda nicht einmal zur selbständigen Finanzierung eines solchen Werks imstande war. Mit rabbinischer Erlaubnis musste sie sich entschließen, für ihr Erziehungswerk die Hilfe der Jewish Agency in Anspruch zu nehmen, während doch die finanzielle Unabhängigkeit nirgends wichtiger ist als auf dem Gebiet der Erziehung. Will man es tadeln? Hätte man die Kinder lieber nicht

37 Eine Gruppe jüdischer Kinder, die nach Ausbruch des Zweiten Weltkrieges über Ostpolen in die asiatischen Sowjetrepubliken kamen und später nach Teheran fliehen konnten („Kinder von Teheran"), wurde dort in einem Durchgangslager von der *Jewish Agency* für die Weiterreise nach Palästina vorbereitet. 1943 trafen die Kinder im Land Israel ein. Es kam zu heftigen Auseinandersetzungen darüber, welche weltanschauliche Erziehung die Kinder erhalten sollten. Vgl. Morgenstern, *Theater und zionistischer Mythos*, 48; Segev, *The Seventh Million*, 94, nennt die damaligen Auseinandersetzungen einen „Kulturkampf" (מלחמת תרבות).

annehmen sollen? Hier empfand man den unmittelbaren Zwang zur Tat. Und dieser Zwang, er vernichtete nicht das Prinzip, sondern ganz im Gegenteil: Er wandelte es aus einem grausam toten Moloch in ein Prinzip des Lebens. Kämpfet für die Erlangung eurer finanziellen Unabhängigkeit: Das ist die Forderung des Prinzips des Lebens. Tut nichts, weil ihr es noch nicht unabhängig tun könnt: Das ist das tote Molochprinzip. So, und nicht anders, habe ich es von meinen heimgegangenen Lehrern gelernt.

Am Rettungswerk nahmen die Führer unserer Arbeiterorganisation tätigen Anteil. Nicht ohne freilich mit der Jewish Agency in noch nähere Fühlung getreten zu sein.

Die Not hat auch den größten Teil der an sich uns nahestehenden Jeschiwoth zusammengeschlossen. An der Spitze ihrer Vereinigung steht der Oberrabbiner der „Kenesset Jisrael".[38]

Einig ist unser ganzes Land in der stürmischen Forderung nach Öffnung der Grenzen für alle Juden des Auslands, die den Wunsch haben, hierher zu kommen; einig in der Forderung, dass das Land wirtschaftlich so entwickelt werden muss, dass es den höchsten Grad der Aufnahmefähigkeit erreiche; einig in dem Ruf nach wirksamen Garantien für die legale Durchführung beider Forderungen; einig auch in der Auffassung, dass das jüdische Volk durch seine Leistungen im Lande sich einen weiteren Anspruch auf sein Nationalheim erworben habe.

Die Not hat diese Einigkeit geschaffen. Mit unsäglichem Leid, mit herzzerreißendem Weh ist sie bezahlt. Auch die palästinensische Aguda ist in diese Front eingetreten.

Die Not hat die Entwicklung beschleunigt. In unzweideutiger Weise hat sich die palästinensische Aguda zum Nationalheim bekannt.

Leider keine Entwicklung von innen. Eine von der Not aufgezwungene Haltung. Wird diese Haltung nunmehr die innere Entwicklung herbeiführen?

Welch langer, welch grausam langer Weg vom „Austritt" der Ruhebedürftigen bis zum Bekenntnis zum Nationalheim.

Wird es – Lippenbekenntnis bleiben? – – –

---

38 Nach dem Vorbild eines gleichnamigen Verbandes, der 1924 in Vilnius für die polnischen und litauischen Jeschiwot gegründet worden war, gründeten der aschkenasische Oberrabbiner von Palästina Jitzchak Isaak Halevy Herzog (1888–1959) – er war Nachfolger von Rabbiner Abraham Isaak ha-Kohen Kook (1865–1935) – und Rabbiner Zalman Sorotzkin (1880–1966) 1941 den *Waad ha-Jeschivot* (ועד הישיבות) für das Mandatsgebiet Palästina.

Vierzehntes Kapitel

Ausblick

So also erscheint mir selber in rückblickender Besinnung der Weg, den ich bisher gegangen bin. In subjektiver Hinsicht habe ich vielleicht keinen Grund, ganz unzufrieden zu sein. Meine Schriften sind ebenso viele Etappen meiner inneren Entwicklung. Ich schrieb sie nur, wenn ich sie schreiben musste. Und jedes Mal, wenn ich eine von ihnen vollendete, vermeinte ich, sie sei meine letzte. Erst vor wenigen Monaten setzte ich den Schlusspunkt unter eine, von der ich einstweilen annehme, dass sie mich ganz ausspricht: „Nachaliel"[1], ein hebräisch geschriebenes Buch, das die Gebote der Tora in ein eigenes System zu bringen versucht und an ihnen die Einheit von Menschsein und Judesein nachweisen will. Wenn ich es wagen darf, dieses Buch in eine Beziehung zum „Chaurew" meines Großvaters s. A. zu bringen, so unterscheidet es sich von ihm wesentlich dadurch, dass es sich nicht auf die in der Zerstreuung geltenden Gebote beschränkt, vielmehr die Darstellung eines Systems sämtlicher Gebote erstrebt, ohne natürlich sie sämtlich aufzuzählen.[2] Ich glaube und hoffe, dass es mir in diesem Buch gelungen ist, die lebendige Entwicklungsfähigkeit der Ideen Rabbiner Hirschs nachgewiesen zu haben.[3]

In objektiver Hinsicht, was die Leistung oder gar den Erfolg betrifft, habe ich wahrlich keinen Anlass zur Zufriedenheit. Ich habe meinem Volk nicht helfen können. Ich sah es seit dem ersten Weltkrieg vor eine ungeheure Aufgabe gestellt und von unermesslicher Gefahr umwittert. Ich ahnte den Zusammenhang zwischen jener Aufgabe und dieser Gefahr, und es ist mir nicht gelungen, mein Volk zur Lösung jener Aufgabe aufzurütteln und dadurch vielleicht – vielleicht! – diese Gefahr abzuwenden oder zu verringern. Ich musste es erleben, dass der Zweite Weltkrieg ein Drittel meines Volks unter den fürchterlichsten Umständen dahinraffte und mit ihm – die Feder sträubt sich es niederzuschreiben – wohl die Mehrzahl derer, die sich bewusst zum Volk der Tora zählten.[4]

Wieviel bewusste Mitglieder des Volks der Tora gibt es heute noch? Wieviele, die den Sabbat ernstlich und gewissenhaft hüten? Sind es – Hunderttausende? Ist es – eine Million? Ist es nicht unter allen Umständen eine ganz kleine – Minorität?

---

1 Vgl. oben Kap. 10, Anm. 60.

2 Die auf das Land Israel bezogenen Gebote der Tora (המצות התלויות בארץ), die Hirsch unberücksichtigt gelassen hatte, nimmt Breuer in sein Werk auf.

3 Breuer möchte zeigen, dass die Theologie Hirschs nicht nur für die Situation in der Diaspora, sondern auch für die im Land Israel passt.

4 Vgl. dazu die Reflexionen Breuers in: *Weltwende*.

Und wie viele, die den Sabbat ernstlich und gewissenhaft hüteten, heiligten Gottes Namen?[5]

Warum es verschweigen? Unsäglich geschwächt geht das Volk der Tora aus diesem zweiten Weltkrieg hervor, unsäglich geschwächt an Haupt und Gliedern.

Warum es verschweigen? An den Wiederaufbau des europäisch kontinentalen Judentums glaube ich nicht einen Augenblick. Was in Jahrhunderten aufgebaut war, ist in Monaten und Wochen ruchlos zerstört worden. Zwischen den Überlebenden und all den geschändeten Städten schweben die Geister der Ermordeten. Das Europa aber, das jetzt langsam aus dem Blutbad emportaucht, wird in Generationen nicht vergessen, dass man Millionen jüdischer Menschen wie ekles Gewürm ausräuchern kann, ohne dass die ganze Menschheit in heißer Qual aufschreit, und, koste es was es wolle, und wäre es auch inmitten eines Krieges, dem Entsetzlichen Einhalt gebietet. Warum es verschweigen? Was uns angetan worden ist, hätten die schlimmsten Verbrecher nie gewagt, einem anderen Volk anzutun. Und noch immer leben die Verantwortlichen.

In Generationen wird man es nicht vergessen. In den Blicken wird die Erinnerung liegen, in der unbewussten Geste, in der völlig spontanen Reaktion. Ungesühntes Blut gibt keine Ruhe.[6] Wer aber glaubt noch an Sühne? Können Menschen sie überhaupt verhängen? Nur der Allmächtige kann sühnen. Ihr aber – stellt euch nicht zwischen die Sühne des Allmächtigen und die Länder seiner Sühne! –

Aber sind denn nicht alle Länder, ist nicht die ganze Welt mitschuldig, und darum sühnebedürftig? Tat Amerika seine Schuldigkeit? Stand Amerika wie ein Mann auf, das Grässliche zu hindern? Wisset! Wenn der Allmächtige sühnt, so weiß Er alle Schuldigen zu finden.

Das Blut der ungezählten Söhne unseres Volkes liegt wie eine Wolke über allen Ländern der Kultur. Und diese Wolke wird sich nicht verziehen. Brütet nicht ein Verhängnis über diesen Monaten seit Ende des Krieges? Ist er überhaupt zu Ende? Er wird nicht enden, ehe dem Blut nicht Sühne geworden. Wer weiß? Dieser Krieg hat der Welt ein böses Erbe hinterlassen. Wer weiß? Ist nicht am Ende die – Atombombe ein Werkzeug der – Sühne?[7]

Geht nicht in die Länder der mangelnden Liebe, ihr teuren Überlebenden des Volkes der Tora! Ein jeder von euch hat heute unermesslichen Wert. Auf jeden von euch kommt es heute an. Wir können nicht riskieren, euch in Länder zu senden,

5 Wiedergabe des hebräischen Ausdrucks קידשו את השם, sie fielen dem Judenhass zum Opfer.

6 Vgl. Gen 4, 10.

7 Zu Erwägungen Breuers über die Atombombe („wer weiss: am Ende ist die Atomic Bomb [sic!] eine Messianic Bomb [sic!]“) in einem Brief an das Ehepaar Pressburger in São Paulo vom 23. Mai 1946 vgl. Balog, *Persönlichkeit*, 233.

wo jüdisches Wesen mühsam sich als „Religion" behaupten muss, wo alles euch in tödlicher Fremdheit mustert, alles im günstigsten Fall versucht, euch restlos und spurlos zu verschlucken. Kampf zwischen Demokratie und Kommunismus: was geht er im Grunde euch an? Zwischen ihre Mühlsteine werdet ihr oder werden eure Kinder geraten, und sie werden euch alle zerreiben. Und glaubt ihr wirklich, dass der Allmächtige eure durch Jahrhunderte gewährte Galutheimat in so grauenvoller Art hat untergehen sehen, damit ihr auf weit unfruchtbarerem, auf weit gefährlicherem Boden neue Galutheimat begründet? Haltet ihr ernstlich die Zukunft eurer Kinder, ihre jüdische Zukunft, in Amerika gesicherter, als sie ehedem in Polen, als sie ehedem in Frankfurt war?

Und ist nicht am Ende doch – wer weiß es? – der Zusammenbruch Europas im Zeitalter des Nationalheims der furchtbare Ruf des Allmächtigen nach – seinem Lande?[8]

Gewiss, auch in Erez Jisrael droht Gefahr. Noch hat das arabische Problem eine Lösung nicht gefunden.[9] Niemand kann mit Bestimmtheit, mit Wahrscheinlichkeit nur, die politische Zukunft voraussehen. Aber dieser Gefahr die Stirne zu bieten, hat einen klaren Sinn. Es ist nicht die Gefahr, der sich der Parasit aussetzt, es ist die Gefahr der um ihren von Rechtswegen zugewiesenen Lebensraum ringenden Nation. Es ist die Gefahr der Nation, die freiwillig nicht auf das ihr durch die Gnade Gottes zuteilgewordene Mandat verzichten wird, verzichten darf. Solcher Gefahr sich auszusetzen, ist selber – Gnade.

Gewiss, auch in Erez Jisrael droht Gefahr. Naturwüchsig entwickelt sich dort aus dem jüdischen Nebeneinander die jüdische Gesellschaft, und diese Gesellschaft gilt es, im harten Kampf der Geister, der Herrschaft der Tora nahezubringen und solchermaßen ein wahres jüdisches Nationalheim zu errichten. Noch ist der gesellschaftliche Einfluss der Tora schwach, entsprechend der Geringfügigkeit ihrer wirtschaftlichen Macht. Die Assimilation an die Völkerart feiert immer noch, unter zionistischer Flagge, ihre Orgien.[10] Und dennoch, und dennoch halte ich die Zukunft unserer Kinder, ihre jüdische Zukunft, für gesicherter als in jedem anderen Lande. Wer im Ausland an die Assimilation sich verliert, dem sind, wenn nicht Wunder geschehen, die Tore der Rückkehr verschlossen. Schon die völlige Unkenntnis der heiligen Sprache bildet ein kaum zu überwindendes Hindernis. Das völlig wesensfremde Milieu vollendet den Untergang.

---

8 Ähnliche Überlegungen finden sich bei Teichtal, *Eim Habanim Semeichah*, 67ff.

9 Zum jüdisch-arabischen Konflikt vgl. Breuer, *Weltwende*, 112ff.

10 Zur Gefahr jüdischer „Selbst-Assimilation" im Heiligen Land vgl. Breuer, *Welt als Schöpfung und Natur* (IBWA 2, 569).

Aber in Erez Jisrael ist die Macht der Völkerart bei weitem schwächer. Sie wirkt hier nicht aus „erstem Gerät", sondern nur aus „zweitem".[11] Hier ist nicht die urwüchsige europäische oder amerikanische Kultur, sondern hier gibt es nur Juden, die sie zu empfangen zu haben glauben und hierher verpflanzen zu können wähnen. Hier hat es die originale jüdische Kultur mit kläglichen Kopien fremder Kulturen zu tun. Originale aber sind stärker als Kopien. Unbegrenzt ist mein Optimismus betreffend die geistige Zukunft des Nationalheims. Schon die Sprache ist von der Tora, ist von den Büchern des „Nach"[12] nun einmal nicht zu trennen, sie bildet ein unzerreißbares Band auch zwischen den in die Irre gegangenen Söhnen der Tora und ihrer ewigen Mutter. Jeden Tag kann ein Vers der Heiligen Schrift, in der Ursprache gelesen[13] und von einem kulturell ausgehungerten Herzen vernommen, die Sehnsucht zum Gott der Tora wie eine heiße Lohe aus tiefster Seelenverschüttung[14] emporschlagen lassen, und ein jüdisches Kind zurück ins „Haus des Lebens"[15] treiben. Immer wieder höre ich von solchen Fällen, und sie wundern mich nicht. In Amerika ist der amerikanische Lebensstil das natürlich Gewordene, aber in Erez Jisrael ist der amerikanische Lebensstil das unnatürlich Aufgepfropfte.

Dies zeigt sich vor allem im Erziehungswesen. Heute schon kann man hier von einer schweren Erziehungskrise sprechen. Auch die „Linke" kann nicht umhin, immer wieder auf das ererbte geistige Gut zurückzugreifen. Eigene Symbole vermag sie nicht zu erzeugen. Will sie die Herzen packen, muss sie immer wieder bei uns Anleihen erheben. In den letzten zehn Jahren ist keine Verschlimmerung, sondern eher eine Besserung des ganzen Habitus des Nationalheims eingetreten. Bis in die Spalten des „Davar", der Tageszeitung der „Histadrut"[16], kann man dies wahrnehmen. Die vor kurzem erfolgte Gründung einer religiösen Fraktion

---

11 In der Halacha wird als „erstes Gerät" (כלי ראשון) ein Gefäß bezeichnet, das seine Wärme direkt aus dem Feuer erhält; das „zweite Gefäß" (כלי שני) erhält seine Wärme indirekt z.B. durch warmes Wasser oder durch eine zuvor am Feuer gewärmte Speise. Diese Unterscheidung ist bedeutsam im Hinblick auf die Frage des Kochens bzw. Warmhaltens von Nahrungsmitteln am Sabbat.

12 Zweiter Kanonteil der Jüdischen Bibel, bestehend aus den Propheten (*Neviim*) und Schriften (*Ketuvim*).

13 In einem Brief an Franz Rosenzweig vom 25. Dezember 1926 reflektiert Scholem über die Verwendung der heiligen Sprache: Scholem, *Bekenntnis über unsere Sprache*.

14 Dieser Ausdruck findet sich bereits 1920 in Breuers Roman *Kampf um Gott*, 69.

15 Hebr. בית החיים, gemeint ist aber das „Haus unseres Lebens" (בית חיינו), vgl. oben Kap. 13, Anm. 27.

16 Die von dem Arbeiterführer Berl Katznelson (1887–1944) gegründete Tageszeitung („Wort") erschien vom 1. Juni 1925 bis zum 21. Mai 1996. Nach Katznelsons Tod übernahm Salman Schasar (1889–1974), der spätere dritte Staatspräsident Israels, die Chefredaktion.

innerhalb der Histadrut[17] wäre vor Jahr und Tag unmöglich gewesen. Immer wieder sei es darum betont: hier ist alles noch im Werden, hier ist noch nichts verloren. Hier lohnt es sich wahrlich zu kämpfen. Hier kommt es auf jeden Kämpfer an. Groß ist die Gefahr. Groß aber auch die Möglichkeit des endlichen Sieges. Zieht nur alle herauf, ihr bewussten Söhne des Volkes der Tora! Ihr betretet den geschichtlichen Boden unseres Volkes! Ihr betretet den Boden, auf dem allein die Entscheidung fallen kann!

Die im Dezember 1945 in London stattgehabte europäische Konferenz der Aguda hat in meiner Abwesenheit, nach fast 30 Jahren, mein Bereitstellungsprogramm als das Programm der Aguda angenommen.[18] Nicht ohne Wehmut habe ich davon Kenntnis genommen. Und nicht ohne Skepsis. Ist es ein wirklicher Umschwung? Ist es mehr als – Lippenwort? Bei der Masse – vielleicht! Aber auch bei – den Führern? Ich sage es offen: ich glaube nicht daran! Auf jeden Fall hat der angebliche Wechsel des Programms zu keinem Wechseln in der – Führung geleitet. Die Herren der Jeweiligkeit sind noch immer am Ruder. Spricht dies letzten Endes nicht auch gegen die – Masse? Das Bereitstellungsprogramm verlangt vor allem geschichtliche Selbstbesinnung. Der erste Weltkrieg hat sie nicht gebracht. Wird der zweite, der weit grauenvollere, sie bringen?

Die Londoner Konferenz hat sich im Gegensatz zu Rosenheim dahin ausgesprochen, dass der Weg der Entronnenen in erster Reihe nach Erez Jisrael gehen müsse. Wusste sie, wozu sie ein solcher Entschluss verpflichtet?

Die palästinensische Aguda, und mit ihr die Weltaguda, befindet sich heute in einer Sackgasse. Wenn sie die moralische Kraft nicht hat, aus ihr herauszukommen, wird sie endgültig der Versandung anheimfallen.

Es handelt sich wahrhaftig nicht darum, dass die Aguda ihre „Prinzipien" aufgebe oder ändere. Aber diese Prinzipien dürfen nicht länger durch die Art ihrer Handhabung förmlich ad absurdum geführt werden. Sie müssen aufhören, ein toter und hässlicher Moloch zu sein, dem man das Leben opfert und hinter dem sich träges Nichtstun und Lässigkeit des Herzens versteckt. Sie müssen wieder werden, was sie in den Händen eines Chatam Sofer s. A., eines Rabbiner Hirsch s. A. stets gewesen sind: Prinzipien höchster politischer Aktivität, Prinzipien unermüdlichen Aufbaus, Prinzipien ernstester Verantwortlichkeit.

Prinzipien, die nicht zur Wirklichkeit in Beziehung gebracht werden, sind leer, sind nichts als vertrocknete Hülsen, als lächerliche Vogelscheuchen.

Wahre und echte Prinzipien sind freilich keine Produkte der Wirklichkeit. Sie sind der Wirklichkeit zugewandte Folgerungen aus der Idee. Sie wollen die

17 Vgl. oben Kap. 13, Anm. 14.

18 Vgl. Morgenstern, *Von Frankfurt*, 228f.

Wirklichkeit gemäß der Idee gestalten, aber nicht die Wirklichkeit lediglich erklären oder bestätigen. Darum haben sie Teil an der Ewigkeit der Idee.

Aber gerade, weil die Prinzipien die Wirklichkeit gestalten wollen, verlangen sie gebieterisch das gewissenhafte Studieren dieser Wirklichkeit. Die Prinzipien sind ewig. Die Art ihrer Anwendung, das Mittel zu ihrer Durchführung, ist es nicht.

Prinzipien, denen die Wirklichkeit bereits völlig entspricht, sind lediglich erklärender, lediglich bestätigender Natur. Echte Prinzipien müssen um Verwirklichung kämpfen.

Die Idee und ihre Prinzipien sind ewig. Aber ihre Beziehung zur Wirklichkeit ist nicht ewig, und kann nicht ewig sein, weil die Wirklichkeit nicht ewig ist, weil die Wirklichkeit einem steten Wechsel unterworfen ist. Ändert sich die Wirklichkeit, so ändert sich auch die Beziehung der Idee und ihrer Prinzipien zu ihr.

Es hat keinen Sinn, der Wirklichkeit die Prinzipien entgegenzuhalten und die Wirklichkeit preiszugeben. Wer solches tut, verrät nicht nur die Wirklichkeit, sondern auch die Prinzipien.

Die Tora ist das Gattungsgesetz des freien Menschen und ist das gesellschaftlich-politische Recht der freien Nation. Freiheit ist das Ziel des jüdischen Menschen, Freiheit das Ziel der jüdischen Nation. Freiheit von den Begehrnissen, Freiheit durch die Gewinnung der Nähe Gottes.

Es kann der jüdische Mensch sich nicht vom Gattungsgesetz der Tora, es kann die jüdische Nation sich nicht vom gesellschaftlich-politischen Recht der Tora lösen. Ihm wie ihr ist die Tora unabsetzbar, als Richtschnur zur Tat und als Stern des Schicksals.

Als Gattungsgesetz und als gesellschaftlich-politisches Recht ist die Tora ein objektives System, völlig unabhängig von menschlichem Meinen und von menschlicher Zustimmung. Als Gesetz und als Recht erfasst sie den ganzen Juden, die ganze jüdische Nation, und sie lässt keinen Raum für Juden anderer Artung, für eine jüdische Nation sonstiger Prägung. Sie ist keine „Richtung" innerhalb des Judentums, und sie ist keine „Strömung" innerhalb der Judenheit: Sie ist objektiv[19] das ganze Judentum, sie ist objektiv die ganze Judenheit, und außerhalb ihrer gibt es nichts als objektiven Ungehorsam, objektiven Verrat, objektive Auflehnung und objektive Empörung, subjektiv unter Umständen gemildert durch Unwissenheit, durch Irregeleitetheit[20], durch die Leidenschaft der Begehrnisse,

19 Zur objektiv wahren „Tora an sich" vgl. Breuer, *Der Neue Kusari*, 332ff.

20 Mit dem Ausdruck *Tinoq sche-nishba* (תינוק שנשבה), „ein unter Nichtjuden aufgewachsenes Kind", bezeichnet Maimonides ohne eigene Schuld in der Toraferne erzogene Kinder, zu deren religionsgesetzlicher Beurteilung mildernde Maßstäbe anzulegen sind (Maimonides, *Mishne Tora, Hilchot Mamrim*, 3, 3).

durch die Hingegebenheit an den Zeitgeist, durch das Verlorensein an Not, an Elend, an Weh und an geheimnisvoll unerklärbares Leid. Es gibt keine wie immer geartete Wirklichkeit des jüdischen Volks und seiner Glieder, die an dieser von Gott gestifteten Beziehung der Tora zu ihm und zu ihnen irgendetwas ändern könnte, gleichwie die Natur und ihre Teile dem von Gott gestifteten Naturgesetz nimmer zu entrinnen vermögen. Und wären selbst alle Juden von Gottes Tora in der Wirklichkeit abgefallen, so blieben sie dennoch der Tora untertänig, so bliebe dennoch ihr Volk das Volk der Tora – für ewig. „Denn es lässt Gott nicht fahren sein Volk“[21] – – Theorie? Nein! Höchste geschichtliche Realität! Das geschichtliche Schicksal weist es aus. „Jisraels ewig Siegender lügt nicht“[22] –.

Die Tora als ewig geltendes Gattungsgesetz des jüdischen Menschen, jenseits dessen nur verzwittertes Menschentum dahinsiecht –: die Tora als ewig geltendes gesellschaftlich politisches Recht der jüdischen Nation, jenseits dessen nur Verbände des Aufruhrs und des Ungehorsams ihr zeitbedingtes Dasein zu fristen vermögen –: dies ist das Wesen des agudistischen Prinzips, und dieses Prinzip ist ewig, wie die Tora, wie der Schöpfer der Tora.

Und es ist dieses Prinzip nicht etwa nur eine Zukunftsforderung, die gegenüber und angesichts einer gegenwärtigen Wirklichkeit einstweilen zurücktreten muss. Es ist vielmehr dieses Prinzip zunächst einmal ein unmittelbar aus der Idee der Tora sich ergebender ewig in Geltung befindlicher Wertmaßstab, der an jedwede Wirklichkeit anzulegen ist und von keiner Wirklichkeit auch nur zeitweilig außer Kraft gesetzt werden kann.

Und es ergibt sich aus diesem Prinzip als Wertmaßstab für alle Zeiten, dass gegenüber der Tora als ewigem Gattungsgesetz des jüdischen Menschen kein Raum ist in Jisrael für die Subjektivität der „religiösen“ Überzeugung, kein Raum für die Emanzipation des „religiösen Zweifels“, kein Raum für die Emanzipation des gattungsgesetzwidrigen Verhaltens, der gattungsgesetzwidrigen Lebensführung. Der Jude, der gegen sein eigenes Gattungsgesetz verstößt, frevelt als Mensch wie als Jude.

Und es ergibt sich aus diesem Prinzip als Wertmaßstab für alle Zeiten, dass gegenüber der Tora als ewigem gesellschaftlich-politischen Recht der jüdischen Nation kein Raum ist in Jisrael für die Subjektivität nationaler Selbsterkenntnis, kein Raum für die Emanzipation eines von den Völkern entlehnten absoluten Nationalismus, kein Raum für die auch nur zeitweilige Emanzipation einer der Tora gegenüber sich souverän dünkenden jüdischen Nation, für ihre auch nur

21 Ps 94, 14; Breuer stützt sich auf den Kommentar Rabbiner Hirschs zu dieser Stelle.

22 1. Sam 15, 29. Die Übersetzung bringt zum Ausdruck, dass der hebräische Ausdruck נצח sowohl auf das Verb „siegen“ (*lenazeach*) als auch auf den Ausdruck „ewig“ (*nezach*) verweist.

zeitweise Anerkennung oder zeitweise Duldung. Die Tora selber ist der „Raum"[23] der jüdischen Nation. Sie hat keinen anderen Raum. Und wo der „Raum" nicht ist, kann auch die Nation nicht sein. Und dies ist das Prinzip, das die starke Hand des Chatam Sofer s. A. leitete, die er schützend und rettend über die Toragemeinden Ungarns hielt, dies das Prinzip, das die Tatkraft Rabbiner Hirschs bewegte, die Toragemeinde Frankfurts zu restaurieren, und über all diejenigen, die ihr diesen Rang streitig machen wollten, den Boykott zu verhängen.

Und dies ist das Prinzip, zu dem sich die Weltaguda zu bekennen hat, und das allein ihre Existenzberechtigung verbürgt. Als Organisation der vom gesellschaftlich-politischen Recht der Tora konstituierten und beherrschten jüdischen Nation hat sie sich zu erachten. Mehr noch: Sie selber soll das organisierte Volk der Tora sein, das alle Menschen umfasst, auf die sich der von Gott verhängte Zwang der Tora erstreckt und sie soll daraus alle Konsequenzen ziehen, die sich ergeben, wenn man die Beziehung zwischen dem Volk der Tora und dem Land der Tora erwägt. Dies ist der Sinn des Bereitstellungsprogramms.

Und dies ist das Prinzip, das zwischen Aguda und Misrachi die klare Grenzlinie zieht.[24] Nicht um die einzelnen Misrachisten handelt es sich hier, sondern um den Misrachi als solchen. Nicht die Zugehörigkeit der einzelnen Misrachisten zur zionistischen Organisation, zur zionistischen Bewegung, ist das Entscheidende, sondern die ganze Struktur des Misrachi. Der Misrachi ist eine Fraktion innerhalb der zionistischen Organisation. Er ist eine Fraktion innerhalb der „Kenesset Jisrael". Er ist nichts als dies. Er beugt sich der Wirklichkeit und richtet sich ihr entsprechend ein. Die Wirklichkeit zeigt ihm, dass ein sehr beträchtlicher Teil des jüdischen Volks der Gegenwart individuell dem Gattungsgesetz der Tora nicht folgt, national das gesellschaftlich-politische Recht der Tora nicht anerkennt. Die Wirklichkeit zeigt ihm, dass heute eine Organisation der Glieder der Nation nur unter zeitweiliger Zurückstellung des Herrschaftsanspruchs der Tora über die ganze Nation möglich ist. Und dieser Wirklichkeit gibt er durchaus nach. Er will innerhalb der Organisation, die den nationalen Herrschaftsanspruch der Tora nicht anerkennt, für diese Anerkennung kämpfen. Aber er will es nur – innerhalb der Organisation, die von der Tora nimmer als nationale Organisation des jüdischen Volks anerkannt werden kann. Der Tora eine nationale Organisation zur Verfügung zu stellen, in der sie heute schon die Alleinherrschaft hat, die die nationale Unabsetzbarkeit der Tora zu eindeutigem Ausdruck bringt: Dies lehnt der Misrachi ab.

23 Vielleicht Anspielung auf die nationalsozialistische Ideologie des „Lebensraumes", der Breuer den „Raum" der jüdischen Nation gegenüberstellt, wobei er vielleicht auch an den rabbinischen Namen Gottes מקום („Ort") denkt, Vgl. Urbach, *The Sages* I, 66; II, 711.

24 Vgl. Breuer, *Der Neue Kusari*, 35ff und 126ff.

Nicht dass der Misrachi innerhalb der zionistischen Organisation, innerhalb der „Kenesset Jisrael" sich befindet, um dort für die Tora zu kämpfen, ist das eigentlich Trennende zwischen ihm und der Aguda. Aber dass der Misrachi nur innerhalb der zionistischen Organisation, nur und nur innerhalb der „Kenesset Jisrael", für die Tora kämpfen will, dass er die Errichtung einer dem Herrschaftsanspruch der Tora heute schon Genüge tuenden nationalen Organisation nicht nur für überflüssig, ja geradezu für schädlich, ja geradezu für verboten, ja selbst, wie man es immer wieder hören muss, für nationale Absonderung, um nicht zu sagen: für nationalen Verrat hält, wiewohl doch die Errichtung einer solchen Organisation und die Zugehörigkeit zu ihr den Kampf der sich zu Fraktionen zusammenschließenden Einzelnen innerhalb jener den Herrschaftsanspruch der Tora ablehnenden Organisationen gar nicht auszuschließen braucht: dass der Misrachi also grundsätzlich in der zionistischen Organisation und in Kenesset Jisrael „die" nationalen Organisationen des jüdischen Volks erblickt, dergestalt, dass ihm alle Juden, die sich ihnen nicht anschließen, als – außerhalb der jüdischen Nation, der organisierten jüdischen Nation stehend erscheinen – und die Nation ist doch nur dort, wo die Tora herrscht!: – diese völlige Unterwerfung des Misrachi unter die zeitgeborene und zeitbedingte Wirklichkeit, die ihn zum erbittertsten Gegner der nationalen Organisation der Tora macht –: nicht die Zugehörigkeit der Misrachisten zur zionistischen Organisation und zur „Kenesset Jisrael", aber ihre Nichtzugehörigkeit zur Agudat Jisrael, ihre grundsätzliche Ablehnung der die nationale Herrschaft der Tora zum Ausdruck bringenden Organisation bei gleichzeitiger Anerkennung der die zeitweilige nationale Schwäche der Tora zum Ausdruck bringenden Organisationen –: dies, nur dies allein, bildet den fürs erste unüberbrückbaren Gegensatz zwischen Misrachi und Aguda.

Für Misrachi ist das organisierte Volk der Tora ein frommer Zukunftswunsch, für Aguda eine brennende Forderung der Gegenwart. Sobald der Misrachi diese brennende Forderung der Gegenwart begreift und anerkennt, wäre der wichtigste Schritt zur Verständigung geschehen.[25]

Während der Misrachi sich solchermaßen organisatorisch ganz an die Wirklichkeit verliert, hat die Aguda den nationalen Herrschaftscharakter der Tora, an dem die Zeiten nichts zu ändern vermögen, unbekümmert um die jeweilige Wirklichkeit, ja in einer feindlichen Wirklichkeit erst recht, und in ihr mit doppeltem Nachdruck, mit vervielfachtem Ernst, organisatorisch zur Darstellung zu bringen, ohne danach zu fragen, wie viele es sind, die dem Ruf der herrschenden Tora zu folgen bereit sind,

---

25 Trotz der Vorbehalte gegenüber den religiösen Zionisten, die Breuer hier äußert, schlossen sich beide Parteien – *Agudat Israel* und *Misrachi* – für die Wahlen zur verfassunggebenden Versammlung Israels am 25. Januar 1949 zur „Vereinigten religiösen Front" (חזית דתית מאוחדת) zusammen; vgl. Unna, *Parteien,* 129–130. Im Vorfeld der Neuwahlen im Februar 1951 brach dieses Bündnis aber wieder auseinander.

und ohne ihr Dasein davon abhängig zu machen, ob sie stark genug ist, praktische Leistungen erheblicher Art im organisatorischen Rahmen der herrschenden Tora zu vollbringen. Und wenn sie nichts anderes leisten als die Idee des Volks der Tora, die Idee der lediglich durch die Tora konstituierten jüdischen Nation inmitten einer feindlichen Wirklichkeit in unbekümmertem Protest durch eine von dieser Idee beherrschten Organisation lebendig zu erhalten und den folgenden Generationen zu überliefern, so hat sie, wenn sonstige Betätigungsmöglichkeiten nicht vorhanden sind, ihre Pflicht erfüllt und ihre Existenzberechtigung, ihre Existenznotwendigkeit hinreichend dargetan.

Gleichwie das Prinzip der Aguda teil hat an der Ewigkeit der Idee, hat die Aguda teil an der Ewigkeit ihres Prinzips. Wäre die Aguda nur von dieser Welt[26], gleich dem Misrachi, so wäre sie längst vom Erdboden verschwunden.

Aber diese Unabhängigkeit der Aguda von den Wechselfällen der Wirklichkeit darf niemals dazu führen, dass sie vor der Wirklichkeit das Auge verschließt und damit einen Fehler begeht, der nicht minder verhängnisvoll ist als der Fehler des Misrachi. Wenn der Misrachi sich an die Wirklichkeit verliert, darf die Aguda nicht die Wirklichkeit verlieren. Diese Wirklichkeit aber ist von Land zu Land und von Zeit zu Zeit verschieden, und daher muss auch die Beziehung der Tora und der Organisation der Tora zu ihr von Land zu Land und von Zeit zu Zeit verschieden sein.

In Ungarn wie in Frankfurt konnten die nationalen Gemeinden der Tora das ganze national-gesellschaftliche Leben in ihren Rahmen in allen wesentlichen Beziehungen sofort einbeziehen und gemäß den Anordnungen der Tora und entsprechend ihrem Geist regeln und gestalten.[27] Denn in Ungarn wie in Frankfurt hatte die geschichtliche Entwicklung der Beziehungen des jüdischen Volks zum Wirtsvolke dahin geführt, dass das ganze national-gesellschaftliche Leben der Juden sich fast ganz auf solche Gebiete beschränkte, die als spezifisch „religiös“ zu erachten sind: Rabbinat, Synagoge, Schule, Jeschiwa, Kaschruth, Spital, Armenpflege, Mikwe. Aber schon in Polen und in Russland erschöpften diese Institutionen keineswegs den ganzen Inhalt des national-jüdischen und darum der Herrschaft der Tora zuzuführenden Nebeneinander, und in der Tat ist weder in Polen noch in Russland eine Klärung des – sogenannten – gesellschaftlichen Problems der Tora erzielt worden. Es lag dies keineswegs daran, dass etwa in diesen Ländern das agudistische Grundprinzip nicht anerkannt worden wäre – Polen ist der schlagendste Gegenbeweis! –, sondern es lag daran, dass eben in Polen und in Russland die – Wirklichkeit eine andere war als

26 Vielleicht Anspielung auf den Satz im Neuen Testament „mein Reich ist nicht von dieser Welt“ (Joh 18, 36).

27 Vgl. dazu Katz, *A House Divided.*

in Ungarn, als in Frankfurt, und dass diese Wirklichkeit die Führer vor wesentlich andere Aufgaben stellte als dies in Ungarn und in Frankfurt der Fall war.

Erez Jisrael im Zeitalter der nationalen Emanzipation, im Zeitalter des in Entwicklung befindlichen Nationalheims, bedeutet für das Volk der Tora eine völlig neue Situation, die in der ganzen Geschichte des Galut keinerlei Analogie aufweist, und die daher aus sich begriffen werden muss, wenn die Beziehung des agudistischen Grundprinzips zu ihr geklärt werden soll. Wer dieses Erez Jisrael nicht aus genauster persönlicher Erfahrung kennt, tut gut daran, sich in kluges und verantwortungsbewusstes – Schweigen zu hüllen...

Alles hängt zunächst davon ab, ob man den Aufbau des Nationalheims aus tiefster Überzeugung bejaht und als eine vom Allmächtigen Seinem Volk gestellte Aufgabe erachtet, der sich Sein Volk nicht entziehen darf. Ich habe dies seit Veröffentlichung der Balfour-Deklaration getan, und ich habe aus dieser Überzeugung und aus diesem Erachten vor fast 30 Jahren mein Bereitstellungsprogramm aufgestellt, ohne dass es mir bisher gelungen war, die agudistischen Führer und die agudistischen Massen für dieses Programm zu gewinnen. Diese Überzeugung und dieses Erachten lässt sich nur aus einer historischen Schau holen, die sich nicht an die Jeweiligkeit verliert, sie vielmehr sich einordnet und damit begreift.

Ohne diese Schau mag man sich dem Wahn hingeben, das ganze werdende Nationalheim einer großen – Reformgemeinde gleichzustellen, wie sie etwa in – Frankfurt bestanden hat. Ihr hat man eine – „orthodoxe" Gemeinde entgegenzustellen, und aus ihr hat man, soweit es geht, „auszutreten". Mit Gründung eines unabhängigen – Rabbinats und einer unabhängigen – Schechita ist die wichtigste Basis für diese „orthodoxe" Gemeinde gewonnen. Der „Austritt" ist die letzte Waffe im Kampf gegen – die Reformgemeinde, genannt Nationalheim.

Dies war in der Tat die agudistische Methode in Erez Jisrael, solange man Erez Jisrael einfach mit – Frankfurt identifizierte. Ich brauche nicht erst zu betonen, dass diese Methode völlig Schiffbruch erlitten hat. Die Wirklichkeit ist über sie und ihre höchst kärglichen Resultate einfach zur Tagesordnung übergegangen.

Erfasst man das Nationalheim als vom Allmächtigen Seinem Volk gesetzte Aufgabe, so wird es sofort klar, dass diese Aufgabe nicht nur den Frankfurter und den ungarischen Rahmen, sondern überhaupt jeden Rahmen sprengt, der unserem Volk seit der Zerstörung von Tempel und Staat zwangsläufig gegeben ward. Denn um nichts Geringeres handelt es sich im Nationalheim, als um die Gestaltung der ganzen nationaljüdischen Gesellschaft, des ganzen national-jüdischen Nebeneinander gemäß dem gesellschaftlich-politischen Recht Gottes. Diese nationaljüdische Gesellschaft, dieses nationaljüdische Nebeneinander ist im Nationalheim „naturhaft" bereits vorhanden; naturhaft, denn noch fehlt die Formung durch die Tora. In ihr machen sich, einstweilen, die tausendfältig verschiedenen Kräfte geltend, die nun einmal in den heutigen Juden all der Galutländer wirksam sind, aus denen sie ins Nationalheim kamen und noch weiterkommen werden. Feste Formen besitzt die national-jüdische Gesellschaft einstweilen überhaupt nicht, und selbst ihre provisorischen Formen wechseln fortgesetzt. Ihr Bild ist heute ganz anders, als es etwa vor zehn Jahren war, da ich in ihrer Mitte mich niederließ. Ich bin glücklich feststellen zu können, dass in ihr heute Kräfte, die sich der Tora unterzuordnen bereit sind, Kräfte, die sich die Zukunft des Nationalheims ohne die Tora gar nicht vorstellen können, weit stärker, weit spürbarer vorhanden sind als dies zur Zeit meiner Niederlassung der Fall war. Aus ihr kann man nur „austreten", wenn man zugleich aus dem – Leben austritt. Ihr kann man mit „Gemeinden" nur beikommen, wenn diese „Gemeinden" das ganze gesellschaftliche Leben einzufangen vermögen. Der Waad Ha'ir Haaschkenasi bildet im Nationalheim wahrhaftig keine – national-jüdische Gemeinde. Ja, würde man selbst meine Frankfurter Gemeinde, so wie sie leibte und lebte, ins Nationalheim haben transferieren können, so wäre sie, die für mich in Deutschland fast das Ideal einer national-jüdischen Gemeinde war, im Nationalheim nur ein – bescheidener Anfang, der sich erst allmählich zur Höhe einer nationalen Gemeinde der Tora entwickeln müsste. –

Dagegen ist der Kibbuz Chafez Chajim[28] in der Tat eine nationale Gemeinde der Tora inmitten des Nationalheims –: die einzige, die wir gegenwärtig besitzen –. Denn der Kibbuz Chafez Chajim erstrebt allerdings die Gestaltung des ganzen Nebeneinanders seiner Mitglieder gemäß dem Diktat der von ihm als die ganze Nation beherrschend anerkannten Tora. Ich habe nicht den mindesten Zweifel: wäre Rabbiner Hirsch s. A. ins heutige Nationalheim gekommen, so hätte er eine – Stadt gegründet oder hätte einen – Kibbuz gegründet und hätte Stadt oder Kibbuz genannt: „Kehal Adath Jeschurun".[29]

Die Bejahung des Nationalheims und der Aufgabe, die es für das Volk der Tora bedeutet, schließt den felsenfesten Optimismus in sich, dass es allmählich, nach schwersten inneren Auseinandersetzungen und Kämpfen, dennoch gelingen werde, die ganze Fülle seines national-gesellschaftlichen Lebens unter die Herrschaft der Tora zu bringen und von ihr gestalten zu lassen. Wer diesen optimistischen Glauben nicht besitzt, muss zwangsläufig der Überzeugung sein, dass das Nationalheim die fürchterlichste Versuchung bedeutet, die je an das Volk der Tora herangetreten ist, und er wird keine andere Aufgabe kennen, als die Abkehr, ja die Flucht vor

28 Zu diesem Kibbuz, der 1933 am Stadtrand von Rechovot gegründet wurde, nach Gedera weiterzog, dann aber – auf einem Landstück, das der *Jewish National Fund* zur Verfügung gestellt hatte – 1944 neu gegründet werden musste, weil die Bebauung des Bodens in Gedera misslungen war, vgl. oben Kap. 11, Anm. 10 und Kap. 12, Anm. 52 und Marcus, *Bebauen und Bewahren*; Kraft, *Aschkenas*, 206. An der Kibbuzgründung war Breuers Mitarbeiter Benjamin Minz mitbeteiligt.

29 קהל עדת ישורון, so lautete hebräische Name der IRG in Frankfurt a.M.

der Versuchung, um sich und seine Kinder in der Treue zur Tora zu erhalten.[30] Ihm wird das gesellschaftliche Leben innerhalb des Nationalheims nicht das eigentlich, ja einzig erstrebenswerte Objekt der Herrschaft der Tora, sondern eine satanische Angelegenheit sein, die, weil ausschließlich von Juden inszeniert, der Tora noch um vieles ferner steht, als etwa das gesellschaftliche Leben in Ungarn und in Frankfurt, das sich der Tora naturgemäß nicht in Gegensätzlichkeit, weil überhaupt nicht jüdisch, sondern in Beziehungslosigkeit verhielt. Im günstigsten Fall wird er geneigt sein, das gesellschaftliche Leben innerhalb des Nationalheims dem gesellschaftlichen Leben in Ungarn und in Frankfurt gleichzustellen, und er wird demgemäß versuchen, ihm jüdische Gemeinden von gleicher Struktur entgegenzustellen, „Religionsgemeinden", die das gesellschaftliche Leben nicht in sich einbeziehen, sondern es bewusst ausschalten: Waad Ha'ir Haaschkenasi auf der einen Seite, Kibbuz Chafez Chajim auf der anderen Seite.

Im Nationalheim findet sich, zum ersten Mal seit 2000 Jahren, die Tora mit der ganzen überwältigenden Fülle eines „naturhaft" rein jüdischen gesellschaftlichen Lebens unmittelbar konfrontiert. Hier gibt es nur zwei Möglichkeiten: Flucht oder Kampf. Flucht bedeutet Verneinung des Nationalheims. Bejahung des Nationalheims bedeutet Kampf; Kampf um die Gesellschaft. Mit Rabbinat und Schechita allein lässt sich dieser Kampf nicht führen. Rabbinat und Schechita allein sind keine Mittel des Kampfs, sondern Mittel der – Flucht. Unsere Arbeiterorganisation, auf der Höhe ihrer Bestimmung, wäre das vornehmste Instrument des Kampfs.

In Ungarn und in Frankfurt bestand die eigentliche Erziehungsaufgabe der Gemeinden darin, ihre Söhne mit dem erforderlichen Rüstzeug zu versehen, dass sie sich in einem der Herrschaft der Tora entzogenen, wesentlich vom Wirtsvolk gestalteten gesellschaftlichen Leben als widerstandsfähig erwiesen.

Im Nationalheim können sich Gemeinden im vollen, im nationalen Sinne des Worts nur organisierte Gemeinschaften nennen, die das gesellschaftliche Leben selber in sich einbeziehen und an ihm die gestaltende Herrschkraft der Tora erproben und bewähren. Im Nationalheim wird nicht nur das Fleisch „rituell" hergestellt sein, sondern das ganze menschliche Nebeneinander nicht minder.

Es ist ein doppelter Kampf: die Tora gesellschaftsfähig und die Gesellschaft torafähig zu machen.

Die Tora gesellschaftsfähig – ein gefährliches Wort, wenn es nicht richtig verstanden wird.[31] Ewig ist die Tora. Aber die Tatbestände, auf die sich die

30 In diesem Sinne warnte der streng antizionistische Rabbiner Josef Shlomo Kahanemann (1888–1969), der „Rabbi von Poneves" (d.h. der litauischen Stadt Ponewiesch), auf der Marienbader Konferenz vor dem zionistischen Unternehmen als der Gefahr eines neuen „Königreichs Ahabs"; vgl. Morgenstern, *Von Frankfurt*, 89 und 303 (Anm. 569).

31 Zu Breuers Konzept der „Torakultur" vgl. oben Kap. 3, Anm. 34.

Tora erstreckt, sind nicht ewig. Das moderne Wirtschaftsleben hat ganz andere Phänomene als das Wirtschaftsleben von Abaje und Rawa, zur Zeit von R. Josef Karo* und R. Schabatai Hakohen*. Seit Jahrhunderten konnte der Tora ein jüdisches Wirtschaftsleben in der Fülle seiner Gestalten nicht zugeführt werden. Es hat wahrlich keinen Sinn, die Herrschaft der Tora über das Wirtschaftsleben im Nationalheim zu fordern, und diese Forderung bleibt eine leere Phrase, solange die berufenen Vertreter der Tora nicht daran gehen, die Phänomene dieses Wirtschaftslebens genau kennenzulernen und sie an die ewigen Rechtsgesetze der Tora heranzubringen, auf dass diese Rechtsgesetze an ihnen ihre ewige Aktualität erweisen.[32]

Die Gesellschaft torafähig: ein langer, ein beschwerlicher und waghalsiger Weg, an dessen Ende nichts Geringeres winkt als die – Erlösungswürdigkeit der Nation. Um dies, und um nichts anderes, handelt es sich im Zeitalter der nationalen Emanzipation. Jüdische Gesellschaft im eigentlichen Sinne mit dem ganzen Reichtum ihrer Möglichkeiten und Entwicklungen, mit der unbedingten Pflicht, diesen ganzen Reichtum durch das Feuer der Tora[33] zu läutern und zu formen, gibt es nur im Nationalheim. Gerade im Nationalheim aber ist die jüdische Gesellschaft ein unteilbares Ganzes. Nicht organistorisch – eine die jüdische Gesellschaft als solche erfassende Organisation gibt es einstweilen im Nationalheim überhaupt nicht – sondern faktisch. Die jüdische Gesellschaft im Nationalheim – man mag sie den „Jischuw" nennen[34] – ist eine große naturhafte Familie, in der es geratene und höchst ungeratene, in der es reiche und arme, begabte und unbegabte, produktive und höchst unproduktive Mitglieder gibt, die alle aufeinander einwirken, die alle mehr oder weniger intensiv zueinander in Beziehung stehen, und die in immer wachsendem Maße im Lande feste Wurzeln schlagen, in immer wachsendem Maße in der heiligen Sprache ihre Gedanken und Gefühle und Empfindungen zum Ausdruck bringen, und gerade heute in immer wachsendem Maße gemeinsam die Last schier unermesslichen Wehs tragen, und die Pflicht nie endender Hilfsbereitschaft tätigen und die Hoffnung der Rettung und Bergung des teuren Überrests und damit die Rettung und Bergung der nationalen Zukunft, wie immer sie vorgestellt werden mag, in liebendem Herzen hegen –: als die Vertreter der palästinensischen Aguda vor die Mitglieder des Enquiry Committee[35] traten und die ungehinderte

32 Ein solches Programm wollte Breuer in dem von ihm gegründeten Institut *Bina la-Ittim* durchführen; vgl. Morgenstern, Balog, *Institut „Bina la-Ittim"*.

33 Vgl. Dtn 33, 2.

34 Breuer unterscheidet hier nicht mehr zwischen dem „Alten" und dem „Neuen Jischuw".

35 Unerwähnt bleibt, dass Breuer gemeinsam mit Moshe Blau vor dem *Anglo-American Committee of Inquiry Regarding the Problems auf European Jewry and Palestine* auftrat, das 1946

Einwanderung des ganzen teuren Überrests[36] und die ungehinderte Entwicklung der Aufnahmefähigkeit des Landes und die Errichtung eines politischen Regimes forderten, das dieses wie jenes zu garantieren vermag: da wallte ihnen in heißer Dankbarkeit der ganze Jischuw entgegen, weil er blitzartig verstand und begriff: Die Aguda hatte vor der ganzen Welt das feierlich bindende Bekenntnis zum Nationalheim und damit das feierlich bindende Bekenntnis abgelegt, dass sie den felsenfesten Glauben habe, es werde die Gesellschaft des Nationalheims sich zur Torafähigkeit, zur Toragemäßheit allmählich, trotz allem und jenem und diesem, denn doch entwickeln lassen.

Getreu dem agudistischen Prinzip haben wir inmitten der Gesellschaft des Nationalheims der alleinherrschenden Tora die Organisation hinzustellen; in diese Gesellschaft, als wirkenden Faktor, das organisierte Volk der Tora einzufügen. Niemals wird und darf der Tag kommen, da die Organisation der alleinherrschenden Tora auf die Souveränität der Tora verzichtet und als Partei oder Fraktion oder in welcher Form auch immer sich in die angemaßte Souveränität der Nation einfügt und sie damit anerkennt. Schlimm genug, dass die Tora die Gesellschaft noch nicht beherrscht. Aber die Organisation der Tora ist heute schon möglich und darum schon heute unbedingte Pflicht. Sie stehe als Mahnzeichen des unverlierbaren Herrschaftsanspruchs der Tora. Sie stehe als Mahnzeichen der unzerstörbaren Nation der Tora, die neben sich und außerhalb ihrer eine jüdische Nation nicht kennt und nicht anerkennt. Ihre oberste und vornehmste Sorge sei das Erziehungswesen.

Inmitten der Gesellschaft, in der die Tora noch um jeden Fußbreit Anerkennung und Geltung zu kämpfen hat, arbeite sie an der zukünftigen Gesellschaft, indem sie eine Generation jüdischer Menschen emporbringt, die ganz in der Tora wurzelt, der Menschsein und Judesein eins ist[37], und die keinem anderen Nationalismus huldigt als dem Nationalismus der Tora; eine Generation, die keinen Unterschied macht zwischen den die Menschen mit Gott und den die Menschen mit den Nebenmenschen verbindenden Geboten der Tora, der soziales Unrecht so fluchwürdig ist wie „rituelles" Unrecht, die durch Gerechtigkeit und Billigkeit sich gesellschaftlich hervortut und auszeichnet, und deren ganzer Lebensstil die Schönheit der Wege zur Darstellung bringt, die die Wege der Tora genannt werden[38];

---

seine Anhörungen veranstaltete. Zu diesem Komitee vgl. Morgenstern, *Von Frankfurt*, 225–229; Kraft, *Aschkenas*, 208.

36 Mit dem Ausdruck שארית הפלטה (etwa: „die übrigen Entronnenen", nach Esra 9, 14 und 1. Chron 4, 43) werden im Hebräischen die Shoah-Überlebenden in Europa bezeichnet.

37 Breuer paraphrasiert das anthropologische Ideal S. R Hirschs „Mensch-Israel"; vgl. dazu Morgenstern, *Von Frankfurt*, 168f.

38 Prov 3, 17. Breuers Autobiographie erhält hier ein biblisches Motto, das zudem an den Namen der Beilage zur Wochenzeitung *Kol Jisrael* erinnert, die Breuer seit 1942 unter dem Titel *Ha-Derech*

eine Generation wissender Menschen, die keine Auseinandersetzung zu scheuen haben, weil sie dem Zeitgeist nicht aus Unkenntnis, sondern aus überlegener Kenntnis widerstehen, und die der Flachheit und dem Leichtsinn den tiefen Ernst ihrer Überzeugung, der Gewinnsucht und der Genusssucht ihr idealfrohes Streben entgegenhalten; eine Generation liebender Menschen, frei von Selbstgerechtigkeit und Selbstüberhebung, brüderlich verbunden mit allen Söhnen ihres Volks, um die die Tora das unzerreißbare Band der Einheit schlingt, und gewillt und begabt, den in die Irre Gegangenen Führer zu sein in der Rückkehr zu Jisraels Vater-König. Nicht gegen die Gesellschaft, sondern an die Gesellschaft sei diese Erziehung ausgerichtet, und je entschiedener sie im Namen der alleinherrschenden Tora, im Namen der dienenden Nation der Tora erfolgt, umso weniger hat sie die Gesellschaft zu fürchten oder gar die Flucht aus der Gesellschaft als Losung auszugeben.

Die Unabhängigkeit der Organisation der herrschenden Tora darf nicht ihre Abschließung von der Gesellschaft bedeuten. Im Gegenteil: die Eroberung der Gesellschaft muss ihr unverrückbares Ziel bleiben. Sie muss daher alles daransetzen, gesellschaftliches Leben der Tora zuzuführen. Aus eigener Kraft hat sie dies bisher nur in ganz geringem Maße vermocht. Der einzige Kibbuz, den sie besitzt[39], steht auf dem Boden des Keren Kajemet und wird vom Keren Hajessod gestützt. Bei der ungeheuren Schwächung, die inzwischen das Volk der Tora erfahren hat, bei all den Versäumnissen, die in den vergangenen Jahrzehnten begangen worden sind, kann leider damit nicht gerechnet werden, dass in menschlich absehbarer Zeit hierin eine wesentliche Änderung eintreten wird. So erstrebenswert die wirtschaftliche Autarkie der palästinensischen Aguda auch ist, so darf sie gleichwohl eine conditio sine qua non nicht bilden. „Entweder autarkisch oder gar nicht": wer also spricht und denkt, hat immer noch nicht begriffen, um was es im Nationalheim geht. Das Nationalheim wartet nicht. Es entwickelt sich mit uns, oder es entwickelt sich ohne uns und – gegen uns. Wir haben gar nicht das Recht, unsere Brüder in die Heimat zu rufen, wenn wir die Heimat ihnen nicht wohnlich einzurichten vermögen. Wenn sie in die Heimat kommen, treten sie zwangsläufig in die heimatliche – Gesellschaft ein. Geben wir die heimatliche Gesellschaft preis, so geben wir zugleich unsere Brüder preis. Und welchen Sinn hat letzten Endes die Organisation der herrschenden Tora im Nationalheim, wenn sie für eine Gesellschaft erzieht, an deren Gestaltung sie keinen unmittelbaren Anteil nimmt?

(הדרך) „Der Weg" zu publizierte. Auch das offizielle Publikationsorgan der *Agudat Israel* hieß in ihren Anfangsjahren *Darkenu* (דרכנו), „Unser Weg"; vgl. Gebel, *Workers Movement*, 23.

39 Gemeint ist der vereinigte Kibbuz *Chafez Chajim*; der zweite agudistische Kibbuz wurde unter dem Namen *Schaalvim* (nach einer in Jos 19, 42; Ri 1, 35; 2. Sam 23, 32 und 1. Kön 4, 9 erwähnten Ortschaft) 1951 auf dem Gelände des bis zur israelischen Unabhängigkeit bestehenden Dorfes Salbit gegründet. Vgl. oben Kap. 11, Anm. 10.

Ich hatte es selber einst anders gedacht. Ich hatte die machtvolle Erhebung des Volks der Tora verlangt, hingerissen von der überwältigenden Größe der ihm vom Allmächtigen gestellten Aufgabe, gewillt und entschlossen, unter höchsten Opfern das Nationalheim der Tora zu errichten, die nationale Gesellschaft der Tora zu entwickeln.

Diese Erhebung ist nicht erfolgt. Nicht wir, sondern die Zionisten haben die ganze jüdische Welt aufgerufen. Nicht wir, sondern die Zionisten haben die ganze jüdische Welt an Leistungen für Erez Jisrael gewöhnt. Nicht wir, sondern die Zionisten haben den Aufbau von Erez Jisrael begonnen. Nicht wir, sondern die Zionisten haben dem gesellschaftlichen Nebeneinander in Erez Jisrael das Gepräge zu geben versucht. Und inzwischen traf uns, was uns in Europa getroffen hat...

Am agudistischen Prinzip ändert all das nichts. Denn es hat teil an der Ewigkeit der jüdischen Idee. Aber die Wege zu seiner Verwirklichung werden davon allerdings aufs höchste beeinflusst, soll nicht das Prinzip selber zu einem grausam toten Moloch werden.

Ich habe Jahrzehnte gemahnt und gewarnt, gebeten und gefordert und gedroht. In vierjähriger Unrast habe ich das ganze Elend agudistischer Jeweiligkeit, in zehnjähriger Niedergelassenheit die ganze agudistische Enge, die ganze agudistische Not inmitten des Nationalheims ausgekostet.

Ich glaube das Recht mir erworben zu haben, nunmehr als treuer Schüler meiner heimgegangenen Lehrer meine Stimme zu erheben für eine Änderung der agudistischen Wege.

Längst hat uns die Katastrophe unseres Volks zur Jewish Agency getrieben. Da es die Rettung von Leben[40] galt, trugen wir keine Bedenken, mit ihr zu arbeiten. Ist das physische Leben alles? Ist die Rettung von geistigem Leben weniger wichtig? Dürfen wir die physisch Geretteten schutzlos der Gesellschaft des Nationalheims ausliefern?

Laut und deutlich erklären sowohl Keren Kajemet wie auch Keren Hajessod, dass sie nicht nur für Zionisten, sondern für alle Teile des jüdischen Volks bestimmt seien.

Wir haben beide bekämpft, weil sie uns als die wirksamsten Propagandamittel des Zionismus galten. Wir hatten Recht. Aber wir hatten bitter Unrecht, da wir ihnen keine gleichwertigen Institute entgegenstellten. Heute sind nicht sie, sondern heute ist die agudistische – Untätigkeit, das agudistische – Unvermögen das einzig wirksame Propagandamittel des Zionismus.

Unverrückbar ist nicht nur das Prinzip organisatorischer Selbstständigkeit. Unverrückbar ist auch das Prinzip, dass wir keine Verantwortung tragen können

40 Vgl. oben Kap. 13, Anm. 26.

für Handlungen und Unterlassungen, die gegen die Tora verstoßen. Auch nicht, wenn wir gegen solche Handlungen und Unterlassungen stimmen, uns aber dann überstimmen lassen.[41] Die überstimmende Majorität kann uns unserer Mitverantwortung nicht entheben. Die Gesetze der Tora können keinen Gegenstand der Abstimmung bilden. Die Abstimmung selber bedeutet – Empörung.

Organisatorische Selbstständigkeit und Ablehnung der Mitverantwortung für torawidrige Handlungen und Unterlassungen: an diesen beiden Punkten kann und darf nicht geändert werden.

Aber unter Wahrung dieser beiden Punkte kann und muss heute die Aguda sich an der entsprechend zu reorganisierenden Jewish Agency beteiligen, kann und muss heute die Aguda die Hilfe des Keren Kajemet und des Keren Hajessod in Anspruch nehmen.

Darüber hinaus muss die Aguda einen gebührenden Anteil am „United Appeal"[42] haben. Die Sammlungen des „United Appeal" erfolgen ausgesprochenermaßen für ganz Erez Jisrael. Ist nicht auch die Aguda in Erez Jisrael? Ist sie nicht heute auf Gedeih und Verderb mit dem Nationalheim verbunden? Nur empörende Ungerechtigkeit und Feindseligkeit kann den bisherigen Ausschluss der Aguda weiterhin aufrechterhalten.

All denen, die auch in der wirtschaftlichen Autarkie der Aguda ein agudistisches Grundprinzip erblicken zu sollen glauben – ohne freilich jemals daraus, was Erez Jisrael betrifft, andere als rein negative Konsequenzen gezogen zu haben! – sei hiermit nochmals nachdrücklich gesagt, dass dieses angebliche Prinzip längst hundertfach praktisch durchlöchert ist, dergestalt, dass sich in der Handhabung dieses Prinzips kein Mensch mehr auskennt, und nicht geringe pilpulistische Begabung dazu gehört, alle Widersprüche, in die man sich hierbei verwickelt, auch nur halbwegs zu lösen. Ein Prinzip aber verträgt keine Pilpulistik.[43] Es ist viel ehrlicher, und auch weiser, lieber seine zeitweilige Undurchführbarkeit zuzugestehen, statt der Jugend einen Eiertanz vorzuführen, von dem sie sich schließlich hohnlachend abwendet.

Als ich, in Abwesenheit von Rabb. J. M. Lewin*, im Jahre 1945 für einige Monate die Zügel der agudistischen „Regierung" in der Hand hielt und namens

---

41 Die Pflicht zum Protest gegen torawidriges Handeln (הוכיח תוכיח) ist in Lev 19, 17 verankert; die Diskussion darüber, wie orthodoxe Juden dieser Pflicht konkret nachkommen können, wurde im Austrittsstreits des 19. Jahrhunderts lebhaft erörtert; vgl. dazu Morgenstern, *Von Frankfurt*, 113.

42 Vgl. oben Kap. 11, Anm. 22.

43 Pilpulistik, von hebr. *pilpel*, „Pfeffer", heißt eine Methode des in *Litauen* gepflegten Talmudstudiums, die sich durch logische Analyse und die genaueste Ausdifferenzierung aller möglichen Aspekte auszeichnet. Breuer, dessen Talmudgelehrsamkeit nicht in litauischer, sondern in *ungarischer* Tradition stand, verwendet den Ausdruck im Sinne von „spitzfindig" oder „rabulistisch". Zur ungarischen Tradition vgl. Balog, *Hungarian Grandson*; Katz, *Isaac Breuer's Approach*.

der allweltlichen Exekutive in Jeruschalajim monatlich Bulletins herausgab, hielt ich es für meine Pflicht, im dritten dieser Bulletins eine Reihe von Tatsachen zusammenzustellen, die in Erez Jisrael fast jedes Kind weiß, und die alle jenem angeblichen Prinzip schnurstracks zuwiderlaufen. Ich ließ diese Tatsachen für sich selbst sprechen und enthielt mich jeden Kommentars und im Besonderen jeder Schlussfolgerung, Aber schon diese schlichte Zusammenstellung genügte, um unentwegte Jeweiligkeitsagudisten aufs äußerste in Harnisch zu bringen und die Sturmglocke zur Kapitolsrettung zu läuten. Es ist in der Tat unsäglich bequem, in London oder in New York zu sitzen und aus Erez Jisrael vom sicheren Port aus das Haus eines toten Prinzips zu machen. Noch bequemer ist es, die Gesellschaft in Erez Jisrael preiszugeben, wenn man selber nicht in ihrer Mitte lebt. Auch ist es draußen weit leichter und einfacher als drinnen, vor unbequemen Tatsachen die Augen zu verschließen und nur solche Tatsachen gelten zu lassen, die die Unentwegtheit nicht stören.

Soll ich es nochmals sagen? Unser ganzes Erziehungswerk für Flüchtlingskinder[44] hätten wir nach dem Prinzip agudistischer Autarkie (= agudistischer Untätigkeit) nicht einen Monat halten können; wir waren auf die Gelder der Jewish Agency durchaus angewiesen.

Soll ich es nochmals sagen? Für die Einordnung der Emigranten standen agudistische Gelder nicht zur Verfügung. Unsere Arbeiterorganisation, die sich vornehmlich damit befasste, konnte dies nur mit Hilfe der Jewish Agency tun.

Soll ich es nochmals sagen? Die ganze agudistische Chaluziut[45] beruht auf dem Kibbuz Chafez Chajim, und dieser Kibbuz, ein rein agudistischer, befindet sich auf Keren Kajemet-Boden und wird vom Keren Hajessod gestützt. Wir haben diesen Kibbuz nicht nur nicht ausgeschlossen, sondern wir bedienen uns fortgesetzt seiner, wobei wir uns vielleicht noch einreden, dass nicht – wir „nach Canossa" gegangen sind. Ich aber denke, dass die Aguda, so oft sie sich dieses Kibbuz bedient, immer aufs Neue „nach Canossa" geht. Nicht aber wäre sie „nach Canossa" gegangen, wenn sie dem Kibbuz nach Ablauf einer menschlich nicht mehr zumutbaren Wartezeit den Weg auf Keren Kajemet-Boden geebnet und die Verantwortung hierfür frei und offen auf sich genommen hätte.

Soll ich es nochmals sagen? Das Gespensterschiff eines toten Prinzips ist auf dem wogenden Meer der palästinensischen Gesellschaft längst leck geworden und droht zu versinken. Hüten wir uns, dass es nicht auch das wahre, das lebendige und Leben heischende Prinzip mit sich begräbt. Dieses Prinzip freilich, weil wahr, weil

---

44 Zu den „Kindern aus Teheran" vgl. oben Kap. 13, Anm. 37.

45 חלוץ (*chaluz*) bezeichnet im biblischen Hebräisch (vgl. Num 32, 27) den Kämpfer für die Eroberung Kanaans; vgl. IBWA 2, 163, Anm. 68.

lebendig, wird auch dem Flutentod widerstehen. Aber Generationen mag es alsdann dauern, bis es wieder ehrliche und treue Gefolgschaft findet.

Die agudistische Autarkie ist gescheitert, weil sie niemals ernstlich in Angriff genommen wurde, niemals als unbedingter Zwang zur gleichwertigen Gegenaktion verstanden wurde. Das Verhalten der Weltaguda bei Gründung des Erziehungswerks für die Flüchtlingskinder erbringt den schlagenden Beweis, dass entweder eine Sinnesänderung immer noch nicht eingetreten, oder dass sie – zu spät ist.

Es war auch nicht sehr schwer, sich gegen den Keren Kajemet und gegen den Keren Hajessod zu entscheiden, solange man im Grunde mit Erez Jisrael nur durch den – Waad Ha'ir Haaschkenasi verbunden war, und das ganze Nationalheim nur durch die Brille des Waad Ha'ir Haaschkenasi sah.

Inzwischen aber hat sich doch wohl einiges zugetragen. Inzwischen ist das europäische Judentum untergegangen. Inzwischen haben wir selber laut und öffentlich erklärt, dass wir nur im Nationalheim die Zukunft der teuren Überlebenden erblicken können.

In welchem Nationalheim?

Doch wohl in dem Nationalheim, das wesentlich durch Keren Kajemet und Keren Hajessod aufnahmefähig gemacht worden ist.

Und wenn wir laut und öffentlich fordern, dass das Land in seiner Aufnahmefähigkeit zu entwickeln sei, um allen Wirtschaftsraum zu gewähren, die willens sind heraufzuziehen – denken wir selber hier nicht in erster Reihe an Keren Kajemet und Keren Hajessod und Jewish Agency?

Sind wir nicht selber stolz auf alles bisher wirtschaftliche Geleistete, wiewohl die Aguda als solche keinen Teil daran hatte? Beriefen wir uns nicht selber, vor dem Enquiry Committee, auf diese Leistung als weiteren Rechtsgrund für den Anspruch des jüdischen Volks aufs Land der Väter?

Wie lange noch wollen wir in der Gesellschaft des Nationalheims als parasitäre Nutznießer dieser Leistung die Fahne der Aguda hochhalten? Glauben wir auf diese Weise die Gesellschaft des Nationalheims der Herrschaft der Tora näherbringen zu können? – Ich fordere Ehrlichkeit und Verantwortungsbewusstsein und – Kenntnis der Situation. Dann ergibt sich alles weitere von selbst.

Und ich fordere den felsenfesten Glauben an das jüdische Volk im jüdischen Land, den Glauben, dass seine Verirrten im jüdischen Land den Weg zum Herrn des Landes finden werden.

An uns freilich, an der Aguda, liegt es, diesen Weg zu hüten, dass das Wissen um ihn nicht verloren gehe. Gäbe es in diesem Land keine Aguda, gäbe es in diesem Land nur eine „klerikale Partei“ inmitten der souveränen nationalen Organisation, hätte Gott-König in diesem Lande keine Organisation mehr, in der Er wirklich herrscht – und wäre der Herrschaftsraum noch so ärmlich, noch so kärglich: dann allerdings wäre die Gefahr riesengroß, dass Gott-König nur noch auf einem – Parteiprogramm zu finden, faktisch aber entthront ist.

Darum ist die Aguda als nationale Organisation des herrschenden Gott-Königs das dringendste Gebot gerade in diesen schwersten Zeiten, da sie an dem leeren Gehülse einer eingebildeten Autarkie nicht länger festhalten darf.

Von den zionistischen Führern aber kann und muss erwartet werden, dass sie die Aguda begreifen und ihr nicht zumuten was sie niemals, auch bei Gefahr des Untergangs nicht auf sich nehmen könnte: Preisgabe ihrer organisatorischen Selbstständigkeit und Übernahme von Mitverantwortung von Torawidrigkeiten. Sie werden sich damit abzufinden haben, dass solange der Gegensatz zwischen Agudismus und Zionismus besteht, die Aguda nun einmal nicht – Fraktion innerhalb der zionistischen Organisation sein kann. Sie werden verstehen müssen, dass die Aguda in die Jewish Agency nur eintreten kann, wenn Wege gefunden werden, die der Aguda keine Mitverantwortung für Dinge aufladen, die sie nun einmal nicht verantworten kann. Solche Wege sind zu finden, wenn auf beiden Seiten der ernste Wille, sie zu finden, besteht.

Gewiss, die Aguda ist durch das namenlose europäische Unglück schwächer, weit schwächer geworden. Moralisch aber ist dies nicht der Fall. Moralisch zählen auch heute noch die Heere heimgegangener Märtyrer zum Lager der Aguda. Auch in ihrem Namen spricht die Aguda, bittet die Aguda, fordert die Aguda. Die Hoffnung ist nicht vermessen, dass auch die zionistischen Führer dies wissen.

Ein Drittel des jüdischen Volks ist nicht mehr. Ist nicht mehr unter uns. Unendlich groß ist die verbindende Kraft gemeinsamen Leids. Im Jischuw ist wohl kein Haus, das nicht um einen teuren Toten weint, das nicht um einen teuren Entronnenen bangt.

Dieses Leid sprengt wohl keine Organisationen. Aber es ist ein gesellschaftlicher Faktor allerersten Ranges. Vielleicht hat überhaupt erst dieses Leid das Vorhandensein der Gesellschaft im Nationalheim allen ihren Gliedern so recht ins Bewusstsein gehoben.

Umso unabweislicher ist die Pflicht der Aguda, die Verbindung zwischen der Burg Gott-Königs und dieser Gesellschaft zu suchen, zu mehren, zu vertiefen.

Nicht der jüdische Staat, sondern die jüdische Gesellschaft ist das wahre und eigentliche Problem des Nationalheims.

Und damit will ich schließen. – – – Meinen Zweck glaube ich erfüllt zu haben.

Es galt nicht einen resümierenden Rückblick über eine nunmehr als abgeschlossen zu erachtende persönliche Entwicklung. Ist die meine wirklich abgeschlossen? Ich weiß es nicht. Ich garantiere für nichts. Es lag auch keineswegs ein Mitteilungsbedürfnis natürlicher Altersgeschwätzigkeit vor; denn noch weiß ich mich zu beherrschen.

Aber Dr. Abraham Adler* – genannt A-Quadrat – mein alter Fuchs aus der V.J.A., schrieb mir vor drei Monaten einen lieben Brief, worin er mir mitteilte, er höre in letzter Zeit allerhand Dinge über mich – er wohnt jetzt in London –, die ihn zu der Frage veranlassten, ob denn die klaren und folgerichtigen Lehren, die er einst von mir in Frankfurt gehört und aufgenommen und angenommen hätte, heute für mich nicht mehr gälten. Ich gestehe, dass mich dieser Brief nachdenklich stimmte. Ich beantwortete ihn, so gut es in der Eile und in der Kürze eines Schreibens ging. Aber der Brief klang in mir fort. Ich hatte mich nie als Sklave meiner eigenen Vergangenheit gefühlt. Dennoch aber hatte ich stets irgendwie das Gefühl, zwar nicht irgendwo stehen geblieben zu sein, jedoch immerhin mich einigermaßen folgerichtig entwickelt zu haben. Ich beschloss, die Probe aufs Exempel zu machen. Hierbei kam es mir weit weniger auf den Rückblick als vielmehr auf den Ausblick an. Steht er wirklich im Widerspruch zu meiner Haltung als treuer Anhänger der Gemeinde meines Vaters s. A. und meines Großvaters s. A.?[46] So begann ich, zunächst mir selber durch Niederschrift diese Haltung nochmals vorzuführen. Daran sollte sich eigentlich sofort mein jetziger Ausblick anfügen. Wie das aber oft passiert, schwoll mir bei der Niederschrift der Stoff ganz ungeahnt an, und „so ging dieses Kalb hervor“.[47]

Ich freue mich mit der Vollendung dieses Buchs. Ob es je veröffentlicht wird? Ich hätte keine Bedenken dagegen. Ich möchte glauben, dass es für meine Verhältnisse durchaus sachlich gehalten ist. Den Vorsatz zur Beleidigung oder zur Herabsetzung irgendjemandes hatte ich ganz gewiss nicht. Aber freilich: was gesagt werden musste, habe ich gesagt. Und mir selber hat die Abfassung dieses Buches jedenfalls genützt. Sie hat mir die subjektive Gewissheit verschafft, auf dem rechten Wege zu sein.

Noch bin ich Mitglied der allweltlichen Exekutive der Aguda in Jeruschalajim. Morgen bereits werde ich die Arbeit aufnehmen, meinen Ausblick in Wirklichkeit umzusetzen.

Gott segne Sein Volk mit dem Frieden.[48]

Jeruschalajim, אור לערב ר"ח ניסן תש"ו[49]

46 Vgl. oben das Vorwort zur ersten Auflage. Gebel (*Workers' Movement,* 40) schreibt, dass Breuer und die Jerusalemer Aguda gerade diejenige Frage, in der sie bei oberflächlicher Betrachtung am ehesten übereinstimmten, die des Austritts, ganz unterschiedlich interpretierten. An dieser Spannung arbeitet sich dieses Buch ab.

47 Vgl. Ex 32, 24.

48 Ps 29, 11.

49 Am Vortag des Neumondstages für den Monat Nisan 5706 (=31. März 1946).

Anhänge

1. Briefwechsel zum Thema „Schaffe Dir einen Rabbiner"

In einem im schweizerischen Bex (Kanton Waadt) geschriebenen Brief vom 26. Av 5704 (15. August 1944) sucht ein junger französischer Jude Rat. Paul Klein war kurze Zeit nach Ende des Ersten Weltkrieges im elsässischen Mülhausen (Mulhouse) geboren, zu Beginn des Zweiten Weltkrieges hatte er geheiratet. Über seine aus Frankfurt nach Frankreich eingewanderte Ehefrau ist er mit Breuer weitläufig verwandt, er kennt ihn aber nicht persönlich.[1] Zu Beginn des Zweiten Weltkrieges konnte das Ehepaar aus Frankreich in die Schweiz fliehen. Von dort wendet sich der literarisch ambitionierte junge Mann an Breuer, dem er – trotz der verwandtschaftlichen Bindungen – in seinem hebräisch geschriebenen Brief mit überaus großer Achtung und überschwänglichen Formulierungen entgegentritt: Er nennt ihn „Licht unseres Exils" und rühmt, „alle jungen orthodoxen Juden" wollten vom „Glanz seiner Gelehrsamkeit" genießen. Zugleich erwähnt er, in Breuers Texten „kühne Neuerungen" gefunden zu haben, „vor deren Folgerungen einige feige Menschen Angst hätten." Anlass seines (nur teilweise erhaltenen und im Folgenden gekürzten) Schreibens ist die Bitte um Rat im Hinblick auf die mögliche Veröffentlichung eigener Texte.

Geschätzter, geehrter Onkel, mögen Ihnen lange und gute Tage beschieden sein!

Auch wenn ich Sie nicht kenne und Sie mich nicht kennen, wende ich mich an Sie mit der Bitte um eine Antwort, die mir eine Last von der Seele nimmt.

Ich bin jetzt 26 Jahre alt, mit Gottes Hilfe, und ich schreibe seit fünf Jahren verschiedene Texte, sowohl Erzählungen als auch Predigten, um meine Ideen und Gedanken über die Tora, die Gebote, den Talmud, unser Tun, das Leben und den

1 Klein war mit einer Nichte von Breuers Ehefrau verheiratet, die offenbar in der NS-Zeit aus Deutschland geflohen war. Sein Bruder Théo Klein gehörte zu den Gründern der orthodoxen Jugendbewegung *Yechouroun* in Frankreich, die während der Zeit der deutschen Besatzung im Untergrund aktiv war. Henri Klein, ein weiterer Bruder, wurde als Résistance-Kämpfer von den Nazis hingerichtet. Paul Klein (hebraisiert in französischer Schreibweise Moshé Catane) wanderte 1949 nach Israel aus, nachdem er in den Jahren zuvor die Judaica-Abteilungen der *Alliance Israélite Universelle* und danach der *Bibliothèque Nationale* in Paris geleitet hatte. In Jerusalem wurde er Bibliothekar an der National- und Universitätsbibliothek und gab an der Hebräischen Universität Kurse in seinem Spezialgebiet, dem Altfranzösischen. Seine berühmtesten Veröffentlichungen waren seine 1984 und 1991 publizierten Wörterbücher der fremdsprachigen (d.h. altfranzösischen) Ausdrücke in Raschis Talmud- und Bibelkommentaren (אוצר לועזי רש"י). Der übersetzte Text ist im Original abgedruckt in: *Savenu*, 36–39 (Übersetzung: Na'ama Raz und Matthias Morgenstern; Anmerkungen: Matthias Morgenstern).

Sinn des Lebens, die Ethik und das Wissen, den Menschen und die Tiere und alles, was damit zusammenhängt, ans Licht zu bringen.
Bisher wurde keiner dieser Texte gedruckt, aber ich gab sie einigen Freunden zum Lesen. Heute kann ich meine Schriften oder wenigstens eine oder zwei von ihnen drucken lassen. Aber meine Frau, möge sie lange leben, die täglich las, was ich zu Papier gebracht hatte, war über zwei oder drei meiner neuen (d.h. uns neu erscheinenden) Gedanken über die Tora erschrocken, z. B. über den Aussatz, den ich für eine natürliche Krankheit halte, oder über den Glauben, über den ich schrieb, dass wir ihn nicht wie die Christen brauchen. Er ist ja nur eine Krone, die der Heilige, gelobt sei Er!, denen gibt, die seine Gebote halten, auch wenn sie es nicht um seines Namens willen (לשמה) tun. Oder über die Wunder, über die ich ebenfalls denke, dass sie der Natur nicht widersprechen. Nur dass M. [?] unser Herz bewegt, irgendeinen Zufall, der einen guten Ausgang hat, als Wunder von Gottes Hand anzunehmen, obwohl doch die ganze Welt nur aufgrund seines Wortes besteht und sich entwickelt. Der Aufgang der Sonne, der Regen oder unser bloßes Dasein sind genauso Wunder wie der Zug [der Israeliten] durch das Schilfmeer oder das Stillstehen der Sonne bei Jesaja.[2]
Sie riet mir, Belehrung von unseren heiligen Weisen zu erbitten, die ihre Zelte in diesem Land aufgeschlagen haben, wie unser Lehrer und Rabbiner Natan Weill[3], der ehemalige Vorsitzende des Gerichtes der Heiligen Gemeinde Colmar, das Genie unserer Generation, oder Rabbiner Elie Munk, Verfasser der Werke *Die Welt der Gebete* und *Das Licht der Ewigkeit*.[4] Aber ich fürchtete, nicht das ersehnte breite Verständnis zu finden. Dann würde meine Arbeit zunichte und alle meine Wünsche und meine frommen Pläne würden ungültig. Daher habe ich die hohen Herren nichts gefragt. […]
Nicht ohne Grund suche ich bei Ihnen Hilfe für mein Leiden; denn viele meiner Gedanken entstanden beim Lesen Ihrer Bücher. Ich las nicht mehr als zwei oder drei der von Ihnen verfassten Hefte, dies gestehe ich zu meiner Schande (in deutscher

2 Vgl. Jes 38, 7–8.

3 Zu Rabbiner Ernest Weill, geb. am 25. 10. 1865 im oberelsässischen Regisheim (Réquisheim), gest. am 2. 4. 1947 in Aix-les-Bains, vgl. Joseph Bloch, Le Grand Rabbin Ernst Weill. Une image de sa vie et de son époque (http://judaisme.sdv.fr/histoire/rabbins/eweill/ew4.htm [Zugriff am 25. 11. 2023]) und Weill, *Oberrabbiner Ernest Weill*.

4 Elie Munk (1900–1981) war 1926–1937 Distriktrabbiner in Ansbach und wanderte anschließend nach Frankreich aus, wo er in Paris das Rabbinat der *Communauté Israélite de la stricte Observance* übernahm. 1940 floh er nach Nizza und 1942 nach Genf, wo er bis zum Kriegsende ausharrte. Sein Kommentar zur den Werktags- und Sabbatgebeten *Die Welt der Gebete* erschien 1933 in Frankfurt (2. Auflage 1938); englische Übersetzung *The World of Prayer* 1954–1963; französische Übersetzung *Le Monde des Prières. Commentaire des Prières Quotidiennes avec Traduction*, Paris 1958. Seine Schrift *Das Licht der Ewigkeit* erschien 1935.

Sprache; das eine heißt wohl „Volk, Land, Tora“[5], das andere eine Sammlung von Auslegungen zum Thema „Wunder“ und zum „Frauen- und Sklavenrecht“[6]; leider habe ich die genauen Titel vergessen, ich erinnere mich nur an den Inhalt und die Ideen, die mir sehr, sehr gefallen haben). Aber wie Sie am Anfang meines Briefes gelesen haben, haben mich diese wenigen Seiten mehr als tausend Traktate wachgerüttelt. Ich rannte Ihnen entgegen wie der Hirsch seiner Hirschkuh.
Jetzt kehren wir zu unserm Anliegen zurück. Ich stelle meine Frage so klar wie möglich. Wenn ein Mensch sich Gedanken macht, die seiner Meinung nach die Tora aufschließen und ihre Gründe erklären, den Gesetzesgehorsam stärken und unsere Generation verbessern, aber er weiß, dass diese Gedanken neue Formen haben, die in den Augen… (Der Rest des Briefes ging verloren).

Gesegnet sei der Name, Jerusalem, 17. Kislew 5705 [=3. Dezember 1944]

Sehr geehrter Herr Mosche Klein, Schweiz, lieber Freund,

mit großer Verspätung erhielt ich Ihren Brief vom 26. Menachem Aw 5704 [=15. August 1944]. Ich bitte um Entschuldigung, dass ich erst jetzt dazu komme, Ihnen zu antworten.
Ich habe Ihren Brief einige Male gelesen, denn ich spüre, dass zwischen diesen Zeilen ein Herz brennt, das sein Opfer auf dem Altar seines Volkes bringen will, um die Söhne Judas Krieg gegen die Strömungen unserer Zeit zu lehren.[7] Schade, dass wir uns jetzt nicht persönlich sprechen und diskutieren können, denn ist es sehr schwer durch einen Briefwechsel zu einem Verständnis zu kommen.
Nach jüdischer Tradition ist es die natürliche Situation eines jeden kreativ denkenden Juden, dass er zunächst in erster Linie Schüler eines anerkannten Weisen in Israel sein soll, und dass er seinem Rabbiner immer die Treue hält. Nur so kann er sicher sein, dass er nicht umsonst arbeitet, keine Verwirrung schafft und, Gott bewahre, ins Chaos fällt. Ich hatte das unvergleichliche Glück, dass ich in meinem Vater, Herrn, Lehrer und Rabbiner, das Andenken des Gerechten sei zum Segen, und in meinem genialen Großvater, das Andenken des Gerechten sei zum Segen, Meister gefunden habe, die mich in meiner Jugend auf ihren Wegen geführt haben und

---

5 Gemeint ist offenbar der erstmals 1910 gedruckte Text *Lehre, Gesetz und Nation* (IBWA 1, 1–44).

6 Breuers Aufsatz Der *Begriff des Wunders* im Judentum wurde erstmals 1916 veröffentlicht (jetzt: IBWA 1, 185–204); seine Abhandlung *Frauenrecht, Sklavenrecht und Fremdenrecht* erschien 1923 (zuvor unter dem Titel *Die rechtsphilosophischen Grundlagen des jüdischen und des modernen Rechts* bereits 1910; vgl. die kritische Edition in: IBWA 1, 131–172).

7 Vgl. 2. Sam 1, 18.

denen ich mich bis heute verantwortlich fühle, wie sie in einer gewissen Weise für mich verantwortlich sind. Wenn ich am Ende meiner Tage Rechenschaft über meine Schriften ablege, wende ich mich an meine Meister, das Andenken der Gerechten zum Segen, und bitte sie, mir zur Rechten zu stehen. Ich möchte damit nicht sagen, dass ich mich damit begnügte, nur ihre Gedanken zu wiederholen. Aber der Grund aller meiner Gedanken lag immer bei ihnen und ihrer Tora. Ich habe den Eindruck, dass Ihnen solch ein Rabbiner fehlt. Aber im Judentum ist es besonders schwer, einsam zu sein. Es ist ja nicht gut, „dass der Mensch allein sei“.[8] Aber wenn es Ihnen nicht gelungen ist, einen sachkundigen Rabbiner zu finden, dann sollen Sie zumindest einen „Rabbiner erwerben“, d.h. in der heiligen Literatur unseres Volkes einen Autor zu finden, nach dem Ihre Seele verlangt und der Ihre Augen erleuchtet.[9] Anscheinend ist Ihnen auch das nicht gelungen, und hier ist das Problem. Denken Sie gut darüber nach! Es ist nicht so, dass ich Neuerungen ablehne. Ich wäre der letzte, der Sie davon abbringen würde, neue Wege zu gehen. Aber von ganzem Herzen möchte Sie davor warnen, dies allein zu tun, anstatt als Schüler, der eine mutige Beziehung zu den vorausgehenden Generationen gefunden hat.
Ein Beispiel: Maimonides s. A. unterscheidet am Ende seiner Ausführungen zu den *Hilchot Nega'im* in *Mischne Tora* ausdrücklich zwischen Unreinheiten des Körpers und Unreinheiten von Kleidern und Häusern und schließt ausdrücklich, dass Letztere auf Wundern im jüdischen Volk beruhten.[10] Dort ist auch zu sehen, dass nach seiner Erklärung die körperlichen Unreinheiten erst nach den Unreinheiten der Kleider und Häuser auftraten. Daraus können Sie direkt wichtige Schlussfolgerungen ziehen.[11]
Was den Glauben anbetrifft: Ist er nur eine „Krone“? Sind Sie nicht zumindest verpflichtet, dem Glauben nachzustreben? Gibt es eine Gottesliebe ohne den Glauben? Ist die Gottesliebe nicht auch ein verpflichtendes aktives Gebot [מצות עשה]? „Er glaubte dem Ewigen, und das rechnete er ihm zu Gerechtigkeit.“[12] Ist nun Gerechtigkeit eine „Krone“? Und was hat es mit den Wundern auf sich, „die unser Herz verwandeln“? Ist eine Herzensverwandlung kein Wunder, das einer

8 Gen 2, 18.

9 Vgl. *Sprüche der Väter* (Pirqe Avot) 1, 6 und 16.

10 *Hilchot Tum'at Zara'at* 16, 10 (hebr. אינו ממנהגו של עולם); vgl. Maimonides/Danby, The Book of Cleanness, 103.

11 Maimonides verweist auf die Erzählungen von Mirjam, der Schwester Moses (vgl. Num 12; 1–10; Dtn 24, 9), und Gehasi, dem Diener des Propheten Elischa (2. Kön 5, 27), die als Strafe für ihre Vergehen aussätzig wurden. Nach Leviticus Rabba 16 wurde auch Pharao mit Aussatz bestraft, weil er versucht hatte, sich in die Ehe Abrahams und Saras einzumischen (vgl. Gen 12, 17). Mit der Anführung dieser Maimonides-Stelle will Breuer zum Nachdenken darüber anregen, inwiefern das hier Gesagte zu seiner eigenen „Theorie des Wunders“ (wie auch immer Paul Klein sie verstanden hat) passt.

12 Gen 15, 6.

Erklärung bedarf? Oder beruht eine solche Verwandlung nur auf einer Einbildung, wenn man denkt, dass ein Wunder in der Tat ganz und gar im Einklang mit der Natur geschieht?
Was mich selbst angeht, kann ich Ihnen sagen, dass ich vor meinem fünfzigsten Lebensjahr kein einziges Buch oder Artikel veröffentlicht habe, ohne das Manuskript zunächst meinem Bruder Joseph[13], möge er gut und lang leben, gezeigt zu haben. Auch haben alle meine Bücher eine kontinuierliche, jeweils auf das nächste Buch offene innere Entwicklung, so dass jedes Buch auf dem Vorhergehenden aufbaut. Auf diese Weise bin ich nicht „mit der Tür ins Haus gefallen“[14] – wie es im Deutschen heißt –, sondern meine Gedanken konnten nach und nach reifen und sich mein Ansatz verstärken.
Praktisch rate ich dazu, mit der Veröffentlichung solcher Texte anzufangen, von denen Sie sicher sind, nichts Umstürzendes zu sagen. Bemühen Sie sich in der Zwischenzeit darum, wie schon gesagt, entweder einen sachkundigen Rabbiner oder eine zu Herzen gehende geistige Beziehung mit den Büchern eines der Großen Israels zu finden. (Ein schönes Buch über die Tora ist das Buch *Ma'asei HaShem* [die Taten Gottes] von Rabbiner Eliezer Ashkenazi s. A.[15] Meiner Meinung nach ist es die heilige Pflicht eines jedes Menschen, der unsere Zeitgenossen ansprechen möchte, sich ganz ernsthaft mit den Büchern der Weisen der älteren Generation s. A. auseinanderzusetzen, das heißt, sie sorgfältig zu studieren und ihnen gegenüber entweder eine zustimmende oder ablehnende Haltung einzunehmen, eine Haltung, die nicht auf Vorurteilen beruht und oberflächlich ist, sondern sich auf Wissen und Beharrlichkeit stützt.) Wer kommt, um rein zu werden, dem hilft man, und den Weg, den ein Mensch gehen möchte, führt man ihn.[16] Möge Gott Ihnen helfen, Ihren Weg in Heiligkeit zu gehen und ein Wegweiser der Irrenden zu sein, derer, die nicht zwischen Rechts und Links unterscheiden können.[17]
Herzliche Grüße vom Haus zu Haus,
Auch im Namen meiner Frau, möge sie leben,

Dein Onkel

---

13 Zu Breuers älterem Bruder Joseph vgl. oben Vorwort zur zweiten Auflage, Anm. 9.

14 Im Hebräischen steht hier der schöne Germanismus „שלא נפלתי עם הדלת לתוך הבית.“

15 Eliezer Ashkenazi wurde 1513 in Italien geboren. In seiner Jugend lernte er in Saloniki. Im Alter von 22 Jahren wurde er als Rabbiner nach Kairo berufen. Später lebte er auf Zypern, in Venedig, Prag, Posen und Krakau, wo er 1586 starb. Das von Breuer erwähnte Buch ist ein Pentateuchkommentar.

16 Babylonischer Talmud, Men 29b.

17 Vgl. Dtn 17, 11. Nach Raschi z. St. haben die rabbinischen Lehrer die Autorität, zwischen rechts und links zu unterscheiden, und ein Schüler hat ihnen zu folgen, „selbst wenn er rechts links und links rechts nennt.“

2. Briefe zum Thema „Halten der Gebote“[18]

18. Elul 5702 (=31. August 1942)
An
Dr. Pacifici[19]
Malachi Str. Jerusalem

Mein geehrter Freund, möge Ihr Licht leuchten!

Verzeihen Sie mir bitte, wenn ich erst jetzt dazu komme, Ihren geschätzten Brief vom 24. Aw [=7. August] zu beantworten. Ich will Ihnen auch den Grund der Verspätung nennen.

Auf unserm letzten Treffen in der Kol-Tora Jeschiwa[20] sagten Sie mir, dass ich die „dramatische“ Fortsetzung meines Buches schreiben müsse. Dies entfachte einen Funken in meiner Seele. Zwei Wochen später fing ich an zu schreiben und konnte nicht aufhören, bis es fertig wurde. In der letzten Nacht konnte ich es zu Ende bringen. Ich habe auf Deutsch geschrieben, denn in dieser Sprache sind meinen Gedanken geboren, und während sie entstehen, möchte ich sie nicht übersetzen.

Nun zu diesem Brief an Sie.

A. Die Frage nach dem Verhältnis zwischen dem Wert [ערך], alle Gebote zu halten, und dem Wert [ערך] der Anerkennung der Herrschaft der Tora ist überhaupt keine Frage. Wir haben keinen Maßstab, um einen solchen Wert zu bestimmen [להעריך]. Ich weiß, dass jeder, der den Schabbat schändet und Zeugen ihn verwarnt haben, die Strafe der Steinigung verdient.[21] Aber wer die Herrschaft der Tora nicht anerkennt, verdient nicht die Todesstrafe. Auch darin finde ich aber keinen Maßstab, um die Werte einzuschätzen [להערכה].

B. Jedes Gebot ist ein Gebot des Königs und zugleich ein Gebot unseres Vaters im Himmel. Jeder, der zwischen diese beiden Werten unterscheidet, ist demnach jemand, der die Setzlinge niederhaut.[22]

18 Quelle: *Savenu*, 40f. Übersetzung: Na'ama Raz und Matthias Morgenstern.

19 Dr. Jehuda Menachem Alfonso Pacifici (1889–1981?), Rechtsanwalt und Gelehrter in Florenz (Italien), war zum orthodoxen Judentum zurückgekehrt und freundete sich, nachdem er sich in Jerusalem niedergelassen hatte, mit Breuer an. Welche Stellen Breuer seinem *Der Neue Kusari* aufgrund des Rates Pacificis hinzufügte und worauf sich die im Brief erwähnte „dramatische Fortsetzung“ bezieht, ist nicht bekannt.

20 Zu dieser Jeschiwa vgl. oben Kap. 10, Anm. 21.

21 Vgl. Num 15, 32–36 und mSan 6.

22 In bChag 15a umschreibt dieser Ausdruck den Abfall des Elisa ben Abuja, genannt *Acher* („der Andere“), vom rabbinischen Judentum.

C. In meinem Buch auf Seite 359[23] beschreibe ich den erzieherischen Weg. Der gewöhnliche Weg ist, dass jedes Kind das Gebot auf heteronome Weise annimmt. Das Volk Israel verpflichtet ihn, ein Gebot des Königs Israels einzuhalten. Schritt für Schritt kann er die autonome Stufe erreichen, deren Endziel die Heiligkeit ist, d.h. der eigene Wille und Gottes Wille kommen zur Übereinstimmung.
D. Meiner Meinung nach kann nur gefragt werden, was gefährlicher ist: Der Gesetzesbrecher oder das System des Misrachi. Ich denke, dass in unserer Zeit das misrachische System das Gefährlichste ist, denn es unterminiert das Königtum der Tora und bringt insbesondere die Menschen durcheinander.
E. Trotzdem denke ich, dass es unsere Aufgabe ist, nicht gegen, sondern für etwas zu kämpfen. Unsere Aufgabe ist es, das Volk der Tora im Land der Tora zu gründen und zu organisieren.
F. Jeder, der mir bei dieser Aufgabe helfen will, ist willkommen. Ich möchte sagen, dass ich das Volk der Tora mehr liebe als die Aguda.

Damit sende ich Ihnen, sehr geehrter Herr, herzliche Grüße

3. Aus den Erinnerungen eines Schülers[24]

Vieles bleibt mir in Erinnerung aus der Zeit, als ich an der Arbeitsgemeinschaft teilnahm, die Ihr geehrter Vater s. A. an der Frankfurter Jeschiwa leitete. Ich erwähne hier zwei besondere Zitate (hebr. צימוקים, „Rosinen"), die ich aus seinem Munde im Kreis meiner Freunde und Schüler gern weitergebe:
1. Als ihn ein Zuhörer fragte, wie die Wahrheit der Sinai-Offenbarung bewiesen werden kann, gab er diese Antwort: „Hätten Sie es gern, dass Gott zurückkommt und einen Fernsprecher auf den Taunus stellt, damit Sie geruhen, ihm zu glauben? Welcher wissenschaftliche Beweis befriedigt Sie? Ein quasi-mathematischer Beweis, wie dass eins plus eins zwei sind? Damit würde aber eine der Grundlagen des Judentums aufgehoben, der freie Wille! Denn wer könnte sich solch einem Beweis entgegenstellen?"
2. Als jemand einen Satz zitierte und ihn aus dem Kontext nahm, fragte er: „Ist Ihnen bekannt, meine Herren, dass die schlimmste Ketzerei in der Tora steht? In Exodus 5, 2 heißt es: „wer ist der Herr, dass ich ihm gehorchen müsste?"

23 Vgl. IBWA 4, 349f.

24 Quelle: *Savenu*, 44; Übersetzung: Na'ama Raz und Matthias Morgenstern. Aus einem Brief vom September 1981, den ein ehemaliger Student der Frankfurter Breuer-Jeschiwa, an Isaak Breuers Sohn richtete, den Jerusalemer Historiker Mordechai Breuer (1918–2007).

4. Briefwechsel zum Ausdruck „Nationalismus"[25]

Mit Gottes Hilfe, am Vorabend des heiligen Sabbat der Wochenlesung *be-har* (Lev 25, 1–26, 2) 5704 (1944)

Sehr geehrter Herr Dr. Breuer, möge er lange leben!

Im Hinblick darauf, was ich etwa vor einem Monat bei Ihnen in Jerusalem kritisch zur Öffentlichkeitsarbeit der Agudat Israel angemerkt habe, würde ich Sie gern noch auf einige weitere Dinge hinweisen.

Ich denke, das alle Anführer der Agudat Israel, unabhängig von ihrer jeweiligen Anschauung, in ihren Reden die Kritik gegenüber der [politischen] Rechten stärker hervorheben könnten. Die Rechte kämpft ja nicht so sehr gegen die Religion [דת, dat], und [ihre Vertreter] achten die Religion, so wie sie sie verstehen. Daher entsteht bei vielen der Eindruck, sie seien zurzeit unsere „Freunde", während das doch mehr politische Taktik ist, als dass es auf ihrer [wahren] Überzeugung basierte. Auch sie sehen die Religion aber nur als eine Art nationale Überlieferung an. Das erweckt den falschen Eindruck, als sympathisierten sie mit der Religion. Deshalb sollte in jeder politischen Rede der Kritik an der Linken die Kritik an der Rechten gegenübergestellt werden. Das betrifft auch Zeitungsartikel, in denen die Kritik an den Rechten ganz fehlt. Auch Ihre Wortwahl kann bei vielen einen falschen Eindruck hervorrufen, weil sie nicht verstehen, was Sie mit Ausdrücken wie „Nationalheim der Tora" meinen.

Überhaupt wollte ich Sie darauf hinweisen, dass viele Ihre Worte nicht verstehen, weil Sie sich einer zu philosophischen Sprache bedienen. Alles, was man heute über das „Volk der Tora" schreibt und spricht, ist bloßes Geschwätz; dies beweist die Tatsache, dass auch die Gegner Ihrer Auffassung diesen Begriff benutzen. Und tatsächlich droht dies bei vielen den Eindruck zu erwecken, als seien auch Sie ein Befürworter des rechten Ansatzes. Der Begriff „national", den Sie häufig verwenden, wird viel zu häufig mit einer säkularen Bedeutung dieses Wortes verbunden. Ich habe den Eindruck, dass Sie mit Absicht den Begriff „national-religiös" (דתי לאומי, dati-le'umi) vermeiden, obwohl er doch sehr passend wäre, sicherlich, weil er an die Misrachi-Deutung dieses Wortes erinnert. Entsprechend wäre es nötig, auch ein anderes Wort anstelle des Wortes „national" (לאומי, le'umi) zu wählen.

---

25 Quelle: *Savenu*, 58–60. Übersetzung: Matthias Morgenstern. Der Briefpartner, Shmuel David Munk, geboren in Burgpreppach als ältester Sohn des Rabbiners Saul Munk (1899–1969) wanderte mit seinen Eltern 1939 nach Palästina aus. Er lernte zunächst in der Jerusalemer Jeschiwa *Kol Tora* und wechselte dann zu einer Jeschiwa in Petach Tikwa, die der litauischen *Musar*-Bewegung angehörte. Dort näherte er sich Rabbiner Avraham Jeschaja Karelitz an, den er als halachische Autorität akzeptierte. In späteren Jahren freundete er sich offenbar mit Amram Blau* und Aharon Katzenellenbogen* an; dementsprechend wurde ihm eine ideologische Nähe zur Neturei Karta-Bewegung nachgesagt.

Persönlich würde ich Sie auch gern fragen, was in Wahrheit der praktische Unterschied zwischen Ihnen und Rabbiner Moshe Blau ist. Ich sehe hier nur einen ideologischen Unterschied. Ich verstehe diesen Kampf zwischen „Negativität" und „Positivität" nicht. Auch die „Negativen" wollen doch tätig sein, auch die „Positiven" wollen gegen die Herrschaft des Zionismus ankämpfen. Warum sollten wir unsere Kräfte in einem ideologischen Kampf vergeuden?
Ich bitte Sie um Verzeihung, wenn ich Sie mit diesem Brief belästige.
Ihr

Shmuel David Munk

28. Siwan 5704 (19. 6. 1944)
An Herrn Shmuel David Munk
Jeschiwat Petach Tikwa

Sehr geehrter Herr,
ich habe Ihren Brief vom Vorabend des Sabbats be-har erhalten. Bitte verzeihen Sie mir, dass ich erst jetzt antworte, da ich in den vergangenen Wochen sehr beschäftigt war.
1. Sie fordern uns dazu auf, unsere Kritik auch gegen die „Rechten" zu richten, um nicht den Eindruck zuzulassen, als stünden sie uns näher als die „Linken". Ich denke, dass wir in erster Linie uns selbst kritisieren müssen. Es ist nur ein Zeichen von Schwäche, sich immer nur mit unseren Gegnern zu beschäftigen – anstelle uns mit uns selbst zu beschäftigen. Gerade, was Sie mir mitteilen, zeigt mir, wie dringend es ist, sich gerade mit denen auseinanderzusetzen, die zu unserem Lager gehören.
2. Nation (אומה, umma) und Religion (דת, dat) sind ganz verschiedene Dinge. Nur Einzelne haben eine Religion (דת, dat). Die Religion einer Nation ist das Recht (משפט, mischpat). Die Tora ist in ihrem Verhältnis zu den Einzelnen Religion (דת, dat), in ihrem Verhältnis zur Nation ist sie Recht (משפט, mischpat). Der Begriff „national-religiös" (דתי לאומי, dati-le'umi) ist ganz und gar missglückt, er entstand aus dem Durcheinander des Misrachi. Der Zionismus hat uns den Nationalismus (לאומיות, le'umiut) geraubt, und wir in unserer geistigen Schwäche haben dem Zionismus erlaubt, sich des Nationalismus zu bemächtigen und ihn zu einem Götzendienst zu machen, indem sie ihn von der Tora, die über die Nation herrscht, getrennt haben. Schon über dreißig Jahre lang ist meine ganze Arbeit auf ein Ziel ausgerichtet: uns diesen Raub zurückzuholen und dem Zionismus den Stempel einer nationalen Rebellion aufzudrücken. Ich weiß sehr gut, dass ein großer Teil der Gottesfürchtigen (חרדים, charedim) sich davor fürchtet, den Nationalismus

voll und ganz anzuerkennen, mit dem der Heilige, gelobt sei Er!, in höchst eigener Person diejenigen begnadet hat, die aus Ägypten auszogen. Aber ich weiß auch, dass wir – solange wir nicht zu hundert Prozent „national", d.h. Glieder des Volkes Gottes mit vollständiger nationaler Selbsterkenntnis sind – weder unsere Hände noch unsere Füße finden werden, weder im Land [Israel] noch sonst irgendwo auf der ganzen Welt. Denn unsere Epoche (תקופה, tequfa) ist die Epoche des jüdischen Nationalismus, und wenn wir uns weiterhin (nur) als „Gottesfürchtige" (חרדים, charedim) und „Religiöse" (דתיים, datiim) sehen, erkennen wir dadurch bereits den Zionismus an. „Gottesfurcht" (חרדיות, charediut) gegen „Nationalismus". In der ganzen Galutnacht kommt das eine dem andern nicht näher. Wie können wir siegen, wenn es hier keine nationale Front gegenüber einer nationalen Front gibt?

Hochachtungsvoll, [Isaac Breuer]

5. Glossare

5.1 Begriffe

Agudat Israel (AI)	Die AI (hebr. „Bund Israels“) wurde 1912 als Sammlungsbewegung des streng orthodoxen nichtzionistischen Judentums in Kattowitz gegründet. Sie vereinigte westeuropäische Neoorthodoxe mit litauischen Juden („Mitnagdim“) und chassidischen Gruppen unter einem Dach. Der hebräische Name lässt an eine Formulierung aus dem Mussafgebet des Versöhnungstages denken: „…dass sie alle zu einem Bündnis (*aguda achat*) werden, um deinen Willen mit ganzem Herzen zu tun.“
Alter Jischuw	Der alteingesessene orthodoxe, zum großen Teil antizionistisch eingestellte Teil der jüdischen Bevölkerung von Palästina, vor allem in Jerusalem.
Bachur, pl. Bachurim	Der Ausdruck B. (hebr. בחור, „Junge“, jiddisch „Bocher“ ausgesprochen) bezeichnet einen jungen unverheirateten Talmudstudenten; verheiratete Talmudstudenten werden Avrechim genannt.
Eda Charedit	Hebr. „gottesfürchtige” Gemeinde. 1921 vom Jerusalemer *Waad Ha'ir Haaschkenasi** gegründete separatistische und radikal antizionistische Gruppe, die einen selbständigen rabbinischen Gerichtshof (*badaz*) mit eigener Kaschrut-Überwachung und personenstandsrechtlichen Kompetenzen (Eheschließungen und Scheidungen) unterhält. Literatur: Marmorstein, *Heaven at Bay*; Levi, *Ultra-Orthodox,* 204–217.
Gaon	Den Titel „Gaon“ (wörtlich „Erhabenheit“, „Glanz“, „Exzellenz“ nach Ps 47, 5) führten zuerst die Leiter der babylonischen Lehrhäuser seit der Mitte des 7. Jahrhunderts; im späteren Hebräisch

bezeichnet das Wort, das häufig auch mit „Genie“ übersetzt wird, eine überragende rabbinische Persönlichkeit

Jewish Agency

Das Völkerbundsmandat vom 6. Dezember 1920 sah die Gründung einer „appropriate Jewish agency“ vor, die die britischen Mandatsbehörden in allen die Errichtung des jüdischen Nationalheims in Palästina betreffenden Fragen beraten sollte. Diese „Agentur“, die in Fragen der jüdischen Parteipolitik überparteilich, also nicht einseitig zionistisch ausgerichtet sein sollte, wurde 1929 gegründet.

Kenesset Jisrael

Die öffentlich-rechtliche Körperschaft der Juden im britischen Mandatsgebiet Palästina, die gegenüber der Mandatsmacht die jüdischen Interessen vertrat, trug den Namen *Kenesset Jisrael*, „Versammlung Israels“. Die meisten in Palästina lebenden Orthodoxen lehnten die K. schon deshalb ab, weil Frauen in ihr aktives und passives Wahlrecht hatten. Zu den kabbalistischen Assoziationen, die der Begriff K. auslöst (K. heißt die „Gemeinde Israel“, die theologisch als Bundespartner Gottes gilt), äußerte sich Breuer in *Der Neue Kusari* (IBWA 4, 332f).

Keren Hajessod

Der Gründungsfonds (hebr. קרן היסוד) wurde 1920 auf dem Zionistischen Weltkongress in London ins Leben gerufen. Er sollte eine neutrale Institution sein, die allen Juden – unabhängig von ihrer religiösen oder politischen Richtung – hilft, am Aufbau Palästinas mitzuwirken. Von den Agudisten im Umkreis I. Breuers wurde der K. aber als zionistisch dominiert wahrgenommen.

Keren Hajischuw

Der Siedlungsfonds (hebr. קרן הישוב) der AI wurde 1922 in Konkurrenz zum zionistischen *Jüdischen Nationalfonds* gegründet. Breuer übernahm die

Leitung des Fonds im Herbst 1937, legte dieses Amt 1940 unter Protest gegen die AI-Politik aber wieder nieder; Vgl. Mayer, *Philosophie des Judentums*, 4; Gebel, *Workers Movement,* 35.

Keren Kajemet

Der Keren Kajemet LeJisrael (קרן קיימת לישראל, „Beständiger Fonds für Israel"), abgekürzt KKL (oft auch „Jüdischer Nationalfonds" genannt), wurde 1901 auf dem fünften Zionistenkongress gegründet. Als seine Aufgabe wurde der Erwerb von Grund und Boden in Palästina festgelegt. Der vom KKL erworbene Boden sollte als unveräußerliches Eigentum des jüdischen Volkes gelten – er durfte also nicht wieder verkauft werden. Im Hintergrund stand die Vorstellung, die biblischen Agrargesetze wieder zu beleben, um Bodenspekulation und daraus resultierende soziale Gegensätze zu verhindern.

Klall Jisroel,

Klall Jisrael, kurz auch nur „Klall" Hebr. כלל ישראל, die „Gesamtheit Israels", „Ausdruck für das spezifisch j.[üdische] Solidaritätsempfinden, das seine Quelle in dem eigentümlichen Gefüge der j.[üdischen] Gemeinschaft und dem auf ihr gegründeten Gemeinschaftsgefühl hat." Der Begriff bezeichnet „die Gesamtheit, das Primäre gegenüber dem einzelnen Menschen, der sich ihr niemals entziehen darf" (Art. Kelal Jisrael, in: JL III, 648–650, hier: 648). In seinem Entwurf für die Satzung der AI schlug Breuer vor, den Ausdruck Klall Jisroel durch „jüdische Nation" zu ersetzen.

Misrachi

Die religiöse „Fraktion" innerhalb der zionistischen Weltorganisation, die sich den Namen *Misrachi* gab (eine verkürzte Form der hebräischen Wendung *Merkas ruchani*, „geistiges Zentrum"), wurde 1903 in Wilna gegründet. Nach der Staatsgründung Israels ging aus dem Misrachi die Nationalreligiöse Partei (*Mafdal*: *Miflaga datit le'umit*) hervor, die jahrzehntelang an der Regierung beteiligt war. Zur Entstehung der Bewegung des religiösen Zionismus (Misrachi-Bewegung) vgl. Vital, *Zionism* und Morgenstern, *Von Frankfurt*, 29–31.

Mussar — Die in Litauen entstandene Bewegung des M. (hebr. „Ethik") hatte das Ziel, eine Brücke zwischen dem orthodoxen litauischen Rabbinismus (*Mitnagdim*) und chassidischen Ideen zu schaffen. Zu diesem Zweck wurde dem Talmudlernen, dessen Wichtigkeit weiterhin betont wurde, die sog. „Stärkung der Seele" (חיזוק הנפש) zur Seite gestellt, die Selbsterkenntnis und moralisch-ethische Vervollkommnung. Begründer der Bewegung war der Wilnaer Rabbiner Israel Lipkin (Salanter) (1810–1883). Die Impulse der M.-Bewegung wurden zu Beginn des 20. Jahrhunderts in Deutschland von Jechiel Michel Schlesinger* aufgenommen.

Neuer Jischuw — Das neue jüdische Siedlungswerk in Palästina, das nach 1882 und unter dem Einfluss des Zionismus entstand.

Neturei Karta — Aramäisch: „Wächter der Stadt" (nach einem Midrasch im Jerusalemer Talmud zu Psalm 127, 1); 1938 von Amram Blau*, Aharon Katzenellenbogen* und Arje Leib Weissfisch gegründete streng antizionistische Gruppe in Jerusalem. Die Gründer waren zuvor aus der AI ausgetreten und warfen den Agudisten vor, dem Zionismus gegenüber zu kompromissbereit zu sein. Bei den Wahlen des Jahres 1945 erlangte die Gruppe die Mehrheit innerhalb des Waad Ha'ir Haaschkenasi in Jerusalem.

Poalei Agudat Israel (PAI) — Die jüdisch-orthodoxe Arbeiterorganisation der AI *Poalei Agudat Jisrael* wurde 1923 in Łódź gegründet (Morgenstern, *Von Frankfurt*, 74). I. Breuer hatte zeitweise die Funktion des

Präsidenten der Organisation inne. Die von ihm formulierte Grundordnung der Partei wurde am 24. Dezember 1934 angenommen.
Literatur: Gebel, *Workers Movement* 58f.

Tora im Derech Erez (TDE) — Die Bildungskonzeption T. gilt als wichtigste ideologische Grundlage der deutsch-jüdischen Neoorthodoxie im 19. Jahrhundert. Sie geht von der Annahme aus, dass Torastudium und toratreue Lebensweise und wissenschaftliche Bildung kein Gegensatz sind, sondern sich ergänzen.

Tora im Derech Erez Israel — I. Breuer nahm die begriffliche Neubildung T. vor, um sein Konzept zu bezeichnen, das die *Tora im Derech Erez*-Vorstellung im Sinne seines Großvaters S. R. Hirsch so fortentwickelt, dass es für das jüdisch-orthodoxe Leben in Palästina passt.

Waad Le'umi — Der zionistisch orientierte „Jewish National Council“ (Nationalrat) war die nationale jüdische Exekutivbehörde in Palästina, die im Frühjahr 1920 durch allgemeine Wahlen zu einem jüdischen Parlament (אספת נבחרים) im britischen Mandatsgebiet bestätigt wurde; vgl. Morgenstern, *Von Frankfurt*, 89f und IBWA 2, 72.

Waad Ha'ir Haaschkenasi — “Aschkenasischer Stadtrat“, nach der britischen Besetzung Palästinas im Ersten Weltkrieg zur Vertretung der Interessen der alteingesessenen jüdisch-orthodoxen Bevölkerung gegenüber den britischen und zionistischen Behörden gegründet. An ihrer Spitze standen die Rabbiner Josef Chajim Sonnenfeld* und Diskin. Der Stadtrat gründete die *Eda Charedit**, deren Anhänger, die hauptsächlich in Jerusalem wohnten, es ablehnten, sich dem von den Briten geschaffenen Oberrabbinat zu unterstellen oder von ihm repräsentiert zu werden. In der Literatur werden die Begriffe *Waad Ha'ir Haaschkenasi* und *Eda Charedit** häufig synonym verwendet. Um internationale Unterstützung

	zu erhalten, schloss der *Waad Ha'ir* sich der AI-Weltorganisation an und arbeitete anfangs gut mit ihr zusammen. Seit den 1930er Jahren geriet er immer mehr in einen Gegensatz zur Politik der AI. Aus den Reihen der *Eda Charedit* wurde 1938 die extrem separatistische Gruppe *Neturei Karta* * gegründet. Literatur: Marmorstein, *Heaven at Bay*, 82.
Talmid, pl. Talmidim	Hebr. „Schüler"; als Talmid Chacham (pl. Talmidej Chachamim) bezeichnet man „Schüler von Weisen", d.h. hervorragende Tora- und Talmudgelehrte, die sich zudem durch eine beispielhafte Lebensführung auszeichnen.

5.2 Personenverzeichnis

5.2.1 Jüdische Gelehrte und Rabbiner vom Talmud bis in die Gegenwart

Abaje (geb. ca. 280 n.d.Z.)	Babylonischer Gelehrter in der Zeit nach der Mischna (Amoräer). Abaje soll, früh verwaist, im Haus seines Onkels Raba aufgewachsen sein, von dem er auch erzogen wurde. Die tiefschürfenden Lehrmethoden Abajes und Rabas werden im talmudischen Diskurs *Hawajot de Abaje we-Raba* genannt.
Adret, Salomon (1235–1310)	Anhänger der Lehren der katalanischen Gelehrten Nachmanides (1194–1270) und Jona ben Abraham Gerondis (1200–1264/64). Im Streit über die Rezeption der Werke des Maimonides vertrat A. eine vermittelnde Position, indem er das Studium der Naturwissenschaften nicht gänzlich untersagte, sondern die Beschäftigung mit Physik und Metaphysik vom Alter von 25 Jahren an erlaubte. Für die Lektüre von astronomischen und medizinischen Schriften hob A. alle Beschränkungen auf. I. Breuer nahm die Position

A.s zur Fundierung des TDE-Ideals der deutsch-jüdischen Orthodoxie in Anspruch.

Alter, Abraham Mordechai (1866–1948)

A. wurde in der zentralpolnischen Stadt Góra Kalwaria (jiddisch: *Ger*, hebräisch: *Gur*) geboren. Im Polnischen trug der Name der Stadt (Kalvarienberg oder „Berg Golgatha“) eine christliche Bedeutung, zeitweise wurde der Ort auch in *Nowa Jerozolima* („Neues Jerusalem“) umbenannt. Als Nachfolger seines Vaters Jehuda Arje Leib Alter war A. der vierte Rebbe des Gerer Chassidismus. Während der deutschen Besetzung Polens kam er mit Vertretern der deutsch-jüdischen Orthodoxie in Kontakt und wurde zu einer wichtigen Führungspersönlichkeit der AI zunächst in Polen und dann weltweit; bis heute stellt der Gerer Chassidismus die wichtige „zentrale Fraktion“ innerhalb der AI (heute als „Torajudentum“ im israelischen Parlament vertreten). 1940 konnte A. mit drei Söhnen nach Palästina fliehen. Sein Grab in Westjerusalem wurde zu einer Wallfahrtsstätte chassidischer Juden. Nach seinem postum erschienen Buch wurde A. auch der *Imre Emet* (jiddisch: *Imre Emes*) genannt. Literatur: Chassidismus in: EGO (http://ieg-ego.eu/de/threads/crossroads/religionsraeume-und-konfessionsraeume/yeshayahu-balog-matthias-morgenstern-chassidismus)

Auerbach, Moses (1881–1976)

A. studierte an den Universitäten Berlin und Straßburg; später war er Dozent am orthodoxen Rabbinerseminar in Berlin. A. wurde 1909 von der Freien Vereinigung für die Interessen des orthodoxen Judentums nach Palästina entsandt, um dort ein orthodoxes Schulwerk aufzubauen. 1917, als die Briten alle deutschen Staatsbürger zwangen, das Land zu verlassen, kehrte er nach Deutschland zurück. 1934 wanderte er erneut in das britische Mandatsgebiet Palästina aus.

Literatur: Eliav, Hildesheimer, *Berliner Rabbinerseminar*, 57f.

Bamberger, Seligmann Bär (1807–1878)

Genannt der „Würzburger Raw"; B. war von 1840/41 bis zu seinem Tode Nachfolger des Rabbiners Abraham Bing als Würzburger Distriktsrabbiner und Leiter einer dortigen Talmudschule. 1864 eröffnete er in Würzburg ein Lehrerseminar für streng orthodoxe Studenten. Zuvor hatte er die Fürther Jeschiwa geleitet, zu deren Absolventen Bambergers Schwiegersohn S. Fromm (Frankfurt a.M.) gehörte, der 1875 eine Anstellung als Hausrabbiner bei Baron Rothschild in Frankfurt erhielt. 1876 wurde B. zum Gegenspieler S. R. Hirschs*, als er sich dem religionsgesetzlichen Urteil des Frankfurter Rabbiners entgegenstellte, wonach die orthodoxen Juden der Stadt zum Austritt aus der liberal dominierten Frankfurter Großgemeinde verpflichtet waren. B. hielt demgegenüber den Verbleib in der Großgemeinde für gestattet und ermöglichte so die Entstehung der „Gemeindeorthodoxe".
Literatur: Morgenstern, *Von Frankfurt*, 185–204.

Berlin (Bar-Ilan), Meir (1880–1949)

B.s Vater, Rabbiner Naphtali Zwi Jehuda Berlin (1816–1893, Akronym: Naziv), war Oberhaupt der nach „litauischen" Grundsätzen geführten Jeschiwa Volozhin (heute in Weißrußland). B. schloss sich der 1902 gegründeten *Misrachi**-Bewegung an, deren Sekretär er 1911 wurde. 1926 wanderte er in das Mandatsgebiet Palästina ein und ließ sich in Jerusalem nieder. Nach der Staatsgründung Israels war er beteiligt an der Bildung der *Nationalen Religiösen Front*, einem Zusammenschluss aller religiöser Parteien, die gemeinsam zu den ersten Knessetwahlen antraten. Die 1955 gegründete nationalreligiöse *Bar Ilan-Universität* wurde nach ihm benannt.

5. Glossare

Biberfeld, Eduard Chaim (1864–1939)

B. studierte am Berliner orthodoxen Rabbinerseminar bis zur Ordination und wirkte zeitweilig als zweiter Rabbiner und Rabbinatsassessor an der separatorthodoxen Berliner *Adass Jisroel*-Gemeinde.
Literatur: Eliav, Hildesheimer, *Berliner Rabbinerseminar*, 70.

Blau, Amram (1893?–1974)

In den 1920er Jahren Aktivist der *Zeire Agudat Israel* (AI-Jugendbewegung), engagierte er sich später im *Waad Ha'ir Haaschkenasi** der *Eda Charedit**. Im September 1933 provozierte er im Jerusalemer Stadtteil einen Skandal, als er eine Gedenkveranstaltung zu Ehren des verstorbenen Rabbiners Israel Meir Kagan* (des „Chafez Chajim") störte, bei der Rabbiner Kook* eine Rede hielt; die Folge war ein Zerwürfnis mit seinem Bruder Moshe Blau*; vgl. Caplan, *Neturei Karta's Leader*, 121 und 153. Zu B.s unsicherem Geburtsdatum ebd., 100. 1938 trat er mit Arje Leib Weissfisch (1921–1997) und Aharon Katzenellenbogen* aus der *Agudat Israel** aus und gründete die streng separatistische und militant antizionistische *Neturei Karta**-Gruppe („Wächter der Stadt").

Blau, Moses (1885–1946)

B. wurde in Jerusalem geboren und war Schüler und Assistent von R. Josef Chajim Sonnenfeld*. 1933 übernahm er von seinem Bruder Amram Blau* die Chefredaktion der AI-Zeitung *Kol Jisrael.* Am 13. März 1946 erschien er mit I. Breuer als Vertreter des Geschäftsführenden AI-Ausschusses vor dem *Anglo-American Committee of Inquiry*, der die Voraussetzungen für eine Lösung des Palästinakonflikts untersuchen und Vorschläge unterbreiten sollte. Er starb am 6. Juni 1946, wenige Wochen vor I. Breuer. Seine Söhne brachten B.s Tod mit seiner Trauer über den Streit zwischen der AI und den radikalen Jerusalemer Antizionisten in Verbindung.

5. Glossare

Breuer, Raphael (1881–1932) — Der ältere Bruder I. Breuers amtierte 1909–1932 als Gemeinderabbiner in Aschaffenburg. Seine Schriften zeichneten sich durch besonders scharfe antizionistische Polemik aus. Er verfasste Kommentare zu den biblischen Büchern Ruth (1908), Esther (1910), Kohelet (1911) und Richter (1922). Sein 1912 erschienener Kommentar zum Hohenlied erregte Aufsehen, da er sich in ihm um eine wörtliche Auslegung dieses Textes bemühte. 1915 erschien sein Kommentar zum Buch Josua, in dem er sich unter dem Eindruck des Ersten Weltkrieges kritisch mit dem zeitgenössischen Zionismus auseinandersetzte.
Literatur: Raphael Breuer, *Josua*.

Breuer, Salomon (Shlomo Salman) (1850–1926) — B., der Vater I. Breuers, war mit Sophie Zippora Hirsch (1852–1921), einer Tochter S. R. Hirschs* verheiratet. Nach Hirschs Tod wurde er zum Rabbiner der IRG in Frankfurt berufen und gründete dort eine Jeschiwa, die er mit ungarischen Studenten (Bachurim*) betrieb. Er galt als wichtiger Verbindungsmann zwischen den osteuropäischen Chassidim (in Ungarn und Polen), den litauischen Juden und der deutsch-jüdischen Orthodoxie und war an der Vorbereitung zur Gründung der AI-Weltorganis ation in Kattowitz (1912) beteiligt, wo er in den „Rat der Großen in der Tora“ berufen wurde.
Literatur: Hildesheimer, Morgenstern, *Rabbiner Samson Raphael Hirsch*, 305–313.

Brisker Raw — → Chaijm Soloweitchik (1853–1918).

Chafez (Chofez) Chajim — → Kagan, Israel Meir (Hakohen), (1838–1933).

Chason Isch — → Karelitz, Avraham Jeschaja (1878–1953).

Chatam Sofer — Titel der (erst postum vollständig veröffentlichten) Sammlung von Responsen Moses Schreibers*

	(Sofers), der zu Ehren seines Hauptwerks zugleich diesen Namen trägt. Der Titel lässt sich lesen als Akronym der Wendung *Chiddusche Torat Moshe* („neue Einsichten in die Tora Moses“).
Chortkower Rebbe	→ Friedmann, Israel (1854–1934)
Duschinsky, Josef Zwi (1868–1948)	Geboren in der ungarischen Stadt Paks, lernte D. in der Pressburger Jeschiwa bei Simcha Bunem Schreiber* (Sofer), einem Enkel des Chatam Sofer*. Anschließend lehrte er an der Jeschiwa Galanta (heute Slowakei) und wurde Rabbiner in Chust (heute Ukraine), wo er eine Jeschiwa aufbaute. 1933 wanderte er in das Mandatsgebiet Palästina ein und wurde Nachfolger Josef Chajim Sonnenfelds* als Anführer der *Eda Charedit*. Zwischen D. und Breuer kam es immer wieder zu Spannungen. Die von Breuer mitgegründete *Chorev*-Schule in Jerusalem musste sich zu Beginn ihrer Aktivitäten als privater *Chug* („Lernkreis“) tarnen, um D.s Bann zu entgehen. D. lehnte das Hebräische als Unterrichtssprache und die Unterrichtung von Fremdsprachen (z. B. Englisch) ab, wollte das Pensum des Lernstoffs in „nichtjüdischen Fächern“ möglichst niedrig halten und war skeptisch im Hinblick auf den Unterricht für Mädchen. Unter der Führung seines Sohnes Rabbi Jisrael Mosche Duschinsky (1921–2003), der Vorsitzender Richter des Rabbinatsgerichts der *Eda Charedit* (*Av Bet Din*) war, entwickelte sich in Jerusalem ein chassidischer Hof („Chassidut Duschinsky“), der u.a. eine Talmudschule betreibt, die zu Ehren des Gründers der Gruppe *Bet Josef Zwi* genannt wird. Literatur: Kraft, *Aschkenas*, 130 und 141–145; Caplan, *Neturei Karta's Leader*, 143.

5. Glossare

Eidels, Shmuel Elieser Ha-Levi (1555–1631) — Geb. 1555 in Krakau, gest. 1631 in Ostrog/ Ukraine (Akronym: Maharscha*). Seine Novellen (*Chidduschim*), die teilweise neueren Talmudausgaben beigedruckt sind, behandeln sowohl halachische als auch aggadische Teile der Traditionsliteratur (חידושי הלכות und חידושי אגדות).

Friedman, Israel (1854–1934) — F. war der zweite Rebbe der chassidischen Dynastie von Chortkow (heute Ukraine). F. floh während des ersten Weltkrieges nach Wien, wo er sich niederließ und Mitglied der *Agudat Israel* wurde. Im Rahmen der AI-Arbeit trat er häufig mit dem - Gerer Rebben auf.

Geiger, Abraham (1810–1874) — Jüdischer Theologe und Reformrabbiner; Hauptvertreter der Reformbewegung in Deutschland. Geb. in Frankfurt a.M., studierte G. orientalische Philologie in Heidelberg und Bonn, wo er seinen späteren Gegner S. R. Hirsch* kennenlernte. Aufgrund seiner preisgekrönten Schrift *Was hat Mohammed aus dem Judenthume übernommen?* wurde er in Marburg/Lahn promoviert. 1832 wurde er zum Rabbiner in Wiesbaden berufen, wo er die *Wissenschaftliche Zeitschrift für jüdische Theologie* ins Leben rief und beim Aufbau des *Jüdisch-Theologischen Seminars* mitwirkte; 1838 wurde er zum Rabbinatsassessor in Breslau gewählt. In seinen Jahren als Rabbiner an der Reformsynagoge in Frankfurt a.M. (1860-1870) war er direkter Konkurrent Hirschs. 1870 wechselte er nach Berlin, wo er zu den Gründern der liberalen *Hochschule für die Wissenschaft des Judentums* gehörte. 1872 wurde er Dozent der Hochschule, deren Lehrkörper er bis zu seinem Lebensende angehörte.

Gerer Rebbe — → Alter, Abraham Mordechai.

Grodzinski, Chaijm Oser (1863–1940)	Halachischer Dezisor, Vorsitzender des Rabbinatsgerichts und Talmudgelehrter in Wilna (Vilnius). 1912 nahm er an der Gründungskonferenz der *Agudat Israel* teil und wurde Mitglied des *Rates der Großen in der Tora*, dessen Vorsitz er übernahm. Nach der Besetzung Westpolens durch die deutschen und Ostpolens durch die sowjetischen Truppen nach Ausbruch des zweiten Weltkrieges verhalf er vielen Jeschiwot, nach Litauen zu entkommen und sich dort einstweilen niederzulassen. Er starb im August 1940 eines natürlichen Todes.
Halevi, Jehuda (ca. 1083–1141)	Der in Toledo geborene Dichter und Religionsphilosoph ist bekannt als Dichter vieler Hymnen und Gedichte, die von der Sehnsucht nach Zion handeln. Ob er am Ende seines Lebens auf seiner Reise in den Orient tatsächlich im Heiligen Land ankam, ist umstritten. Für Breuer ist H. insofern von Bedeutung, als sein Hauptwerk *Der Neue Kusari* (1934) im Hinblick auf Thema und Motive an H.s *Kusari* anknüpft. Wie sein mittelalterlicher Vorgänger vertritt Breuer eine Theologie der Offenbarung und setzt sich insofern von der rein rationalistisch begründeten Theologie des Maimonides ab.
Hildesheimer, Dr. Esriel (Israel) (1820-1899)	H. studierte nach dem Besuch der Altonaer Jeschiwa von Jacob Ettlinger ab 1843 an der Universität Berlin und schloss sein Studium 1846 mit einer Promotion in Halle ab. 1851 wurde er zum Rabbiner in Eisenstadt (im damals ungarischen Burgenland) berufen; 1869 wechselte er als Rabbiner der neu entstandenen *Adass Jisroel*-Gemeinde nach Berlin, wo er 1873 das *Rabbinerseminar für das orthodoxe Judentum* begründete. Verheiratet war er mit einer Tochter des Halberstadter Industriellen Hirsch (nicht mit S. R. Hirsch verwandt). Neben S. R. Hirsch und Markus Lehmann gehörte Hildesheimer

zu den Gründervätern der deutsch-jüdischen Neo-Orthodoxie im 19. Jahrhundert.

Hildesheimer, Meier oder Meir (1864–1934)
Sohn des Gründers des Berliner orthodoxen Rabbinerseminars Esriel Hildesheimer* (1820–1899). Gemeinsam mit Esra Munk* war er Rabbiner der Berliner Austrittsgemeinde *Adass Jisroel*.
Literatur: Eliav, Hildesheimer, *Berliner Rabbinerseminar*, 139).

Hirsch, Samson Raphael (1808–1888)
In Hamburg geboren, lernte H. Tora und Talmud zunächst bei seinem Vater und Großvater. 1829 studierte er an der Universität Bonn, wo er sich mit Abraham Geiger* anfreundete. Anschließend war er Landesrabbiner in Oldenburg und Emden, bevor er 1847–1851 als Oberlandesrabbiner für Österreichisch-Schlesien und Mähren in Nikolsburg amtierte. 1851 wurde er zum Rabbiner der IRG in Frankfurt a.M. berufen.
Literatur: Morgenstern, *Von Frankfurt*, 101–204.

Horovitz (Horovicz), Jonathan Benjamin (1866–1940)
In der Slowakei geboren, wurde H. zu Beginn des 20. Jahrhunderts nach Palästina gesandt, um dort die Verteilung der in der Diaspora gesammelten Spendengelder für den *Alten Jischuw* zu überwachen. Der Ausbruch des ersten Weltkrieges überraschte ihn während einer Europareise. Er blieb zunächst in Ungarn und kehrte später nach Palästina zurück. Nach dem ersten Weltkrieg baute er zusammen mit Raphael Katzenellenbogen* und Moshe Blau* die Jerusalemer Filiale der *Agudat Israel* auf.

Horovicz (Horovitz/Horowitz), Marcus (1844–1910)
In Ungarn gebürtig, besuchte er Esriel Hildesheimers* Jeschiwa in Eisenstadt, studierte in Wien, Pest, Berlin und Tübingen (dort Promotion,

1870) und folgte seinem Lehrer 1869/70 nach Berlin, wo er an der von Hildesheimer begründeten Lehranstalt sowie als Religionslehrer der *Adass Jisroel*-Gemeinde unterrichtete. Danach war er Rabbiner in Lauenburg (Pommern) und Gnesen (*Gniezno*, Polen) und kam 1878 – gegen Hildesheimers Rat – als orthodoxer Rabbiner der liberal geführten Einheitsgemeinde („Gemeindeorthodoxie") nach Frankfurt a.M. Die Vertreter der Frankfurter IRG nahmen ihm übel, dass er diesen Ruf annahm und gingen seither jedem Verkehr mit ihm aus dem Wege. Auch Hildesheimer brach den Kontakt mit ihm ab. H. galt als einer der wichtigsten Führungspersönlichkeiten der „Gemeindeorthodoxie".
Literatur: Morgenstern, *Von Frankfurt*, 149, 155.

Horovitz, Jesaja ben Abraham Halevi (1565–1630)

Geboren in Prag, ging er mit seinem Vater nach Polen, wo er in Krakau studierte. Von 1606 bis 1614 lebte er in Frankfurt a.M., weshalb Breuer offenbar eine besondere „Frankfurter" Nähe zu ihm spürte. Nach dem Frankfurter Fettmilchaufstand verließ er Frankfurt und wurde Oberrabbiner in Prag. Vor seiner Auswanderung nach Palästina (1621) schrieb er sein bekanntestes Buch, seine kabbalistische Abhandlung *Schne Luchot Ha-Brit* (Zwei Tafeln des Bundes), ein Kompendium über Gesetze der Tora und ethische Normen.

Kagan (Hakohen), Israel Meir (1838–1933)

K., einer der einflussreichsten rabbinischen Gelehrten in der Frühzeit der *Agudat Israel**, wurde nach dem Titel seines wichtigsten Buches *Chafez (Chofez) Chajim* genannt. Der gleichnamige Kibbuz, der sich diesen Namen im Anschluss an eine Trauerveranstaltung nach Kagans Tod gab, wurde im Sommer 1933 gegründet.

5. Glossare

Karelitz, Avraham Jeschaja (1878–1953)

Nach dem Titel seines Hauptwerks (einem 1911 Teil des *Schulchan Aruch*) *Chason Isch* (wörtlich „Vision eines Mannes“) genannt. Zugleich steht das Wort *Isch* als Akronym seiner beiden hebräisch geschriebenen Vornamen. 1933 kam K. aus Litauen in das britische Mandatsgebiet und ließ sich in *Bne Brak* nieder, wo er zwei Jahre später eine Talmudschule für junge verheiratete Männer (*Kolel*) gründete. Er wurde als halachische Autorität angesehen, die orthodoxe Juden verschiedener Richtungen in religiösen Angelegenheiten um seine Meinung baten. Aus dem Bereich der PAI suchten vor allem die Kibbuzim in halachisch-landwirtschaftlichen Fragen seinen Rat, etwa im Zusammenhang mit dem Problem des Melkens von Kühen am Sabbat oder mit Schwierigkeiten, die mit dem im September 1937 beginnenden Sabbatjahr (*Schmitta*) zusammenhingen. Am 20. Oktober 1952 kam es zu einer Aussprache zwischen dem damaligen Ministerpräsidenten David Ben Gurion und K. zu Fragen des Zusammenlebens von religiösen und säkularen Juden.

Karo, Josef (1488–1575)

Der in Spanien geborene Gelehrte und Mystiker, der 1492 nach Portugal floh und später ins Heilige Land kam, wo er sich in Safed niederließ, verfasste das für das orthodoxe Judentum bis heute verbindliche halachische Gesetzeswerk *Schulchan Aruch* („Gedeckter Tisch“).

Katzenellenbogen, Aharon (gest. 1978)

Als Kind von orthodoxen Einwanderern aus Litauen geboren, studierte K. in seiner Jugend bei Rabbiner Sonnenfeld*. 1938 trat er aus der AI-Organisation aus und gründete gemeinsam mit Amram Blau* und Arje Leib Weissfisch (1921–1997) die streng separatistische und militant antizionistische *Neturei Karta*-Gruppe („Wächter der Stadt“).

5. Glossare

Katzenellenbogen, Raphael (1894–1972)

Rabbiner, Journalist, und PAI-Mitglied. Im März 1922 war er Mitbegründer der Jerusalemer Zeitung *Kol Jisrael*. Zu Beginn des Jahres 1943 wurde er aus der Jerusalemer *Eda Charedit** ausgeschlossen, weil er eine Wandzeitung radikaler Antizionisten kritisiert hatte, die die Teilnahme an einer Tel Aviver Protestveranstaltung gegen die Judenmorde in Europa mit der Begründung verbieten wollten, dass an diesem Protest auch Mitglieder des *Misrachi** teilnahmen.

Kohn, Rabbiner Pinchas (1867–1941)

Geboren in Kleinerdlingen (Ortsteil von Nördlingen, Bayern) lernte K. bei Rabbiner Auerbach in Halberstadt und anschließend am orthodoxen Rabbinerseminar in Berlin. Von 1895 bis 1915 hatte er das Bezirkrabbinat in Ansbach inne. Während des Ersten Weltkrieges diente er der deutschen Armee gemeinsam mit Emanuel Carlebach (1874–1927) in Warschau als Berater für jüdische Angelegenheiten. In dieser Zeit schloss er Freundschaft mit den Gerer Chassidim, denen er half, unter dem Dach der *Agudat Israel* eine politische Organisation im Nachkriegspolen aufzubauen. (Bis heute beherrschen die Gerer Chassidim die „zentrale Fraktion" in der AI; der Gerer Chassid Isaac Goldknopf, Wohnungsbauminister in der Regierung Benjamin Netanjahus [seit 2022] führte bei den Knessetwahlen 2022 die AI-Liste ["Vereinigtes Torajudentum"] an.) 1918 bis 1938 leitete K. das AI-Zentralbüro in Wien. 1939 gelang ihm die Flucht über Basel und London nach Palästina.

Kook, Abraham Jizchak Ha-Kohen (1865–1935)

Geboren im heutigen Lettland, war K. Rabbiner in Litauen, bevor er 1903 einen Ruf als Rabbiner in Jaffa erhielt. Im Heiligen Land setzte er sich mit Problemen der landwirtschaftlichen Kolonisation auseinander und plädierte für halachische

Lösungen (z.B. im Zusammenhang mit dem Sabbatjahr), die den jüdischen Siedlern die Arbeit erleichtern sollten. 1912 reiste er nach Europa, um an der Gründungskonferenz der *Agudat Israel** teilzunehmen. Der Erste Weltkrieg hinderte ihn daran, nach Palästina zurückzukehren. Stattdessen übernahm er ein Rabbinat in London und wirkte in Großbritannien an den Bestrebungen mit, die zur *Balfour-Erklärung* (1917) führten. Nach Kriegsende kehrte er nach Palästina zurück und wurde von den Briten zum ersten aschkenasischen Oberrabbiner des Heiligen Landes ernannt. 1924 gründete er die später nach ihm benannte Jeschiwa *Merkas Haraw*.
Literatur: I. Breuer, *Oberrabbiner Kook s.A.*; Morgenstern, *Abraham Jizchak Ha-Kohen Kook.*

Maharscha	Akronym der Wendung „Unser Lehrer, der Rabbi Shmuel Eidels" (→ Eidels, Shmuel Elieser Ha-Levi).
Maimonides, Moses (1138–1204)	Der große mittelalterliche Gesetzeslehrer und Philosoph wird in den *Neunzehn Briefen* S. R. Hirschs* – jener Schrift, mit der Breuers Großvater 1836 den Anstoß zur Gründung der deutsch-jüdischen Orthodoxie gab – vorsichtig getadelt: M. habe das Judentum nicht von innen heraus verstanden, sondern vor dem Forum der griechischen Philosophie verteidigen wollen. Es ist wohl kein Zufall, dass M. in *Mein Weg* nur am Rande erwähnt wird, während Jehuda - Halevi für Breuer ein wichtiger Orientierungspunkt war.
Munk, Esra Esriel (1867–1840)	M. wurde 1900 zum Rabbiner der Berliner *Adass Jisroel*-Gemeinde ernannt; dieses Amt hatte er bis zu seiner Auswanderung nach Palästina 1938 inne. Literatur: Eliav, Hildesheimer, *Berliner Rabbinerseminar*, 199.

5. Glossare

Posen, Gerson (1852–1932)	Rabbiner und Dajan (Richter) der IRG in Frankfurt a.M..
Rambam	Akronym für Rabbi Moshe ben Maimon, - Maimonides.
Raschba	→ Adret, Salomo.
Raschi	Akronym für Rabbi → Salomon (Schlomo) ben Jizchak.
Rawa (270/280–352)	R. war einer der bedeutendsten babylonischen Talmudgelehrten der amoräischen Zeit. Am meisten diskutierte er mit seinem etwa gleichaltrigen Kollegen Abaje. Nach Abajes Tod wurde R. sein Nachfolger in dessen Lehrhaus.
Recanati, Menachem, (1223–1290)	Italienischer Rabbiner und Kabbalist. Zu seinen Hauptwerken gehört ein kabbalistischer Kommentar zum Pentateuch, in dem erstmals aus dem Buch Sohar zitiert wird.
Ridbas	Akronym für Rabbi Jakob David ben Se'ev Wilovsky*.
Schabataj ben Meir Hakohen (1621–1662)	Geboren in Wilna; 1647 publizierte er unter dem Titel Siftei Cohen („Lippen des Priesters“) einen Kommentar zum zweiten Teil des Schulchan Aruch Josef Karos*. Nach dem Akronym dieses Buches (*Schach*) trägt auch der Autor selbst diesen Namen.
Salomon ben Jizchak (Raschi), (1040–1105)	Der aschkenasische Gelehrte verfasste Bibel- und Talmudkommentare, die für das Torastudium des Judentums bis heute maßgeblich sind.

Schapira (Spira), Chajim Elasar (Lasar) (1871–1937)	Enkel des Gründers des Munkatscher Chassidismus, genannt auch „Munkatscher Rav“, war ein radikaler Gegner sowohl des Zionismus als auch der Agudat Israel, die er beschuldigte, dem Zionismus gegenüber zu viele Kompromisse zu machen. Auf ihn geht die im Zentrum Westjerusalems gelegene Gründung des Stadtviertel Bate Munkatsch zurück. Die Stadt Munkatsch (ungarisch Munkács, ukrainisch: Mukatschevo) fiel 1945 an die Sowjetunion und gehört heute zur Ukraine.
Schapiro (Schapira), Meir (1887–1933)	Chassidischer Rabbiner und Anhänger des Chortkower Rebben Friedman*. Sch. war Präsident der AI in Polen. Er wurde bekannt durch die Einrichtung eines Daf Jomi-Talmud-Lernprogrammes („jeden Tag eine Talmudseite“) – ein Vorschlag, den er am 16. August 1923 auf der Kenessia Gedola in Wien vorstellte. Der erste Zyklus des Daf Jomi begann am ersten Neujahrstag des Jahres 5684 (1923). 1930 gründete er die Chachmei Lublin Jeschiwa, von der es hieß, sie sei zu diesem Zeitpunkt die weltweit größte Talmud-Lehranstalt gewesen. Literatur: Gebel, *Workers Movement*, 22.
Schlesinger, Jechiel Michel (1898–1948)	Gebürtig in Hamburg, hatte S. in seiner Jugend bei Rabbiner Josef Zwi Duschinsky* in Ungarn gelernt. Anschließend studierte er an der Berliner Universität – parallel zu einem Studium am Berliner orthodoxen Rabbinerseminar – Orientalistik und hielt sich dann über vier Jahre lang in Osteuropa auf, wo er mit der Mussar*-Bewegung Bekanntschaft schloss. Später unterrichtete er in Frankfurt an der von Salomon Breuer* gegründeten Jeschiwa und begann, die Methoden und Inhalte des osteuropäischen Mussar zu verbreiten.

Schloh (Schela)	Akronym für *Schne Luchot ha-Berit* („Die zwei Bundestafeln“), das Hauptwerk des Frankfurter Kabbalisten Jesaja ben Abraham Horovitz*. Das Akronym steht für den Autor selbst.
Schreiber (Sofer), Abraham Samuel Benjamin Wolf (1815–1872)	Sohn und Nachfolger des berühmten Preßburger Rabbiners Moses Sofer („Chatam Sofer“*), in jüdischen Gelehrtenkreisen als „Ketaw Sofer“ bekannt. Er galt als einer der führenden rabbinischen Persönlichkeiten im damaligen Ungarn. Wie bereits sein Vater stand auch er der großen Preßburger Jeschiwa vor. Zu seinen Schülern gehörten R. Sonnenfeld (Jerusalem) und Salomon Breuer (Frankfurt a.M.). Literatur: Hildesheimer, Morgenstern, *Rabbiner Samson Raphael Hirsch*, 252 und 341.
Schreiber (Sofer), Moses (1762–1839)	Nach seinem Hauptwerk – einer Sammlung halachischer Entscheidungen in sechs Bänden – postum auch Chatam Sofer genannt, war er ein Schüler der Frankfurter Gelehrten Nathan Adler (1741–1800) und Pinchas Horowitz (1731–1835). 1806 wurde er Oberrabbiner in Preßburg. Dort gründete und leitete er eine Talmudakademie, die sich zur größten Jeschiwa Mitteleuropas entwickelte und aus der viele Rabbiner und Talmudgelehrte hervorgingen. Sein Augenmerk galt dem Kampf gegen jede Veränderung an den althergebrachten jüdischen Institutionen und Sitten nach einem Motto, das im babylonischen Talmud (bQid 38b) auf das biblische Verbot des Verzehrs von neuem Getreide vor der Darbringung der Schwinggarbe (vgl. Lev 23, 10ff) bezogen ist. Schreiber deutete diesen Satz aber um und bezog ihn auf den Widerstand gegen die jüdische Reformbewegung: „Alles Neue ist überall von der Tora her verboten“ (חדש אסור מן התורה בכל מקום).

Paradoxerweise stellte gerade diese Deutung des talmudischen Satzes eine Neuerung dar.
Literatur: Wilke, *Die Rabbiner*, 816–821. Hildesheimer, Morgenstern, *Rabbiner Samson Raphael Hirsch,* 341.

Sofer, Simcha Bunem (1842–1906)
S. wurde mit 29 Jahren Nachfolger seines verstorbenen Vaters, des *Ketaw Sofer*, als Rabbiner der Stadt Pressburg (*Bratislava*) und Leiter der von seinem Großvater gegründeten Jeschiwa. Nach dem Titel des von ihm veröffentlichten Kommentars zum *Schulchan Aruch* wurde er *Schevet Sofer* („Stamm des Schreibers") genannt. Zu seinen Schülern zählte R. Duschinsky*; sein Sohn Akiba Sofer (1878–1959) übernahm nach seinem Tod die Leitung der Jeschiwa und war der letzte Rabbiner von Pressburg vor der Shoah.

Sonnenfeld, Josef Chajim (1848-1932)
Zusammen mit R. Jizchak Jerocham Diskin leitete S. den Waad Ha'ir Haaschkenasi*. Um internationale Unterstützung in ihrem Kampf gegen die zionistischen Organisationen zu erhalten, schloss sich der Waad der AI-Weltorganisation an. Breuer kam den Aktivitäten des Waad in den 1920er Jahren publizistisch zu Hilfe und traf S., den er als „Oberrabbiner" des Alten Jischuw" bezeichnete, auf seiner ersten Palästinareise. Nach S.s Tod veröffentlichte Breuer einen Nachruf auf ihn in: *Nachalat Zwi* II (1931/32), 193–201.

Teitelbaum, Joel (1887–1979)
T. war der Gründer und erste Rebbe der Satmarer Dynastie, einer streng separatistischen und antizionistischen chassidischen Richtung in Transsylvanien/Siebenbürgen (heute Nordwest-rumänien). Während seines Besuches in Jerusalem 1932 kam es zu Versuchen, T. als Nachfolger des verstorbenen R. Sonnenfeld* einzusetzen, die aber scheiterten. T. kehrte daraufhin nach Satmar zurück. Während des 2. Weltkrieges gelang es T.,

auf die Liste der Juden gesetzt zu werden, denen nach Verhandlungen des ungarisch-jüdischen Rechtsanwalts Rudolf Kastner mit Adolf Eichmann die Ausreise in die Schweiz gestattet wurde. Im August 1945 wanderte T. in das britische Mandatsgebiet Palästina aus; 1946 zog er weiter in die USA und ließ sich mit einer Gruppe seiner Anhänger in Williamsburg (New York) nieder.

Wilovsky, Yaakov Dovid (1845–1913)

W,. ein Gelehrter der „litauischen" Tradition, war Rabbiner u.a. in Wilna, Polotsk und Wilkomir (Ukmerge). In seinen rabbinischen Studien konzentrierte er sich auf den Talmud Yerushalmi. Nach USA-Aufenthalten wanderte er 1905 nach Palästina aus und ließ sich in Safed nieder, wo er die Jeschiwa Torat Erez Jisrael gründete. 1909 stritt er mit R. Kook* über die Observanz des Sabbatjahres im Lande Israel. Kook brachte den Heter ha-Mekhira (Verkauf von Teilen des Bodens während des Sabbatjahres an Nichtjuden, um in dieser Zeit landwirtschaftliche Arbeit zu ermöglichen) als halachische Möglichkeit ins Spiel, was W. ablehnte.

Wohlgemuth, Joseph (1867–1942)

W. studierte am Berliner orthodoxen Rabbinerseminar bis zur Ordination und war anschließend Lehrer am orthodoxen israelitischen Lehrerseminar in Würzburg.
Literatur: Eliav, Hildesheimer, *Berliner Rabbinerseminar*, 268.

5.2.2 Weitere Personen

Ackermann, Aaron (1867–1912)	Rabbiner in Brandenburg (Havel) und historischer Schriftsteller; 1906 veröffentlichte er in Berlin seine *Geschichte der Juden in Brandenburg a. H. Nach gedruckten und ungedruckten Quellen dargestellt und mit urkundlichen Beilagen.*
Baeumker, Clemens (1853–1924)	Römisch-katholischer Philosophiehistoriker, der 1903–1912 an der Universität Straßburg lehrte. Seine *Abhandlungen zur Geschichte der Philosophie des Mittelalters* erschienen 1923 in Münster/Westfalen.
Baror (Breuer), Jacob (1916–2008)	Erster Sohn Isaac Breuers; Jurist. 1948 half er dem AI-Politiker Isaak Meir Lewin* beim Aufbau des Sozialministeriums und wurde Rechtsberater des Ministeriums. 1955 wurde er zum Distriktsanwalt von Tel Aviv ernannt. Öffentlich bekannt wurde er 1961, als er als einer der Assistenten des Generalanwalts Gideon Hauser, des Anklägers im Jerusalemer Eichmann-Prozess, auftrat. Anlässlich seiner Kandidatur bei den Wahlen zur Rechtsanwaltskammer kam heraus, dass ihm das Diplom zum Rechtsanwalt fehlte. Er wandte sich in dieser Sache an den Rechtsberater der Regierung und den Justizminister; daraufhin wurde ihm das Diplom nachträglich zuerkannt.
Breuer, Jenny geb. Eisenmann (1892–1985)	Ehefrau Isaac Breuers. Auf ihre Bitte hin wurde das Manuskript der Autobiographie ihres verstorbenen Mannes leicht gekürzt.
Breuer, Mordechai (1918 –2007)	Zweiter Sohn Isaac Breuers, langjähriger Direktor der Jerusalemer Chorev-Schule. Nach seiner Promotion in Geschichte an der Jerusalemer Hebräischen Universität wurde er 1972 zum Professor für Jüdische Geschichte an der Bar Ilan-Universität berufen. Mordechai Breuer ist nicht zu

verwechseln mit seinem gleichnamigen Cousin, dem Rabbiner Mordechai Breuer (1921–2007), der ein Sohn seines Onkels Samson Breuer war.

Breuer, Samson (1891–1974) B. lernte an der Jeschiwa seines Vaters in Frankfurt; nach dem Abitur studierte er in Gießen, Heidelberg, Straßburg, Frankfurt a.M. und Göttingen; 1925 wurde er zum außerordentlichen Professor für Mathematik an der TU Karlsruhe ernannt. 1928–1933 war er Dozent für Versicherungsmathematik an der Universität Frankfurt a.M..; 1933 wurde er entlassen und emigrierte nach Palästina. Nach der Staatsgründung Israels leitete B. die Versicherungsabteilung des israelischen Finanzministeriums. Einer seiner Söhne war der durch seine Forschungen zum *Codex Aleppo* bekannte Bibelwissenschaftler Rabbiner Mordechai Breuer (1921–2007).

Calker, Fritz von (1864–1957) Rechtsgelehrter und Strafrechtslehrer; 1896 wurde er auf einen Lehrstuhl an der Kaiser Wilhelm-Universität Straßburg berufen. Dort war sein berühmtester Doktorand der spätere Staatsrechtslehrer Carl Schmitt (1888–1985).

Cohen, Hermann (1842–1918) Nach dem Studium am *Jüdischen Theologischen Seminar* und an der Universität Breslau sowie seiner anschließenden Promotion und Habilitation wurde C. 1878 zum Professor für Philosophie an die Universität Marburg berufen; dort begründete er die Marburger Schule des Neukantianismus. Nach seiner Emeritierung zog C. nach Berlin, wo er an der liberalen *Hochschule für die Wissenschaft des Judentums* unterrichtete. I. Breuer, der sich ähnlich wie Cohen auf Kant bezog, berichtet, während seiner Marburger Studienzeit habe er keine einzige der Vorlesungen Cohens besucht.
Literatur: I. Breuer, *Was lässt Hermann Cohen vom Judentum übrig?*

	Morgenstern, *Hermann Cohen und seine Quellen des Judentums.*
Dernburg, Heinrich (1829–1907)	Sohn des jüdischen Rechtsgelehrten Jacob Dernburg (1795–1878), der sich 1841 mit seiner Frau Rosalie evangelisch taufen ließ. Er wurde 1873 auf einen juristischen Lehrstuhl an der Berliner Universität berufen. Zum französischen Zweig seiner Familie gehörte der Hebraist und Orientalist Joseph Derenbourg, der Jude blieb. Literatur: Hamburger, *Juden im öffentlichen Leben*, 238 und 379; Wesenberg, *Dernburg*, 608f.
Ehrmann, Salomon (1885–1965)	Langjähriger Leiter der Palästinazentrale der Agudat Israel in Frankfurt a.M.; enger Mitarbeiter und persönlicher Freund Isaac Breuers.
Enneccerus, Karl Martin Ludwig (1843–1928)	Rechtswissenschaftler an der Marburger Philipps-Universität (1873–1921); sein Spezialgebiet war das römische Recht. Als Vertreter der rechtswissenschaftlichen Schule lehnte er naturrechtliche Argumentationen ab. Literatur: Heyer: *Enneccerus.*
Fischer, Kuno (1824–1907)	Philosoph; nach seiner Habilitation in Heidelberg zunächst Lehrstuhlinhaber für Philosophie in Jena, bevor er 1872 nach Heidelberg berufen wurde, wo er den südwestdeutschen Neukantianismus begründete und vertrat, jene Schule der Kantinterpretation, der Isaac Breuer sich verbunden fühlte.
Fraenkel, Siegmund/ Sigmund (1860–1925)	Mitglied der Leitung der Freien Vereinigung für die Interessen des orthodoxen Judentums, Vorsitzender des orthodoxen Synagogenvereins Ohel Jakob in München, einer privatrechtlichen Vereinigung, die nicht zur vom bayrischen Staat anerkannten Einheitsgemeinde gehörte.

	Literatur: Rosenheim, *Erinnerungen,* 67; Morgenstern, *Von Frankfurt*, 214f.
Gierke, Friedrich Otto von (1841–1921)	Rechtshistoriker, der 1911 von Kaiser Wilhelm geadelt wurde. Seit 1877 lehrte er an der Universität Berlin. Aufgrund seiner Ehe mit Marie Cecilie Elise Loening, einer Tochter des Verlegers Karl Friedrich Loening (ursprünglich Loewenthal, 1810–1884), galt der gemeinsame Sohn Julius von Gierke (1875–1960), der Lehrstühle für Rechtsgeschichte an den Universitäten Königsberg, Halle und Göttingen innehatte, als „jüdisch versippt“. Er wurde 1938 vorzeitig emeritiert, aufgrund seiner äußerst konservativen Gesinnung von den Nazis aber nicht weiter behelligt; vgl. Szabó, Vertreibung, Rückkehr, Wiedergutmachung, 147–149. Literatur: Thiessen, *Otto von Gierke*, 343–373
Haeckel, Ernst (1834–1919)	Mediziner, Zoologe, Philosoph und Freidenker. I. Breuer geht auf H. bereits in seiner Schrift *Das Freiheitsproblem* (1907) ein (IBWA III, 193). Literatur: Breuer, *Messiasspuren* (1918), in: IBWA I, 434 und *Der Neue Kusari*, IBWA IV, 6.
Herzl, Theodor (1860–1904)	Schriftsteller und Korrespondent der Wiener *Neuen Freien Presse* in Paris, Gründer und Präsident der Zionistischen Bewegung. Breuer setzte sich vielfach mit H. auseinander, den er einerseits bewunderte, dessen Bewegung er andererseits heftig kritisierte. Literatur: I. Breuer, *Epilog zum Tode Dr. Herzls*, in: IBWA 1, 162–167; ders., *Auf der Heimfahrt ins Philisterland*, IBWA 1, 208–213; ders., *Das jüdische Nationalheim*, IBWA 2, 144–146; Mordechai Breuer, *Vier Trauerreden;* Morgenstern, *Von Frankfurt*, 259–276.
Heymann, Ernst (1870–1946)	Rechtsgelehrter; ordentlicher Professor für deutsche Rechtsgeschichte und deutsches Privat-, Handels- und Bürgerliches Recht an der Philipps-

	Universität Marburg (1904–1914), bevor er an die Berliner Friedrich-Wilhelms-Universität wechselte. Heymann, der eine evangelische Mutter und einen römisch-katholischen Vater hatte, wurde katholisch getauft, trat aber später zur evangelischen Kirche über; sein Großvater war (offenbar katholischer) Küster. Vgl. das landeskundliche Informationssystem Baden-Württemberg leobw (https://www.leo-bw.de/detail/-/Detail/details/PERSON/kgl_biographien/116792221/Heymann+Ernst); vielleicht verwechselt Breuer den Vater seines Doktorvaters Theodor Heymann mit dem Verleger Theodor Heymann (1823–1878), der einen jüdischen Vater hatte; vgl. https://www.deutsche-biographie.de/sfz32157.html.
Hirsch, Mendel (1833–1900)	Der älteste Sohn Rabbiner S. R. Hirschs trat 1877 die Nachfolge seines Vaters als Direktor der IRG-Realschule an; die Hoffnung, Nachfolger seines Vaters im Rabbinat werden zu können, erfüllten sich nicht; mit seinem Schwager Salomon Breuer*, der schließlich Hirschs Nachfolger wurde, lebte er jahrelang in Spannungen; er galt als Vertreter einer liberalen Auslegung von Hirschs TDE-Prinzip. In der Familie Breuer wurde ihm vorgehalten, dass seine Tochter, die spätere Berliner Medizinprofessorin Rahel Hirsch, die toratreue Lebensweise verließ. Literatur: Hildesheimer, Morgenstern, *Samson Raphael Hirsch*, 295–298, 337.
Hirsch, Naphtali (Naftali), (1844–1903)	Frankfurter Justizrat, Herausgeber der Gesammelten Schriften seines Großvaters S. R. Hirsch*. H. – I. Breuer bezeichnet ihn als seinen „Lieblingsonkel' – setzte sich erfolgreich dafür ein, dass 1899 ein Gesetz erlassen wurde, dass die Frankfurter IRG der jüdischen Einheitsgemeinde gleichstellte (Lex Naftali Hirsch). Literatur: Morgenstern, *Von Frankfurt*, 149f.

5. Glossare

Jhering (auch Ihering), Rudolf (Rudolph) von (1818–1892)	Rechtsgelehrter an den Universitäten Basel, Rostock, Kiel, Gießen, Wien und Göttingen. Sein Werk Geist des römischen Rechts (Teil I–III) erschien 1852–1865 in Leipzig; seine Monografie Der Zweck im Recht ebd. 1877. Sein Werk ist vor allem im Bereich der juristischen Methodenlehre bekannt geworden. Am 16. Oktober 1868 hielt er in Wien einen Vortrag unter dem Titel *Ist die Jurisprudenz eine Wissenschaft?,* in dem er sich dafür einsetzte, im juristischen Denken vor allem von der Praxis auszugehen. In diesem Zusammenhang polemisierte er gegen die von ihm zuvor selbst vertretene „Begriffsjurisprudenz" („Begriffshimmel"). In Wien wurde ihm vom österreichischen Kaiser der erbliche Adel verliehen.
Kipp, Theodor (1862–1931)	Rechtswissenschaftler an den Universitäten Leipzig, Halle, Kiel, Erlangen und (nach 1911) Berlin.
Klatzkin, Elijahu (1852–1932)	Im russischen Kaiserreich (Litauen) geboren, wurde er nach rabbinischen Studien 1892 zum Rabbiner in Lublin gewählt. 1894–1910 amtierte er als Rabbiner im ebenfalls litauischen Mariampol. Nach dem Tod seiner Ehefrau entschloss er sich im Alter von 74 Jahren zur Auswanderung nach Erez Israel und ließ sich in Jerusalen nieder. Dort wurde er von Rabbiner Sonnenfeld* zum Leiter der Jeschiwa Ohel Moshe („Zelt Moses") ernannt.
Knapp, Georg Friedrich (1842–1926)	Nationalökonom, lehrte 1872–1918 an der Universität Straßburg, an der er 1891/92 und 1907/08 auch das Amt des Rektors innehatte. Seine Tochter Elly heiratete später den ersten deutschen Bundespräsidenten Theodor Heuss. Literatur: Braeuer, *Knapp, Georg Friedrich,* 152f.

5. Glossare

Kohler, Joseph (1849–1919)	Rechtsgelehrter. Er wurde 1888 an die Universität Berlin berufen, wo er Bürgerliches Recht, Handels- und Strafrecht, Zivilprozess und Rechtsphilosophie lehrte. Literatur: Großfeld, *Joseph Kohler*, 375–404.
Laband, Paul (1838–1918)	Staatsrechtslehrer jüdischer Herkunft. Er ließ sich 1857 taufen. 1872 wurde er auf einen Lehrstuhl an der Universität Straßburg berufen. 1880 wurde er Mitglied des Staatsrats für Elsass-Lothringen. Literatur: Hamburger, *Juden im öffentlichen Leben,* 89–91 und 392.
Lazarus, Moses Moritz (1824–1903)	L. wurde 1860 Professor der Philosophie in Bern, 1867 Lehrer der Philosophie an der Berliner Kriegsakademie und 1873 Honorarprofessor an der Universität Berlin. Er gilt als Begründer der Völkerpsychologie, die er gemeinsam mit seinem Schwager Heymann (Chajim) Steinthal (1823–1899) entwickelte. Er gehörte zu den Gründern der liberalen Hochschule für die Wissenschaft des Judentums und war Teil der Leitung des (von Breuer heftig atackierten) Deutsch-Israelitischen Gemeindebundes. Seine Schrift „Die Erneuerung des Judentums“ (1909) wurde von Breuer kritisch besprochen.
Lenel, Otto (1849–1935)	Rechtshistoriker, war Sohn des Unternehmers Moritz Lenel (1811–1876), dessen Vater, ursprünglich Herz Löwenthal, in den 1820er Namen seinen Namen geändert hatte. Die Witwe Otto L.s, Luise geb. Eberstadt, wurde gemeinsam mit der Tochter Bertha Lenel im Oktober 1940 in das Lager Gurs in Frankreich verschleppt, wo sie starb. Bertha Lenel überlebte.
Leonhard, Franz (1870–1950)	Rechtshistoriker, seit 1899 ordentlicher Prof. für Römisches und Deutsches Bürgerliches Recht in Marburg/Lahn. Zur Zeit des Nationalsozialismus

	war er, obwohl Jude, vom Gesetz zur Wiederherstellung des Berufsbeamtentums nicht betroffen, da er als Hauptmann der Reserve am Weltkrieg teilgenommen und er sein Ordinariat bereits 1899 erhalten hatte. Nach seiner Emeritierung 1936 wurde er aber aus dem Personal- und Vorlesungsverzeichnis der Universität gestrichen. Vgl. den Eintrag, Leonhard, Franz Wilhelm in der Hessischen Biographie: https://www.lagis-hessen.de/pnd/116919140. Als aktives Mitglied der schlagenden und farbentragenden Verbindung Corps Hasso-Nassovia hatte er sich bei einer Mensur, einem Fechtkampf mit einem Mitglied einer anderen Studentenverbindung mit geschärften Klingenwaffen, eine Verletzung („Schmiss“) zugezogen. Als das Corps 1933 das Führerprinzip annahm und sich zum Arierparagraphen bekannte, legte Leonhard gemeinsam mit 15 weiteren Corpsbrüdern sein Corpsband nieder und trat aus der Verbindung aus. Am 20. Mai 1936 wurde die Verbindung aufgelöst. Unter Mitwirkung Leonhards wurde das Corps 1950 neu gegründet. Vgl. https://www.hasso-nassovia.de/hasso-nassovia (10. 9. 2022).
Liebmann, Otto (1840–1912)	Seit 1878 ordentlicher Professor der Philosophie an der Kaiser Wilhelm-Universität Straßburg, gehörte zu den Begründern der Neukantianismus. Seine Schrift *Zur Analysis der Wirklichkeit* erschien 1876 in Straßburg (3. Aufl. 1900).
Liszt, Franz Eduard von (1851–1919)	Rechtsgelehrter, war von 1898 bis 1917 Strafrechts- und Völkerrechtslehrer an der Berliner Universität. Literatur: Muñoz Conde, *Franz von Liszt*.
Lewin, Adolf (1843–1910)	Nach dem Studium am Jüdisch-Theologischen Seminar in Breslau amtierte L. als Rabbiner u.a. in Koźmin (damals preußisch *Koschmin*) und Freiburg im Breisgau. Er war schriftstellerisch tätig

	und veröffentlichte Abhandlungen zu historischen Themen.
Lewin, Isaak (Jizchak) Meir (1894–1971)	Schwager des „Gerer Rebben“ und politischer Aktivist des Gerer Chassidismus. In der Zwischenkriegszeit vertrat er die Agudat Israel im polnischen Sejm, in der Gründungsphase des israelischen Staates war er Mitglied des Provisorischen Staatsrates für die Agudat Israel und im Anschluss erster israelischer Sozialminister. Literatur: Morgenstern, *Von Frankfurt*, 74, 85 und 99.
Lombroso, Cesare (1835–1909)	Italienisch-jüdischer Psychiater und Kriminologe. L. begründete die kriminalanthropologische Schule der Strafrechtslehre, die für die Einbeziehung naturwissenschaftlich ausgebildeter Fachleute (Mediziner, Biologen, Anthropologen) zur Untersuchung von Straftaten eintrat. Unter dem Einfluss spekulativer Annahmen zur Physiognomie von Verbrechern und der Schädellehre schlug er die Typisierung von Verbrechern anhand äußerer Körpermerkmale vor, die in den rassenbiologischen Vorstellungen der Nationalsozialisten aufgenommen wurden. L. war mit Max Nordau* befreundet, der ihn für den Zionismus gewann. Literatur: Schulte, *Max Nordau*, 344–348.
Macht, David (1882–1961)	In Moskau geboren, wanderte er mit zehn Jahren in die USA aus. I. Breuer lernte er offenbar kennen, als er Aufbaustudiengänge in Berlin, München und/oder Wien besuchte. 1912–1932 lehrte er Pharmakologe an der Johns Hopkins University (Baltimore, Maryland).
Marcus, Ernst Moses (1856–1928)	Jüdischer Jurist und Philosoph; seit 1890 Amtsrichter in Essen; während der NS-Zeit wurden seine Schriften makuliert.

	Literatur: Segreff, Lüdtke: *Marcus, Ernst Moses*, 135f.
Mayer, Max Ernst (1875–1923)	Strafrechtler und Rechtsphilosoph, erhielt nach seiner Habilitation in Straßburg (1900) sechs Jahre später den Titel eines Professors verliehen und wurde 1910 außerplanmäßiger Professor in Straßburg. Seine Mutter Johanna Goldschmidt war Jüdin, auch sein Vater, der Fabrikant Emil Mayer (1848–1910), ein Urenkel des jüdischen kurfürstlich-pfälzischen Hoffaktors Gottschalk Moses Elias Mayer (1761–1835), war jüdischer Abstammung, ließ sich aber taufen. M. selbst wurde evangelisch getauft. Literatur: Hamburger, *Juden im öffentlichen Leben,* 382.
Nordau, Max (1849–1923)	Schriftsteller, Kulturkritiker, Arzt (Theodor Herzls Pariser Hausarzt) und Mitgründer der ZWO. Er war einer der wichtigsten Mitarbeiter Herzls*. In seinen Schriften, in denen er sich für geistig-moralische Gesundheit einsetzte und die „Dekadenz" bekämpfte, ließ er sich von Charles Darwin, Cesare Lombroso* und August Comte inspirieren und prägte den Begriff des „Muskeljuden". Unter den Orthodoxen, die Mischehen ablehnten, geriet N. in Verruf, weil er 1898 eine protestantische Dänin heiratete. Literatur: Schulte, *Max Nordau.*
Rickert, Heinrich (1863-1936)	Philosoph; Vertreter der Heidelberger Schule des Neukantianismus; er gilt als wichtigster Schüler Wilhelm Windelbands. Literatur: Ottnad, *Badische Biographien*, 229–231.
Rosenheim, Jakob (1870-1965)	Der in Frankfurt a.M. geborene R. war eine der Führungspersönlichkeiten der deutsch-jüdischen Orthodoxie. 1912 gehörte er zu den Gründern der AI, deren langjähriger Präsident er war. Von 1906

bis 1935 gab er die orthodoxe Wochenzeitschrift *Der Israelit* heraus. 1941–1950 lebte er in den USA und wanderte dann nach Israel aus.
Literatur: Rosenheim, *Erinnerungen*.

Rothschild, Baron Wilhelm Carl von (1828–1901)
: Frankfurter Bankier und Mäzen, der dritte von vier Söhnen von Carl Mayer von R., dem vierten der fünf Söhne des Familiengründers Mayer Amschel R.; er lehnte die jüdische Reformbewegung in Frankfurt ab und unterstützte die IRG beim Bau ihrer eigenen Synagoge. R. unterstützte auch die vom Kolel Hod (hebräisch abgekürzt etwa „Lerninstitut Holland und Deutschland") verwalteten Einrichtungen der Armen- und Pilgerfürsorge im Alten Jischuw in Jerusalem.
Literatur: Morgenstern, *Von Frankfurt*, 138 –141.

Schlesinger, Abraham Jehoshua Falk (1895–1968)
: In eine neoorthoxe Hamburger Familie geboren (er war Bruder des späteren Rabbiners Jechiel Michel Schlesinger), studierte S. Medizin und wurde Arzt. 1933 wanderte nach Palästina aus und wurde später Generaldirektor des Jerusalemer Sha'are Zedeq-Hospitals. In der Zeit, in der I. Breuer die Leitung des Keren Hajischuw innehatte, fungierte S. als Kassenwart der Organisation.

Schmoller, Gustav von (1838–1917)
: Ordentlicher Professor für Staatswissenschaften in Berlin (1882–1917). In seinen Schriften machte er auf die Schattenseiten der kapitalistischen Wirtschaftsordnung (Manchester-Liberalismus) aufmerksam. Um seine sozialpolitischen Theorien und Initiativen zu kennzeichnen, wurde der Begriff des „Kathedersozialismus" geprägt. 1908 wurde S. durch die Erhebung in den preußischen Adelsstand geehrt.

	Literatur: Hansen, Tennstedt (Hg.), *Biographisches Lexikon*, 139f. Winkel, *Gustav von Schmoller,* 97–118.
Schücking, Walther Max Adrian (1875–1935)	Rechtswissenschaftler (Staats-, Völker-, Kirchen- und Verwaltungsrecht) an der Philipps-Universität Marburg (1902–1920), wo er mit den Marburger Neukantianern Hermann Cohen* und Paul Natorp und dem Theologen Martin Rade in Kontakt stand. 1931–1935 war er Richter am Internationalen Gerichtshof in Den Haag. Literatur: Acker, *Walther Schücking*, 200–205.
Sirkis, Elieser (1880–1952)	Kassenwart des *Keren Hajischuw* unter der Leitung von Isaac Breuer. Sirkis war ein wohlhabender Anhänger des Gerer Chassidismus, der der Bücherei der Gerer Jeschiwa *Sfat Emet* („Sprache der Wahrheit") in Jerusalem 15.000 Bücher aus seinem Privatbesitz spendete.
Stammler, Rudolf (1856–1938)	Nach seiner Habilitation über römisches Recht (1880) war S. Lehrstuhlinhaber in Halle (1885–1916). Er stand dem Neukantianismus nahe, auf dessen Grundlage er die Rechtsphilosophie erneuern wollte. Sein Buch *Wirtschaft und Recht nach der materialistischen Geschichtsauffassung* (Leipzig 1896) wurde von Max Weber vernichtend kritisiert. Zu Stammlers Verhältnis zu Hermann Cohen* und Paul Natorp vgl. Wenn, *Rechts- und Sozialphilosophie Rudolf Stammlers*, 27. In der NS-Zeit war Stammler Mitglied im Ausschuss für Rechtsphilosophie der von NS-Justizminister Hans Frank gegründeten *Akademie für Deutsches Recht*. Vgl. https://www.catalogus-professorum-halensis.de/stammlerrudolf.html.

5. Glossare

Twardowski, Kazimierz Jerzy (Skrzypna-Twardowski) (1866–1938)	Polnischer Adliger und Philosoph, Schüler Franz Brentanos. Seine Dissertation Idee und Perception. Eine erkenntnis-theoretische Untersuchung aus Descartes wurde 1892 veröffentlicht. T. wurde 1895 auf einen Lehrstuhl für Philosophie in Lemberg (Lwiw) berufen und gilt als Begründer der Lemberg-Warschau-Schule der Philosophie.
Vaihinger, Hans (1852–1933)	Philosoph und Kant-Forscher; V. wurde 1883 in Straßburg zum außerordentlichen Professor ernannt; 1894 erhielt er einen ordentlichen Lehrstuhl in Halle. Vaihingers Hauptwerk, *Die Philosophie des Als Ob*, erschien 1911 in erster Auflage in Berlin (10. Aufl. Leipzig 1927, hiervon Neudruck Aalen 1986; Übersetzungen ins Englische, Französische, Italienische und Portugiesische). Literatur: Jonas, *Durchdenker des Als-Ob*.
Wagner, Adolf (1835–1917)	Staats-, Wirtschafts- und Finanzwissenschaftler, unterrichtete 1870–1916 an der Berliner Friedrich-Wilhelms-Universität. Er war Mitglied im *Verein für Socialpolitik* und wurde zu den „Kathedersozialisten“ gerechnet. In der Berliner antisemitischen Bewegung der 1880er Jahre arbeitete er mit dem evangelischen Hof- und Domprediger Adolf Stoecker zusammen. Literatur: Hansen, Tennstedt (Hgg.), *Biographisches Lexikon*, 167f.
Waltershausen, August Sartorius Freiherr von (1852–1938)	Von 1888 bis zum Ende des Ersten Weltkrieges Professor für Nationalökonomie an der Universität Straßburg. 1918 musste er in Folge der Niederlage Deutschlands im Ersten Weltkrieg das Elsass verlassen.

Windelband, Wilhelm (1848–1915)

Philosoph; er war Begründer der südwestdeutschen Schule des Neukantianismus, auf die Breuer sich berief, während er den „Marburger Neukantianismus“, vertreten durch Hermann Cohen*, ablehnte. W. lehrte 1882–1903 an der Universität Straßburg. Anschließend wechselte er als Nachfolger seines Lehrers Kuno Fischer nach Heidelberg. Breuer studierte Windelbands *Präludien. Aufsätze und Reden zur Einleitung in die Philosophie* (Freiburg/Breisgau 1884).

6. Abkürzungen

AI	Agudat Israel
B.J.A.	Bund jüdischer Akademiker
IBWA	Isaac Breuer-Werkausgabe
IRG	Israelitische Religionsgesellschaft (Frankfurt a.M.)
JL	Jüdisches Lexikon (Berlin 1926)
JM	Jüdische Monatshefte
K.G.	Kenessia Gedola („Große Versammlung" der AI)
KKL	Keren Kajemet LeJisrael (Jüdischer Nationalfonds)
JM	Jüdische Monatshefte
MW	Mein Weg, I. Breuer Autobiographie, 1. Auflage
NDB	Neue Deutsche Bibliographie
NZ	Nachalat Zwi (hebr. „Erbe Hirschs"), orthodoxe Monatszeitschrift
PAI/Pagi	Poalei Agudat Israel
R.	Rabbi, Rabbiner
RGG	Religion in Geschichte und Gegenwart
s.A.	Seligen Andenkens
TDE	Tora im Derech Erez
TRE	Theologische Realenzyclopädie
V.J.A.	Vereine jüdischer Akademiker
z. St.	Zur Stelle (in der Bibel)
ZWO	Zionistische Weltorganisation

7. Literatur

7.1 Werke Isaac Breuers

Neigung und Pflicht, in: Der Israelit 42 (1901), 1599–1602 (=IBWA 3, 1–11).

Rückblick über das Jahr 5663. Ein Vortrag, gehalten in der „Vereinigung zur Pflege jüdischer Lebensanschauung“ zu Frankfurt a.M., in: Der Israelit 44 (1903), 2115–2119, 2131–2136 (=IBWA 3, 172–177).

Jerusalem. Historische Erzählung, in: Der Israelit 44 (1903), Nr. 33 (30. April), 734-736; Nr. 34 (4. Mai), 758-760; Nr. 35 (7. Mai), 774-776; Nr. 36 (11. Mai), 802-804; Nr. 37 (14. Mai), 823-824; Nr. 38 (18. Mai), 854-856; Nr. 39 (20. Mai), 871-872; Nr. 40 (25. Mai), 895-896; Nr. 41/42 (28. Mai), 910-912; Nr. 43/44 (4. Juni), 951-952; Nr. 45 (8. Juni), 978-980; Nr. 46 (10. Juni), 1002-1004; Nr. 47 (15. Juni), 1030-1032; Nr. 48 (18. Juni), 1050-1052; Nr. 49 (22. Juni), 1082-1084; Nr. 50 (25. Juni), 1099-1100; Nr. 51 (29. Juni), 1130-1132; Nr. 52 (2. Juli), 1147-1148; Nr. 53 (6. Juli), 1171-1172; Nr. 54 (9. Juli), 1191-1192; Nr. 55 (13. Juli), 1115-1116; Nr. 56 (16. Juli), 1234-1236 und Nr. 57 (20. Juli), 1262-1264. (=IBWA 3, 19–128).

Epilog zum Tode Dr. Herzls (anonym veröffentlicht), in: Der Israelit Centralorgan für das orthodoxe Judentum, 45 (1904), Nr. 61 vom 1. 8. 1904, 1295–1297 (= IBWA 3, 162–167).

Epilog zur Schillerfeier, in: Straßburger Post, 18. August 1905, Nr. 871, Erste Morgen-Ausgabe, 18 (=IBWA 3, 172–177).

Das Freiheitsproblem. Aus dem Skizzenbuche eines jüdischen Akademikers, in: Der Israelit 47 (1906), Nr. 36, 8–9; 38, 37, 5–6; 38, 10 (=IBWA 3, 181–196).

Auf der Heimfahrt ins Philisterland. Von einem V.J. Aer in: Der Israelit 48 (1907), Nr. 13, 28. März, 4–7 (=IBWA 3, 199–216).

Die Erneuerung des Judentums, in: Der Israelit 50 (1909), Nr. 14, 5. April, 1f.

Lehre, Gesetz und Nation. Eine historisch-kritische Untersuchung über das Wesen des Judentums, in: Der Israelit 51 (1910), Nr. 43, 28. Oktober, 1–3; Nr. 44, 3. November, 1–3; Nr. 45, 10. November, 4–6; Nr. 46, 17. November, 6–7 (=IBWA 1, 1–54).

7. Literatur

Die Taufe als „Kulturfaktor", in: Der Israelit 52 (1911), Nr. 8, 23. Februar, 3–5; Nr. 9, 2. März, 4 (=IBWA 3, 242, Nr. 21).

Was lässt Hermann Cohen vom Judentum übrig? In: Der Israelit 52 (1911), Nr. 11, 2–3; Nr. 12, 1–2; Nr. 13, 3–4; Nr. 15, 3–4 (=IBWA 1, 56–74).

Jüdisches Frauenrecht, Sklavenrecht, Fremdenrecht, Die rechtsphilosophischen Grundlagen des jüdischen und modernen Rechts, in: Jahrbuch der Jüdisch-Literarischen Gesellschaft 8 (1911), 35–64 (=Frauenrecht, Sklavenrecht und Fremdenrecht, in: Wegzeichen, Frankfurt a.M. 1923; Kritische Ausgabe in: IBWA 1, 131–183).

Friedhof und Feuerbestattung, Berlin 1912.

Der Rechtsbegriff auf Grundlage der Stammlerischen Sozialphilosophie, in: Kant-Studien, Ergänzungsheft, Nr. 27, Berlin 1912 (=IBWA 3, 243, Nr. 28).

Die Lehre vom unrichtigen Recht, in: Gerichtssaal 80 (1912), 395–404 (= IBWA 3, 244, Nr. 39).

(Jonathan ben Usiel): Politik und kein Ende, in: Deutsch-Israelitische Zeitung 29 (1912), Nr. 45, 2–3; Nr. 48, 1–2; Nr. 49, 1–2; Nr. 52, 1–3; 30 (1913), Nr. 1, 2–4; Nr. 2, 17–18; Nr. 3, 4–5; Nr. 4, 3–4; Nr. 5, 5–6 (= IBWA 3, 244, Nr. 37).

Die preußische Austrittsgesetzgebung und das Judentum, Frankfurt a.M. 1913.

Das bayrische Austrittsspiel, in: JM 1 (1914), Nr. 4, 149–155.

Austrittsspiel (Besprechung eines Offenen Briefes von Kommerzienrat Sigmund Fraenkel), in: JM 1 (1914), 269–270.

Die Wurzel des Krieges, in JM 3 (1916), 214–228.

Der Begriff des Wunders im Judentum, in: JM 3 (1916), 258–271 (=Wunder, Prophetie und Schöpfung, in: ders.: Wegzeichen, Frankfurt a.M. 1923; IBWA 1, 185–209).

Die Neuorientierung des deutschen Judentums, in: JM 4 (1917), 129–164 (=IBWA 2, 3–40).

Messiasspuren, Frankfurt a.M. 1918 (=IBWA 1, 341–437).

7. Literatur

Judenproblem, Halle 1918 (=IBWA 1, 211–340).

Eine Selbstanzeige, in: JM 1918, 359 (=IBWA 1, 438).

Ein Kampf um Gott, Frankfurt a.M. 1920.

Die Idee des Agudismus, Frankfurt a.M. 1921 (=IBWA 2, 101–130).

Falk Nefts Heimkehr, Frankfurt a.M. 1923.

Elijahu, Frankfurt a.M. 1924 (=IBWA 5).

(Fritz Mänzer): Achduss oder Von Mendelssohn bis Loeb, Frankfurt a.M. 1924.

Das jüdische Nationalheim, Frankfurt a.M. 1925 (=IBWA 2, 131–230).

Die Welt als Schöpfung und Natur, Frankfurt a.M. 1926 (=IBWA 1, 459–573).

Die zwei Hirtenstäbe, 1926 (=IBWA 2, 55–73).

Programm oder Testament: vier jüdische-politische Aufsätze, Frankfurt a.M. 1929 (=IBWA 2, 1–100).

Die Lage des deutschen Judentums, in: NZ 1 (1930/1931), 322–327.

Raphael Breuer und die deutsche Orthodoxie, in: NZ 2 (1931/32), 120–128.

Eine Erklärung (mit Jacob Rosenheim), in: Der Israelit 75 (1934) Nr. 15, 12. April, 13.

Erez Jisroel und die Orthodoxie. Zwei Referate, gehalten von Isaac Breuer und Jacob Rosenheim; hg. von der Palästina-Centrale der Agudas Jisroel, Frankfurt a.M. 1934.

Manifest an die agudistischen Arbeiter in Erez Jisroel, in: Der Israelit 75 (1934), Nr. 27, 5. Juli, 1. 3 (=IBWA 3, 251, Nr. 130).

Der Neue Kusari (1934) (=IBWA 4).

Rabbiner Hirsch als Wegweiser in die jüdische Geschichte, in: NZ 5 (1934/35), 69–84.

7. Literatur

Oberrabbiner Kook s.A., in: NZ 5 (1934/35), 181–188.

Erez Jisroel-Probleme, in: Der Israelit 76 (1935) Nr. 13, 1. 3–5; Nr. 18, 1. 3–5; Nr. 19, 1. 3–5; Nr. 20, 1. 3–4 (=IBWA 2, 233–274).

100 Jahre „19 Briefe", in: NZ 6 (1935/36), 113–128.

Hapoel Hacharëdi, in: NZ 6 (1935/36), 289–295.

Erez Jisroel-Briefe (1935/36) (=IBWA 2, 281–332).

100 Jahre 19 Briefe, in: NZ 6 (1935/36). 113–128 (=Sonderdruck der Leitung der Frankfurter Jeschiwa anläßlich der Übersiedlung Breuers nach Palästina, Adar 5696/1936).

Erez-Jisroel-Briefe, in: NZ 6 (1935/36), 229–232; Der Israelit 77 (1936), Nr. 25, vom 18. Juni, 5–6; Nr. 26, vom 25. Juni, 5–6; Nr. 27, vom 2. Juli, 4–6; Nr. 28, vom 9. Juli, 5–6; Nr. 31, 30. Juli, 4–5; Nr. 33, 13. August, 7–8 (=IBWA 2, 282–321).

Agudismus als Idee und Tat, in: Der Israelit 77 (1937), Nr. 52 (31. Dezember), 1. 3–5 (=IBWA 2, 350–360).

Zur Erinnerung an das deutsche Judentum, 1942, in: ders., Weltwende, Jerusalem 1979, 121–281.

אגודת ישראל תארגן את עם התורה'. נאום ד"ר יצחק ברייער (*Die Agudat Israel wird das Toravolk organisieren.*" Rede Dr. Isaac Breuers), in: הדרך („Der Weg") 5703 (1942/43), Nr. 37, 22. Ijar (27. Mai), 2 (=IBWA 3, 263, Nr. 240).

Judaism and National Home, 1943/46 (=IBWA 2, 421–577).

עם התורה המאורגן. להתחדשות של אגו"י) (*Das organisierte Volk der Tora* [Zur Erneuerung der Agudat Jisrael]), Tel Aviv 5704 (1943/44). (=IBWA 3, 263, Nr. 244).

Moriah (hebr.), Jerusalem 1944 (= IBWA 3, 263, Nr. 248).

Judaism and the World of Tomorrow, in: Leo Jung (Hg.): Israel of Tomorrow, New York 1946, 87–97.
Weltwende Jerusalem 1979.

7. Literatur

Savenu (hebr., *Unser Großvater*, Dr. Isaac Breuer, das Gedenken des Gerechten sei gesegnet), 13. Av 5756 (29. Juli 1996), zum Gedenken an seinen 50. Todestag, Jerusalem 5756 (1996) (hg. von seinen Enkeln).

7.2 Literatur anderer Autoren der deutsch-jüdischen Orthodoxie

Breuer, Joseph: *Am Heiligtumsquell des jüdischen Ehelebens*, Frankfurt a.M. 1923.

Breuer, Joseph: *The Frankfurt Kehillah*, in: Salomon Breuer: Chochmo U'Mussar. An Original Approach to Sidrah Interpretation, Jerusalem/New York 1996.

Breuer, Mordechai: *Jüdische Orthodoxie im Deutschen Reich 1871-1918.* Sozialgeschichte einer religiösen Minderheit, Frankfurt a.M. 1986.

Breuer, Mordechai: *Vier Trauerreden über Theodor Herzl aus der Feder eines Konkurrenten.* Zum fünfzigsten Todestag von Dr. Isaac Breuer (hebr.), in: Ma'ayan 5756 (1996), 7–16.

Breuer, Raphael: *Nationaljudenthum – Wahnjudenthum*, Mainz 1903.

Breuer, Raphael: חמש מגילות. *Band 1: Hohes Lied,* Frankfurt a. M. 1912.

Breuer, Raphael: *Dr. Ritters Gutachten über Frauenwahlrecht* (sic), in: JM VI (1919), 274–277.

Breuer, Raphael: *Das Buch Josua übersetzt und erklärt.* Mit einem Nachwort und Erklärungen hg. von Matthias Morgenstern, Berlin 2014.

Ehrmann, Salomon: *Isaac Breuer*, in: Leo Jung (Hg.), *Guardians of our Heritage*, New York 5719/1958, 619–646.

Fraenkel, Siegmund: *Offener Brief an Herrn Rechtsanwalt Dr. jur. Isaak Breuer in Frankfurt a. M.,* Frankfurt 1914.

Hirsch, Naphtali: *Ein Blick in seine Geisteswerkstätte*. Herausgegeben von seinen Kindern, Frankfurt a.M. 5683 (1923).

Hirsch, Samson Raphael: *Neunzehn Briefe über Judentum,* Altona 1836.

Hirsch, Samson Raphael: *Horeb*. Versuche über Jissroels Pflichten in der Zerstreuung, Altona 1837. (Neuauflage Basel 1992: *Chorew*. Versuch über Jisraels Pflichten).

7. Literatur

Hirsch, Samson Raphael: *Israels Gebete*, Frankfurt a.M. 1895.

Hirsch, Samson Raphael: *Gesammelte Schriften*, Bd. 1–6, Frankfurt a.M. 1902–1912.

Hirsch, Samson Raphael: *Der Pentateuch übersetzt und erklärt,* Frankfurt a. M. 1986.

Hirsch, Samson Raphael: ספר תהילים. *Psalmen,* Basel/Zürich 1995.

Jung, Leo: *Israel of Tomorrow*, New York 1946.

Rosenheim, Jacob: *Oholei Jaakov*. Ausgewählte Aufsätze und Ansprachen, Bd. 1–2, Frankfurt a.M. 1930.

Rosenheim, Jacob: *Erinnerungen 1870–1920*, Frankfurt a.M. 1970.

7.3 Sekundärliteratur zur deutsch-jüdischen Orthodoxie

Bacher,Wilhelm: *Die Agada der babylonischen Amoräer*, Frankfurt a.M. 1913.

Baeck, Leo: *Besitzt das überlieferte Judentum Dogmen*?, in: Monatsschrift für Geschichte und Wissenschaft des Judentums 70 (1926), 225–236.

Böhm, Adolf: *Die Zionistische Bewegung bis zum Ende des Weltkrieges,* Berlin 1935.

Croitoru, Joseph: *Al-Aqsa oder Tempelberg*, Der ewige Kampf um Jerusalems Heilige Stätten, München 2021.

Eliav, Mordechai, Hildesheimer, Esriel: Das *Berliner Rabbinerseminar* 1873–1938. Seine Gründungsgeschichte – seine Studenten, Potsdam 2008.

Fund, Yossef:תנועה בחרבות (hebr.), A *Movement in Ruins*. Agudat Israel's Leadership Confronting the Holocaust, Jerusalem 2008.

Greenberg, Gershon: Sovereignty as Catastrophe: *Jakob Rosenheim's Hurban Weltanschauung*, in: Holocaust and Genocide Studies, Volume 8, Issue 2, Fall 1994, 202–224.

7. Literatur

Greenberg, Gershon: *The Yishuv of History vs. The Yishuv of Revelation:* Jacob Rosenheim's 1934 Response to Isaac Breuer, in: Judaica. Beiträge zum Verstehen des Judentums 74 (2018), Nr. 4, 12–21.

Hildesheimer, Meir, Morgenstern, Matthias: *Rabbiner Samson Raphael Hirsch in der deutschsprachigen jüdischen Presse.* Materialien zu einer bibliographischen Übersicht, Berlin 2013.

Initiative 9. November (Hg.): *Erinnerung braucht Zukunft.* Der Ort der zerstörten Synagoge an der Friedberger Anlage in Frankfurt am Main, Frankfurt a. M. 2010.

Katz, Jakob: *With My Own Eyes.* The Autobiography of an Historian, Hanover/ London 1989.

Kraft, Christian: *Aschkenas in Jerusalem.* Die religiösen Institutionen der Einwanderer aus Deutschland im Jerusalemer Stadtviertel Rechavia (1933–2004) – Transfer und Transformationen, Göttingen 2014.

Kranzler, David, Landesman, Dovid: *Rav Breuer.* His Life and His Legacy, New York 1999.

Mittleman, Alan: *Some German Jewish Attitudes toward the Land of Israel and the Zionist Movement,* in: Jewish Political Studies Review 6, 3–4 (1994), 107–125.

Mittleman, Alan L.: *The Politics of Torah.* The Jewish Political Tradition and the Founding of Agudat Israel, Albany 1996.

Morgenstern, Matthias: *Von Frankfurt nach Jerusalem.* Isaac Breuer und die Geschichte des Austrittsstreits in der deutsch-jüdischen Orthodoxie, Tübingen 1995.

Morgenstern, Matthias: Von „jüdischer Züchtigkeit und sinnlichem Vergnügen" *– Die Kommentare zum Hohenlied* von H. Graetz und R. Breuer, in: Frankfurter Judaistische Beiträge, 28/2001, 121–148.

Morgenstern, Matthias: *Die Geschichte der Israelitischen Religionsgesellschaft in Frankfurt am Main.* Ein Lehrstück über den Kulturkampf, die Integration religiöser Minderheiten und die Liebe zur deutschen Kultur, in: Initiative 9. November (Hg.): *Erinnerung braucht Zukunft*. Frankfurt a. M. 2010, 42–52.

Morgenstern, Matthias: *Rabbi S. R. Hirsch and his Perception of Germany and German Jewry,* in: Steven E. Aschheim, Vivian Liska (Hgg.): The German-Jewish Experience Revisited (perspectives on Jewish Texts and Contexts 3), Berlin/Boston 2015, 207–230.

Morgenstern, Matthias: *Jüdisch-orthodoxe Wege zur Bibelkritik*, in: ders.: Schriften zur deutsch-jüdischen Orthodoxie. Gesammelte Aufsätze, Berlin 2021, 234–265.

7.4 Sonstige Literatur

Acker, Detlev: *Walther Schücking* (1875–1935), Münster 1970.

Amir, Yehoyada: Art. *Bomberg, Daniel*, in: RGG4, Bd. 1, 1679.

Bacon, Gershon C.: *Daat Torah and Birthpangs of the Messiah* (hebr.), in: Tarbiz 1982/83, 497–508.

Balog, Yeshaya P.: The *Hungarian Grandson of Samson Raphael Hirsch,* in: Judaica. Beiträge zum Verstehen des Judentums 74 (2018), Nr. 4, 2–12.

Balog, Yeshaya P.: *Die kämpfende Persönlichkeit,* Isaac Breuers Konzept der jüdischen Erziehung, Wien/Zürich 2018.

Braeuer, Walter: Art. *Knapp, Georg Friedrich*, in: NDB 12, Berlin 1980, 152f.

Braunberger, Gerald: *Was ist neu an der Modern Monetary Theory*? Eine Erinnerung an Knapps „Staatliche Theorie des Geldes“, in: Frankfurter Allgemeine Zeitung. 18. Januar 2012.

Caplan, Kimmy: Amram Blau, *The World of Neturei Karta's Leader* (hebr.), Jerusalem 2017.

Chevallier, Sonja: *Fräulein Professor*: Lebensspuren der Ärztin Rahel Hirsch 1870–1953, Düsseldorf 1998.

Dober, Hans Martin: *Zukunftshoffnungen* aus den Quellen des Judentums nach dem Ende des Ersten Weltkriegs: Isaac Breuers „Messiasspuren“ im Kontext, in: Judaica. Beiträge zum Verstehen des Judentums 74 (2018), Nr. 4, 21–42.

7. Literatur

Gebel, Ada: (הסתדרות פועלי אגודת ישראל בארץ ישראל - שנות הייסוד 1933-1939) (hebr.) *The Po'alei Agudat Yisrael Workers Movement in Palestine - The Founding Years* (1933–1939), Doctoral Thesis, Ben-Gurion University of the Negev 2015.

Großfeld, Bernhard: *Joseph Kohler* (149-1919), in: Stefan Grundmann, Michael Klopfer, Christoph G. Paulus et al. (Hgg.): Festschrift 200 Jahre Juristische Fakultät der Humboldt-Universität zu Berlin, Berlin/New York 2010, 375–404.

Hamburger, Ernest: *Juden im öffentlichen Leben Deutschlands.* Regierungsmitglieder, Beamte und Parlamentarier in der monarchischen Zeit 1848–1918 (Schriftenreihe wissenschaftlicher Abhandlungen des Leo BaeckInstituts 19), Tübingen 1968.

Hansen, Eckhard, Tennstedt, Florian u.a. (Hgg.): *Biographisches Lexikon zur Geschichte der deutschen Sozialpolitik 1871 bis 1945.* Band 1: Sozialpolitiker im Deutschen Kaiserreich 1871 bis 1918, Kassel 2010.

Heyer, Siegfried: Art. *Enneccerus,* Karl Martin Ludwig, in: NDB 4, Berlin 1959, 536f.

Von Jhering, Rudolf: *Der Zweck im Recht*, 1. Bd., Leipzig 1877.

Jonas, Jürgen: *Der tiefe Durchdenker des Als-Ob*, in: Schwäbisches Tagblatt, 18. 12. 2013.

Kahana, Kalman: הנוער של אגודת ישראל בגרמניא (hebr.) *Von der Jugend organisation der Agudat Israel* in Deutschland), in: Orthodoxe Jugendblätter (Warschau), 1935, Nr. 1, 27.

Katz, Jakob, *A House Divided:* Orthodoxy and Schism in Nineteenth-Century Central European Jewry, Hannover/London 1998.

Katz, Menachem: *Isaac Breuer's Approach to the Study and Instruction of the Babylonian Talmud – in the geographic-cultural context of Central European Jewry,* in: Judaica. Beiträge zum Verstehen des Judentums 74 (2018), Nr. 4, 83–92.

Knapp, Georg Friedrich: *Staatliche Theorie des Geldes*, Leipzig 1905.

Kohl, Wolfgang: *Walther Schücking* (1875–1935), in: Thomas Blanke (Hg.): Streitbare Juristen. Kritische Justiz, Baden-Baden 1988, 230–241.

7. Literatur

Krämer, Gudrun: *Geschichte Palästinas*. Von der osmanischen Eroberung bis zur Gründung des Staats Israel, München 2003.

Kuczynski, Thomas: *Das Kommunistische Manifest*, Trier 1995.

Lengyel, Gábor: *Moderne Rabbinerausbildung in Deutschland und Ungarn.* Ungarische Hörer an Bildungsinstitutionen des deutschen Judentums (1854–1938), Münsteraner Judaistische Studien, hg. vom Institutum Judaicum Delitzschianum in Münster und Prof. Dr. Matthias Morgenstern, Tübingen, Bd. 26, Berlin 2012.

Levi, Amnon: *The Ultra-Orthodox* (hebr.), Jerusalem 1988.

Lewin, Adolf: *Geschichte der badischen Juden seit der Regierung Karl Friedrichs,* 1738 –1909.

Macht, David: *The Holy Incense*. A Botanical, Pharmacologial, Psychological, and Archaeological Appreciation of the Bible, Baltimore 1928.

Maimonides: The Code of Maimonides. Book Ten: *The Book of Cleanness*, übers. von Herbert Danby, New Haven 1954.

Marcus, Nechama: לעבדה ולשמרה. סיפורו של קיבוץ חפץ חיים. (hebr.) „*Bebauen und Bewahren*. Die Geschichte des Kibbuz Chafez Chajim", Jerusalem 5752 (1992).

Marmorstein, Emile: *Heaven at Bay*. The Jewish Kulturkampf in the Holy Land, London u. a.1969.

Mayer, Denis: *Isaac Breuer* (1883–1946). Philosophie des Judentums angesichts der Krise der Moderne, Berlin 2015.

Morgenstern, Matthias: *Theater und zionistischer Mythos*. Eine Studie zum zeitgenössischen hebräischen Drama unter besonderer Berücksichtigung des Werkes von Joshua Sobol, Tübingen 2002.

Morgenstern, Matthias: Art. *Abraham Jizchak Ha-Kohen Kook* (Kuk), in: Metzler Lexikon jüdischer Philosophen. Philosophisches Denken des Judentums von der Antike bis in die Gegenwart, hg. von Andreas B. Kilcher und Otfried Fraisse, Stuttgart 2003, 304–307.

7. Literatur

Morgenstern, Matthias: *Hermann Cohen und seine Quellen des Judentums*, in: Hans Martin Dober, Matthias Morgenstern (Hg.): Religion aus den Quellen der Vernunft. Hermann Cohen und das evangelische Christentum, Tübingen 2012, 3–27.

Morgenstern, Matthias: *The Image of Edom in Midrash Bereshit Rabbah,* in: RHR 233 (2016), 193–222.

Morgenstern, Matthias, Balog, Yeshaya P.: *Institut „Bina la-Ittim"*, in: Judaica. Beiträge zum Verstehen des Judentums 74 (2018), Nr. 4, 105–111.

Mosès, Stéphane: *Der Engel der Geschichte*. Franz Rosenzweig, Walter Benjamin, Gershom Scholem, Frankfurt a. M. 1994.

Mühling, Markus: *Gott und Götter in den Weltreligionen*, Christentum, Judentum, Islam, Hinduismus, Konfuzianismus, Buddhismus, Göttingen 2014.

Muñoz Conde, Francisco: *Franz von Liszt* (1851–1919). Franz von Liszt als Strafrechtsdogmatiker und Kriminalpolitiker, in: Stefan Grundmann, Michael Klopfer, Christoph G. Paulus et al. (Hgg.): Festschrift 200 Jahre Juristische Fakultät der Humboldt-Universität zu Berlin, Berlin 2010, 439–453.

Nonn, Christoph: *Eine Stadt sucht einen Mörder.* Gerücht, Gewalt und *Antisemitismus* im Kaiserreich, Göttingen 2002.

Ottnad, Bernd (Hg.): *Badische Biographien.* Neue Folge, Band IV, Stuttgart 1996.

Perles, Felix: *Der Krieg und die polnischen Juden in ihrem Verhältnis zu Deutschland,* Königsberg/Pr. 1914.

Ravitzky, Aviezer: „*Forcing the End*": Zionism and the State of Israel as Anti-messianic Undertakings, in: Studies in Contemporary Jewry VII (1991), 34–67.

Reichman, Ronen, *Abduktives Denken und talmudische Argumentation.* Eine rechtstheoretische Annäherung an eine zentrale Argumentationsfigur im babylonischen Talmud, Tübingen 2006.

Röhl, John C. G.: *Kaiser, Hof und Staat.* Wilhelm II. und die deutsche Politik, München 1988.

7. Literatur

Rosenzweig, Franz: *Briefe*. Unter Mitwirkung von Ernst Simon ausgewählt und hg. von Edith Rosenzweig, Berlin 1935.
Schäfer, Barbara: *Israel unter den Völkern*. Zum Ende des Zionismus, Berlin 2018.

Schäfer, Barbara: Art. *Zionismus*, in: TRE XXXVI, 697–704.

Scholem, Gershom: *Politik der Mystik*, in: Jüdische Rundschau, 17. 7. 1934, 1f.

Scholem, Gershom: *Bekenntnis über unsere Sprache*, in: Stéphane Mosès: Der Engel der Geschichte. Franz Rosenzweig, Walter Benjamin, Gershom Scholem, Frankfurt a. M. 1994, 215–217.

Schopenhauer, Arthur: *Preisschrift über die Freiheit des Willens*, Hamburg 1978.

Schulte, Christoph: *Psychopathologie des Fin de Siècle.* Der Kulturkritiker, Arzt und Journalist Max Nordau, Frankfurt a.M. 1997.

Segev, Tom: *The Seventh Million*. The Israelis and the Holocaust (hebr.), Jerusalem 1991.

Selig-Bär, Edouard: *Siddur Schma Kolenu*, Basel 2011.

Segreff, Klaus-Werner, Lüdtke, Horst: Art. *Marcus, Ernst Moses*, in: NDB 16, Berlin 1990, 135f.

Shalem, Chajjim: *Shnat ha-Shmita ha-rishona shel yishuve po'alei agudat jisrael be-erets jisrael,* in: Ha-Ma'ayan, Tishri 5720 (2019), 356–369.

Simrock, Karl: *Die deutschen Volksbücher* in ihrer ursprünglichen Echtheit wiederhergestellt, Bd. 5, Frankfurt a.M. 1846.

Smith, Helmut Walser: *Die Geschichte des Schlachters.* Mord und Antisemitismus in einer deutschen Kleinstadt, Göttingen 2002.

Sparr, Thomas: *Grunewald im Orient.* Das deutsch-jüdische Jerusalem, Berlin 2018.

Stammler, Rudolf: *Wirtschaft und Recht nach der materialistischen Geschichtsauffassung,* Leipzig 1896.

7. Literatur

Stammler, Rudolf: *Die Lehre vom richtigen Recht*, Berlin 1902 (neubearb. Aufl. Halle 1926).

Szabó, Anikó: *Vertreibung, Rückkehr, Wiedergutmachung,* Göttingen 2000.

Teichtal, Jissachar Schlomo: *Eim Habanim Semeichah*. On Eretz Yisrael, Redemption, and Unity, Jerusalem 2000.

Thiessen, Jan: *Otto von Gierke* (1841–1921) Rechtsgeschichte, Privatrecht und Genossenschaft in Briefen und Postkarten, in: Stefan Grundmann, Michael Kloepfer, Christoph G. Paulus et al. (Hg.): Festschrift 200 Jahre Juristische Fakultät der Humboldt-Universität zu Berlin, Berlin 2010.

von Taver, Katja: Nietzsches Auseinandersetzung mit Fichte, in: *Nietzsche-Studien* 32, Berlin 2003, 365–373.

Unna, Moshe: בדרכים נפרדות. המפלגות הדתיות בישראל. בחינת דרכן ערב הקמת המדי־נה ובכנסת הראשונה והשניה (hebr.) *Auf getrennten Wegen.* Die religiösen Parteien in Israel und ihr Weg am Vorabend der Staatsgründung und in der ersten und zweiten Knesset, Gusch Etzion 1984.

Urbach, Efraim: *The Sages*. Their Concepts and Beliefs, Volume 1–2, Jerusalem 1975.

Vital, David: *Zionism*. The formative Years, Oxford 1982.

Weill, Joseph: *Oberrabbiner Ernest Weill* 1865-1947. Ein Sucher nach ewiger Wahrheit, Oberrabbiner von Colmar und Oberelsass, Darmstadt 1984.

Weltsch, Robert: Art. *United Palestine Appeal*, in: JL IV/2, 1113.

Wenn, Matthias: *Juristische Erkenntniskritik.* Zur Rechts- und Sozialphilosophie Rudolf Stammlers, Baden-Baden 2003.

Wesenberg, Gerhard: Art. *Dernburg*, Heinrich in: NDB 3 (Berlin 1957), 608–609.

Wilke, Carsten (Hg.): *Die Rabbiner* der Emanzipationszeit in den deutschen, böhmischen und grosspolnischen Ländern 1781–1871, München 2004.

Winkel, Harald: *Gustav von Schmoller* (1838–1917), in: Joachim Starbatty (Hg.): Klassiker des ökonomischen Denkens, 2. Bd., München 1989, 97–118.

8. Editionsbericht zu *Mein Weg*

Folgende Korrekturen gegenüber der ersten Auflage wurden vorgenommen:

(MW = I. Breuers Autobiographie, 1. Auflage 1988)

MW 11, Z. 16: „Gott“ statt „Gtt“

MW 26, Z. 6: „nahegebracht“ statt „nahe gebracht“

MW 29, Z. 29 „anzuhängen“ statt „anzuhangen“

MW 47, Z. 5: „jahrelang“ statt „Jahre lang“

MW 65, Z. 1: „angelsächsisches“ statt „anglosachsisches“

MW 77, Z. 4: ergänze: „damit“

MW 108, Z. 25: „Keruw Schechina“ statt „Kiruw Schechina“

MW 124, Z. 28: „Er hat ein“ statt „Es hat ein“

MW 171, Z. 1: „Besessener“ (Einfügung eines Anführungszeichens vor „Besessener“)

MW 194, Z. 2. „Moses“ statt „Mosis“

MW 222, Z. 13: „ebnen“ statt „ebenen“

MW 228, Z. 7 „sie“ (sie Tatsache) – ersetzt durch „die“

MW 229, Z. 21 „Slowakei“ statt „Slovakei“

MW 255, Z. 20 „Inquiry“ – ersetzt durch „Enquiry“.

MW 262, Z. 8 „Inquiry“ – ersetzt durch „Enquiry“

MW 132, Z. 14, „Zweckorganisation“ statt „Zweckorgasation“

MW 135, Z. 14f „Messiasspuren“ statt „Messiasspruren“

MW 175, Z. 25 „aus verantwortet“ statt „ausgeantwortet“

MW 249, Z. 1: „Zukunftswunsch“ statt „Zunkunftswunsch“

9. Personenregister